산·티·아·고 거룩한 바보들의 길

리 호이나키 지음 | 김병순 옮김

산·티·아·고
거룩한
바보들의 길

리호이나키의 카미노 순례기

El Camino : Walking to Santiago de Compostela by Lee Hoinacki

Copylight ⓒ 1966 by Pennsylvania State University
All right reserved.

Korean translation edition ⓒ 2010 by Escargot Publishing Company

by arrangement with Pen State Press, a division of The Pennsylvania State
University, Pennsylvania, USA.
permission for this edition was arranged through Bestun Korea Agency, Seoul,
Korea. All right reserved.
이 책의 한국어판 저작권은 Bestun Korea Agency를 통해 저작권자의 독점 계약한
달팽이출판에 있습니다.
저작권법에 의해 한국 내에서 보호를 받는 저작물이므로 무단전제와 무단복제를 할 수 없습니다.

서문

주디스 밴 헤릭 | 편집장

1993년 가을, 펜실베니아대학 출판부는 종교학 분야에서 새로운 총서를 발간했다. '살아있는 종교 체험'이라고 이름 붙여진 이 총서는 각기 다른 역사적, 지리적, 사회적, 문화적 배경을 지닌 개인이 겪은 종교적 체험을 바탕으로 각 종교의 성격들을 이해하기 위해서 전집으로 묶은 것이다. 따라서 이 총서는 개념보다 사람을 중심에 두고 쓴 책들이라는 특징이 있다. 이 총서에 속하는 책들은 대부분 전기나 자서전 형식을 포함하지만 그렇다고 꼭 어떤 특정한 틀에 한정되지는 않는다.

리 호이나키의 순례기는 이 총서의 첫 번째 책이다.

에디스와 빅터 터너가 나중에 『기독교 문화의 이미지와 순례』(컬럼비아대학출판사, 1978)라는 책으로 발간한 미국학회협의회 강의 원고를 썼을 때, 그들은 순례가 아직 학계에서 본격적으로 연구되지 않은 분야라고 정확하게 지적했다. 부분적으로 그들의 노력 덕분에 이제는 그런 상황은 아니다. 그동안 종교학과 문화인류학 분야에서 순례를 연구한 많은 연구서와 논문들이 발표되었다. 하지만 리 호이나키가 여기서 말하는 것과 같은 사색과 연구를 진행한 사람은 지금까지 아무도 없는 것으로 알려져 있다.

일반인이건 '종교 전문가'이건 종교인들이 가장 구체적이고 중요하고 진실하고 아름답다고 생각하는 것이 바로 우리가 주목하는 부분이다. 이제 당신은 이 책을 한 장 한 장 넘길 때마다 그것을 생생하게 볼 수 있을 것이다. 리 호이나키가 스페인 북부 지방을 가로질러 터벅터벅 걸으며 전하는 이야기는 여러 모로 우리의 마음을 사로잡는다. 그의 발, 양말, 그가 걷는 발걸음 하나하나가 실제로 우리들의 피부에 와 닿는 느낌이다. 어떤 친구가 말한 것처럼 산티아고로 가는 길이 옛날처럼 아직도 진정한 구도의 길을 찾아 성지를 향해가는 순례자의 길이었다면 아무도 이런 책을 쓰지 않았을 것이다. 하지만 그 길이 관광객들을 위한 길로 바뀐 지금, 리 호이나키가 아니라면 어느 누가 그 길을 그렇게 걷고 기록으로 남길 수 있겠는가.

1993년 카미노를 걸으며 기록한 호이나키의 묵상은 전통 신학과 어릴 적 기억, 부모와 자식에 대한 회고, '자연' 세계에 대한 사색, 자동차로 상징되는 현대 문명의 자연 파괴, 로사리오 기도, 성모 마리아, 희생, 아버지 하느님과 그의 아들 예수 그리스도의 관계라는 것이 자신에게 던져주는 의미의 재발견, 그리고 그 밖에 여러 가지 기독교, 유대교, 이슬람교와 관련된 주제들을 모두 관통한다. 동시에 독자들은 카미노가 지닌 다양한 의미들, 즉 카미노에서 만나는 과거와 현재, 오래 전에 죽은 것과 새로 탄생하는 것, 여성과 남성, 도보 여행과 자전거 여행들에서 새로운 의미를 발견할 것이다.

　책을 읽다보면 알겠지만, 폭우가 쏟아지는 날 밤 버려진 성당에서 배회하는 암소를 만나는 장면과 이제는 서유럽 어디에서도 먹지 않는 길 가의 푸른 아스파라거스 새싹을 발견하고는 그것을 꺾어먹을까 말까 고민하는 장면을 주목해서 보기 바란다.

　이 책은 고뇌하며 순례하는 사람의 완벽한 동반자가 될 것이다.

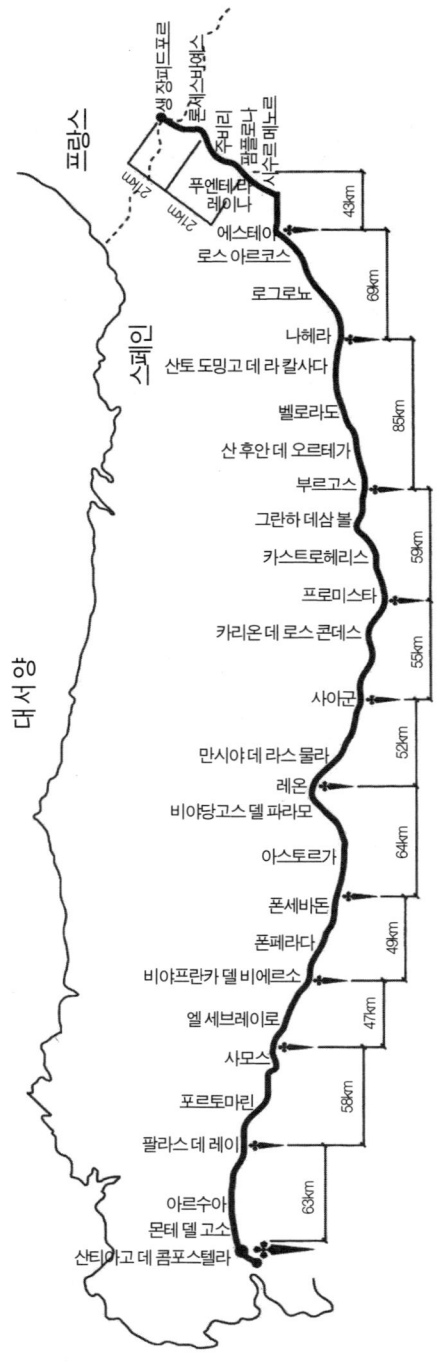

감사의 말

원고를 세심하게 검토해주며 훌륭한 충고를 아끼지 않고 잘못된 부분을 적절하게 지적해준 주디스 밴 헤릭과 윌리엄 A. 크리스티안 주니어, 제롬 네이글 수녀, 성 베네딕토 수도회, 패트리샤 미첼에게 고마움을 전하고 싶다. 더욱이 이 책을 출간할 수 있었던 것은 원고를 높이 평가해준 필립 윈저 덕분이다. 바바라 두덴은 내게 카미노에서 쓸 훌륭한 주머니칼을 주었고 내가 이 책을 쓸 수 있도록 멋진 집을 빌려주었다. 세바스챤 트랩은 최고급 배낭을 빌려주고 발이 아플 때 어떻게 대처해야 하는지도 가르쳐 주었다. 알폰스 개리고스는 훌륭한 조언과 함께 지도를 주었다. 발렌티나 보어먼즈는 도서관을 자유롭게 이용할 수 있게 해주었으며 멕시코에 있는 자기 집에서 반갑게 맞아주었다. 산토 도밍고 데 라 칼사다에서는 호세 이그나시오 디아스 신부와 그의 보좌 신부, 특히 마이테 모레노가 따뜻하게 맞아주었다. 펜실베니아 주립대학의 칼 미챔은 이 책이 재미있고 유익한 형태를 갖출 수 있도록 많은 배려를 아끼지 않았다. 스테이트 컬리지의 피터 본은 언제나 내게 잠잘 곳과 좋은 식사를 제공하고 살아있는 조언을 아끼지 않았다. 그리고 산티아고 데 콤포스텔라 순례를 생각하게 해준 이반 일리치에게 감사한다. 끝으로 내가 카미노를 걸으며 만난 모든 사람들에게 느낀 것이 이 책을 통해 독자들에게 그대로 전달될 수 있기를 간절히 바란다.

카미노 순례를 결심하다

멕시코와 칠레에 사는 스페인의 후예들을 처음으로 만난 것은 1962년이었다. 그때 오랜 세월이 흘러도 잊혀지지 않을 루이스 부뉴엘 감독의 초현실주의 영화들도 여러 편 보았다. 나는 그것들을 통해 학계에 큰 논란을 일으킨 저명한 역사학자 아메리코 카스트로가 스페인 사람들에 대해서 밝힌 놀라운 사실도 알게 되었다. 카스트로는 지난 300년 동안 점철된 스페인 사람들의 파괴와 침략의 역사가 바로 그들이 살아남기 위한 노력의 결과였다고 말한다. 스페인 사람들은 자신들이 누구라고 하는 특정한 역사적 존재 양식을 구성하는 필수 요소들을 부인함으로써 오히려 자신들의 민족적 정체성을 창조하려고 했다. 나 같은 미국 중서부에 사는 일반인들에게는 불가사의하고 알쏭달쏭하기 만한 이런 우연한 만남이 있은 뒤 내 마음 깊이 꺼지지 않는 하나의 강렬한 소망이 조용히 그리고 확고하게 자리 잡았다. 그런 모순에 가득 차면서도 강렬한 열정이 사람들의 마음을 사로잡고 있는 그 나라를 한번 가보고 싶었다. 그로부터 서른한

해가 지난 뒤에도 내 마음 속에는 아직도 그러한 소망이 강하게 타오르고 있었다.

나는 독일에 살고 있었다. 한 친구가 내게 스페인 갈리시아 주에 있는 '땅 끝'이라는 뜻을 지닌 산티아고 데 콤포스텔라에 가보는 게 어떠냐고 제안했다. 그곳은 중세 전성기 동안 서양에서 가장 많은 사람들이 찾아간 도시였다. 이 한 가지 사실 말고는 나는 그곳의 역사에 대해 아무 것도 아는 것이 없었다. 친구는 그곳이 순례지라고 알려주었다. 많은 사람들은 그곳에 예수의 제자 야고보의 무덤이 있다고 믿었다. 그래서 그들은 콤포스텔라를 걸어서 오가며 순례길을 만들었고 지금도 많은 순례자들이 그곳을 찾는다. 나는 그 주제와 관련해서 사람들이 많이 보는 작은 책자를 한 권 읽었다.

그리고는 궁금해지기 시작했다. 왜 그 수많은 순례자들이,(아마도 수백만 명이 넘는 사람들이, 그 수가 얼마나 많은지 아무도 모른다) 아일랜드의 서쪽 해안에 있는 골웨이처럼 먼 곳에서조차 그곳을 찾아 왔을까? 오늘날처럼 많은 대중 매체들과 지도, 수송수단이 있기 오래 전에는 남녀노소 할 것 없이 모든 사람들이 산을 넘고 숲을 지나 이 세상 끝까지 길을 찾아왔다. 처음에 이 한갓진 시골 외지에 있는 것이라고는 한 수도자의 외로운 묵상뿐이었을 묘비 앞으로 그들을 끌어들인 것은 과연 무엇이었을까? 그 의문을 풀 수 있는 길은 한 가지뿐이라고 결론지었다. 내 스스로 콤포스텔라까지 걸어가는 것.

나는 즉시 더는 아무 것도 읽지 않기로 했다. 순례나 그 유명한 성지에 대해서 더는 알려고 하지 않았다. 내가 모르면 모를

수록 천 년 동안 단단하게 가로질러 놓여 있었을 그 길을 따라서 나를 기다리고 있을 어떤 사람들이나 사물들에 대해서도 더욱 열린 마음으로 다가갈 수 있을 거라고 생각했다. 오랜 경험을 통해서 나는 내 느낌과 생각을 스스로에게 자세히 설명함으로써, 말하자면 내게 일어나는 일이나 내 마음 속의 변화를 기록함으로써 많은 것을 깨닫는다. 따라서 나는 길을 나설 때마다 언제나 공책과 펜을 챙겼다. 밤마다 잠들기 전에 그날 내 느낌과 감동들을 공책에 썼다.

독일로 돌아온 뒤 여행 동안 기록했던 글들을 타이프로 쳤다. 그리고 그것을 맨 처음 내게 콤포스텔라에 가보라고 권했던 친구에게 보여주었다. 그 친구와 그 글을 본 다른 친구들이 그것을 책으로 내는 것이 어떠냐고 재촉했다. 마침 책을 쓰기 위한 자료들도 풍부했고 시간도 여유가 있었다. 그래서 길이라는 뜻을 지닌 '카미노'를 공부하기 시작했고 스페인 역사에 대한 지식도 쌓아나갔다. 그것은 바로 가톨릭인, 이슬람인, 유대인이라는 서로 다른 세 종류의 사람들이 살아온 역사적 맥락을 바탕으로 '카미노'에 담긴 평판과 의미를 이해하는 과정이었다. 가톨릭인들과 이슬람인들은 700년이 넘도록 이베리아 반도를 지배하기 위해 서로 혈투를 벌였다. 반면에 하나의 크고 중요한 공동체로서 유대인들은 로마시대부터 1492년 마침내 반도에서 완전히 축출될 때까지 자신들의 전통을 지키기 위해 평화롭게 투쟁했다.

지금 여기에 기록한 글들은 내가 '카미노'를 순례하면서 매일 밤마다 기록한 그날그날의 경험들을 거의 그대로 옮겨 놓은 것이다. 거기에 '카미노'를 걸으면서 든 느낌과 생각들을 잘 보여주고 밝히기 위해 역사적 사실들과 더불어 내 나름의 해석을 곁들였다.

카스트로는 "산티아고[데 콤포스텔라에서는 마음 깊은 곳에서 우러나오는 순종이나 신의 은총에 대한 찬양에서 혼돈 또는 심지어 최악의 반역에 이르기까지 진자가 크게 흔들렸다"고 썼다. 그는 중세 후기부터 이야기를 시작한다. 그러나 나는 지금 그 진자가 더 멀리까지 흔들린다고 믿는다. 그 반도 전역은 물론 그곳을 넘어서까지. 나는 콤포스텔라에 도착할 때서야 비로소 그 사실을 깨달았다.

1996년 1월 20일 독일 부레맨에서
리 호이나키

산티아고, 거룩한 바보들의 길
리 호이나키의 카미노 순례기
1993년 5월 4일 ~ 6월 4일

차례

서문
감사의 말
카미노 순례를 결심하다

1 도대체 내게 무슨일이 일어나고 있는 거지? _19
   생장피드포르에서 론세스바예스까지

2 나는 그곳을 알지 못한다 _41
   론세스바예스에서 주비리까지

3 계속해서 오한이 온다 _55
   주비리에서 팜플로나까지

4 고요와 경이로 가득찬 고독 _72
   팜플로나에서 시수르 메노르까지

5 이곳은 거대한 존재를 구성하는 사슬과 같다 _88
   시수르 메노르에서 푸엔테 라 레이나까지

6 그들의 믿음과 내 신앙 사이에 _106
   푸엔테 라 레이나에서 에스테야까지

7 이 길을 앞서 걸었던 옛 순례자들과 함께 _120
   에스테야에서 로스 아르코스까지

8 어둠속에 갇혀있던 신앙은 다시 불을 밝힌다 _135
   로스 아르코스에서 로그로뇨까지

9 이곳은 정말 고요하다 _149
로그로뇨에서 나헤라까지

10 진리는 더욱 낮은 곳에 있다 _164
나헤라에서 산토 도밍고 데 라 칼사다까지

11 너무나 살그머니 찾아오는 파괴 _180
산토 도밍고 데 라 칼사다에서 벨로라도까지

12 그들의 죽음은 헛되었다 _198
벨로라도에서 산 후안 데 오르테가까지

13 아주 훌륭한 환대의 도시에서 _217
산 후안 데 오르테가에서 부르고스까지

14 나는 지금 이 고독을 소중하게 생각한다 _230
부르고스에서 그란하 데 삼볼까지

15 내 몸의 감각들이 진정으로 생명을 느낀다 _246
그란하 데 삼볼에서 카스트로헤리스까지

16 홀로 걷는 자의 고독과 침묵 _263
카스트로헤리스에서 프로미스타까지

17 　성모 마리아의 노래 _ 279
　　　프로미스타에서 카리온 데 로스 콘데스까지

18 　고독이 깊어지면 질수록 그들이 함께한다 _
　　　카리온 데 로스 콘데스에서 사아군까지

19 　그들은 지금 자신들의 기계에 너무 얽매여 9
　　　사아군에서 만시야 데 라스 물라스까지

20 　훌륭한 노동은 사물을 아름답게 만든다 _ 323
　　　만시야 데 라스 물라스에서 레온까지

21 　자동차를 타고 자연의 굴레에서 탈출하는 사람들 _ 339
　　　레온에서 비야당고스 델 파라모까지

22 　어떤 사람이 나이를 물었다 _ 356
　　　비야당고스 델 파라모에서 아스토르가까지

23 　산꼭대기 한 가운데서 완전히 길을 잃었다 _ 370
　　　아스토르가에서 폰세바돈까지

24 　이제 나자신에게 묻지 않을 수 없다 _ 403
　　　폰세바돈에서 폰페라다까지

25 　당신의 순례가 내면을 밝히는 빛으로 충만하기를 _ 418
　　　폰페라다에서 비야프란카 델 비에르소까지

26 　지금 이 순간이 너무 행복하다 _ 418
　　비야프랑카 델 비에르소에서 엘 세브레이로까지

27 　베네딕토 수도원에서 보낸 하룻밤 _ 435
　　엘 세브레이로에서 사모스까지

28 　그동안 얼마나 천박하게 살았는가 _ 453
　　사모스에서 포르토마린까지

29 　나는 혼자이지만, 많은 사람들과 함께 걷는다 _ 469
　　포르토마린에서 팔라스 데 레이까지

30 　이 길은 나의 길, 나의 카미노가 되어야 한
　　팔라스 데 레이에서 아르수아까지

31 　멀리 안개에 싸인 산티아고가 보인다 _ 502
　　아르수아에서 몬테 델 고소까지

32 　이른 새벽, 산티아고에 도착하다 _ 521
　　몬테 델 고소에서 콤포스텔라까지

옮긴이의 말 _ 545

찾아보기 _ 550

1
도대체 내게 무슨일이 일어나고 있는 거지?
생장피드포르에서 론세스바예스까지

이른 아침 …… 프랑스 남서쪽에 있는 바욘 역에서 기차를 내린다. 여기서 프랑스와 스페인을 가르는 국경도시 생장피드포르로 가는 완행열차표를 끊어야 한다. 나는 그곳에서 산티아고데 콤포스텔라까지 순례길을 걸어가야 하는데 첫 날 피레네 산맥을 넘어갈 것이다. 그런데 갑자기 소스라치듯 몸이 움찔한다. 내 나이 예순다섯 살! 지금 나는 터무니없이 무모한 모험을 시도하는 어린아이처럼 행동하고 있는 것이 아닐까? 산을 걸어서 넘은 적이 있는 사람들의 충고를 좀더 새겨들었어야 하는 것은 아니었을까? 난 지난 10년, 15년, 아니 그보다 더 긴 세월 동안 의사를 찾아간 적이 없었다 …… 기억도 나지 않는다. 적어도 여행을 떠나기 전에 건강검진이라도 받았어야 했는데. 그러나 사람들은 내게 그런 조언을 하지 않았다. 내가 걸어서 스페인을 횡단할 거라고 말했을 때 반대하는 사람은 아무도 없었다.

친구들 가운데 아무도 그러지 말라고 말리지 않았다. 그 반대였다. 그들은 모두 내게 여행할 때 필요한 것들을 선물하며 열렬히 환영했다. 한 친구는 매우 좋은 두꺼운 침낭을 빌려주었다. 또 한 친구는 등에 지고 갈 훌륭한 큰 배낭을, 또 다른 친구는 정교한 스위스제 군용칼을 빌려주었다. 그리고 끝으로 좀 어울리지 않게 내가 산티아고 데 콤포스텔라에 관심을 갖게 처음에 제안했던 그 친구는 낡았지만 튼튼해 보이는 이탈리아제 등산화를 빌려주면서 단호하고 자신 있게 큰 소리로 말했다. "이걸 신으면 콤포스텔라까지 잘 갈 수 있을 거야!" 등산화를 신었다. 놀랍게도 잘 맞는다. 그때는 등산화가 내 장비 가운데 가장 중요한 것이 될 거라는 말의 의미를 정확하게는 몰랐지만 그냥 그럴 것 같다는 생각이 강하게 들었다. 하지만 막상 오늘 걱정이 된다. 혹시 그때 아무 생각 없이 그 신발이 내게 잘 맞는다고 상상했던 건 아닐까 …… 괜히 경솔하게 행동한 것은 아니었는지 ……

바욘 역은 열려 있었지만 매표소에는 아직 아무도 없다. 너무 이른 시간인가 보다. 벽 위에 걸린 열차시간표에는 생장피드포르로 가는 열차가 두 대 있다. 그러나 열차 운행은 계절에 따라 다른 듯하다. 냉기가 감도는 텅 빈 대합실 안을 둘러보다가 전에 한 번도 본 적이 없는 한 전자정보기기를 발견했다. 다행히도 프랑스어를 어느 정도 읽을 줄은 알기에 거기에 나온 조작 방법을 이해할 수 있다. 자신이 알고 싶은 지역의 정보를 얻으려면 화면에서 해당 지역을 누르면 된다. 손가락으로 해당 지역을 누른다. 또 다른 선택 메뉴가 화면에 나온다. 원하는 메뉴를 골라서 다시 한번 눌러야 한다. 그 기계가 가지고 있는 방대한 정보를 여러 차례 좁혀 들어간 뒤에야 비로소 내가 타야 할 기차의 출발시간과 요금을 확인할 수 있었다. 약 한 시간 정도 기다리면 된다. 기차표를 살 프랑스 돈도 충분하다.

독일을 떠나기 전에 여행에 필요한 만큼의 프랑스 돈(프랑)과 스페인 돈(페세타)을 환전했다. 그 환전은 내가 확실하게 믿을 수 있는 정해진 공식 환율에 따라 이루어졌다. 옛날과 비교하면 얼마나 엄청난 차이인가! 12세기 프랑스인 수도사 에메릭 비코Aymeric Picaud가 쓴 것으로 추정되는 『성 야고보의 서 Liber Sancti Jacobi(코덱스 칼릭스티누스Codex Calixtinus)』에 나오는 〈공경의 날Veneranda dies〉이라는 설교문을 보면 그 시대에 환전상들이 얼마나 다양한 방식으로 순례자들을 등쳐먹었는지 잘 나와 있다. 비코는 그들이 써먹은 음모와 사기 방식들을 나열한 뒤에 그 범죄자들에게 초점을 맞춘다.

오, 그대들 교활한 여관주인들, 부정직한 돈놀이꾼들, 사악한 상인들이여, 이제 그대들의 신 하느님에게 되돌아가서 그 동안의 악행을 멈추고 탐욕도 버리고 사악한 사기 행각에서 벗어나라! 그대들은 그대들의 속임수에 넘어간 사람들이 하느님 앞에서 그대들의 죄악을 고하는 심판의 날에 무엇을 말할 것인가? 그대들은 수많은 범죄행위로 이미 하느님을 능멸했음을 알아야 한다. 그럼에도 불구하고 그대들이 성자들, 이를테면 성 야고보, 성 베드로, 성 자일스, 성 레오나르드, 성모 마리아, 퓌의 성 메리, 성 막달레나, 뚜르의 성 마르탱, 앙젤리의 세례 요한, 성 미카엘 더 세일러, 베네벤토의 성 바르톨로뮤, 바리의 성 니콜라스(당시에 성자들의 성물이 있었던 교회들은 순례자들이 들르는 유명한 성지였다를 이용해서 행했던 수많은 사기행각을 뉘우치지 않는다면 그들은 그대들이 자신들을 팔아서 순례자들을 등쳐먹은 죄를 하느님 앞에서 고할 것이다.

이제 20세기라는 그 시절과는 완전히 다른 세상에 있는 그 기계는 적어도 옛날의 환전상들처럼 나를 속이지 않는다. 만일 내가 옛날에 순례를 하면서 성질이 급하거나 산만한 프랑스인 환전상들과 같은 사람을 만나야 했다면 그들을 이해하지 못하고 큰 어려움에 시달렸을 것이다. 그러나 지금은 또 다른 불안감이 나를 사로잡는다. 순례자들을 등쳐먹던 사람들은 사라졌지만 그들을 대신해서 기계가 등장했다. 이제 남은 것은 차가운 전자 기계의 효율성뿐이다. 더 이상 인간들 사이의 원초적인 부대낌 같은 경험은 찾아볼 수 없다. 이 사람에게 도움을 구해도 될까? 그러면 도와줄까? 또, 내가 자기들 말을 이해할 수 있도록 배려해줄까? 아니면 무뚝뚝한 말투로 빠르게 한 마디 내뱉고 마는 것은 아닐까? 그럼 다시 한번 천천히 말해달라고 부탁해야 하나 ……? 사람들끼리 이런 살아있는 감정을 느낄 수 없다는 것은 인간 본연의 자연스러운 모습이 점점 더 사라짐을 의미하는 것은 아닐까?

대합실을 나와 거리로 나서자 차갑고 맑은 이른 아침 공기가 온몸에 퍼진다. 아직 거리에는 차들이 보이지 않는다. 길 건너 한 카페의 문이 열려 있다. 나 같은 미국인에게 친근해 보이고 흥미를 끄는 카페의 겉모습이 그곳으로 발길을 이끈다. 내 어찌 그곳에서 카페오레 한 잔을 마시지 않을 수 있겠는가? 독일 집을 떠난 뒤로 지금까지 배낭에 싸온 것을 빼고는 다른 어떤 것도 먹지 않았다.

커피 값이 좀 비싼 것 같다. 그래도 이곳 프랑스에서 다른 것은 마시지 않으련다. 이탈리아에서 마신 커피 맛만큼이나 맛이 별로다. 스페인의 커피 맛은 어떨지 궁금하다. 많은 나라를 돌아다니며 너무 피상적으로만 비교하다보면 남는 것은 마음을 산란하게 하는 수많은 경험들뿐이다. 카미노를 순례하면서는 또 어떤 일이 나를 기다리고 있을까? (카미노는 말 그대로 '길' 또는 '도로'를 뜻한다. 앞으로 보겠지만 카미노라는 말은 여러 가지 강력하고 풍부한 의미를 함축하고 있는데 진흙 먼지 길을 가리키는 것에서 "나는 길이요 ……"[요한복음 14 : 6]처럼 그리스도 자신을 지칭하는 의미까지 다양하다.) 이번 순례는 지금까지와는 다른 특별한 여행이 될까?

나는 때때로 카미노를 기술한 역사가들의 글을 읽으면서 불편함을 느낀 적이 있었다. 그들은 마치 하나의 카미노, 하나의 순례, 하나의 경험 — 하나의 진실 (엘 베르다데로el verdadero)만이 있는 것처럼 쓴다. 역사가들은 어떤 확실한 것, 어떤 하나밖에 없는 진리를 찾고 있는 것처럼 보인다. 그러나 그러한 행동은 20세기에 이르기까지 수많은 사람들이 간직했던 다양한 경외와 꿈, 야망, 이질성을 하나의 이상적인 형태로 축약시키는 것과 다름없다. 그것은 가능하지 않은 일이다.

카페를 나서자(나보다 더 늙어 보이는)노인네 한 쌍이 배낭을 메고 길을 건너고 있는 모습이 보인다. 남자는 우산을 들고 간다. 두 사람은 시야에서 사라질 때까지 서로 손을 꼭 잡고 걷는다. 그들의 배낭에는 산티아고 데 콤포스텔라 순례를 상징하는 전통 문양인 조개껍질 모양이 노란 실로 뜨개질되어 있다. 순례를 주제로 그린 유럽의 모든 그림들 가운데, 지금 내 눈 앞에서 이른 아침 햇살을 받으며 걷고 있는 그들에게 다가가 말을 걸고 싶은 것과 같은 강렬한 충동을 느낄 수 있게 만드는 그림은 찾을 수 없을 것이다. 그들은 이제 막 순례를 시작하는 걸까, 아니면 순례에서 돌아오는 길일까? 어쨌든 그들은 너무 연약해서 콤포스텔라까지 긴 여정을 견뎌낼 수 없을 것처럼 보인다.

이제 생장피드포르까지 1시간 동안 달릴 2량의 객차가 연결된 기차를 타야 할 시간이다. 산악지대에 있는 이 작은 읍내가 종착역이면서 날마다 기차를 운행한다니 놀라운 일이 아닐 수 없다. 독일을 떠난 뒤 탄 기차들이 모두 전기로 움직이는 열차였던 것처럼 이곳 기차도 전기로 간다. 오늘날은 원자력 덕분에 천 킬로미터나 되는 먼 거리도 여행할 수 있다. 이것을 어떻게 느끼고 생각해야 할까? 그것은 그저 우리가 감내해야 할 현대 세계가 보여주는 수많은 모순들 가운데 하나일까?

그러나 좀더 솔직하게 말하면 나는 중세시대 독일의 순례자들이 그랬던 것처럼 걸어서 여행할 수 있었다. 하지만 몇 년 전 파리에서 콤포스텔라까지 걸어갔던 두 명의 프랑스인들에게 일어난 일들이 떠오른다. 그들은 프랑스에 있는 동안에도 여러 차례 경찰들에게 부랑자나 범죄자로 의심을 받아 경찰차에 태워지고 온갖 시달림을 받았다. 비행기를 타고 도착하는 사람들은 어떤가? 그들을 순례자라고 부를 수 있을까? 이미 이 세상에 없는 옛 선인들과 함께 여행하기 위해서는 무엇을 해야 하나? 나는 과연 옛날의 그 여행자들과 잘 어울려서 순례의 길을 동행할 수 있을까?

자, 이제 이런저런 생각을 끝마칠 시간이다. 기차가 생장피드포르에 도착한다. 이제부터 좀더 현실적인 것들을 생각해야 한다. 기차역에서 카미노까지 어떻게 가지? 벌써 11시다. 서둘러야 한다. 어두워지기 전에 피레네 산맥을 넘어야 한다. 흥분된 마음에 기차역에서부터 거의 뛰고 있다. 그러나 그것은 정말 어리석은 짓이다 …… 오늘 산맥을 넘어야 한다 …… 일생에 한 번도 해 본적이 없는 일이다. 마음을 가라앉히고 …… 먼저 읍내를 통과하는 길을 찾고 …… 길을 헤매지 말고 …… 힘을 아끼면서 ……

카미노를 순례할 때 지나가야 할 읍과 마을 이름들이 선으로 이어져 있고 그들 사이의 거리를 대강 표시한 지도가 한 장 있다. 커다란 읍의 경우에는 읍내 거리를 간략하게 안내하는 약도가 별도로 있다. 지도를 보고 지나가는 사람들에게 물어보면서 생장피드포르를 서둘러 벗어난다. 거기서 산맥을 넘어 오늘 도착해야 할 목적지인 론세스바예스까지 가는 길은 두 갈래다. 하나는 산길을 따라 가는 길이고 다른 하나는 큰 도로를 따라 걷는 길이다. 산길을 선택했지만 읍내를 벗어나자 곧바로 내가 걷고 있는 길이 산길이 아니라 큰 도로라는 것을 알았다. 다시 읍내로 되돌아가 다른 길을 찾는 데 얼마나 시간이 오래 걸릴까? 오늘 중으로 론세스바예스에 갈 수 있을까? 산길을 따라 간다면 날이 어두워졌을 때 도중에 쉴 곳이나 마을이 하나도 없다.

그래서 그냥 큰 도로를 따라 가기로 한다. 이 길도 카미노이고 다시 되돌아가 산길을 찾을 시간도 없다. 고대 로마인들이 만들어놓은 길을 따라 걷는 것도 괜찮은 일이다.

밝은 햇살이 이른 봄날을 포근히 감싼다. 생장피드포르에서 보도에 있는 한 카페에 마음이 끌렸다. 종업원들이 점심을 준비하면서 밝은 체크무늬가 있는 식탁보를 탁자 위에 깔고 있었다. 그때 갑자기 1928년 한 스페인인 순례자가 동료들과 함께 마드리드를 떠나 순례를 가는 도중에 나와 똑같은 유혹을 느꼈을 때 쓴 글이 생각났다. "음, 그 유혹이 바로 산초 판자(돈키호테의 하인으로 현실적이고 세속적인 인간을 상징함 - 옮긴이)인 게지. 우리 마음 속에는 모두 그런 심성들이 있어."

독일을 떠나기 전 얼마 동안 날마다 배낭을 메고 걷는 연습을 했는데 어느 날 왼쪽 무릎이 아팠다. '체력을 단련하기 위해' 7일 동안 계속해서 걷는 연습을 했는데 그때마다 그런 식으로 통증이 왔다 사라졌다 했다. 그동안 책상에만 앉아서 일했지 운동은 전혀 하지 않았기 때문에 이 모험을 준비하기 위해서는 밖에 나가 걸어야 한다고 생각했다. 그래서 날마다 아침 일찍 배낭에 책을 가득 채워 등에 메고 집 가까이에 있는 강변을 따라 2시간씩 걸었다. 앞으로 감행할 모험을 생각하니 날이 갈수록 마음은 더욱 더 들떴다. 한 주가 지나자 더 이상 기다릴 수 없었다. 비록 지난 며칠 동안 한 일은 순례를 대비해서 고작 강변을 따라 걸은 것밖에는 없었지만 나는 당장 배낭을 채우고 등산화를 신었다.(전처럼 매우 편안한 느낌을 주었다.) 그리고 기차에 올라탔다.

  그러나 지금은 이 화창한 날씨에도 불구하고 약간 걱정이 되기 시작한다. 며칠 동안 시도 때도 없이 왔던 무릎 통증이 만일 심각한 상태로 밝혀진다면 어떻게 하지? 그래서 병원 치료를 받아야 한다면? 가입하고 있는 '의료' 보험은 전혀 없는데. 아무도 아는 사람이 없는 외국에서 이렇게 쓸데없이 배회하다 자식들에게 괜한 부담을 주는 것은 아닐까? 만일 콤포스텔라까지 가지 못한다면 어떡하나? 아, 그러나 이런 감상적인 생각은 세속적이고 물질적인 생각에 휘둘리는 것보다 더 나쁘다. 나보다 앞서 순례를 한 사람들을 생각할 때 지금 내게 닥친 것에 대해 스스로 마음을 열고 다시 한번 생각해야 한다. 물론 순례자들 가운데는 젊은 사람들이 많았다. 그러나 여자 혼자서 또는 아이들과 함께 한 가족이 순례를 했다는 기록들도 있다. 가족과 함께 순례를 한 아이들 중에는 갓난아기들도 있었다. 심지어 폴베르트라는 눈먼 사람이 독일에서 콤포스텔라까지 순례를 했다는 이야기도 전해진다.

  길을 따라 가다가 앞에서 나보다 훨씬 더 느리게 걷고 있는 한 남자를 본다. 점점 그 남자를 따라잡는다. 그도 나처럼 프랑스에서 콤포스텔라까지 걸어가고 있는 중이다. 브르타뉴에서 출발해서 이 길을 따라 죽 걸어온 걸게다. 여기서 처음으로 함께 순례하는 사람을 만난 셈이다. 내가 좀더 빨리 걷기에 그를 앞서 간다. 순례를 시작하면서 동행 없이 혼자 걷기로 마음먹었다. 앞서 순례의 길을 갔던 옛 선인들과 교감하며 동행할 수 있다면 이 카미노에 감춰진 비밀을 탐색할 수 있을 거라고 생각했기에 그렇게 하기 위해서는 혼자 걷는 것이 가장 좋은 방법이라고 생각했다. 그러나 여행을 떠나기 전에 읽은 순례기나 역사 기록들을 보면 최근까지도 순례자들은 파렴치한 여관주인들이나 식당상인들, 강도들 때문에 두려움에 떨어야 했다고 한다. 당시 강도들은 대개 두 종류로 나뉜다. 하나는 순례자처럼 차림새를 하고 매우 여러 가지 교묘한 방법으로 진짜 순례자들의 금품을 빼앗는 사람들이었다.

예를 들면 순례자처럼 가장한 강도들이 밤중에 순례자들이 묵는 여행자 숙박소에 들어와서는 피곤에 지친 순례자들에게 약을 먹여 잠에 빠지게 하고는 도적질을 하는 것이다. 14세기에 대개 이런 짓을 하다 잡힌 범인들은 영국인이 대부분이었다. 또 다른 유형의 강도는 노상강도들이었다. 그러나 1928년 말, 앞에서 얘기했던 마드리드 출신의 젊은 순례자들은 스페인의 경찰 군인들에게 두 차례 체포되었다. 처음에 체포되었을 때는 마드리드의 최고 총사령관들 가운데 한 명이 서명한 안전통행증을 소지한 까닭에 풀려날 수 있었다. 두 번째는 마드리드의 총독에게 도움을 요청해서 풀려났다. 우연히도 젊은 순례자들 가운데 두 명이 총독의 자식이었다.

지금 나는 홀로 태평스럽게 어떤 위험도 느끼지 않으며 발카를로스를 지나고 있다. 이제 스페인에 들어왔다! 국경을 표시하는 푯말들이 있지만 스페인으로 들어오는 외국인들을 검사하는 사람들은 주위에 아무도 없다. 주차된 자동차 옆을 지나친다. 차 안에서 남자 셋이 나온다. 아마도 여기서 순례를 시작하려고 하는 사람들인 것 같다. 그들은 나중에 나를 앞지르면서 인사를 하고 마침 함께 걷던 한 청년에게도 인사를 한다. 그 청년은 매우 단단해 보이는 지팡이를 짚으며 걷고 있었는데 나이 많은 사람이 홀로 걷는 것이 궁금했는지 나보고도 지팡이를 하나 구하라고 하면서 큰 도움이 될 거라고 조언한다. 순례자의 지팡이는 순례자 성 야고보 Santiago Peregrino가 나오는 초상화에는 늘 등장하는 요소다. 그 지팡이에는 심지어 하느님의 축복을 내리는 특별한 능력도 있다. 마드리드에서 온 청년 순례자들 가운데 한 사람이 물푸레나무로 만든 지팡이를 구입한 도시의 거리에 대해 순례기에 자세하게 기록했다. 청년은 그 지팡이를 집에 있는 마대 속에 넣어두었는데 (스페인내전 때) '적색분자'들이 자신의 모든 재산과 함께 약탈해갔다고 생각에 잠겨 말한다. 청년은 길을 걸으면서 마치 음악 장단을 맞추는 듯이 규칙적으로 땅을 두드리는 소리를 들으면서 그 일은 어쩔 수 없는 상황이었다고 말한다. 길가에 금방 떨어진 듯한 나뭇가지가 있다. 주머니칼을 꺼내 잔가지들을 쳐내고 지팡이를 만든다.

　잠시 길을 멈추고 빵과 치즈, 과일을 조금 먹는다. 플라스틱 물병에 마실 물도 담아 왔는데 그 물병은 여행을 위해 어쩔 수 없이 사야 했던 세 가지 물품 가운데 하나다. 친구들은 침낭 밑에 깔고 잘 플라스틱 돗자리와 판초도 사야 한다고 말했다. 마침 배낭에서 판초를 꺼내 입어야 한다. 비가 내리기 시작했기 때문이다. 그것으로 몸과 배낭을 가린다. 부피가 너무 커서 머리를 끼워 넣는 것이 어렵다. 제대로 입기까지 여러 차례 반복한다.

　몇 시간 동안 산을 오른 뒤(내리막길은 너무 가파르지 않고 대부분 완만하다)피로가 오기 시작한다. 그리고 통증도 느껴진다. 처음에 발이 아프더니 그 다음은 다리에서 등과 어깨에 이르기까지 온몸이 쑤신다. 신기하게도 서로 다르지만 '보완적인' 두 가지 감각(통증과 피로감)을 구별할 수 있다. 지금은 통증을 사라지게 할 수 있는 뾰족한 방법이 하나도 생각나지 않는다. 앉아서 배낭을 내려놓고 쉴 수 있다면 피로를 풀 수 있을 텐데. 하지만 땅바닥에 앉을 수가 없다. 땅이 너무 젖었다. 그리고 배낭이 너무 무거워서 벗었다 다시 메고 일어서기가 만만치 않다. 그래서 배낭을 멘 채로 걸쳐 놓고 쉴 수 있을 만한 큰 돌들을 찾는다. 빗물이 흘러내린 돌들은 그렇게 많이 젖어있지 않았다.

얼마나 걸었는지, 론세스바예스까지는 앞으로 얼마나 더 가야 하는지 모르겠다. 더 갈 수 없을 것 같은 생각이 든다 — 통증과 피로감이 너무 심하다. 하지만 아직 몸을 눕힐 곳을 찾을 수 없다. 비에 젖은 채 땅바닥에서 밤을 지새울 수는 없는 노릇이다. 카미노를 따라서 숙박할 곳이 있다는 말을 듣고 텐트도 가져오지 않았다.

길이 구부러지는 지점에 움푹 들어간 작은 동굴처럼 보이는 곳이 있다. 비에 젖지 않은 공간이다. 그곳에 가려면 길 가에 있는 가파른 언덕을 몇 미터 올라가야 한다. 약간 절벽처럼 생겼다. 올라가려고 하지만 자꾸 미끄러진다. 너무 미끄럽고 가파르다. 배낭을 벗어 나무 아래 바위 위에 놓고 다시 시도해본다. 배낭을 벗어도 올라갈 수가 없다 …… 가던 길을 그냥 가는 수밖에 없다.

이제 쉴 수 있을 만한 바위를 찾느라 앞만 주시하고 갈 뿐이다. 가끔 산길을 따라 사람들이 떨어지지 않도록 둘러쳐진 난간들이 나타난다. 그러면 잠시 동안 그 좁은 철제난간 모서리 위에 배낭을 걸치고 앉아 쉰다.

갑자기 옛날에 이 카미노에서 일어난 일들에 대한 야릇한 기억들과 어렴풋하게 기억되는 사건들이 머리 속에 떠오른다. 나는 여기 왜 있지? 여기에 어떻게 왔지? 천천히 상상력이 발동한다······ 문득 이런 생각이 든다. 이건 참회의 행위야. 난 죄를 고백 성사하기 위해 여기에 온 거야. 내가 앞으로 겪어야 할 고통과 피로감의 무게는 내 생명이 균형을 회복하기 위해 필요한 만큼일 게다.

그러나 그때 어딘 가에서 읽은 적이 있는 구절이 생각났다. 고통이 심해지면 무의식에 빠진다고. 고문을 당하고 있는 죄수들에게 이런 현상이 일어난다고 한다. 산 속에서 홀로 떨어져 있는 내게 그런 일이 일어난다면 여기서 모든 일정이 멈출 것이다. 어쩌면 나도 그런 상황에 빠질 수 있지 않을까!

이렇게 곤경에 빠지는 것을 상상하자 마음 속에서 간절한 기도가 저절로 흘러나온다. 지금 느끼는 이 통증이 정신을 놓을 정도로 심하지 않기를, 그리고 지쳐 쓰러질 정도로 그렇게 기운이 다 고갈되지 않기를 기도한다. 제발 살려달라는 기도는 하지 않으련다. 다만 내게 주어진 시련을 이겨낼 수 있도록, 그래서 내 생명이 조화롭게 다시 탄생하고 그 정당성을 확인시켜줄 이 경이로운 기회를 잃어버리지 않도록 기도할 뿐이다. 그러나 그러한 생명의 정당성이 어떻게 생겼는지 알 수 없기 때문에 적어도 그런 방향으로 겸손하게 한 발짝 내딛을 수 있기만 해도 괜찮을 것이다.

  통증을 심하게 느끼면서 아득한 옛날을 뒤돌아본다. 앞서 이 산맥을 넘은 사람들을 한 사람 한 사람 생각한다 …… 그리고 뚜렷하고 확실한 깨달음에 깊은 감명을 받는다. 그들은 지금도 여전히 이곳에 있다. 그리고 지금 나를 주시하고 있다! 내가 오늘밤 론세스바예스에 도착하기를 나보다 더 간절히 바란다 …… 그들은 내가 또 다른 오르막길을 넘고 낭떠러지를 피해서 목적지까지 잘 갈 수 있도록 돕기 위해 여기에 있다. 나는 그저 그들의 도움을 받기만 하면 된다. 그래서 그들과 천사들에게 의지하리라. 전해지는 이야기에 따르면 사도 성 야고보가 죽은 뒤 그 시신을 태운 배를 팔레스타인에서 갈리시아까지 인도한 것은 천사들이었다고 한다. 야고보는 거기서 마침내 산티아고(스페인어로 성 야고보를 뜻함 - 옮긴이)가 되었는데 이것이 바로 오늘날 모든 사람들이 성지순례를 하게 된 근원이다. 성 야고보의 시신이 거기에 묻혔다는 믿음이 없었다면 그곳에 콤포스텔라는 생기지도 않았을 것이다. (지금은 엄연한 도시지만 당시에는 한적한 숲에 불과했다.)

  기도하며 걷는 가운데 얼마나 오랜 시간이 흘렀는지 알 수 없다. 이제 오르막길은 없다. 길은 점점 평탄해진다. 오히려 가끔씩 내리막길도 나타난다. 지도를 보면 이런 길이 나타나면 론세스바예스가 가까워졌음을 알리는 신호다.

  조금 더 가니 기념비와 작은 성당과 수도원이 보인다. 롤랑을 기리며 받쳐진 것들이다. 778년 8월 15일, 서구 문학의 대 서사시 가운데 하나인 『롤랑의 노래』에 나오는 그 전설적인 영웅은 이곳에서 마침내 치명상을 입고 쓰러져 죽었다. 롤랑은 샤를마뉴 대제의 후위 군대를 지휘하는 총사령관으로 전투를 끝내고 프랑스로 돌아가고 있는 중이었다. 롤랑의 군대가 론세스바예스에서 공격을 받았을 때 주력군은 이미 피레네 산맥을 넘어간 뒤였다. 롤랑이 이끄는 부대원 대다수가 부상당하거나 죽었다. 롤랑은 마지막 숨을 거두기 전 삼촌인 샤를마뉴 대제에게 구조를 요청하는 뿔나팔을 불었다.

『성 야고보의 서』에는 매우 다채로운 이야기들이 있는데 그 가운데 하나는 샤를마뉴 대제가 꿈을 꿨는데 성 야고보가 나타나서 은하수를 따라서 갈리시아까지 가라고 했다는 이야기가 나온다. 거기서 그는 사람들이 모르고 있었던 성 야고보의 숨겨진 무덤을 발견하게 된다. 711년 이래로 이슬람교도인 무어족은 스페인을 침략하고 지배하고 있었다. 따라서 샤를마뉴 대제는 프랑스와 북쪽에서 오는 순례자들이 성 야고보의 무덤까지 무사히 갈 수 있도록 그 길을 안전하게 보호해야 했다.

『성 야고보의 서』는 『칼릭스투스 사본』이라고도 부르는데 중세 시대를 가장 잘 기록한 연구서 가운데 하나다. 사도 야고보와 관련된 다양한 이야기들과 갈리시아에 있는 야고보의 무덤까지 순례에 대한 글들을 다섯 권에 나누어 기록했다. 당시의 관습에 따르면 이런 책을 저술하는 사람은 대개 당대의 중요한 인물인데 이 책의 경우는 교황 칼릭스투스 2세인 것으로 생각되고 있다. 그러나 롤랑의 이야기가 나오는 4권은 샤를마뉴 대제 시대의 대주교 트루핀의 작품인 것으로 추정된다.

종교사가들은 샤를마뉴 대제가 당시 이슬람 국가였던 카탈로니아 왕의 요청을 받아 스페인에 왔다고 전한다. 당시 코르도바를 지배하고 있던 이슬람 지배자와 전쟁을 하고 있던 카탈로니아는 샤를마뉴 대제에게 도움을 청했다. 샤를마뉴 대제는 피레네 산맥을 넘은 뒤에 팜플로나라는 기독교(!) 도시를 포위했다. 거기서부터 이슬람 도시인 사라고사로 공격해 들어갔다. 하지만 샤를마뉴는 그곳을 정복하지 못하고 오히려 프랑크 왕국이 곤란한 지경에 빠진 것을 알고는 스페인을 떠났다. 샤를마뉴의 군대는 론세스바예스에서 기습 공격을 받았다. 그들을 공격한 것은 이슬람의 무어족이 아니라 기독교인들인 나바로족과 바스코족 (바스크 지역인 나바로와 기푸스코아 출신 사람들)이었다. 샤를마뉴가 스페인에 들어와서 자신들을 공격한 것에 대한 보복이었다. 당시에 롤랑은 아마도 실존인물이 아니었을 것이다.

사람들은 여기서부터 카미노와 관련된 겹겹이 둘러싸인 비밀 속으로 들어간다. 17세기 말, 볼로냐 출신의 이탈리아 성직자인 도메니코 라피는 콤포스텔라로 가는 길에 이곳을 지나갔다. 그는 론세스바예스에 있는 이 성당에서 롤랑이 사용한 거대한 뿔나팔과 롤랑을 호위했던 두 명의 전사들이 지녔던 철퇴들 같은 것들을 보고 매우 자세하게 기술한다. 라피는 또 성당 밖에 있는 작은 수도원을 보았다. 그 수도원은 샤를마뉴 대제가 지은 것으로 안쪽에 롤랑의 무덤이 있다. 근처 마당에는 두란다르테 Durandarte('검으로 세게 내리치다'라는 뜻)라고 하는, 롤랑이 죽기 전에 자신이 지닌 큰 검으로 갈라놓은 거대한 바위가 있다. 롤랑은 자신의 검이 '겁쟁이나 이슬람교도들' 손에 들어가는 것을 원하지 않았다. 그래서 이 바위에 검을 내리쳐서 못쓰게 만들고자 했다. 그러나 세 번이나 내리쳤음에도 불구하고 검이 부러지기는커녕 오히려 바위가 갈라졌다. 라피와 또 함께 가던 이름이 알려지지 않은 미술가는 이어서 콤포스텔라로 순례를 떠나기 전에 롤랑의 묘비에 자신들의 세례명과 성을 날카로운 칼로 새겼다.

지금 보고 있는 빈 수도원과 작은 기념비는 꽤 최근에 지어진 것처럼 보인다. 라피가 기록한 바에 따르면 그 수도원은 론세스바예스쪽으로 더 내려가 있어야 했다. 샤를마뉴의 전사들은 이곳을 통과한 마지막 프랑스 군대가 아니었다. 나중에 프랑스 군대는 스페인을 황폐화시켰다. 이제 너무 지쳐서 이것에 대해 더 이상 생각할 수 없다.

다시 길을 나서자마자 앞에 커다란 건물이 보인다. 알고 보니 순례자들이 쉬어가는 휴식처다. (보통 알베르게라고 하는 순례자 숙박시설을 말함 - 옮긴이) 이곳과 며칠 더 가면 나올 엘 세브레이로는 순례 안내서에서 가장 오래된 숙박시설로 나온다. 8시간 동안 산맥을 넘느라 고생한 뒤 마침내 순례 첫 날을 무사히 마쳤다. 정식으로 순례자 등록을 해야 하므로 벤치에 잠시 짐을 풀고 누웠다가 천천히 산티아고 협회사무실로 발을 옮긴다. 겨우 걸을 수는 있지만 통증이 이만저만이 아니다.

비가 그치고 햇살이 내리쬔다. 협회사무실을 찾아 들어가니 스페인인 순례자 두세 명이 있다. 친절한 신부는 우리를 순례자로 등록하고 증명서를 나눠준다. 우리는 순례를 하면서 들르는 곳마다 증명서credencial에 도장을 받아야 하는데 나중에 콤포스텔라에 도착하면 그곳의 대성당에 있는 순례자 사무실에 증명서를 제출한다. 순례를 하는 도중에 알베르게에서 숙박을 하고자 한다면 이 증명서를 보여주어야 한다. 신부는 또 오늘 저녁 8시에 순례자들을 위한 특별 미사가 있을 거라고 알려준다.

성당은 협회사무실과 알베르게 사이에 있다. 따라서 미사에 참석할 수 있을 것 같다. 신부는 마을과 가까운 가게에서 맛있고 값싼 음식을 먹을 수 있다고 알려준다. 레스토랑은 비싸다고 한다. 그러나 난 그렇게 멀리까지 걸을 수 없다. 또 더 필요한 것도 없다. 아직도 배낭에 먹을 것이 많다.

알베르게로 돌아오니 야영용 침대가 달린 공동 침실이 있다. 한 방에 약 10명 정도가 있었지만 너무 지쳐서 그들에게 그냥 겉치레로 인사하는 것 말고는 아무 것도 할 수 없다. 얇은 침상에 누우니 몸을 움직일 수가 없다. 저녁 8시가 되서야 다시 일어나 천천히 성당으로 발길을 옮긴다. 걸음걸음이 고통이다. 미사 예식에 따라 어렵게 자세를 이리저리 바꾼다. 미사에는 꽤 많은 사람들이 참석한 것 같았지만 너무 피곤한 나머지 누가 누군지 구별할 수 없다. 그저 주변에 있는 사람들을 어렴풋이 느낄 뿐이다.

실제로 미사 그 자체에는 관심이 없다. 정신이 다시 또렷해진다. 혼란스럽거나 골치가 아프지도 않고 이상할 정도로 마음이 안정된 상태다. 전에는 전혀 알지 못했던 어떤 것에 편안하게 집중하는 것 같다. 나는 지금 이곳에 있지 않고 비를 맞으며 카미노에 있다. 나는 그저 나일뿐, 카미노를 따라 순례할 수 있도록 신의 은총이라는 멋진 선물을 받은 행운아다. 실제로 이 여행은 내 일생 동안 받은 신의 은총 가운데 가장 위대한 것이라는 생각을 지울 수 없다. 그러나 발을 질질 끌며 최악의 불신과 낙담, 고통, 피로로 가득 찼던 지난 하루 여덟 시간의 사투를 끝내고 난 뒤 이런 감정을 느낀다는 것이 너무 어색하고 터무니없어 보이기조차 하다. 왜 이것을 그토록 특별한 신의 은총으로 생각하는 걸까? 더욱이 심신이 다 지칠 대로 지친 상태인데도 나를 사로잡은 느낌은 선명하고도 강력했다.

기억 저편에서는 모든 것이 불분명하고 혼돈스럽다. 성 야고보의 무덤이 보이고 프랑크 전사들의 신화들과 정체모를 무어족의 출현, 천 년 동안 이어져온 수많은 순례자들, 그리고 기이한 역설적인 느낌이 내 안에서 서로 혼란스럽게 뒤섞인다. 그래, 읽을 책을 가져오지 않은 것은 잘한 일이었다. 앞서 카미노를 따라 갔던 사람들이 겪었던 것들을 함께 느끼기 위해 내 자신이 마음의 문을 열려면 철저한 고독 속에서 순례의 길을 가야 한다고 생각했다. 그래서 멈춰 쉬는 순간에도 아무 것도 읽지 않기로 했다. 그래야 충분히 생각하고 느낄 수 있기 때문이다.

미사가 끝날 무렵 나와 몇몇 다른 사람들은 순례자들에게 주는 특별한 축복을 받기 위해 일어서 앞으로 가까이 간다. 나는 너무 피곤해서 신부가 무슨 말을 하는지 알아듣지 못한다. 그 의식은 적어도 12세기까지 거슬러 올라간다. 오늘은 이런 형식으로 나타난다.

신부 : 오 하느님, 우르의 칼데아 사람 아브라함을 당신의 종으로 택하시고, 그의 방랑을 모두 굽어보시는 주님, 히브리인들을 사막에서 인도하신 주님, 부디 당신의 이 종들이 콤포스텔라까지 무사히 순례를 마칠 수 있도록 보살펴주시길 간청합니다. 그들이 길을 갈 때 언제나 함께 하시고, 갈라지는 곳에서는 바른 길을 인도하시고, 지칠 때에는 힘을 주시고, 위험 앞에서는 방패가 되어 주시고, 길에서는 쉼터가 되어 주시고, 뜨거운 태양 아래서는 그늘이 되어 주시고, 어둠 속에서는 빛이 되어 주시고, 그들이 낙담할 때는 포근히 감싸주시며 그들의 의지를 강하게 만들어 주소서. 그래서 주님의 보살핌으로 그들이 다치지 않고 여행을 마칠 수 있게 하시고 당신의 은총과 권능으로 충만하게 하소서. 그리고 지금 그들의 부재를 안타까워하고 있을 각자의 집으로 영원한 기쁨을 가득 안고 무사히 돌아갈 수 있게 하소서. 성령과 하나이시며 하나뿐인 하느님이시여. 당신과 함께 영원히 살고 이 세상을 지배하시는 당신의 아들 예수 그리스도를 통해서 이루어주소서. 전능하신 하느님의 은총이 성부, 성자, 성신의 이름으로 여러분에게 내리시길.

모두 : 아멘.

신부 : 주님이 여러분의 발걸음 하나하나를 인도하시고 카미노가 끝나는 곳까지 언제나 함께 하시길.

모두 : 아멘.

신부 : 성모 마리아의 가호가 여러분과 함께 하여 영혼과 육체의 모든 위험에서 구해주시고 여러분이 순례를 안전하게 마칠 수 있도록 성모께서 확실히 보호하시리라.

모두 : 아멘.

신부 : 천사장 라파엘이 히브리인들과 동행했던 것처럼 여러분과 카미노를 동행할 것이며 해를 입거나 장애물을 만날 때마다 언제나 보호해주시리라.

모두 : 아멘.

옛날에는 순례자들의 옷을 위해서도 특별한 축복을 빌어주었다. 순례자들은 사람들의 눈에 띄는 마대 자루 같은 헐렁한 옷을 입었다. 그들은 그 안에 먹을 것을 넣었고 지팡이를 짚고 다녔다. 순례자들은 그들이 입은 옷과 지니고 다니는 물건을 보면 금방 알 수 있었다.

알베르게로 돌아온 뒤 편안하게 뜨거운 물로 몸을 씻지 않기로 한다. 그것은 너무 과도한 호사다. 지금 이 느낌이 더 좋다. 배낭에서 음식을 조금 꺼내 먹는다. 침낭이 있기 때문에 오늘밤 내게 필요한 것은 아무 것도 없다. 잠옷을 꺼내 입고 침낭 안으로 들어가 지퍼를 잠근다. 이것은 정말로 일생에서 처음 겪는 가장 기이한 경험이 될 것이다.

하지만 몸이 몹시 춥고 격렬하게 떨리기 시작한다. 내 몸을 어찌해야 할지 모르겠다. 마치 몸 전체가 격렬한 진동에 휩싸인 것 같다. 어떡해야 하지? 숙소에 있는 다른 사람들에게 도움을 청해야 할까? 도대체 내게 무슨 일이 일어나고 있는 거지? 이런 일은 한 번도 겪어본 적이 없다. 얼마나 시간이 흘렀는지 모르지만 점점 몸이 따뜻해지는 것 같더니 …… 이내 조용해지고 …… 잠이 온다.

페트라르카 마이스터, 〈고통〉 1520년 경, 바이에른 시립도서관, 뮌헨.

2
나는 그곳을 알지 못한다
론세스바예스에서 주비리까지

잠에서 깨어 …… 주변 소리를 들으며 그대로 누워 있다. 아직 여명이 밝지 않은 이른 새벽이다. 침낭 안에서 팔과 다리를 조금씩 움직여 본다. 아프지 않다. 침낭을 벗고 밖으로 나온다. 여전히 통증이 없다. 화장실로 간다. 기분이 괜찮다! 지금 내 모습이 지난밤 그렇게 고통에 시달리던 바로 그 사람이란 말인가? 정말 그 몸 그대로란 말인가? 다시 힘을 내서 걸을 수 있을 것 같다. 재빨리 옷을 갈아입고 배낭에서 소시지 한 조각과 약간의 치즈, 빵, 과일을 꺼낸다. 여행객들이 함께 모여 식사하는 공간에 큰 탁자가 하나 있다. 금세 여러 사람들이 그곳에 모여든다. 모두 즐거워 보인다. 이제 카미노에서 또 하루를 맞을 준비가 된 듯하다. 배낭을 꾸리고 지팡이를 들고는 론세스바예스에 작별 인사를 한다.

이제야 비로소 이곳에 있는 수많은 건축물이 눈에 들어오기 시작한다. 이곳이 유서 깊은 곳이라는 것은 이미 알고 있는 사실이다. 중세 시대, 이곳에는 큰 쉼터들이 여러 곳 있었다. 당시에는 그 쉼터를 오스피탈hospital이라고 불렀는데 그곳의 손님 접대가 극진하기로 유럽 전역에 널리 알려져 있었다. 당시에 순례자들은 그곳에서 침대와 식탁을 제공받았다. 거리에는 몇몇 흥미로운 상점들이 보인다. 그러나 빨리 여기를 벗어나 카미노로 들어서고 싶다. 유서 깊은 건축물이나 눈에 띄는 기념품 따위는 관심의 대상이 아니다. 모든 것이 수세기에 걸쳐 여러 차례 새로 만들어진 것이리라. 내가 간절히 찾고자 하는 유일한 장소는 이곳을 벗어난 저 밖에 있다. 일찍이 순례자들이 쉬어갔던 바로 그 하늘 아래서 그들이 밟았던 바로 그 땅에 내 발을 뿌리내리고 싶다.

오늘은 언덕진 들판을 따라 걷는다. 어제 넘던 산맥의 풍경과 일치하는 것은 정말 하나도 없다. 수풀이 사랑스럽다. 어제 내린 비로 만물이 파릇파릇하게 물을 머금고 있다. 땅 위에 검정색 점들이 보인다. 어제도 그것들을 봤다. 바닥에 앉으며 돌멩이에 붙은 것을 가까이 들여다본다. 달팽이다! 이제 그것들을 밟지 않도록 더욱 조심해서 걸어야 한다.

몇 시간이 지난 뒤 전에 전혀 겪어보지 못했던 새로운 것이 느껴지기 시작한다. 무엇인가가 온몸으로 강하게 느껴지며 한 곳에서 다른 곳으로 이동하고 있다. 과거에 이 같은 것을 겪어본 적도 없고 이것에 대해 아는 바도 전혀 없다는 사실이 곤혹스럽기만 하다. 지금 상황은 자동차나 비행기를 타고 이동하는 것처럼 공간을 가로지르며 이동하고 있는 것이 아니다. 이것은 근본적으로 전혀 다른 느낌이다. 나는 어느 한 공간에 있음을 느낀다. 그러나 실제로는 무수히 많은 공간에 존재한다. 공간은 미세하게 나뉘고 나는 그 속에 존재한다. 수많은 현대적 공간은 실제로는 그리 중요한 것들이 아니다.

그것들은 그저 개념들의 반복일 뿐이다. 병원, 상점가, 공항, 고속도로, 교외와 같은 것은 특정한 공간들을 지칭하는 개념들에 불과하다. 한 걸음 한 걸음 다른 곳으로 이동할 때마다, 그것이 1센티미터든 50센티미터든 우리는 언제나 어떤 공간에 있다. 이동하는 순간마다 그 공간들은 서로 연결되어 있다. 그리고 내 모든 감각의 문은 더욱 열리고 더 많은 것을 인지한다. 평소보다 훨씬 더 많은 것들을 빨아들이고 있는 듯하다. 발걸음을 옮길 때마다 나는 다른 공간에 있으며 그 공간들은 각자 고유한 본성들을 가지고 있다. 따라서 그것은 마치 서로 다른 무수한 인식들을 끊임없이 받아들이고 있는 것 같다. 자리를 이동할 때마다 내가 어디에 있고 주위에 무엇이 있는지 잠시 느껴본다면 그것이 앞서 지나온 공간에서 느낀 것과는 다르다는 것을 금세 안다. 시인들이 창조의 경이로움을 노래할 때 표현하고자 하는 것이 이런 게 아닐까?

한편 빛은 언제나 어느 순간과 공간을 특별하게 창조한다. 이 세상에 똑같은 빛은 없다. 걸음을 옮길 때마다 밟는 흙이 서로 다르듯이 빛의 성질도 끊임없이 변한다. 또한 빛은 지금 여기라는 시간과 공간을 다른 것들과 구별해서 느낄 수 있게 만드는 고유한 특성이 있다. 높이 올라갈수록 공기의 농도가 달라지는 것처럼 공간마다 빛의 밝기도 달라진다. 어떤 장소에 대한 느낌을 떠올릴 때 당시의 특정한 장면이나 장소의 빛이 얼마나 밝았느냐 하는 것이 부분적으로 영향을 준다. 예를 들면 사방이 희미한 안개로 뒤덮인 가운데 이른 아침 햇살이 소나무들 사이로 스며드는 이 길의 모습은 절대로 잊혀지지 않을 것이다.

이것이 아마도 지난날의 경이로움이나 아름다움 같은 것을 오늘날 다시 한번 경험하는 방법일 것이다. 지난날의 일이든 지금의 일이든 대개 나는 가까운 곳에 있는 것만 볼 수 있다. 거기는 웅장한 조망도 없고 아른거리는 지평선도 없다. 지금 내가 있는 이곳, 여기서 내가 느끼는 것들, 그리고 바로 여기서 얼마 안 떨어진 곳에 있는 다른 곳에 대한 상상만이 있을 뿐이다. 그리고 그것들은 다른 공간들이다. 거기에는 내가 급히 달려갈 목적지가 없다. 수많은 방식으로 내가 접촉하는 이 땅만이 있을 뿐이다. 그리고 다시 한 걸음 내딛었을 때 내 발바닥 밑에 있는 새로운 땅과 흙을 만날 것이라는 전망만이 있을 뿐이다. 새로움에 대한 경험, 새 것이 주는 즐거움이 아름다움을 볼 수 있게 할까? 이를테면 …… 창조를 볼 수 있게 할까?

지금 어디로 가고 있는지 방향감각이 전혀 없다. 지금 내가 어디에 있는지, 또 어디로 가고 있는지도 전혀 모르겠다. 나무나 돌, 울타리 기둥, 허름한 벽에 칠해진 노란색 화살표를 따라가야 한다는 얘기를 들은 기억이 났다. 『성 야고보의 서』제5권에 에메릭 비코가 그려놓은 카미노 프랑세스(camino francés 생장 피드포르에서 콤포스텔라까지 가는 순례 구간으로 지금 저자가 걷고 있는 길을 말함 - 옮긴이)라고 부르는 길을 보존하느라 애쓰는 사람들이 고맙게도 나같이 어느 길로 걸어 가야 할지 모르는 사람들을 인도하기 위해 화살표를 그려 놓았다. 가끔씩 길을 잃고 다시 노란색 화살표가 나올 때까지 되돌아가서 화살표가 어디로 향했는지 세심히 살펴보고 그 쪽을 따라가곤 한다. 이 화살표들이 없었다면 나는 금세 길을 잃고 말았을 것이다. 어제는 옛 순례자들의 도움으로 론세스바예스까지 무사히 갔다면, 오늘은 길을 잃지 않도록 화살표를 그려준 현대 순례자들의 도움을 받는다.

 몇 시간이 지나자 어제처럼 또 통증과 피로가 몰려오기 시작한다. 그러나 어제와 똑같지는 않다. 갑자기 두려움이 강하게 밀려오기도 했지만 반면에 어떤 새로운 힘이 내면에서 솟아나면서 온몸을 가득 채운다. 뭔가 불안하지만 분명히 내 안으로 스며드는 것이 있다. 그것을 느낀다. 점점 더 내면으로 깊숙이 들어오고 있음이 느껴진다 …… 조용히 기쁨이 밀려온다. 평생 처음으로 세상을 보는 맑은 감각이 생긴다. 새로운 창조의 순간처럼. 예순 다섯이나 나이를 먹은 지금! 좀 진부한 표현이지만 어제도 오늘도 아름다운 자연의 풍경은 나를 둘러싸고 있다. 그러나 그것은 내가 지금 온몸으로 느끼고 있는 것이 아니다. 나는 주변의 경치를 보는 것이 아니라 오히려 그 속으로 들어가서 새로운 아름다움, 보다 엄밀하게 말하면 그 아름다움을 즐길 수 있게 만드는 선한 일로서 창조에 더욱 더 몰입한다.

 이렇게 자연계의 경이로움을 느끼며 다시 카미노로 들어선다. 초라한 모습을 한 성인들과 경외심으로 떠는 순례자들이 고되게 걸었을 이 천년 왕국의 길은 아직도 내 앞에 수백 킬로미터나 뻗어 있다. 나 또한 앞서 이 길을 걸었던 옛 선인들과 함께 이 위대한 다수의 일부가 되고 있는 것이다. 이런 생각은 사실이기도 하고 아니기도 하다. 나는 지금 스페인 북쪽에 있는 잘 알려지지 않았지만 성소로 인정된 곳에 두 발을 단단히 딛고 서 있다. 중세 시대 민중들이 은하수를 따라서 찾아왔던, 말 그대로 '땅 끝'이라고 믿었던 바로 그곳이다. 신기하게도 오늘날 지도에도 여전히 이곳은 '땅 끝'이라고 표시되어 있다.

순례를 시작한 지 이제 이틀째다. 과거에 한번도 생각해본 적이 없었던, 그리고 전혀 상상할 수 없었던 지금의 고통과 고생, 희생이 지금까지 내가 한 번도 겪어 본 적이 없는 것들이라는 사실을 깨닫자 그것들이 아무렇지도 않게 생각된다. 상상하건대 …… 일찌감치 이것을 깨닫지 못했다면 아마 죽었을지도 모를 일이다.

9시간 동안 쉬지 않고 걷고 난 뒤 주비리에 도착했다. 작은 읍 정도의 마을이다. 지나가는 사람에게 알베르게가 어딘지 묻자 담장이 쳐진 건물을 가리킨다. 그곳은 학교 교실을 숙소로 개조한 곳으로 한 쪽 구석에 샤워장과 화장실이 딸려 있다. 18개의 2인용 침대가 서로 가까이 붙어 있다. 방 안으로 들어섰을 때 두 명의 젊은 여성이 막 청소를 마치고 있었다. 티끌도 찾아볼 수 없을 정도로 깨끗하다. 그들이 방을 나서자 정면에 있는 커다란 탁자 위에 꽃 한 다발이 눈에 들어온다. 그 꽃들은 분명 누군가의 정원에서 자랐을 것이다. 비록 플라스틱으로 만든 보잘것없는 우유 상자 안에 꽂혀 있지만 그것 때문에 그 꽃들이 내뿜는 우아함이 사라지지는 않는다.

이 카미노는 신기한 세상이다. 인간의 아름다움과 거리가 먼 원자력으로 돌아가는 국경지대를 지나 지금은 이 작은 마을에서 내 잠자리를 깨끗하고 멋지게 꾸며주기 위해 자원봉사를 하는 두 명의 아름다운 사람을 만난다. 아마도 이들은 우리가 이 숙소를 이용할 수 있게 만들고 잘 관리하며 뜨거운 물로 몸을 씻을 수 있게 돈을 들여 시설을 했을 것이다.

비가 내리기 시작한다. 여러 명의 순례자들이 도착한다 …… 그 가운데 한 사람, 바르셀로나에서 온 남자는 나보다 몇 살 아래로 보인다. 혈기가 넘치고 유쾌한 사람이다. 그는 배낭에서 상자 하나를 꺼내 조심스레 열고는 동종요법(병이 났을 때 그 병과 같은 증상을 일으키게 하는 약제를 써서 병을 치료하는 대안 치료법의 일종 - 옮긴이) 치료제들을 보여준다. 그는 그 요법의 효율성을 매우 자신하는 듯하다. 그리고는 근처 빵집에서 순례자 증명서에 도장을 찍어주는데 지금은 문을 닫아서 내일 아침까지 기다려야 할 거라고 알려준다. 그러나 길 아래로 조금 내려가면 작은 가게가 나오는데 거기서도 도장을 찍어주므로 오늘밤 그곳에서 '도장을 받을' 수 있다는 것도 알고 있었다.

그가 가져온 구급상자를 보니 나도 준비물을 좀더 세심하게 챙겼어야 하는 건 아니었는지 하는 후회가 든다. 순례를 떠나기 전 순례자들이 준비해야 할 품목들을 확인했다. 변비와 설사약, 햇볕에 타는 것을 막기 위한 오일, 근육통에 바르는 약, 요오드제 같은 소독약, 일회용 반창고, 아스피린, 화장지, 튼튼한 운동화 두 켤레 같은 것들이었다. 나는 아스피린만 빼고 나머지는 챙기지 않았다. 내게 배낭을 빌려준 친구는 발에 물집이 생겼을 때 감쌀 반창고를 두 개 가지고 가라고 권했다. (아직까지는 물집이 생기지 않았다) 내 약 상자에 들어있는 것은 그게 다다.

카미노를 안내하는 책자마다 나오는 내용들이 있다. 무엇이 필요하고 무엇을 조심해야 하는지와 같은 것들이다. 특히 스페인어로 씌어진 안내서들에 유용한 내용들이 많다. 혼자 생각이지만 내가 본 안내서 가운데 최고의 내용은 18세기 중엽에 니콜라 알바니 Nicola Albani가 쓴 안내서의 1권 끝에 나온다. 그는 나폴리에서 콤포스텔라까지 걸었다.(2권은 다시 이탈리아로 돌아오는 여행기다) 이 책은 내가 아는 모든 기록들 가운데 가장 흥미진진하고 매력적이다. 저자의 성격이 내용에 그대로 드러난다. 알바니는 홀로 순례를 했는데 그 책에서 콤포스텔라까지 가는데 필요한 몇 가지 조언을 한다.

첫째, 이렇게 긴 여행은 마음과 영혼이 진실하고 생각을 함께 나눌 수 있는 사람과 동행하라. 그런 사람을 찾을 수 없다면 혼자 가는 편이 낫다. '나쁜 사람과 동행하느니 혼자가 낫다'는 속담이 있듯이 말이다.

둘째, 전염병이 돌거나 전쟁 중에는 떠나지 마라. 알바니가 순례를 시작했을 때 이탈리아와 프랑스 남부 지역에서 전염병이 크게 돌고 있었다. 공중보건 기관들, 이탈리아, 프랑스, 독일, 스페인 군대들과 부딪쳐 곤경에 빠진 적이 한두 번이 아니다. 한번은 제노바에서 입고 있던 순례자 복장을 벗고 스페인 사람인 것처럼 위장을 해야 했다. 그리고 나서야 가져온 먹을거리들을 방벽으로 둘러싸인 시내로 반입할 수 있었다. 제노바시의 보건 당국에서 발급한 보건증이 없기 때문이었다. 그는 검역소를 세 군데 거쳐야 했다. 제노바는 당시 전쟁 중이었고 동시에 전염병이 돌고 있었다. 또 한번은 숲 속에서 노숙을 하고 있는데 군인들이 다가오는 소리를 듣고 잠에서 깼다. 얼른 덤불 속으로 몸을 숨기고는 군인들이 하는 소리를 엿듣고는 새파랗게 공포에 질렸다. 그들은 탈영병들이었는데 자신들이 어떻게 강도질을 했는지, 또 길에서 만난 사람들을 어떻게 죽였는지 서로 떠들었다. 알바니가 여행 중에 살아남은 것은 기적과 같은 일이다.

셋째, 건강이 좋지 않거나 체질이 허약한 사람은 가지 말아야 한다. 그리고 좋든 나쁘든 운명에 순응하는 것에 익숙해져야 한다. 만일 그러지 않으면 알바니가 말한 것처럼 '여행 도중에 반드시 죽을 것'이기 때문이다. (자신의 경험을 바탕으로 한 말이다)

넷째, 다리가 튼튼해야 하며 먹는 것을 너무 따지면 안 된다. 무엇이든 잘 먹을 줄 알아야 한다. 맛있거나 깨끗한 음식만을 찾는다면 그런 음식을 구하기 힘들 것이며 잘못하다가는 가는 도중에 굶어 죽을지도 모른다. 그러다가는 병에 걸리기 십상이다.

다섯째, 밤길은 절대로 피하고 좀 수상쩍어 보이는 사람과는 동행하지 마라. 쉬는 곳에서는 너무 눈에 띄게 행동하지 말아야 한다. 돈에 대해서는 말하지 않는 편이 낫다. 다른 사람들 앞에서 절대로 금화나 은화를 꺼내면 안 된다. 그리고 다음날 어디로 갈지 말하지 마라. 비코가 『성 야고보의 서』에서 자세하게 설명했듯이 알바니가 살았던 18세기에는 카미노를 따라서 숙소마다 진을 치고 있는 가짜 순례자들이 많았다. 알바니가 잠든 사이에 돈을 훔쳐 도망간 한 도둑은 정말 수완이 뛰어난 악당이었다. 대개 순례자들은 방문을 잠그고 잤다. 알바니는 바지 주머니 안에 돈을 넣고 꿰맨 다음 침대 매트리스 밑에 깔고 잠을 잤다. 아침에 잠에서 깨어나니 바지가 감쪽같이 사라졌다.

'순례자' 한 명도 사라지고 없었다. 위를 올려다보니 천정 근처에 작은 창문이 하나 있을 뿐이었다. 그러나 그 창문은 사람이 기어들어올 정도로 그렇게 크지 않았다.

여섯째, 특별히 (눈에 띄는) 순례자 복장을 하고 성소에서 축복을 받고자 하는 사람들은 하느님을 경외하며 순례를 해야 한다. 더 나아가 뱀처럼 진취적이고 기민하며 영리해야 하고 지적으로 깨어 있어야 한다. 그래야 누구도 함부로 대하지 못할 것이다. 또 가는 곳마다 그 지역의 관습을 거스르지 않고 잘 따라야 한다……다른 민족을 나쁘게 말하면 안 된다. 다른 나라 말을 할 줄 안다면 큰 도움이 될 것이다. 또한 베풀어달라고 요청하는 것을 부끄러워하지 마라. 구걸하는 것을 부끄러워한다면 굶어 죽을 것이다. 끝으로 하느님의 일을 하면서 겪어야 할 수난에 대비해서 위를 튼튼히 할 필요가 있다.

종교문학사에서 두드러진 역작인 알바니의 책은 18세기의 한 순례자가 카미노에서 경험한 수많은 모험과 감동, 위험과 기만 속으로 독자들을 이끈다. 그러나 18세기 알바니가 묘사한 세계와 17세기 라피가 묘사한 세계는 12세기 비코가 묘사한 것에서 볼 수 있는 세계와 더 비슷하다. 확실히 지금 내가 사는 20세기보다 비코가 살던 세상에 더 가깝다.

내가 사는 세상은 그것들과 완전히 다르다. 지금 당장 뜨거운 물로 몸을 씻으려면 2미터만 걸어가면 된다. 나와 비코나 알바니를 갈라놓은 시간의 격차가 그들과 나 사이의 영적 거리를 규정하는 것일까? 나는 과연 그들의 세계 속으로 들어갈 수 있을까? 그렇다면 그들의 세계는 무엇일까? 비코의 중세 시대를 가장 잘 표현한 말 가운데 하나가 '신앙의 시대'고, 18세기 알비니의 시대는 '이성의 시대' 다. 그러나 이들 순례자들이 쓴 기록물들을 보면 알바니의 종교적 감성이 오히려 비코의 그것보다 훨씬 더 섬세하고 원대하다는 것을 인정하지 않을 수 없다. 그러나 이러한 판단은 두 사람의 품성 때문이 아니라 서로 다른 문학적 표현 양식 때문에 나올 수도 있다. 모든 기록들은 자세히 살펴볼수록 대답을 주기보다는 더 많은 의문들을 쏟아낸다. 하지만 내가 정말로 관심이 있는 것은 바로 그 사람들이다. 썩어진 기록에서 증거를 찾기보다는 그것을 뛰어넘어 그들의 심장 속으로, 바로 그들 자신에게로 가야 한다.

이런저런 생각을 하며 몸을 씻는다. 따뜻한 물이 아픈 육신을 포근하게 풀어준다. 몸을 씻고 나서 시내 음식점을 찾아간다 …… 거기서 먹는 음식은 맛있을 게 분명하다 …… 오늘은 알바니의 튼튼한 위가 필요하지 않다. ……

숙소로 돌아오자 또 다른 순례자 일행이 도착한다. 팜플로나에서 온 한 쌍의 남녀가 내게 작은 조개껍질을 준다. 일찍이 성지를 순례한 사람들을 파메로스palmeros라고 불렀다. 그들이 종려나무 잎을 가지고 돌아왔기 때문이다. 또 로마를 순례한 사람들은 로메로스romeros 라고 한다. 콤포스텔라를 순례한 사람들은 페레그리노스(peregrinos 스페인어로 순례자를 뜻함 - 옮긴이)라고 한다. 그들은 돌아올 때 조개껍질을 가지고 왔다. 순례자들이 챙이 넓은 모자에 작은 조개껍질들을 매달고 있는 그림들을 자주 볼 수 있다. 큰 조개껍질들은 외투에 붙인다. 또한 예로부터 콤포스텔라를 순례한 사람들은 죽을 때 자신들이 가져온 조개껍질과 함께 묻어주길 바란다. 스칸디나비아 반도에서는 이런 조개껍질 무덤이 37곳에서 123개나 발굴되었다. 스웨덴 남부, 룬드시에서는 39개의 조개껍질 무덤이 발견되었다. 유럽에서 한 지역에서 발견된 것으로는 가장 많은 숫자다.

이것을 근거로 여러 학자들은 어느 지역에서 콤포스텔라까지 원거리 여행을 한 순례자들의 수를 추정하기도 한다. 배낭에서 작은 조개껍질들을 꿰매 단 검은 색의 챙이 넓은 모자를 꺼낸다. 그 조개껍질들은 멕시코 남부에 외따로 떨어진 인디언 마을에 사는 친구를 방문했을 때 태평양 해안가에서 주은 것들이다. 나중에 내가 순례 중이라는 것을 증명할 필요가 있을 거라고 생각하면서 그것들을 모자에 매달았다. 내 배낭과 지팡이를 보면 내가 또 한 사람의 외국인 순례자라고 믿지 않을 사람은 없다. 그러나 숙소에다 지팡이와 배낭을 놔두고 식당에 밥을 먹으러 갈 때면 아마도 그 모자를 써야만 할 것이다. 그래야 사람들이 나를 순례자로 생각할 테니까.

한 청년이 알베르게로 들어온다. 그 청년은 카나리아 제도에서 왔다. 배낭이 매우 작다. 그는 식수를 따로 준비하지 않았다고 한다. 길을 따라가다 보면 천연 샘을 찾을 수 있을 거라고 생각한다. 『성 야고보의 서』 제5권 6장에 보면 마시기에 안전한 강물과 그렇지 않은 강물이 있음을 설명하는 구절이 나온다. 비코는 푸엔테 라 레이나(앞으로 삼사일 더 가면 나올)에서 멀지 않은 곳에 있는 살라도라는 강은 사람이든 말이든 마시면 안 된다고 말한다. 비코와 동행들이 그곳에 도착했을 때 "나바로인 두 사람이 강둑에 앉아서 칼을 갈고" 있는 모습을 보았다.

"그들은 순례자들이 타고 온 말들이 강물을 마시고 죽으면 말의 가죽을 벗겨내는데 그 칼들을 사용한다" 비코는 그들에게 물을 마셔도 좋은지 묻는다. 그들은 괜찮다고 한다. 비코의 일행들이 말 두 마리를 끌고 강가로 가서 물을 먹이자 '그 자리에서 죽는다.' 두 명의 나바로인들은 슬그머니 아무렇지도 않다는 듯이 죽은 말들의 가죽을 벗긴다. 비코는 나바로인들이 말가죽을 공짜로 얻기 위해 거짓말을 했다고 기록한다.

이 글을 처음 읽었을 때 후미진 곳에서 칼을 갈면서 이방인들이 나타나기를 기다리는 악명 높은 등장인물이 나오는 할리우드 서부영화가 생각났다. 비코는 7장에서 카미노 주변 지역과 그곳에 사는 사람들에 대해 묘사한다. 비코는 나바로인들을 극도로 증오했는데 심지어 나바로인들이 동물들과 성행위를 하는 것을 포함해서 매우 다양한 변태적인 성교를 즐긴다고 하면서 그것을 자세히 기록한다. 이것은 비코 이전의 삼백 년 동안 프랑크족 군대들과 나바로인들 사이에 벌어진 사건들에 대한 기억들이 여전히 두 민족 사이에 매우 생생하게 살아 있음을 보여준다.

그 청년의 작은 배낭이 부러웠다. 전부터 내 배낭이 너무 무겁다고 생각했다. 그래서 이건 정말 필요한 건가, 아닌가 하고 배낭 안의 내용물들을 하나하나 다시 살핀다. 옛날부터 순례자들에게 전해진 충고의 말들은 정말 맞는 말이다. 되도록 짐을 가볍게 하라. 대개 최대 10킬로그램을 넘지 않게 하라고 권한다. 팜플로나에 도착하면 우체국을 찾아가서 필요이상의 짐들은 독일로 보내리라.

또 다른 순례자가 숙소에 들어온다. 캐나다에서 온 뚱뚱한 청년으로 처음으로 영어권 사람을 만난 셈이다. 그 청년은 자신이 콤포스텔라까지 걷기로 한 이유 가운데 하나가 살을 빼기 위한 것이라고 말한다. 그는 생장피드포르에서 피레네 산맥을 넘다가 내가 끝내 찾지 못한 산길을 발견했다. 그 길 꼭대기에는 아직도 눈이 녹지 않아서 그 청년은 하루 만에 론세스바예스에 도착할 수 없었다. 그의 아버지는 작은 일인용 텐트를 가지고 가라고 강요했다. 그 덕택에 그 청년은 눈이 덮인 산 속에서 하룻밤을 무사히 보낼 수 있었다. 내가 그 길을 찾지 못한 것은 아마도 행운이었던 것 같다.

9시가 다 되었다. 이제 침낭으로 들어갈 시간이다. 오늘 9시간 동안 숲을 지나고 작은 산들을 넘으며 자연스럽게 순례를 함께 하는 사람들에게 마음이 갔다. 그리고 그들이 내게 매우 큰 관심을 갖고 주시하고 있음을 느낄 수 있었다. 앞으로도 나를 끝까지 도와줄 사람들이라는 생각이 들었다. 그리고 그 상황이 일어났다. 심신이 지치고 아픈 가운데도 나는 여기 있다. 지금은 이번 여행의 또 다른 단계다. 낮 동안은 옛 순례자들의 도움을 받으며 걸었지만 지금 한 밤중 이곳에서는 함께 쉬고 있는 동행들의 우애와 동료애로 마음의 평안을 얻는다. 큰 평화가 나를 감싼다. 이제 나는 지금까지 있는지조차 몰랐던 …… 새로운 세계, 새로운 곳을 향해 걸어가고 있다. 그러나 아직은 여전히 어리둥절하다. 나는 그곳을 알지 못한다. 그것이 무엇인지 모른다.

3
계속해서 오한이 온다
주비리에서 팜플로나까지

신기하게도 …… 잠에서 깨어 일어나니 몸이 아주 상쾌하다. 지난밤과는 너무도 달라진 심신의 변화는 너무 커서 거의 믿을 수 없을 정도다. 잠이 인간의 몸과 마음을 이렇게 놀랍게 복원시킬 수 있을 거라고는 상상해본 적이 없었다. 나는 대개 9시쯤 자서 6시쯤 일어난다. 잠자리에 들면 곧바로 곯아떨어지는 체질이다. 그리고는 아침까지 깨지 않는다. 일주일에 하루는 충분히 쉬어야 한다는 얘기를 읽은 기억이 난다. 매일 아침마다 이런 기분이라면 콤포스텔라에 도착할 때까지 하루도 멈출 까닭이 없다. 그러나 이러다가 어느 날 갑자기 몸이 안 좋을 수도 있다. 무릎이 그냥 아픈 정도가 아니라 완전히 못쓸 수도 있을지 모를 일이다.

맑은 아침 공기를 마시며 밖으로 나오니 너무 기분이 좋고 기운이 난다. 햇살이 온 사방에 환하게 비치고 어제 내린 빗방울이 나뭇잎마다 대롱대롱 매달려 있다 …… 길 따라 물기를 머금은 덤불을 스치며 지나치다보니 옷이 흠뻑 젖는다. 이러다보니 카미노는 군데군데 도랑처럼 된 곳이 많다. 길 한쪽은 높은 비탈이고 다른 한쪽은 오래된 돌담이다. 걸어 다닐 수 있는 공간은 2~4미터로 다양하다. 비가 많이 내린 뒤에는 도랑 밑으로 물이 흐른다. 길을 걷다보면 끊임없이 돌이나 단단한 진흙들을 밟게 된다. 물에 빠져 신발이 젖지 않도록 하기 위해 한 쪽 방향으로만 가려고 애를 쓴다. 발은 언제나 습기가 차지 않고 건조한 상태를 유지해야 한다고 생각해서다. 날마다 양말을 두 켤레씩 신는다. 지금까지는 발 상태가 매우 양호하다. 물집이 생길 징후가 보이지 않는다. 그러나 사람들 얘기를 들어보면 모두 물집으로 고생했다고 한다 …… 아마도 언젠가는 나도 물집이 생기겠지.

오른쪽 아래로 약 1백 미터 이상 떨어진 곳에 간선도로가 카미노와 평행을 이루며 달리고 있다. 가끔 자동차가 간선도로를 달리는 것을 볼 수 있을 정도로 그다지 초목이 울창하지 않다. 길을 따라 느릿느릿 한 걸음씩 힘들게 발걸음을 옮긴다. 저기 지나가는 자동차들은 그 먼 거리를 빠른 속도로 씽씽 시원하게 잘만 달린다. 그러나 내 영혼은 깨어 있다. 그래. 그게 바로 다른 점이다. 자동차를 운전하거나 타고 가는 사람들 모두가 아니더라도 적어도 그들 가운데 일부는 틀에 박힌 사고에 사로잡혀 영혼이 닫혀있을지도 모른다 …… 하지만 나는 매순간 자연에서 일어나는 여러 가지 일들에 대해 경계를 늦추지 않고 언제나 생각을 열어놓는다. 갑자기 궁금한 것이 떠오른다. 우리는 어떻게 대지를 가로질러 이동할 수 있을까? 어떻게 하느냐가 아니라 어떻게 할 수 있느냐. 내가 하는 행동은 어떤 근본적이고 목적이 있는 운동일까? 그것은 베버가 말하는 이상형이나 플라톤의 이데아, 융이 말하는 원형이라기보다는 오히려 아리스토텔레스가 말하는 목적인(目的因운동을 일으키는 원인으로 사물 본연의 정신적이고 완전한 상태의 실현을 뜻함 - 옮긴이)에 가깝다고 할 수 있지 않을까. 따라서 내가 독일에서 프랑스와 스페인 국경지대로 온 행위는 그것이 진정한 운동이었기 때문이라는 이유가 아니고는 이해하기 힘들다. 내 행위가 의미를 갖는 것은 바로 걷는다는 것이 진정한 운동이었다는 믿음 때문이다.

어떤 의미에서 이렇게 느릿느릿 걷는 것은 신이 창조한 대지를 인간이 밟으며 이동하는 유일하면서도 진정한 방식이며, 사람들을 이곳에서 저곳으로 실어 나르는 모든 수송수단들의 미래를 판단할 수 있게 해주는 기준 또는 원칙이다. 소로우도 나와 같은 생각이었던 듯싶다. 그는 철도가 대중 교통수단으로 등장하는 것을 보고 이렇게 말했다.

진실하고 참된 여행은 단순한 기분전환이나 취미가 아니다. 그것은 무덤같이 진실하며 인생 여정의 또 다른 한 부분이다. 그런 여행을 경험하기 위해서는 오랜 시련의 나날이 필요하다. 우리가 흔히 계속 앉아만 있는 사람들을 가리켜 알을 품고 있는 암탉 같다고 비유하는데, 나는 지금 여행하는 동안 걷기는커녕 다리를 대롱대롱 매달아놓고 편히 앉아서 여행하는 사람들이나 그런 여행에 대해 말하는 것이 아니다. 다리에 생명을 주듯이 걸어서 여행하는 그런 사람들을 얘기하는 것이다. 여행자는 길에서 다시 태어나야 한다. 여행자는 만물의 근원이 되는 힘, 자연이 발급하는 여권을 소지해야 한다. 여행자는 마침내 옛날부터 있었던 어머니 자연이 주는 위협을 실제로 경험하고 자신이 살아 있음을 피부로 느낄 것이다. 그가 입은 상처들은 점점 깊어지다 내면에서 치유될지도 모른다. 그러나 그는 걸음을 멈추지 않을 것이다. 밤에 엄습하는 피곤은 그를 곯아떨어지게 만드는 베개가 될 것이다. 그렇게 그는 시련의 날에 대비하는 경험을 쌓을 것이다.

지금 걸어서 순례하는 것은 어떤 수송수단을 타고 경험하는 것보다 훨씬 더 풍요로우며 훨씬 더 실감나고 실제적이다. 그 밖의 다른 행동도 그 나름대로의 의미가 있을 것이다. 그러나 걷는다는 것은 정말로 열린 마음으로 곰곰이 찾고 생각할 수 있는 계기를 만든다. 진흙탕 길을 통과하기 위해, 깊은 물을 피해가기 위해 애쓰는 한 걸음 한 걸음은 모두 서로 다른 독자적인 행위이며 하나하나 새로운 모험이다. 또 그 걸음걸음은 하나같이 나름의 특별한 우아함을 지니고 있는 것 같다. 콤포스텔라를 향해 한 걸음 더 내딛었다는 은총으로서 말이다. 성지를 향해 점점 가까이 가는 걸음걸음이 하나의 은총임을 예전에는 전혀 알지 못했다. 나는 어떻게 스스로 땅 끝이 실제로 존재한다고 깨닫게 되었을까? …… 나는 어떻게 그곳을 향해 길을 떠날 생각을 할 수 있었을까? 한 곳에서 다른 곳으로 대지를 가로질러 끝없이 공간들 사이를 이동하는 진정한 행동을 실천할 수 있었을까? 몇 년 전 프랑스인 순례자 두 사람은 콤포스텔라까지 걸어가는 걸음 수를 실제로 계산해 보려했다. 그러나 그들은 프랑스를 채 벗어나기도 전에 순찰차의 도움을 받고 말았다. 그들이 이런 운동의 의미를 진작 알았다면 그런 짓은 하지 않았을 것이다.

　이제 내 신발을 적시지 않을 만한 장소를 찾아 발을 내딛기는 점점 더 어려워지고 있다. 빗물이 고여 흐르는 땅을 피해 비탈 위로 기어 올라갈 통로를 찾는다. 아래쪽은 모두 도랑을 이루고 있다.

　마침내 비탈 위로 올라갔다. 작은 덤불들이 있는 숲길을 걷는다. 걷는 동안 몸이 축축하게 젖을 정도로 아직 습기가 많다. 조금 더 가니 벌판이 나온다. 비에 젖은 풀들이 너무 빽빽하고 크게 자라서 마치 물 속을 걷고 있는 듯하다. 오히려 아래쪽 도랑을 걷는 편이 더 나았을지도 모르겠다. 다시 내려갈 길을 찾는다.

　지금까지 깨닫지 못했던 새로운 사실이 갑자기 생각난다. 일리노이 중부 지역에서 태어나 자라면서 높은 언덕이나 산을 올라가본 적이 없었던 나는 올라가는 것과 내려가는 것이(적어도 내게는) 크게 다르다는 것을 전혀 몰랐다. 올라갈 때는 배낭이 천천히 몸을 짓누르면서 힘이 빠지지만 내려갈 때는 가끔씩 통증 때문에 괴롭다. 그러나 시간이 흐를수록 몸은 이런 변화를 반긴다. 평지에서는 걷다가 피곤하고 아프면 그 두 가지 느낌이 동시에 온몸을 압박하며 기력을 쇠진시킨다. 그러나 언덕을 오르거나 내려올 때면 한 가지 감정과 싸우기만 하면 된다. 그 동안 또 하나의 다른 감정은 편히 쉰다. 오늘은 전날보다 몸이 더 아프고 지치는 것 같다. 하지만 다행히 인내심도 따라서 늘어났나 보다. 순례를 떠나기 전에, 걷다보면 나중에는 익숙해지면서 점점 쉬워질 거라고 생각했다. 그러나 그 생각은 금방 환상에 불과하다는 것이 밝혀졌다.

　이런 피로와 통증에도 불구하고 여전히 아름다움을 본다. 아름다움은 언제나 내 둘레에 있는 모든 곳에서 향기롭게 다가온다. 비록 저 아래로 간선도로가 보이지만 …… 그것만 뺀다면 가는 곳마다 아름다움만 있는 것 같다. 이른바 '장관'을 이루는 풍광은 아니지만 한 걸음 한 걸음 옮길 때마다 지나치는 공간들이 서로 연속적으로 이어져 있음을 분명하게 느낄 수 있다. 보이는 것 하나하나를 다시 한번 확인한다. 장소마다 서려 있는 고유한 모습은 무수한 다른 장소들로 합쳐지는 것 같다.

　이렇게 서로 다른 공간들을 이동하면서 그 공간이 지닌 독특한 모습들을 실제로 본다. 사방으로 끝없이 펼쳐진 각 공간의 고유한 모습을 느낀다. 때때로 그 결과는 매우 극적으로 나타나기도 한다. 눈을 들어 앞을 보니 바로 정면에! 산이 보인다. 아마도 산 너머에 팜플로나가 있을 것이다. 그러나 그 순간 초목이 앞을 가리고 도랑이 깊어져 더 이상 산을 볼 수 없다. 불쑥 산이 사라졌다는 느낌이 든다. 카미노가 산을 휘감은 게 분명하다. 산은 내가 알지 못했던 한 쪽, '끝'이 분명히 있다. 걷다보니 방향이 바뀐 것을 알지 못한다. 이렇게 대지와 가까이 하면서 그 위를 활보할 수 있다는 것은 얼마나 멋진 일인가.

　지치고 힘들었지만 흥분 속에서 7시간 동안 걷고 나니 번듯한 도로가 나온다. 지도에 표시된 대로 공공시설처럼 보이는 건물이 눈앞에 나타난다. 수도원이다. 격심한 피로에 기진맥진한 채 수도원 초인종을 누른다. 한 수녀가 대답하는 소리가 들린다. 이곳이 알베르게인지 묻자 그렇다고 한다. 수녀는 건물 옆을 돌아가면 출입구가 있다고 알려주고 숙박비는 300페세타(2달러 50센트가 안 되는)로 헌금을 내면 된다고 알려준다.

문가로 간다. 그곳은 여전히 햇살이 환하게 비치고 있다. 앞으로도 몇 시간 동안은 햇살이 비칠 것이다. 안으로 들어가니 모든 것이 소박하고 단정하고 깨끗하다. 신발을 벗어 흙을 털고 밖에 내놓고 햇빛에 말린다. 그런 다음 땀에 젖고 진흙투성이가 된 옷가지들을 모두 벗어 빤다. 매우 강력한 세탁비누를 하나 가지고 왔는데 빨래뿐 아니라 목욕도 하고 수염도 깎는 데 아주 유용하다.

옷을 빨고 말리는 일은 카미노에서 누구나 겪는 '문제'다. 당장 빨아야 하는 것은 두 가지다. 하나는 수건이고 또 하나는 양말들이다. 다른 것들은 그렇게 급하지 않다. 배낭 뒤에 매달린 끈을 이용해서 이동용 빨랫줄로 쓰면 좋다. 그러나 오늘 같은 날이나 비가 오는 날에는 그것은 전혀 쓸모가 없다. 오늘 오후는 햇빛이 참 좋고 강하다. 내일을 위해 빨리 신발과 옷들을 빨고 말려야 한다.

뜨거운 물로 몸을 씻고(이것만으로도 300페세타 값은 충분하다)밥을 먹으러 밖으로 나선다. 알베르게 안에는 조리시설이 완벽하게 갖춰져 있다. 이것은 밖에 나가 먹을거리를 사서 이곳에서 스스로 밥을 해먹을 수 있음을 뜻한다. 가장 좋은 방법이다. 그러나 지금은 너무 몸이 힘들다. 먹을 것을 사러 식품점이나 가게를 찾아다닐 수 없을 정도로 피곤하다.

두 블록 지나서 푸짐한 메뉴 델 디아menú del día를 먹을 수 있는 식당을 찾았다. 이 음식은 오늘의 요리를 말하는 것으로 운이 좋으면 매우 푸짐하고 맛 좋은 식사를 즐길 수 있다. 하지만 오늘은 특별히 운이 나쁜 것 같다. 가격은 저렴하지만 양도 적고 맛도 엉망이다.

지난 3일 동안 나는 서로 아주 다른 세 곳에서 쉬었다. 한 곳은 교회에서 운영하는 곳이고(론세스바예스) 다른 한 곳은 마을에서 운영하며(주비리) 이곳은 수도원에서 운영한다. 앞의 두 곳은 벽에 헌금함이라는 표시를 해둔 상자가 달려 있었다. 그러나 얼마를 넣으라는 설명도 없었고 그 안에 얼마를 넣든 그건 내는 사람 자유였고 한 푼도 내지 않아도 상관이 없었다.

쉼터 또는 알베르게라고 부르고 공식적으로는 오스피탈이라고 부르는 이 숙소들의 역사는 매우 풍부하고 다양하다. 이 건물들은 대개 역대 왕들의 명령으로 세워졌는데 현존하는 알베르게 가운데 가장 유명한 것은 16세기 초 페르디난드Ferdinand와 이사벨라Isabella 부부의 명으로 콤포스텔라에 세워진 대형 알베르게다. 주교나 수도회, 군벌, 귀족 그리고 재산이 많은 개인들이 짓거나 기부한 알베르게들도 있다. 일부 알베르게는 한때 순례자였던 평신도들이나 거기서 봉사하는 것을 또 다른 순례로 여기는 사람들이 속한 종교봉사단체에서 세워지고 운영되었다. 아주 오랜 옛날에 세워져서 지금까지 지속되고 있는 알베르게가 있다는 말을 들어본 적이 없다. 그러나 어쩌면 콤포스텔라에 닿기 전에 한 군데서 그런 곳을 보게 될지도 모른다. 중세 때 오스피탈은 매우 조직이 잘 되어 있었다. 오늘날에도 그 모습을 볼 수 있는데 거기에는 몇 가지 지켜야 할 규칙들이 있다. 예를 들면 거기서 숙박을 하려면 증명서가 있어야 한다. (수녀에게 증명서를 보여주면 거기에 확인도장을 찍어준다) 그리고 순례자는 그곳에서 하룻밤만 잘 수 있다. 특별한 사정이 있는 경우에는(아마도 아프거나 병에 걸렸을 때) 물론 예외다.

나는 걸으면서 언제나 다음 쉼터가 어디쯤인지 생각한다. 다음날 얼마나 걸어야 하는지 알 수 있기 때문이다. 사람들이 많이 보는 스페인어판 안내서에서 복사한 지도는 지금까지는 길을 잘 그려놓았다.

그것에 비해서『성 야고보의 서』제5권에 나온 여행 정보는 너무 엉망이다. 사람들은 이 책이 유럽에서 최초로 발간된 여행 안내서이며 지금까지 씌어진 수천 권의 여행안내서들의 선구자라고 말한다. 정말 흥미로운 기록이긴 하지만 적어도 내게는 참 괴상한 안내서다. 약 1140년에 씌어졌으니 당연히 12세기에 순례자들이 순례에 대해 어떻게 생각했는지를 알 수 있는 내용들이 많이 기록되어 있다. 그리고 앞에서 말했던 것처럼 프랑스인들과 피레네 산맥의 이쪽 편에 있는 나바로인과 바스코인들 사이의 증오심을 엿볼 수 있는 이야기들도 많이 씌어 있다. 그러나 정작 나처럼 피레네 산맥을 넘어 콤포스텔라까지 순례를 떠나는 사람들이 도중에 어디서 묵어야 하는지에 대해서는 한마디도 나오지 않는다. 오스피탈을 설명하는 부분(4장)이 있기는 하지만 겨우 세 군데밖에 안 나온다. 하나는 예루살렘에 있고 또 하나는 몽주(알프스 산맥에 있는 곳으로 로마로 가는 사람들이 이용)에 있으며 마지막으로 스페인 국경 지대의 산맥에 닿기 전에 들르는 프랑스 마을인 솜포트에 산타 크리스티나라고 부르는 오스피탈이 나온다. 이 책에서 가장 짧고 전체 내용이 11줄밖에 안 되는 4장은 중세 순례의 중심지 세 곳에 가는 길에 오스피탈이 있다는 것을 확인시켜주는 상징적인 문장일 뿐이다. 이것은 오늘날 보통 우리가 생각하는 안내서가 갖추어야 할 내용과는 매우 다르다. 지금 나는 이 책을 어떻게 읽어야 할지 잘 모르지만 중세 시대 순례자들은 아마도 이 세 가지 사례를 보고 그 길을 따라 다른 숙박시설들이 있다는 것을 알았을 것이다. 문학을 연구하는 사람들이 이 사실을 밝혔다. 나 또한 다른 기록들을 통해 『성 야고보의 서』가 씌어질 당시 카미노를 따라 여러 개의 오스피탈이 있었다는 것을 알았다.

『성 야고보의 서』에서 가장 내용이 많은 장으로 순례자들이 콤포스텔라까지 가는 길에 꼭 들러야 할 성당들이 보유한 성스러운 유물들인 산토스 쿠에르포스 santos cuerpos를 설명한 8장(709줄)은 성 야고보의 도시와 무덤에 대해 설명한 9장(397줄)보다 거의 두 배나 길다. 그런데 8장에서 성물들을 설명하고 있는 709줄 가운데 스페인에 있는 성물들을 설명하는 부분은 겨우 19줄밖에 안 된다. 나머지는 프랑스에 있는 성물들을 설명한다. 순례자들이 스페인으로 넘어가기 위해서는 피레네 산맥에 있는 두 곳을 거쳐야 하는데 그곳에 이르는 길은 네 갈래가 있다. 그 두 곳을 거쳐 스페인으로 넘어온 길은 다시 푸엔테 라 레이나에서 만난다. 앞으로 하루나 이틀 걸으면 그곳에 닿을 것이다.

사람들은 여기서 카미노의 신기한 세계 가운데 한 곳으로 들어간다. 그곳은 중세의 종교적 상상력을 불러일으키는 성스러운 유물들이 있는 곳이다. 콤포스텔라까지 가는 길목에서 사람들이 보고 만질 수 있었던 성물들이 비코에게 매우 중요했다는 것은 그가 그 성물들을 봉헌했던 장소나 그것들에 대해 기술했던 방식에 비추어 볼 때 아주 자명하다. 성물을 숭배하는 관습은 기독교가 생기기 이전부터 전해져온 전통이다. 그리고 기원전 3세기에 로마인들이 이곳에 오기 전, 스페인에서는 성물이 있는 성지를 순례하는 것이 유행이었다는 증거들도 있다. 사람들은 그 성물의 힘이 파괴하는 힘이든 치유의 능력이든 평안을 주거나 용서하는 힘이든 그 힘의 원천을 실제로 직접 만져보고 싶어 했다.

711년 무어족들은 스페인을 침략하고 곧이어 그 땅을 정복했다. 그들은 심지어 피레네 산맥 너머까지 진격했으나 732년 그 유명한 푸아티에 전투에서 패배함으로써 정벌은 중단되었다. 스페인에서는 오직 한 지역에서만 무어족들의 공격을 막아냈는데 갈리시아의 산악지대를 둘러싸며 저항했다. 그곳은 전설에 따르면 830년에 성 야고보의 시신이 발견되었다고 하는, 바스코인들이 사는 아스투리아스라는 지역이다.(이 지역은 로마인들에게도 끝까지 정복되지 않았다) 이 지역의 지도자들은 서고트족의 전통을 이어가며 스스로 군주를 자임하고 결국 무어족을 물리칠 수 있었던 왕국을 세우려고 애썼다. 진격 중이던 무어족을 피해 도망쳐온 일부 기독교인들은 오비에도 근처에 있는 이 지역에 산토 아르코Santo Arco라는 성물함을 가지고 왔다. 초창기 아스투리아스 왕국의 군주들은 이 성물함을 자신들이 세운 왕국의 정통성을 상징하는 필수 요소로서 받들고 알렸다. 왕들은 산토 아르코를 보관할 거대한 성당을 오비에도에 세웠다. 이곳은 유명한 순례지 가운데 하나가 되었는데 나중에 콤포스텔라 때문에 그 중요성이 가려졌다. 많은 순례자들이 콤포스텔라를 오가는 도중에 오비에도를 방문한다.

오늘날 일부 사람들은 '성물의 마법 능력에 대한 믿음'이 중세시대 사람들이 순례를 하도록 만든 근본 동기라고 주장하기도 한다. 이런 주장은 대개 은연중에 그런 믿음이 우리처럼 계몽된 시대에서 볼 때 미신에 사로잡힌 생각이라는 추론을 밑에 깔고 있음을 부인할 수 없다. 그러나 오늘날의 믿음들도 대개는 어떤 합리적인 근거나 기반이 없는 경우가 많다. 이를테면 국민총생산이나 보험제도, 기술적 해법 같은 것들은 추상적이며 때로는 자의적인 해석이나 상상에 기초한 믿음들이다. 적어도 오비에도나 콤포스텔라로 순례를 떠난 사람들은 고결한 미덕과 능력에 도달한 사람들의 삶이 남긴 성스러운 유물들을 직접 보고 만질 수 있었다. 어쨌든 당시 사람들이 순례를 떠난 동기는 나나 오늘 카미노에서 만난 사람들이 순례를 떠난 동기만큼이나 복잡하고 다양했을 거라고 생각해 본다.

에메릭 비코가 안내하는 순례길은 거기에 등장하는 사람들의 종교적 지형이나 정신세계를 반영한다. 그렇다. 그들은 어떤 물이 마실 수 있는 물이고 어떤 물이 독물인지 알아야 했다. 그러나 그들이 가장 중요하게 생각했던 것은 여전히 카미노를 걷고 있는 타락한 피조물들의 중재자로서, 하느님 앞에 서있는 이 거룩한 성인들이 남긴 유물들을 직접 보고 만짐으로써 하느님의 능력과 축복의 세계, 경이와 용서의 세상을 경험하는 것이었다.

『성 야고보의 서』제1권에 나오는 교황 칼릭스투스 2세가 쓴 것으로 알려진 (오늘날 어떤 사람은 그것이 '잘못 알려진' 것이라고 한다)〈공경의 날〉이라는 길고 산만한 설교를 보면 콤포스텔라까지 가기 위해 필요한 유용한 자료들을 더 많이 발견할 수 있을 것이다. 비코는 거기서 순진무구한 순례자들을 노리며 기다리고 있는 환전상들이나 상인들, 여관주인들 같은 사기꾼들이 저지른 여러 가지 악행들을 아주 자세하게 설명한다.

불충분하다기보다는 오히려 불쾌한 점심 식사를 끝낸 뒤 다시 알베르게로 돌아와 쉰다. 오늘 한 20킬로미터쯤 걸은 것 같다. 처음 이틀 동안 걸은 거리와 같을 것이다. 그래, 앞으로는 점점 걷는 속도를 높여서 하루에 더 먼 거리를 가야 한다. 그렇지 않으면 끝까지 가는데 너무 시간이 많이 걸릴 것이다. 기록에 보면 1937년 스페인내전 동안 두 명의 스페인 청년이 하루에 평균 42킬로미터를 걸었다고 나온다. 그것도 7월에! 둘 가운데 한 명은 신부였는데 성직자들이 입는 옷 같은 순례자 복장을 하고 걸었다고 한다.

이 알베르게에는 안락의자들이 있는 큰 방이 하나 있다. 탁자 위에는 방명록이 있다. 앞서 머문 두 곳에서도 이런 것을 보았다. 거기에 하고 싶은 말을 적는 것은 각자 마음이다. 원하면 서명을 남기기도 한다. 1992년에 마지막으로 이곳에 묵은 날짜가 언제인지 살펴보니 12월 29일이다. 1993년에 그 방명록에 처음으로 서명한 사람은 1월 1일에 여기에 묵었다. 세상에나! 하필 그런 시기에 카미노를 걸은 까닭은 무엇이었을까? 산꼭대기 높은 곳에는 눈이 있다. 눈이 매우 많이 쌓여있을 수도 있다고 들은 적이 있다. 길을 안내하는 화살표들은 대개 바위에 칠해져 있는데 그 사람은 어떻게 화살표들을 찾아서 길을 갈 수 있었을까? 매년 날마다 누군가가 여기를 방문하는 것은 천 년 동안 이어져온 살아있는 전통인 듯하다. 이런 생각을 하니 정말 놀라지 않을 수 없다. 내가 5월에 순례를 하기로 결정한 것은 6,7,8월에는 카미노에 수천 명의 사람들이 몰릴 거라는 소식을 들었기 때문이다. 올해가 가톨릭에서 25년마다 기념하는 성년聖年인 데다 스페인 정부에서 여행자들을 유치하기 위해 대대적인 국제 행사를 개최한다는 얘기까지 있었다. 5월보다 더 일찍 떠나는 것은 추위와 눈 때문에 자신이 없었다.

올해는 지금까지 137명이 여기 방명록에 서명을 남겼다. 그러나 모든 순례자들이 이곳이나 어느 정해진 알베르게에 항상 묵는 것은 아니다. 정확한 순례자 숫자를 확인하는 방법은 론세스바예스에서 순례자 등록을 하고 콤포스텔라에서 증명서를 제출한 사람들 명단을 세는 것밖에는 없을 것 같다. 그러나 이것도 모든 순례자를 다 포함할 수는 없다. 론세스바예스가 아닌 다른 도시에서 출발하는 사람들도 있기 때문이다. 내가 아는 한 친구는 몇 년 전에 콤포스텔라까지 갔는데 그가 출발한 곳은 레온이었다.

방명록을 쭉 훑어보다가 거기에 씌어진 내용들을 일부 읽는다. 이 얼마나 풍부한 정보의 보고인가. 여기 씌어진 기록들을 연구한다면 정말 흥미진진한 프로젝트가 될 것이다. 어떤 사람들은 거기에 자기 생각들을 자세히 적었다. 그 가운데 한 사람은 매우 예리한 말을 남겼다. "메 두엘레 또도 엘 꾸에르뽀, 뻬로 '노 아이 돌로르'" — "온몸이 아프다. 그러나 '고통은 없다.'" 가끔은 스페인어로 읽는 것이 미묘한 즐거움을 주는 때도 있다. 스페인어는 번역으로는 잡아낼 수 없는 우아하고 통렬한 감정이나 생각들을 표현할 수 있기 때문이다. 영어는 말 속에 담겨진 미묘한 차이를 나타내기에는 부족한 점이 많다. 그래서 그런 말은 스페인어로 읽을 수 있어야 한다. 카미노를 걸으며 날마다 느끼는 진정한 즐거움 가운데 하나가 바로 이런 것이다. 스페인어로 사람들과 인사를 나누고 말하는 즐거움 말이다.

나는 지난 몇 년 동안 날마다 암송하던 라틴어로 씌어진 성무일과서(聖務日課書 가톨릭 신부들이 날마다 예배를 봉헌하면서 부르는 찬송가와 전례문, 기도문이 담겨진 책 - 옮긴이)를 가지고 왔다. 그러나 너무 피곤한 나머지 그 책을 열어보지도 못했다. 그것은 카미노를 걷는 사람에게는 알맞은 기도문이 아니다. — 적어도 나 같은 순례자에게는 그렇다. 독일에서 짐을 쌀 때 우연히 책상 서랍 안에 놓여있던 아버지의 로사리오 묵주(가톨릭 신자들이 로사리오 기도서를 암송할 때 쓰는 묵주 - 옮긴이)를 보았다. 아무 생각 없이, 아니 어쩌면 감상에 이끌렸는지 모르지만 나는 그것을 꺼내 배낭에 집어넣었다. 아버지는 로사리오 기도를 늘 규칙적으로 암송했다. 가톨릭 신자들이 죽으면 관 속에 누워있는 시신의 손목에 그 묵주를 감아주는 것은 관습이었다. 초상집에 밤샘을 하러 오는 친지들이나 친구들에게 시신을 보여주는 것은 전통적인 장례 절차였다. 이것이 끝나고 관 뚜껑을 닫으면서 장의사는 아버지 손목에 감겨있던 묵주를 풀어 장남인 내게 주었다. 그리고는 지금까지 그것은 내 책상 서랍 안에서 한 번도 나오지 않고 그대로 있었다. 내일은 배낭에서 묵주를 꺼낼 것이다. 아마도 카미노에서는 로사리오 기도가 어울릴 것 같다는 생각이 든다. 규칙적으로 반복되는 걸음과 로사리오 기도가 서로 잘 맞을 것이다.

 숙소에서 혼자 잠잘 준비를 한다. 막 침낭 속으로 기어들어갈 때 캐나다인 순례자 세 사람이 알베르게로 들어온다. 그 가운데 한 명은 주비리에서 봤던 사람이다. 그들은 먹을 것을 꺼내 부엌에서 조리하기 시작한다. 나는 너무 피곤해서 그들에게 살짝 인사를 하는 둥 마는 둥 하는 것 말고는 아무 것도 할 수 없다. 조용히 눕자 다시 몸이 추워지며 떨리기 시작한다 …… 계속해서 오한이 온다 …… 전혀 멈출 것 같지 않다 …… 그러다 마침내 잠이 들었다.

4
고요와 경이로 가득찬 고독
팜플로나에서 시수르 메노르까지

아침 일찍 일어나니 놀랍게도 몸이 거뜬하다. 완전히 새로운 사람이 되었다! 될 수 있는 대로 빨리 길을 떠나야겠다는 생각에 마음이 설렌다. 커피 한 잔이 생각났지만 빵과 치즈, 과일로 아침을 때운다 …… 바욘에서 카페오레를 마신 이후로 커피는 마셔보지 못했다. 어제 오후 늦은 햇살에 말린 신발은 상태가 좋아 보인다. 배낭을 챙기고 여기서 5킬로미터쯤 떨어진 팜플로나를 향해 출발한다. 팜플로나는 카미노에서 내가 만나는 가장 첫 번째로 큰 도시일 것이다.

그곳을 찬찬히 살펴보는 것도 흥미로울 거라는 생각이 들지만 될 수 있는 대로 카미노라는 열린 공간에 집중하기로 마음먹었다. 하지만 마음이 흐트러질까 두렵다. 도시는 정신을 혼미하게 하는 것들로 가득 찬 곳이다. 팜플로나는 현재 인구가 10만 명이 넘는 현대 도시다. 전해지는 말에 따르면 팜플로나는 시이저의 경쟁자인 폼페이우스가 세웠으며 그의 이름을 따서 도시 이름을 지었다고 한다. 프랑스인과 무어족, 나바로 원주민들이 이 도시를 사이에 두고 여러 차례 충돌이 있었다. 16세기, 필립 2세는 팜플로나를 스페인 북부 지역에서 가장 난공불락의 도시로 만듦으로써 요새화했다.

그러나 팜플로나하면 무엇보다도 로욜라의 성 이냐시오 Ignatius of Loyola가 떠오른다. 이냐시오는 1491년 바스코에서 태어났고 처음에는 일가친척들의 집을 돌며 시중드는 일을 하다가 나중에 기사가 되었다. 그는 많은 전쟁에 참여하고 다양한 외교 경력을 쌓았는데 1521년 팜플로나에서 프랑스군의 침입을 막는 일에 참전했다. 그해 5월 20일, 전투 중에 포탄을 맞아 오른쪽 다리는 심하게 부러지고 왼쪽 다리도 큰 상처를 입었다. 그는 다른 장소로 이송할 수 있을 정도로 몸이 회복되자 가족들이 있는 로욜라의 성으로 옮겨졌다. 거기서 이냐시오는 처음에 치료한 다리가 잘못 되는 바람에 다시 부러뜨리고 붙이는 수술을 받았다.

이냐시오의 이야기는 유럽 역사에서 거대한 감동의 드라마로서 널리 알려져 있다. 그러나 다시 한번 그 이야기에 담긴 의미들을 되새김으로써 카미노를 더 잘 이해할 수 있고 현재 우리가 살고 있는 이 어두운 세상에 새로운 빛을 조금이나마 비출 수 있었으면 좋겠다. 부상으로 몸을 움직일 수 없게 된 서른 살의 기사는 무기력하게 지난날을 회상하는 일에만 몰두했다. 그러다가 지치면 읽을 것을 가져다 달라고 요청했다. 기독교 전사들만 있는 이 성에서 읽을 수 있는 책은 『그리스도 전기 Life of Christ』와 몇몇 성인들의 삶을 기록한 책, 딱 두 권뿐이었다.

세속의 삶에 괴로워하던 청년 이냐시오는 이 이야기들을 읽고 큰 감동을 받았다. 이냐시오는 몸이 회복되어 혼자서 움직일 수 있게 되자 검을 차고 카탈로니아의 유명한 순례지인 몬세라트로 순례를 떠났다. 거기서 그는 가지고 온 검을 성모상 옆에 매달고 만레사 근처에 있는 동굴로 가서 기도와 참회의 생활을 했다.

  이냐시오는 동굴에서 살면서 서구 세계에 매우 강력한 영향을 끼친 『영성 수련 Spiritual Exercises』이라는 책을 쓰기 시작했다. 그는 거기에 자신이 한 기도를 다른 사람들 위해 남긴다. 한 번은 내가 한 스페인 친구에게 그 기도문을 보여주자 그 친구는 그것을 읽고는 한 2~3분 멈칫 하더니 "아니, 이건 우리 엄마가 평생 날마다 외던 바로 그 기도문인데!" 하고 말했다. 그 친구는 그 기도문의 출처가 어딘지 전혀 모르고 있었다. 실제로 성 이냐시오에 대해서는 전혀 아는 바가 없었다. 그 기도문은 이렇다.

    그리스도의 영혼으로 저를 정화하시고,
    그리스도의 몸으로 저를 구하시고,
    그리스도의 피로 제가 취하게 하시고,
    그리스도 안에 흐르는 물로 저를 씻어 주시고,
    그리스도의 열정으로 저를 평안하게 하시고,
    오, 선한 예수여 제 말을 들어 주소서!
    당신의 품안에 저를 숨겨 주시고,
    제가 당신과 떨어지지 않게 하소서.
    사악한 악마에게서 저를 보호하시고,

죽음의 시간에 저를 부르시어,

제가 당신에게 갈 수 있도록 허락하소서.

당신을 찬양하는 성인들과 함께,

영원무궁토록.

아멘.

1523년, 이냐시오는 또 다른 성지 순례를 떠났는데 이번에는 팔레스타인이었다. 그 뒤 스페인으로 돌아온 이냐시오는 약 12년 동안 교육을 받기 위해 자기보다 훨씬 젊은 청년들과 함께 공부하는 학생이 되었다. 이냐시오는 멀고 긴 순례를 아무 일 없이 안전하게 마쳤지만 오히려 스페인에서 공부하는 동안에 종교재판소에서 이단 혐의로 두 번이나 체포되어 감옥에 갇혔다. 그러나 그때마다 그는 이단에 대한 무죄를 입증하고 풀려날 수 있었다.

성 이냐시오가 순례한 신앙의 지형은 비코가 그린 지형과는 매우 다르다. 성 이냐시오는 스페인에서 가장 유명한 성물이 있는 곳은 여행하지 않았다. 오히려 그 나라에서 가장 신비스러운 존재인 몬세라트 산을 찾아갔다. 그곳에는 성인들의 유골도 없고 옛날에 그려진 성모 마리아와 아기 예수의 그림만이(순례자들의 촛불 때문에) 검게 그을려 있을 뿐이다. 이냐시오는 그 다음으로 예수의 빈 무덤이 있는 예루살렘에 간다. 이냐시오는 성상聖像을 연구하기 시작했다. 나중에 그는 모든 성상들 너머에 숨겨진 것들을 연구했다.

콤포스텔라로 순례하는 사람들은 대개 성물, 그것의 실재를 중요하게 생각한다. 그러나 그들이 가서 보는 야고보의 무덤도 실제로는 비어 있다는 사실을 알면서도 결국 그 빈 무덤을 채우는 것은 바로 순례자 자신이라고 말하며 기뻐한다 …… 이것이 바로 그곳을 순례하는 숨겨진 기쁨이다.

팜플로나에 도착하자마자 시내 지도를 꺼내 본다. 나는 여기서 우체국과 신발을 수선하는 곳 두 군데를 들르고는 가능하면 가장 빨리 이 도시를 떠나고 싶다.

우체국은 쉽게 찾았다. 여기서 두 블록만 돌아가면 된다. 거기서 두꺼운 마분지상자를 하나 사서 배낭에 있는 불필요한 물건들을 꺼내 넣고 독일로 부친다. 그리고 우편엽서에 붙일 우표를 산다. 시내를 가로질러 가다보니 신발 수선공이 보인다. 그에게 신발에 넣을 새 깔창을 구할 수 있는지 묻는다. 지금 있는 깔창은 이리저리 움직이고 끝이 돌돌 말려 올라가서 여간 불편한 게 아니다. 수선공은 좀 괜찮아 보이는 두꺼운 깔창을 신발 안에 아교로 붙인다. 신을 신고 다시 길을 떠난다.

마치 새로 발이 생긴 것 같다. 새로운 신발 깔창 덕분에 신경을 딴 데 쓰지 않고 집중하게 된 것 같다. 도시에 대해서는 관심이 없다. 이 도시의 향기나 색깔이 어떤지 무슨 상관이란 말인가. 카미노는 예로부터 수천 년 동안 변하지 않고 꿋꿋이 그 길을 지켜온 진창, 숲, 벌판, 산과 함께 있었다. 그것은 도시 문명과는 아무 관련이 없다.

정오쯤 시수르 메노르에 도착했다. 팜플로나에서 몇 킬로미터 떨어진 교외의 마을처럼 보인다. 날도 아직 대낮이고 더 멀리 걸을 수 있었지만 이곳에 좋은 알베르게가 있다는 소문을 들어서 한번 둘러볼 생각이다. 오늘은 겨우 10킬로미터밖에 안 걸었지만 여기서 쉬고 가는 게 나을 것 같다. 내일 좀더 많이 걸으면 된다.

여러 차례 길을 물으며 그 알베르게가 어디에 있는지 서둘러 찾는다. 알베르게는 벽이 높고 문이 견고하다. 초인종을 누르자 안에서 여인의 목소리가 들린다. 여인은 들어오라고 하더니 산뜻한 정원을 통과해서 잘 설계한 오래된 건물을 지나 정원 뒤쪽에 있는 매우 매력적이고 낮은 건물로 안내한다. 이 알베르게는 한 일반 가정이 소유하고 운영한다. 숙박비는 약 500페세타로 미화로 약 3달러 80센트 정도다. 실내는 밝고 바람이 잘 통한다. 깨끗한 침대들이 서로 널찍하게 떨어져 자리 잡고 있다. 음식을 조리할 수 있는 부엌은 물론 샤워실과 화장실도 있다. 방이 커튼으로 서로 나뉘어 있는 것을 보고 깜짝 놀랐는데 알고 보니 한 쪽은 여성용이고 다른 한 쪽은 남성용이었다. 이런 편의시설을 해놓은 알베르게는 이곳이 처음이다. 그러나 앞서 다른 알베르게에서 본 순례자들의 신중한 몸가짐을 볼 때 과연 이런 편의시설이 필요할까 하는 의문이 든다. 나는 밤마다 자기 전에 반드시 옷을 벗고 잠옷을 갈아입기 때문에 혹시 여성과 함께 방을 쓸 때면 그냥 등을 돌리고 갈아입었다. 이곳은 순례자들이 머물기에는 너무 쾌적하고 편안해 보인다. 하지만 이렇게 신경을 써서 시설을 잘 갖춘 곳에서 휴식을 취할 수 있다는 것도 기분 좋은 일이다.

또 다른 순례자가 도착한다. 순례 첫 날 카미노에서 만났던 바로 그 프랑스인이다. 그는 심하게 다리를 절뚝거리고 있다.

여주인 도나 마리벨 론칼은 유창한 프랑스어로 다리 상태가 어떤지 묻는다. 여주인은 그의 신발을 벗기고 치료할 준비를 한다. 따뜻한 물에 식초와 소금을 타고 그 안에 발을 담그라고 한다. 여주인은 순례자 증명서에 도장을 찍어주면서 읍내의 경찰서, 교구 교회, 읍사무소, 가게, 알베르게 같은 다른 곳에서도 도장을 찍어준다고 설명한다. 각 장소마다 그 기관이나 장소를 나타내는 특별한 로고를 새긴 고무도장들이 있다. 순례자 증명서에는 이런 도장들을 순서대로 찍을 수 있도록 도장 찍는 칸이 그려져 있었다. 나는 이 도장들이 각기 서로 다른 재미난 모양을 하고 있다는 것을 이미 알고 있었다.

  여주인은 투숙객들에게 여기서 콤포스텔라까지 가는 길에 머무를 수 있는 알베르게들이 적혀있는 목록을 나누어준다. 목록에 없는 다른 알베르게들도 있지만 거기에 소개된 알베르게들은 여주인 자신이 괜찮다고 생각하는 기준에 따라 선별된 곳이라고 설명한다. 그녀는 자기네 알베르게에 대한 자부심이 대단하다.(내 생각에도 그럴만하다고 본다) 그리고 모든 알베르게는 고루 시설이 잘 되어 있어야 한다고 생각한다. 아마도 그러면 좋지 …… 개인적으로는 이곳 시설이 좀 고급스럽지 않나 하는 생각을 하지만 순례자들이 쾌적한 환경에서 편안하게 쉴 수 있는 곳이라는 점은 확실히 인정한다. 그녀는 계속해서 카미노에 대한 다양한 일화들을 이야기한다. 중세 시대, 시수르 메노르에는 순례자들을 위한 오스피탈이 적어도 두 군데 있었다. 성당 근처에 있던 것은 아직도 언덕 위에 그 잔해가 일부 남아 있다. 그러나 건물에서 나온 돌들은 지금 대부분 사라지고 없다.

아마도 다른 건물을 짓기 위해 가져갔을 것이다. 좋은 돌은 그냥 놔두지 않는다.

카미노와 그 길을 걷는 순례자들이 그녀에게 소중한 존재임은 자명한 일이다. 그러한 관심과 열정은 늘 새로운 깨달음을 준다. 여주인은 영어도 무척 잘 한다. 세 나라 말을 자유자재로 할 수 있기에 아마도 이곳에 오는 순례자들과 누구든 얘기를 나눌 수 있으리라.

오늘은 양말만 빨면 된다. 빨래는 곧 끝났다. 햇빛이 비치는 편안한 곳을 찾아 탁자 위에 놓여진 《순례자Peregrino》라는 잡지를 쭉 훑어본다. 카미노를 순례하는 사람들을 위한 잡지인 것 같다. 그러나 몇 분 지나지 않아서 세 명의 청년들이 다가와서 인사를 하는 바람에 잡지 읽기를 멈춰야 했다. 그들은 지역 텔레비전 방송국에서 왔다고 자신들을 소개하면서 방송 프로그램 제작을 위해 순례자 한 사람과 인터뷰하기를 원했다. 그들 가운데 책임자인 듯한 사람이 여기서 스페인어를 할 줄 아는 순례자가 누군지 찾다가 내가 할 줄 아는 유일한 사람이라는 것을 알고 인터뷰를 요청한 것이다. 나는 그가 원하는 게 무엇인지 좀더 자세히 설명해달라고 했다.

그는 요즘 텔레비전에서 방송되는 프로그램 대부분이 매우 좋지 않다고 생각하기 때문에 그것을 좀 바꿔보고 싶다고 말한다. 그는 텔레비전이라는 매체에 대해서 큰 기대를 가지고 있다. 그는 사람들이 생각할 수 있고 새롭고 중요한 생각들을 전달할 수 있는 진지한 프로그램이나 쇼를 제작하고 싶어 한다. 그래서 오늘 순례자와 대화하는 프로그램을 만들고자 하는 것이다. 그는 카미노 순례가 일반 관광이나 역사적 감상주의에서는 느낄 수 없는 어떤 매력을 지니고 있는지 알고 싶어 한다. 카미노 순례의 깊이를 실제로 경험해볼 수 있기를 바란다. 그는 그런 경험을 텔레비전 방송을 통해 시청자들에게 보여주고 싶은 것이다.

그는 약간 미안해하면서 자신은 가톨릭 신도는 아니지만 순례자들이 경험하는 '영적' 특성에 대해서는 어느 정도 타당성이 있다고 느낀다고 말한다. 그는 내게 실례가 될까봐 비록 '미신'이라는 말은 꺼내지 않지만(그는 아직 내가 느끼는 감성이나 생각들을 이해하지 못한다) 나는 그 말이 나와 그 사람 사이에서 빙빙 돌고 있음을 느낄 수 있다. 오늘날 정부나 관광기관들이 자신들의 목적을 위해 이용하고 있는 성 야고보에 대한 신앙이 중세 때부터 전해져온 미신이라는 생각을 뛰어넘는 더 중요한 의미를 지니고 있다는 것을 그는 이해할 수 있을까? 그는 인터뷰를 위해 장비를 설치해도 되는지 묻는다.

나는 잠깐만 기다려달라고 한다. 아직도 무얼 말해야 할지 생각이 나지 않는다. 먼저 나에 대한 설명을 미리 하고 인터뷰를 진행하기로 한다. 난 여러 해 동안 텔레비전 없이 지냈으며 아마 일 년에 한 시간 정도 볼까, 거의 텔레비전을 보지 않는다고 알려준다. 그렇게 오랫동안 내 앞에 텔레비전이 켜져 있는 것을 본 적이 없었다는 사실을 사전에 귀띔한다. 나는 오래전에 텔레비전에 대해 생각하면서 텔레비전에 비춰진 이미지들과 매체는 서로 구별되어야 하며, 텔레비전에 나오는 내용물과 그 내용물이 나에 대해서 또는 내게 투사되는 형식 또는 방식은 서로 다르다는 것을 알게 되었다. 그래서 일찍부터 결국 텔레비전에서 중요한 것은 내용이 아니라 형식이라고 결론지었다. 수준 낮은 저질 코미디나 고전극 영화, 멍청한 게임 프로그램, 포르노 영화들의 문제는 정작 중요한 것이 아니었다. 나는 어떤 이미지든지 그 이미지를 보여주는 방식이 자기 스스로를 한 인간으로서 볼 수 있게 하는 데, 즉 신이 창조한 윤리적 인간으로서 자아를 느낄 수 있게 하는 데 어떻게 영향을 끼치는지에 관심이 있었다. 내 자신을 이런 방식으로 다가오는 전자적 이미지에 노출시킨다면 나는 결국 어떤 종류의 인간이 될까? 텔레비전이 내 사적 공간을 침범할 때마다 불편하고 때로는 정신을 산란하게 만드는 것과 같은 느낌이 들었다.

나는 텔레비전이 처음 등장했을 때 그것이 재능 있는 많은 사람들을 그 신생 산업에 금방 뛰어들게 만들 거라고 예상했다. 그래서 그 결과 텔레비전은 사람들의 감수성을 점점 더 크게 조작할 게 뻔했다. 책을 읽을 때는 저자가 말하는 것이 무엇인지 생각하고 그것에 대해 논쟁하기 위해 단어 하나에도 눈을 떼지 못한다. 심지어 관련 서적까지 뒤지면서 내용을 파악하려고 애쓴다. 그러나 텔레비전을 볼 때는 이런 일들이 불가능하다. 나는 텔레비전을 어떻게 봐야 하는지 배운 적이 없었다. 텔레비전이 나왔을 때 나는 이미 너무 늙어서 텔레비전에 나온 화면들을 어떻게 받아들여야 하는지 알 수 없었다. 그러나 텔레비전 화면들은 나를 크게 불편하게 만든다. 그것은 내가 카미노에서 경험하는 것들과 근본적으로 달라 보인다. 텔레비전에서 나는 끊임없이 화면 속으로 걸어 들어간다. 나는 그 화면을 만들어낸다. 나는 그냥 화면일 뿐이다.

   나는 인터뷰를 요청한 그 피디 청년을 바라보면서 지금 여기서 우리 둘 사이에서 일어나고 있는 일들을 가지고 앞서 말한 내 생각을 설명할 수 있다고 말한다. 당신과 대화를 나누면서 당신의 얼굴과 눈을 보았다. 당신이 무엇을 요구하는지도 새겨들었다. 그러고 나서 어느 정도 당신을 알고 믿게 되었다. 날마다 쑤시고 지친 몸을 이끌고 추적추적 내리는 비와 뜨거운 햇살, 세찬 바람을 맞으며 진창길을 걸어서 이곳 스페인의 중심부까지 왔고 앞으로도 적어도 3주 더 이렇게 하려고 하는 까닭이 무엇인지 이제 당신에게 말할 수 있다고 생각한다. 내가 지금 하고 있는 행동은 은퇴해서 골프나 치며 여생을 편히 지내려는 내 나이 또래 사람들에게 미국의 방송들이 선전하는 그런 종류의 활동이 아니다.

   이렇게 당신의 얼굴을 들여다볼 수 있기에 몇 달 전 스페인에서 작은 성찬예배에 참석했다가 거기서 내가 누군지를 발견했다고 주저 없이 말할 수 있다. 제단에는 여러 가지 꽃들과 환한 촛불들이 가득했고 중앙에는 성스러운 빵과 포도주가 들어있는 성체 안치기라고 부르는 것이 있었다. 지금은 모든 가톨릭 성당에서 이런 의례를 하지는 않는다. 봉헌 의식은 세월이 흐르면서 바뀐다. 그러나 사람들은 끊임없이 그 예배에 참석하고 있었다. 그들은 거기에 앉아있는 나나 자신들이 잘 모르는 사람들에 대해서는 안중에도 없었다. 그들은 오직 그리스도가 그 성찬식에 실제로 함께 한다고 하는 믿음에만 관심이 있었다.

   나는 몇 시간 동안 그곳에 있으면서 그 예배에 참석한 사람들과 천 년이 넘도록 산티아고 데 콤포스텔라를 순례하는 각양각색의 수많은 사람들에 대해서 의아한 생각이 들었다. 여러 번 반복해서 스스로에게 물었다. 그들은 왜 편안한 자기 집을 떠났을까? 왜 그렇게 먼 곳까지 여행을 갔을까? 땅 끝이라고 부르는 그 미지의 세계로 그들을 이끈 것은 무엇일까?

마침내 그 대답의 실마리를 찾았다. 그 답을 알고 싶다면 떠나라는 것이었다.

나는 즉각적이고 실체적인 것, 직접 손으로 만질 수 있는 것에 관심이 있다고 말했다. 텔레비전은 사람들이 직접 할 수 있는 것에서 멀어지게 설계되어 있다. 그런 계략 때문에 당신이 직접 보고 만지고 냄새 맡고 맛보고 듣는 것은 점점 더 어려워질 수 있다. 이것이 바로 텔레비전이 궁극적으로 사람들에게 끼치는 영향이 아닐까 한다.

그 피디 청년은 텔레비전은 원격지 통신이라고 말한 움베르트 에코의 생각에 큰 감명을 받았다고 대답했다.

그렇다. 나도 동의한다. 아마 그럴 것이다. 그러나 난 통신에 관심이 없다. 통신은 사람들이 아니라 기계들 사이에서 일어나는 것이다. 통신은 0과 1의 비트가 서로 조합해서 작동한다. 나는 당신이 살아온 자취를 당신 고유의 말투로 말하는 것을 듣고 싶다. 내가 직접 말하는 것을 듣는 당신의 얼굴에 피어나는 웃음을 보고 싶다. 나는 서로 마주볼 수 없는 사람하고는 말을 하고 싶지 않다. 어떻게 이런 이야기들을 죽어있는 마이크로 주고받을 수 있겠는가? 어떻게 아무도 없는 허공에 대고 말을 할 수 있는가? 내가 어떻게 통신하는 기계가 될 수 있겠는가?

당신이 제작하는 텔레비전 프로그램을 많은 시청자들이 본다고 하자. 어떻게 내가 한 사람 한 사람 알지도 못하고 볼 수도 없는 거대한 대중 집단들을 대상으로 내 진심을 말할 수 있겠는가? 그래, 내가 순례를 하게 된 동기들 가운데 공허하기만 하고 퇴폐적인 관광과는 차원을 달리하는 것들이 있을 수 있다. 하지만 그것이 사실이라면 내가 어떻게 그것들을 이런 수치스러운 방식으로 팔 수 있단 말인가? 내가 어떻게 이런 괴상망측한 노출 행위에 참여할 수 있겠는가? 추상화된 시청자들 앞에서 스스로를 뽐내는 일이 어떻게 내가 순례에 참여하게 된 동기의 윤리성을 보장할 수 있겠는가?

더군다나 솔직히 말해서 나도 내가 여기에 있는 이유를 아직도 잘 모른다. 특별히 은총을 받는다면 콤포스텔라에 도착할 때쯤 그것을 알 수 있을지도 모를 일이다. 그렇게 되면 우리 거기서 다시 만나 커피 한 잔 하면서 카미노에서 내게 일어난 일들을 함께 얘기할 수 있을 것이다. 누가 아는가? 그때쯤 당신에게 해줄 얘기가 있을 수 있을지.

나는 텔레비전 피디에게 시간을 낭비하게 해서 미안하다고 사과했다. 그리고 너무 거창하고 독단적으로 내 말만 한 것에 대해서도 양해를 구했다. 피디와 함께 왔던 동료 두 사람은 오래전에 사라지고 없었다. 그는 살며시 웃으며 예의 바르게 사과를 받아준다. 전혀 화난 기색은 보이지 않고 오히려 편안한 모습을 보인다. 서로 악수를 하며 작별인사를 나눈다. 이 일로 오늘 오후에 한 바탕 기분전환을 한 셈이다. 그 피디는 아마도 속으로 몽매하고 퇴행적인 소리나 늘어놓는 괴팍한 영감태기를 만났다고 생각하며 비웃었을지도 모른다.

나는 그 피디 청년이 이곳 정원에서 자라고 있는 나무들이나 꽃들을 자세히 들여다보았는지 궁금하다. 그는 이곳의 진정한 모습을 보았을까? 우리가 점유한 공간이 얼마나 특별한지 깨달았을까? 우리의 감각이 이곳에 접촉함으로써 이 특별한 공간을 채우고 이곳을 새롭게 창조했다는 사실을 알았을까? 이제 그는 떠났고 그 특별한 공간도 사라졌다. 그러나 그때는 그 공간이 실제로 존재했다. 우리는 또 다시 그 공간을 만들어낼 수 있다.

통신의 세계에는 …… 실제로 존재하는 것이 있을까? 사람들이 직접 체험하지 않고도 깨우칠 수 있는 진리가 있는가? 아니, 진리는 반드시 그런 감각적 체험을 통해야만 깨우칠 수 있는 것일까? 그리고 정보통신의 세계는 하나의 엄청난 기만이며 괴이한 사기극이 아닐까? 오늘날 정보통신의 세계에서 만날 수 있는 많은 순례자들은 과연 일반 대중들에게 영향을 주고 있을까? 그러나 이제 그 대중은 순진하게 가진 것을 강탈당하는 소수의 순박한 순례자들이 아니다. 그들은 오히려 기분전환을 위해 순례를 떠나는 수많은 세련된 현대인들이다.

저녁이 다 되어간다. 저녁밥을 어떻게 할지 결정해야 한다. 읍내 한 곳에서 먹을거리를 파는 집이 있다고 마리벨 론칼이 알려주었다. 이 마을이나 근처에는 정식으로 먹을 것을 파는 가게가 없다. 하지만 여주인이 알려준 그 집에서 먹을 것을 사서 알베르게에서 조리해 먹을 수 있다. 나는 프랑스인 순례자와 함께 그 집을 찾아 나서기로 했다.

스페인에서 이곳과 같은 일부 지역은 집과 심지어 사무실도

문이 하나밖에 없는데 마치 그냥 벽처럼 보이거나 길을 따라서 연결된 또 다른 건물인 것처럼 보인다. 대개 문 옆에 간판이 있다. 그러나 사무실 같은 경우는 간판을 잘 찾지 못할 수도 있다. 물론 규모가 큰 읍이나 도시에서는 현대식 간판들도 있고 슈퍼마켓도 있다. 우리는 알베르게 여주인이 알려준 그 집을 찾을 수 없어서 결국 읍내에 있는 유일한 식당인 것처럼 보이는 곳에서 밥을 사먹기로 했다. 음식 맛은 매우 훌륭하다. 밥을 먹다가 갑자기 생각나는 것이 있었다. 사람들이 카미노로 순례를 떠나기로 결심을 하든 아니면 포기를 하든 그런 결정을 하게 된 사람마다 그들 고유의 정신적, 육체적 습관과 함께 분명한 태도들이 있다.

예를 들면 내가 날마다 신문을 읽는 습관이 있었다면 카미노에서 자신들의 길을 발견한 사람들, 즉 자기만의 카미노를 찾은 사람들을 만나러 나서지 않았을지도 모른다. 마찬가지로 음식을 가리는 습관 때문에 순례는 엄두도 못내는 사람들이 있지만, 나는 다른 지역의 음식들을 즐길 줄 알았으므로 먹는 것 때문에 고생하지는 않는다. 따라서 나는 다음 쉴 곳까지 걸어갈 수 있을 정도만 먹으면 그만이며 그 지역에서 가장 평범한 음식을 찾으려고 애쓴다.

그러나 아직도 알아야 할 게 많다. 스페인에서 아주 소박하게 잘 먹는 방법이 뭘까? 여기서는 먹을 것을 사려면 여러 가게를 돌아다니며 발품을 팔아야 하는데 그것 또한 이곳의 아름다움이자 매력이기도 하다. 거리 한쪽에 빵집이 있고 다른 쪽에 소시지를 파는 가게가 있다. 또 다른 쪽에는 고기를 파는 시장이 있다. 채소들을 파는 가게는 또 다른 곳에 있다. 이곳에 처음 온 사람들에게는 너무 정신이 없고 당황스럽다. 물론 슈퍼마켓도 있지만 거긴 아직 들어가지 않았다.

  동행한 프랑스인 순례자는 은퇴한 의사였다. 작은 읍과 마을에서 일반 진료를 했다고 말하는 것 같다. 그가 어떻게 여기까지 왔는지 순례의 동기를 물을 수 있을 정도로 내 프랑스어 실력이 그렇게 유창하지 못하다. 우리는 이제 둘 다 침낭에 들어가고 싶었다. 카미노에서 경험하는 고요와 경이로 가득 찬 고독에 대한 열정은 우리 두 사람 모두 공감하고 있는 것 같다. 내일 아침 다시 그 공간 속으로 들어가기 위해 지금 잠자는 것은 매우 중요하다.

# 5
이곳은 거대한 존재를 구성하는 사슬과 같다
시수르 메노르에서 푸엔테 라 레이나까지

밖을 나서니 아직 해가 뜨지 않았다……날씨가 쌀쌀해서 출발하기 전에 스웨터를 위에 걸쳐야 할 것 같다. 그러나 걷다보니 너무 덥다……스웨터를 벗어 배낭 위에 묶는다. 오늘은 처음부터 산처럼 높은 시에라 델 페르돈 고개를 오르기 시작한다. 힘이 들기는 하지만 몸 상태는 괜찮다. 몸이 점점 더 건강해지고 있는 것 같다. 정상에 오르자 바람이 세차게 분다. 햇살이 비치고 있지만 다시 스웨터를 입어야 한다. 그러나 좀 아래로 내려가자 다시 덥다. 조금씩 이동할 때마다 기온이 달라져서 계속해서 옷을 입었다 벗었다 한다. 겨우 몇 킬로미터 안 되는 거리를 가는 동안에도 대지는 끊임없이 다양한 모습을 보여준다. 여유만 있다면 날씨가 덥든 춥든, 대기의 공기가 충만하든 희박하든 야생에서 자라고 있는 온갖 다양한 식물들 속에 감춰진 이 무궁무진의 비밀을 알고 싶다. 그러나 이 대지에 단단히 발을 딛고 서 있는 사람이 아니면 어느 누구도 그 비밀을 알 수 없으리라.

지금 이 순간에도 한 걸음 한 걸음 옮길 때마다 풍경은 끊임없이 바뀐다. 발이 땅을 디딜 때마다 발바닥 밑으로 느껴지는 자갈과 돌들의 감촉도 끊임없이 다르다. 단 한번도 같은 장소를 밟지 않을뿐더러 땅을 밟는 느낌도 순간순간 언제나 다르다. 땅을 밟을 때 느끼는 단단함, 부드러움, 날카로움의 느낌은 한 순간도 똑같지 않다. 하늘을 흘러가는 구름 모양도 언제나 새롭다. 주위에 보이는 경치 하나하나가 모두 이 세상에 하나밖에 없는 장면들이다. 다른 장소로 빠르게 발을 옮기며 이동하는 가운데서도 어떤 창조의 감각과 그것의 끝없는 변화를 느낄 수 있다. 자연은 정말 무한하다! 이 사실을 너무도 뚜렷하게 온몸으로 느낀다. 오늘 또 다시 나를 둘러싸고 있는 현실이 신이 창조한 것임을 분명히 깨닫는다. 거기에는 의심의 여지가 없다. 끊임없이 변화하는 자연의 아름다움이 바로 자연의 특성이다. 인간들이 그 창조물에 손을 대거나 영향을 미친 곳이 어딘지, 그것이 잘한 행동인지 잘못한 행동인지는 금방 드러난다.

　길을 걷다 인간의 손길이 닿아 환경이 파괴되고 지형이 변한 곳들을 보고 이를 비판하는 정도는 사람에 따라 다를 수 있다. 이곳에서 땅을 밟으며 보낸 며칠 사이에 내면에 숨어있던 타고난 비판 본능이 꿈틀거림을 느끼기 시작한다. 인간들은 어떤 때는 경외와 존경하는 마음을 가지고 자연을 대하지만 어떤 때는 혐오스러울 정도로 생각 없이 자연을 파괴한다. 지난 며칠 동안 많은 밀밭과 작은 목초지들을 지나치면서 그곳에서 가축들을 거의 보지 못했다. 집들도 드문드문 있을 뿐이다. 밭의 크기로 볼 때 그만한 밭을 경작하려면 거대한 농기계의 힘이 필요할 것은 뻔한 일이다. 이런 종류의 산업농은 인구가 점점 줄고 있는 농촌에서 없는 인력에 기대기보다는 거대한 기계의 힘에 의존한다. 이런 거대한 농기계가 짓는 농사는 지금 지나가고 있는 밭처럼 단일 품종의 작물을 대량으로 재배할 수밖에 없게 만든다. 미국에서 광범위하게 일어나고 있는 이런 현상을 자세히 관찰하고 주시하는 사람들은 그것이 바로 땅을 파괴하는 행위라고 주장한다. 미국의 작은 농촌공동체들은 이미 피폐해져 거나 사라지고 없다. 스페인 사람들은 과연 이런 산업농 현상에 대해 어떻게 생각할까? 그들이 자기 땅과 마을에 …… 그리고 마침내 그들 자신에게 무슨 짓을 하고 있는지 알고나 있을까 궁금하다.

이렇게 비판적으로 생각하다보니 세상이 다르게 보이기 시작한다. 카미노는 내가 사물을 바라보는 방식을 바꾸게 만들었다. 레오나르도 다빈치는 사람의 신체 기관들이 먼저 그림으로 그려지지 않으면 사람들이 그것을 어떻게 봐야 할지 모를 거라고 생각했다. 만약 그렇지 않으면 사람들은 자기 눈앞에 있어도 그것이 무엇인지 알지 못한다. 그것을 보는 방법을 모르기 때문이다. 이것은 모든 학자들, 그들이 '보는' 모든 것들에 대해서도 적용될 수 있는 말이 아닐까. 학문의 세계에 깊이 들어가면 갈수록 거기서 보는 것을 글이나 그림을 이용해서 그리는 것이 점점 더 중요하다. 어떤 새로운 사실을 자신의 모든 감각을 동원해서, 중간에 매개되거나 해석되는 것 없이 직접 볼 수 있는 사람은 처음 그것을 발견한 학자 한 사람뿐이다. 아마도 이것은 일종의 시각의 전형이나 근본 작용이라고 말할 수 있지 않을까. 순례를 떠나기 전에 카미노에 대해 아무 것도 읽지 않고 여기에 왔고, 또 생장피드포르를 떠난 뒤로 거의 아무 것도 읽지 않은 까닭에 나의 감각은 모든 글과 그림들이 완전히 깨끗하게 지워진 상태다. 이제 마치 야생동물들의 감각처럼 무엇이든 받아들일 수 있는 최적의 상태를 유지하고 있다. 바야흐로 나는 이제 새로운 시작의 문턱을 넘어서고 있는 것이다. 카미노는 나를 창조하는 삶으로 인도한다.

올해는 성 야고보 축제날인 7월 25일이 일요일과 겹치는 해이기 때문에 카미노에서는 이 해를 성 야고보의 성년聖年으로 기린다. 12세기에 교황의 칙령으로 처음 시작되었다. 그 해에 콤포스텔라를 방문하고 특별한 봉헌 행사 같은 것에 참여한 사람들은 성령의 축복을 받는다. 올해 스페인 정부는 이 날을 축하하기 위해 다방면으로 여러 가지 행사를 마련했다. 그러면서 카미노를 '개선하기' 위한 방안들에 대한 검토도 다각도로 진행되었다. 그 가운데 일부 제안들은 매우 격렬한 반대에 부딪혔다. 예를 들면 카미노 전체 길을 몇 미터 넓이로 아스팔트 포장을 하는 방안이 그런 것이었다. 카미노를 따라 길 가에 지금까지는 없던 나무들을 새로 심는 계획도 있었는데 지금 걷고 있는 이 길이 바로 그 계획의 결과인 듯하다. 아직 어린 나무들 하나하나는 약 2미터 높이의 주름 잡힌 반투명 플라스틱 관으로 울타리가 쳐있고 같은 높이의 단단한 막대기나 장대가 나무들을 떠받치고 서 있다. 아마도 이것을 정부기관에서 발간하는 관광 안내서 같은 데서 카미노의 생태적 특징과 자연 경관을 칭송하는 내용과 비교한다면 아무래도 이 장면은 좀 기괴하다. 길 바닥에는 양이나 염소들이 배설한 똥들이 여기저기 많이 보인다. 이렇게 울타리를 친 것은 바로 이들 굶주린 동물들이 어린 나무들을 먹어치우지 못하게 하기 위해 필요했을 것이다. 그렇다고 꼭 플라스틱으로 울타리를 쳐야만 했을까?

오늘 처음으로 아버지가 남긴 로사리오 묵주를 꺼내들고 걸으며 기도문을 암송하기 시작한다. 곡식들이 자라는 들판은 기도할 수 있는 완벽한 울타리와 적절한 공간을 제공한다. 이 들판은 스페인의 농사를 망치고 있는 현장일지도 모른다. 하지만 거기서 곡식들이 우아하게 굽이치는 모습은 내 정신을 고양시킨다. 사람들이 이런 경험을 어떻게 이해할 수 있으리오? 당황스럽다고 하는 말이 바로 이런 상황을 두고 하는 말이 아닐까? 이러한 산업농이 오래 지속되면 될수록 땅은 더욱 더 심각하게 파괴될 뿐이다. 그들이 하는 일이란 고작 옥토를 새로운 사막으로 만드는 것이다. 그럼에도 불구하고 나는 그 약탈의 현장 한가운데서 조용히 기도할 수 있다. 우리 시대는 또 어떤 기괴한 것들을 새로 만들어냈는가? 그 기괴한 것이란 지금 우리가 보통 절충이나 타협이라고 얘기하는 그런 것이다. 그러나 우리는 그것 덕분에 새로운 시각과 색다른 통찰력을 경험하게 되고 감각을 새롭게 정화하는 계기를 맞기도 한다.

목적지에 도착할 때쯤 나는 로사리오 기도*의 15단의 신비 가운데 환희의 신비 5단(성모의 잉태, 성모의 방문, 예수의 탄생, 성전에 배알, 성전에서 발견)과 고통의 신비 5단(겟세마네 동산에서의 고통, 빌라도의 재판, 채찍질 당함, 십자가를 지고 감, 십자가에 못박힘)을 합해서 10단의 기도를 마쳤다. 거의 네다섯 시간 동안, 성모 마리아에게 드리는 기도인 성모송은 적어도 백 번, 주기도문은 열 번을 암송한다. 보통은 5단의 신비를 기도하는데 15분 정도 걸리는데 그동안 성모송을 오십 번쯤 암송하곤 한다. 오늘은 두 시간이나 걸렸다. 어쩌면 이제 비로소 기도하는 법을 배우고 있는지도 모른다. 이렇게 하고 나자 모든 생각과 느낌이 하나로 모아졌다. 이것이 카미노를 걷는 동안 해야 할 가장 이상적인 일이라는 생각이 들었다. 걷는 동안 날마다 반드시 해야 할 일을 발견한 것이다. 순례 닷새 만에 이렇게

---

* 로사리오 기도는 자신이 기도하고자 선택한 신비의 단을 묵상할 때마다 주기도문 한 번, 성모송 열 번, 영광송 한 번을 암송한다. 예를 들면 가브리엘 천사가 동정녀 마리아에게 나타나 그녀가 성모가 될 것임을 알리는 환희의 신비 중 1단은 성모의 잉태에 대한 기도인데 이때 주기도문과 성모송, 영광송을 정해진 규칙에 따라 암송하는 것이다. [누가복음 1: 26~28 참조]

주기도문 :
하늘에 계신 우리 아버지, 아버지의 이름이 거룩히 빛나시며, 아버지의 나라가 오시며, 아버지의 뜻이 하늘에서와 같이 땅에서도 이루어지소서. 오늘 저희에게 일용할 양식을 주시고, 저희에게 잘못한 이를 저희가 용서 하오니 저희 죄를 용서하시고, 저희를 유혹에 빠지지 않게 하시고, 악에서 구하소서.
나중에 "나라와 권세와 영광이 영원토록 아버지의 것이옵니다. 아멘"이 추가되었다.

성모송 : 은총이 가득하신 마리아님, 기뻐하소서! 주님께서 함께 계시니 여인 중에 복되시며, 태중의 아들 예수님 또한 복되시나이다. 천주의 성모 마리아님, 이제와 저희 죽을 때에 저희 죄인을 위해 빌어주소서. 아멘.

영광송 : 영광이 성부와 성자와 성령께, 처음과 같이 이제와 항상 영원히, 아멘.

대개 각 5단의 로사리오 신비 기도를 시작하기 전에 사도신경을 암송한다.

 전능하신 천주 성부, 천지의 창조주를 저는 믿나이다. 그 외아들, 우리 주 예수 그리스도님, 성령으로 인하여 동정 마리아께 잉태되어 나시고, 본시오 빌라도 통치 아래서 고난을 받으시고, 십자가에 못박혀 돌아가시고 묻히셨으며, 저승에 가시어 사흗날에 죽은 이들 가운데서 부활하시고, 하늘에 올라, 전능하신 천주 성부 오른편에 앉으시며, 그리로부터 산 이와 죽은 이를 심판하러 오시리라 믿나이다. 성령을 믿으며 보편된 교회와 모든 성인의 통공을 믿으며, 죄의 용서와 육신의 부활을 믿으며 영원한 삶을 믿나이다. 아멘.

일찍 그것을 깨달았다는 게 얼마나 놀라운 일인가. 아직도 가야 할 길이 멀다. 그리고 다시 한번 깨닫는다. 창조에는 우연한 사건도 없고 우연의 일치도 없다. 그것이 고통에 대한 것이든 통찰력이나 기도의 경험에 대한 것이든 창조에는 오직 신의 은총만이 있을 뿐이다.

부끄럽게도 언제부터 로사리오 묵상기도를 하지 않았는지 기억이 나지 않는다. 그동안 옛 진리를 버리고 현대의 미신에 얼마나 깊이 사로잡혀 있었는지 당황스러울 뿐이다. 나는 이런 무한한 은총의 소중함을 인정할 줄 아는 겸손한 사람이기를 바란다. 내가 오늘 이렇게 목숨을 부지한 것은 완전히 새로운 경험이다. 그것은 과거에 내가 이런 기도들을 암송했든 안 했든 그런 것과는 아무런 상관이 없다. 걸으면서 저절로 자연스럽게 나오는 어떤 규칙적인 신체의 율동은 사전에 그것을 계획하거나 생각해서 나온 것이 아니다. 아베마리아와 주기도문, 그리고 하느님께 바치는 송가들을 한 숨에 한 마디씩 정성을 다해 큰 소리로 기도한다 — 한 숨에 한 마디씩.

아직 시간이 많이 남은 까닭에 급히 서두를 필요가 없다. 세상에서 하는 일반적인 대화처럼 기도를 하는 것은 아무 의미가 없다. 다른 사람에게 그 기도는 전혀 필요 없는 것이다. 그 기도는 이 순간 내 삶의 흐름에 따라 나 자신만을 위한 것이다. 기도하는 것은 마치 숨을 들여 마시고 내쉬는 것을 규칙적으로 되풀이하는 것처럼 보인다. 한 번의 숨은 한 마디의 기도와 같았다. 한 마디의 기도는 한 번의 숨을 통해 평안을 얻는다. 그래서 기도는 새로운 방식으로 내 신체의 일부가 된다. 그 기도는 내가 지금까지 한 번도 경험해본 적이 없고 정말로 상상도 해본 적이 없던 기도였다는 점에서 진정한 의미의 '내 기도'가 되었다.

그러자 기도하는 한 마디 한 마디가 생생하게 살아나며 마음 속 깊이 짙은 향내를 풍긴다. 기도에서 나오는 한 마디 한 마디는 바로 그 순간과 꼭 맞고 그 순간 내 신체의 동작과도 정확하게 일치하는 것처럼 보인다. 한 마디 한 마디가 새롭게 느껴진다. 전에 산길을 걸을 때 발걸음을 옮길 때마다 발바닥으로 새롭게 느꼈던 감촉과 같은 느낌이다. 기도를 서둘러 빨리 끝내고 싶은 생각이 전혀 없다. 기도하는 그 자체가 정신을 집중시키는 것 같다. 어지럽던 마음은 밝은 하늘의 청명함 속으로 금세 사라지고 없어진다. 그것은 분명히 새로운 체험이다. 순례 첫 날, 옛 순례자들이 동행하며 나를 이끌었던 것처럼 오늘은 이 기도가 그 구실을 한다 …… 기도는 대지 위를 걷는 새로운 방식이며 이 세상에서 내가 있어야 할 자리가 어딘지를 배우는 새로운 방법이다.

나를 둘러싸고 있는 공간, 시간, 사람들, 그 모든 환경과 그렇게 잘 맞아떨어지는 기도는 이전에 한 번도 경험해본 적이 없으며 꿈도 꿔본 적이 없다. 그 경이로운 일체감은 영원히 잊지 못할 것이다. 소리를 내어 기도한다는 것이 바로 이런 것이리라! 오래전에 기도에 관한 책을 여러 권 읽은 적이 있다. 최근에 나온 책들에는(그렇게 최근이 아닌 경우에도)소리를 내어 기도하는 것과 마음 속으로 기도하는 것을 구분하는 저자들이 일부 있다. 전자는 입으로 소리를 내어 말하는 것이고 후자는 그냥 생각만 하는 것이다. '마음의 안정'을 가져다주는 것은 둘 다 마찬가지다. 그 책의 저자들의 의견들 가운데 일치하는 것이 하나 있다. 후자가 전자보다 더 우월하다는 점이다. '영성생활'이라고 부르는 신앙생활을 시작하는 초보자들은 소리를 내어 기도하는 것에 매달린다. 그러나 신앙심이 더 깊어지면 마음 속 기도로 날아오른다. 기도에 집중하는 사람이라면 누구나 가능하면 빨리 소리를 내어 기도하는 것을 끝내고 마음 속 기도로 옮겨가기 위해 필요한 훈련들을 서둘러 해야 한다. 그러나 그런 주장을 하는 이 독실하고 성실한 저자들 가운데 얼마나 많은 사람들이 진정으로 '소리를 내어' 기도해본 적이 있었는지 오늘 새삼 궁금하다……

나는 환희의 신비를 암송하다가 그 기도문에서 얼마나 많이 걷는 것이 나오고, 또 걷는 것이 얼마나 중요한지 생각하지 않을 수 없었다. 예를 들면, 성모 마리아는 사촌누이 엘리자베스를 만나러 산을 넘어 걸어간다.(성모의 방문) 요셉과 마리아는 예수의 출생신고를 위해 베들레헴까지 걸어간다.(예수의 탄생) 이것들은 바로 사람들에게 하느님이 인간으로 육화肉化했음을 알리는 소박하고 비밀스러운 중요한 행사들이다. 아마도 여기서 걷는다는 행위는 바로 성육신成肉身 자체를 의미하거나 성육신을 찾아가는 과정을 상징하는 것인지도 모른다.

내 몸의 존재를 믿기 위해서는 감각적 경험, 즉 신체에 대한 본능적 경험이 반드시 필요하다고 생각한다. 이것은 카미노를 걸으면서 내가 겪은 감각적 반응을 통해 이미 충분히 입증되었다. 카미노는 진정으로 내 몸을 느낄 수 있게 해주었다. 성육신의 존재를 믿기 위해서는 아마도 이처럼 스스로 자기 몸을 진정으로 느낄 줄 알아야 한다. 내가 스스로 내 육신의 존재를 믿기 전까지는 하느님이 인간의 몸으로 이 땅에 오셨다는 것을 믿을 수 없었다. 나는 카미노에서 만난 온갖 장애물들을 헤쳐나가면서(그것이 외부에서 온 것이든 내부의 연약함에서 온 것이든)발걸음 하나하나에서 내 육신을 느낀다. 그 발걸음 하나하나는 이제 하느님을 향한 특별한 은총의 발걸음이 될 수도 있다.

어쩌면 이것은 또한 나보다 앞서 이 길을 갔던 수많은 순례자들이 걸으면서 깨달았던 바로 그 사실일지도 모른다. 이것이 바로 그들이 여기에 있었던(내 상상 속에서)이유일 수도 있다. 그리고 그들이 내게 말하려고 하는 것이 바로 이것일지도 모른다. 어쩌면 사람들은 이 모진 고통과 피곤함을 통해 비로소 자기 육신의 존재를 믿게 되는지도 모른다. 내가 이제 지금까지 알지 못했던 기도의 본질을 알게 된 것처럼, 과거에는 전혀 몰랐던 내 육신의 존재를 믿을 수 있는 확실한 방법도 있을 것이다. 물론 성육신의 신비에 대해서 과거에도 알지 못했고 앞으로도(이 세상에서는)알지 못할 것들이 많이 있다.

그러나 나는 중요한 것을 깨달았다. 위대한 미술가 고야가 그린 그림에서 스페인을 횡단하는 세속의 순례 행렬에 참가한 (초라한) 노파들을 연상시키는 이 아주 단순한 로사리오의 묵상기도는, 그 능력이 매우 뛰어나서 하느님을 볼 수 있고 만질 수 있는 유일한 자리로, 인간의 모습을 한 하느님에게로 나를 인도할 수 있다. 카미노의 또 다른 놀라운 능력이다.

로사리오 묵상기도를 암송하는 동안에 어느새 작은 마을 세 곳을 지나쳤다. 원래는 그 마을들 가운데 한 군데서 아침과 저녁거리를 사서 가져가려고 생각했었다. 첫 번째 마을에서 먹을거리를 살 곳이 있는지 물었지만 없다고 했다. 두 번째 마을도 마찬가지였다. 그러다 우연히 거기서 매일 아침마다 정해진 시간에 금방 구운 신선한 빵과 여러 가지 식료품을 싣고 마을에 오는 작은 트럭이 있다는 사실을 알았다. 하지만 안타깝게도 나는 트럭이 오는 그 시간에 맞춰서 그 마을에 도착하는 행운을 누리지 못했다! 이들 마을에 사는 사람들은 대부분 자기 차를 가지고 있을 테고 아마도 일을 하기 위해 근처의 큰 읍내로 차를 타고 나갈 것이다. 어쩌면 그곳에 있는 대형 슈퍼마켓에서 장을 볼지도 모른다. 어제는 아주 작은 농촌 마을을 지나쳐 걸었다. 그곳에서 나는 냄새나 보이는 풍경들로 보아 그곳에 있는 대부분의 집들과 인근 건물들에는 읍내나 시내에서 일하는 사람들이 아니라 농사를 짓는 농부들이 사는 게 분명했다. 그러나 그 마을에서도 빵을 살 데가 없었다. 그곳에 사는 사람들도 마찬가지로 날마다 마을에 식료품을 싣고 오는 트럭에 의존해야만 했던 것이다. 자동차는 이곳 사람들의 삶도 바꾸어 놓았다.

 나는 한 곳에서 돌에 칠해진 노란색 화살표가 곡식들이 자라고 있는 들판으로 향해져 있는 것을 보고 어리둥절했다. 돌 무게가 1~2킬로그램밖에 나가지 않기 때문에 누가 지나가다 건드리는 바람에 방향이 바뀌었을 수도 있을 것이다. 하지만 카미노는 이 길로 곧장 가야 맞는 것처럼 보인다. 이 거대한 들판의 반대편까지 시선을 놓치지 않고 일직선으로 걷기 시작한다. 반대편에 도달하니 다시 화살표가 보인다! 오늘은 여러 차례 화살표를 따라서 밀밭 속을 걸어서 통과했다. 아마도 곡식을 심을 수 있는 곳이면 어디든 모두 경작하고 싶고, 그래서 결국 옛 산길에도 곡식을 심은 농부들과 12세기에 비코가 걸었던 카미노를 가능하면 그대로 보존하고자 하는 사람들 사이에 다툼이 있는 것 같다. 대도시나 점점 커지는 교외 지역들의 경우에는 카미노의 보존 문제를 두고 분명히 더 많은 갈등이 있을 것이다. 어쨌든 오늘 걷는 구간은 지나치는 곳마다 다른 날들에 비해 때 이른 야생화들의 물결로 훨씬 화려하고 확 트인 경치다. 오늘 새로 핀 듯한 개양귀비가 아름다움을 뽐내고 있다. 이 얼마나 경쾌하고 즐거운 동행들이 길을 따라 함께 하는가. 오늘은 통증도 덜하고 다른 날보다 훨씬 더 빨리 걸을 수 있을 것처럼 기분이 좋다. 카미노는 점점 나를 강인하게 만들고 있다.

다섯 시간 반쯤 걸려서 도착한 곳은 카미노에서 널리 알려진 지역 중에 한 곳인 푸엔테 라 레이나다. 옛날 순례자들은 이곳에 들어오기 위해 아르가라는 강을 건너야 했다. 한 왕비가 순례자들을 위해 강 위에 다리를 놓았는데 다리와 읍의 이름은 여왕의 이름을 따서 지었다. 하지만 그 여왕이 누군지는 분명하지 않은데 산초 3세의 아내인 라 마요르 왕비나 그들의 딸 에스테파니아, 둘 가운데 한 명인 듯하다. 다리가 놓여진 때는 아마도 11세기로 추정된다. 여기에는 또한 오스피탈도 여러 곳 있었다.

나는 이곳에서 큰 신학교를 관할하는 남성 가톨릭 신도회, 파드레스 레파라도레스가 운영하는 알베르게로 갔다. 알베르게 사무실에 있는 친절한 수사가 순례자 증명서에 도장을 찍어주고 숙소로 인도한다. 낡고 오래된 건물을 편안하게 쉴 수 있는 곳으로 개조했다. 몸을 씻을 수 있는 곳과 화장실도 여러 개 있다. 놀랍게도 잠자리는 3층 침대다. 아직 나 말고는 아무도 도착하지 않은 덕분에 조용한 구석에 있는 침대의 맨 아래 칸을 고를 수 있다. 목욕물은 정말 따뜻하고 좋다. 더욱이 옷을 빨 수 있도록 잘 설계된 빨래판 싱크대까지 있다. 하지만 빨래를 말릴 수 있는 알맞은 장소를 찾을 수 없는 게 흠이다. 이 커다란 방이 아직 비어 있는 틈을 타서 한 쪽 침대에서 열려진 창문 앞에 있는 다른 침대까지 가져온 빨랫줄을 연결한다.

몸을 씻은 뒤 밥을 어떻게 먹을지 생각한다. 여기는 부엌이 없다. 그래서 아까 사무실에서 수사가 얘기해 준 곳에서 밥을 먹기로 했다. 수사는 그곳의 '오늘의 요리'가 먹을 만하다고 일러주었다.

나는 아직 스페인 읍내에 적응이 되지 않는다. 읍내의 거리 모양은 정돈되지 않고 불규칙한 형태를 띠어서 언제나 길이 헷갈린다. 관광객들이 여기저기 배회하며 미로처럼 구불구불한 건물들 사이로 여러 풍물과 사람들, 신기한 상점들을 돌아보기에는 모든 것이 매우 쾌적한 곳이다. 그러나 어느 특정한 장소를 찾아가려면 무척 힘이 든다. 읍내의 중심지처럼 보이는 곳을 한 바퀴 돌고서야 마침내 음식점 한 곳을 발견했지만 알베르게의 수사가 말한 그곳이 아니다. 이곳은 '오늘의 요리' 가격이 1,250페스타다. 무려 9달러 50센트가 넘는다! 하루에 숙식비로 1,000페스타 이상을 쓰지 않기로 목표를 세웠는데 여기는 한 끼 값만으로 하루에 최대로 쓸 수 있는 경비를 넘는다. 오늘은 좀 다른 관점에서 생각해볼까 한다. 사실 가장 이상적인 것은 수동적이기보다는 적극적으로 돈을 쓰는 것이다. 그냥 식당에 마련된 식탁 앞에 앉아 준비된 음식들을 가져다주기를 기다리기보다는 밖에 나가서 필요한 먹을거리들을 하나하나 찾아보는 것이 더 나은 자세다. 그렇게 함으로써 이국의 색다른 맛이나 '흥미로운' 음식들보다는 자기에게 필요한 음식을 더 잘 고를 수도 있을 것이다.

식당 안에 들어서니 놀랍게도 손님이 나 혼자밖에 없다. 혹시 스페인 사람들이 밥을 먹는 시간보다 이른 것은 아닌가. 안에서 손님을 기다리고 있던 젊은 여종업원은 겉으로 아무 말도 하지 않았지만 매우 친절한 태도로 내가 순례자임을 안다는 듯 행동한다. 음식을 주문하기에 앞서 작은 접시에 맛있어 보이는 잘 익은 올리브를 담아 식탁 위에 놓는다. '오늘의 특별요리'를 주문한다. 대개 빵과 포도주, 두 가지 요리와 후식으로 구성된 식사다. 곧 첫 번째 요리가 온다. 마늘과 허브로 양념을 하고 볶은 콩으로 만든 진한 수프다. 재료들이 모두 이 지역 농장에서 재배한 것이라고 자랑한다. 매운 녹색 칠리고추가 곁들여 나왔는데 정말 맛이 좋다. 내 입맛에 딱 맞는 음식이다.

두 번째 요리는 자그마한 쇠고기 스테이크 한 덩어리와 감자 튀김이다. 스페인에서는 보통 감자를 튀겨서 요리한다고 들었다. 후식으로는 쌀가루로 만든 푸딩이 나왔는데 이곳 사람들이 즐기는 음식이라고 한다. 또한 겉을 단단하게 만 맛있는 빵과 넉넉히 두 잔은 나옴직 한 집에서 담근 포도주 한 주전자도 나왔다. 빵은 너무 많아서 좀 남기고 나머지는 깨끗이 다 먹어치운다. 이럴 경우를 대비해서 남긴 빵을 주머니에 넣어온 비닐봉지에 담았다. 식탁 위에는 종업원에게 줄 팁을 빼고는 남은 것이 하나도 없다. 음식 맛도 좋았고 종업원의 서비스도 훌륭해서 양적으로나 질적으로 오늘 식사는 지불한 돈 이상의 가치가 있었다. 이것은 에메릭 비코가 묘사했던 세상과는 전혀 다른 모습이다.

알베르게로 돌아오자 캐나다인 한 사람이 숙소에 있다. 덩치가 큰 사람이다. 그는 밖에 나가 커피 한 잔 하는 게 어떠냐고 묻는다. 우리는 근처에 있는 호텔 커피숍으로 간다. 나는 카페오레를 시킨다. 한 주 전에 프랑스를 떠나면서 마시고 처음 마시는 커피다. 몇 년 지난 느낌이다. 이 얼마나 오랜만에 느껴보는 멋지고 호사로운 기분인가. 그동안 어떻게 이런 즐거움을 잊고 마냥 걷기만 할 수 있었단 말인가?

내일 아침 식사를 위해 길 가에 있는 작은 슈퍼마켓에 들러 과일과 치즈를 좀 사고 빵집에서 빵도 산다. 저녁 때 배가 고프면 먹을 수도 있으니까 조금 더 산다. 여기 빵집들은 날마다 갓 구운 빵을 내다 판다. 그러나 빵 종류는 한 가지뿐이다. 겉이 딱딱하게 구워진 하얀 속살의 기다란 모양을 한 빵을 한 덩어리씩 판다. 독일에서 먹었던 다양한 종류의 검은 빵이 갑자기 먹고 싶다. 이곳보다 큰 읍에 가면 내가 좋아하는 통밀빵을 파는 곳을 볼 수도 있다. 그러나 날마다 조금씩밖에 굽지 않기 때문에 좀 늦게 도착하면 대개 다 팔리고 없다는 말을 듣기 일쑤다. 하지만 스페인 사람들이 보통 먹는 흰 빵은 언제 가든 살 수 있다. 1928년에 카미노를 걸어 순례한 일군의 스페인 학생들은 가는 지역마다 파는 빵의 종류가 달랐으며 맛도 모두 좋았다고 기록하고 있다. 그러나 오늘날 산업화는 스페인의 빵 제조업까지도 모두 표준화한 것처럼 보인다.

 숙소는 조용하다 …… 오늘밤은 사람들이 별로 없다. 이 방에 3층 침대까지 꽉 차게 사람들이 넘치면 과연 어떤 풍경일까 하는 생각을 해본다. 밤마다 자는 곳이 완전히 다르다. 정말 알베르게마다 서로 닮은 곳은 한 군데도 없다. 마을들도 마치 서로 전혀 다르게 지은 것 같다. 지을 때 이웃에 있는 알베르게나 마을이 어떻게 생겼는지 전혀 참조하지 않은 듯하다. 현대적 공간 구성의 전형처럼 보이는 연쇄점과는 정반대의 의미를 지닌 공간들이다. 날마다 찾아가는 마을이나 읍은 다 다르지만 어렵게 길을 찾아가거나 숙소를 찾기 위해 헤매는 것은 어디든 똑같았.

 오늘날 공간의 창조는 읍내 한 복판에 새로 세워진 호텔처럼 대개 너무 규격화되어 거기서 어떤 강렬한 인식을 받기보다는 오히려 금방 싫증이 난다. 그러나 이 마을들을 구성하는 볼품없는 선들과 형태가 풍기는 시각적, 문학적 상상력은 때때로 나를 매료시키기도 한다. 그래서 알베르게에 조용히 앉아 있으면 내가 어떤 특별한 차원의 고귀함 속에 잠겨있는 참 공간에 있는 것 같은 느낌이 든다. 이곳은 거대한 존재를 구성하는 사슬과 같다. 로사리오 묵주의 구슬처럼 각각 독립된 장소들이 서로 둥글게 거대한 원을 그리며 연결되어 있다. 그 연결은 끊어지면 안 된다. 우리의 삶은 서로 전혀 다른 어느 한 곳에서 또 다른 한 곳으로 가야 한다. 이를테면 내가 하룻밤이라도 알베르게가 아닌 우아한 관광호텔을 찾는다면 나는 사슬을 끊는 셈이며 궤도를 이탈해서 길을 잃는 것과 같다. 그러면 나는 다음날 더는 움직일 수 없을 것이다. 어디서부터 출발해야 할지 모르기 때문이다.

6
그들의 믿음과 내 신앙 사이에
푸엔테 라 레이나에서 에스테야까지

　카미노에서 맞는 첫 번째 일요일. 어젯밤에는 오늘 미사가 있다는 것도 생각하지 못했다. 오늘 언제 미사가 진행되는지 알아보았다. 오전 11시에 신학교에서 대미사가 있다. 그 미사에 참석한다면 젊은 수사들의 능숙한 목소리가 장중하게 울려 퍼지는 기도소리에 완전히 빠져들고 말겠지만 그러면 하루의 절반을 여기서 허비하고 마는 셈이다. 오늘 안으로 다음 도착지인 에스테야에 들어가야 한다. 그곳은 여기서 꽤 먼 거리에 있다. 어떻게 해야 하지? 어떤 기록을 보면 카미노에서 거행되는 '종교적 의식'의 필연성에 대한 중요한 이야기가 나온다. 나는 거기서 행해야 할 특별한 기도와 종교의례가 있다고 생각한다. 그러나 아직까지 한 번도 그런 공식적인 의식에 대해 주의 깊게 생각해본 적이 없었다. 아마도 그런 것을 너무 탐탁지 않게 생각하거나 무관심하거나 깔보았던 건 아닌지 모르겠다. 아무튼 오늘 아침 내가 결정해야 하는 선택의 배후에는 단순한 선택 이상의 더 복잡한 문제가 숨어 있다.

오늘날까지 성 야고보의 시신 발견에 대해서는 어느 개인이 처음 발견했다는 것과 제도권에서 하는 공식적인 얘기 사이에 끊임없는 긴장 관계가 지속되고 있다. 전해지는 옛 전설에 따르면, 9세기 초 은둔 생활을 하던 펠라요는 숲 속에 있는 자기 은신처 근처에서 하늘의 표식을 보았다. 그러나 새로 발견된 무덤을 성 야고보의 것으로 공식 인정한 사람은 테오도미로 주교였다. 기독교에서 신의 계시가 시작된 때부터 은둔자들은 기존 사회질서와는 따로 떨어져서 하느님의 부르심을 따르고 신의 은총을 전하는 사람들이었다. 어떤 의미에서 그들은 복음의 사명(영어로 vocation은 라틴어 vocatio에서 왔음)이 제도화되는 것에 저항한 사람으로 볼 수 있다. 펠라요와 테오도미로 사이의 드라마는 오늘날도 계속되고 있다. 때로는 기존 제도권의 지원이 순례자들에게 큰 도움을 주기도 했다. 민간 행정기구나 교회 조직들이 순례자들을 보호하는 법률을 공표하거나 카미노를 따라 오스피탈들을 지어준 것처럼 말이다. 그러나 또 다른 한편으로는 똑같은 이 세속의 기구들이 저지른 행위가 순례가 발전할 수 있는 가능성을 파괴하고 크게는 복음을 전하는 산티아고 페레그리노Santiago Peregrino를 왜곡했다고 생각한다. '상층 권력부에서' 만들어진 과장된 전설과 캠페인, 선전들은 성 야고보가 이슬람인들을 내쫓은 인물, 산티아고 마타모로스Santiago Matamoros로 묘사한다. 그러나 그의 무덤이 발견된 때부터 '유럽' 전역에서 콤포스텔라를 향해 걷기 시작했고 오늘날까지도 전 세계에서 끊임없이 이어지고 있는 수많은 순례자들의 행렬을 창조해낸 것은 바로 산티아고 페레그리노, 순례자 성 야고보의 모습이다.

이슬람교도들이 이베리아 반도를 휩쓸기 전, 피레네 산맥 너머에서 온 이들 순례자들은 콤포스텔라를 카롤링거(프랑스)의 (그래서 '유럽의') 순례 중심지로 만들었다. 좀더 엄밀히 말하면 스페인에서 성 야고보를 믿는 사람들은 일부 지역에만 있었다. 그리고 11세기와 12세기까지만 해도 성 야고보를 무어족들에게 대적하는 수호자로 언급한 흔적은 전혀 없었다. 그 뒤, 스페인에서 국토회복운동Reconquista이 간헐적이지만 서서히 발전해감에 따라 이 인물은 점점 더 인기를 얻기 시작했다. 산티아고 마타모로스는 15세기까지 유럽의 주요 초상화에 등장하지 않는다. 아마도 기독교 국가들에 대한 터키의 위협 때문에 그런 듯하다.

스페인의 순례자들 가운데 가장 재능 있고 뛰어난 인물 가운데 한 사람인 라이문도 룰리오(레이몬드 룰)은 1263년 콤포스텔라에 갔다. 카탈로니아 출신의 시인, 룰리오는 이베리아 반도를 횡단하다 그리스도의 환영을 경험한 뒤 자신의 재산을 남들에게 나눠주고 콤포스텔라로 순례를 떠났다. 거기서 그는 이렇게 기도했다.

믿지 않는 자들에게 그리스도의 진리를 보여줄 수 있는 방법을 찾기를 간구합니다. 그래서 선한 자들이 나타나 그리스도의 진리를 깨닫고 널리 알리게 하시고, 교황과 황제와 왕들과 군주들이 아라비아어와 히브리어에 대한 연구를 장려하며, 선교단을 널리 파견하고 범세계적 차원에서 십자군을 조직하게 하소서.

이 모든 것은 기독교 인들과 사라센인들이 그들 각자의 성직자를 포함해서 서로 화합을 향해 가는 것이니, 사실 근본에서 그들은 서로 매우 가깝기 때문입니다.

룰리오는 아라비아어를 배웠다. 그래서 주교들과 왕과 군주들을 찾아가서 아라비아어와 히브리어를 공부하는 학교를 설립하도록 설득했다. 그는 또한 아프리카까지 선교 여행을 떠났다. 룰리오는 1272년 경험한 환영에서 자신이 찾던 선교 방법의 원칙들을 보았다. 이 원칙들은 세 가지 종교의 신봉자들이 동의할 수 있는 창조주의 신성한 속성과 근원적 체계를 중심으로 구성되어 있다. 그는 신학 연구의 전문용어로 가장 많이 쓰이는 아라비아어, 카탈로니아어, 라틴어로 글을 썼다. 스페인의 프란체스코 수사들 사이에는 한 가지 전통이 있는데 그것은 룰리오가 성 프란체스코 제3교단의 평신도 회원이었던 것과 연관이 있다. 프란체스코 수사들은 룰리오를 계시를 받은 사람으로 공경한다. 사람들은 룰리오의 삶과 저서, 기도를 통해 당시 기독교인들이 칼을 휘두르며 선교하던 시대에 열린 마음으로 이방인들에게 다가가려고 애썼던 유일한 사람이었다는 사실을 알 수 있다. 이런 기독교의 역사를 되돌아보며 일찍감치 길을 떠나기로 마음을 정한다. 오늘은 가톨릭에서 명하는 격식보다는 룰리오의 선교 원칙을 먼저 생각하련다. 이곳을 떠나야 할 시간과 미사 시간이 우연히도 일치하는 까닭에 미사에 참여하지 못하고 그냥 가긴하지만 마음만은 지금 미사가 진행 중인 성당에 두고 간다.

푸엔타 라 레이나를 떠나면서 어제 수사가 일러주었던 그 음식점을 발견하고는 깜짝 놀랐다. 발길을 돌려 그 집에 간다면 그 집의 유명한 '오늘의 요리'를 먹을 수 있을 텐데. 좀 지나서 살라도 강을 건넌다. 에메릭 비코가 자신의 말 두 마리가 물을 먹다 죽었다고 주장한 곳이 바로 이 근처에 있다. 살라도라는 강 이름은 '짠 맛이 나는'이라는 뜻으로 12세기에 비코가 지은 이후로 바뀌지 않았다. 그러나 어떤 역사가들은 비코의 주장에 이의를 제기한다. 비코의 말들이 살라도 강물을 마시고 죽지 않았을 거라고 주장한다. 강물이 짜고 맛이 없는 것은 사실이지만 그렇다고 마시고 죽을 정도의 독물은 아니다.

한 무리의 집시 가족들이 앞을 지나간다. 작은 키의 강인하고 억센 몸매의 남성이 찌푸린 표정으로 야윈 말의 고삐에 묶인 줄을 잡고 잰 걸음으로 간다. 지붕이 덮인 작은 마차 안에는 아내와 아이들이 타고 있는 듯하다. 굶주린 듯 보이는 개 한 마리가 마차 뒤에 묶인 채 그 뒤를 쫓는다. 언뜻 보기에도 그들은 매우 가난해 보인다. 그 모습은 무언가 애절한 슬픔을 자아내면서 고야가 그린 그림의 한 장면을 생각나게 한다. 고야가 그린 그림들 가운데는 이런 애수를 표현한 것들이 많다. 그리고 또 다른 것들도 생각이 난다. 1928년 세 명의 스페인 학생들이 카미노를 걷다가 우연히 마주친 대규모 집시 일행과의 즐거운 조우에 얽힌 이야기가 떠오른다. 소년들은 그 집시들을 '집시 패거리'라고 불렀다. 그들은 집시 패거리들이 자신들을 강제로 '같은 패거리'로 만들지도 모른다는 생각으로 떨고 있었다. 그러나 그 집시들은 그들을 그냥 가게 한다. 그 무리 가운데 한 젊은 집시 여인은 그들을 보고 "어이, 늘씬하고 잘생긴 친구들!" 하고 소리쳤다. 집시들의 우두머리는 소년들 가운데 용모가 비슷한 두 사람이 형제라는 것을 눈치 채고는 "너희 둘은 짝이 참 잘 맞을 텐데!"라고 한 마디 덧붙였다. (광대 동물들이 서로 짝을 잘 맞춰서 공연하는 것을 뜻하기도 함) 소년들은 "고마워요"라는 말을 하고 급히 그 자리를 뜰 생각밖에 없었다. 그들의 말 속에 살며시 내비친 두려움과 걱정의 느낌은 이 상류층 자제들이 집시들의 친근하면서도 거친 농담에 아직 익숙하지 않았다는 걸 알 수 있게 한다. 방금 지나친 애처로워 보이는 집시 가족이 옛날에 그 소년들이 만났던 집시들처럼 그렇게 유쾌하고 걱정근심이 없었으면 하고 바랄 뿐이다.

지금 카미노는 개양귀비들로 덮여 있는 곳이 많다. 봄꽃들이 처음 꽃봉오리를 펼치는 때에 내가 이곳에 있다. 초서(Geoffrey Chaucer, 1342~1400, 근대 영시의 창시자로 중세 영국 최대의 시인. 대표작으로 『캔터베리의 이야기』가 있음 - 옮긴이)에 따르면, 지금은 인간의 마음이 순례를 떠나고픈 생각으로 들뜨는 바로 그때다. 그러나 초서가 말한 순례자처럼 풍성한 마음을 지닌 사람을 여기서 만날 거 같지는 않다.

카미노를 걷는 동안 처음으로 길 양쪽에 포도밭이 펼쳐진 풍경을 본다. 그러나 포도넝쿨 위에 열매들이 영글어 있는 것을 보기에는 너무 이른 시기다. 포도에 대해서 아는 것이 없기 때문에 포도나무들이 좋아 보이는지 나빠 보이는지, 잘 자라는지 아닌지 알 길이 없다. 잡초들도 보이지 않고 포도넝쿨 말고는 다른 것은 보이지 않을 정도로 잘 정돈된 포도밭을 보니 아무래도 제초제를 심하게 뿌린 것은 아닌지 의심이 간다. 포도나무들 사이로 사이갈이를 해 놓았다. 잡초들을 제거하기 위해 했을 것이다. 좀더 많은 것을 알고 싶다. 여기 사는 사람들의 땅에 대해 더 많이 알고 싶다.

걷기 시작한 지 6시간이 지났다. 예스테야에 점점 가까워지고 있다. 하지만 도중에 일요일 미사가 열리고 있는 성당을 한 군데도 마주치지 못했다. 여러 차례 나는 에스테야에 도착한 줄 착각했다. 사람들에게 여기가 에스테야냐고 물을 때마다 그곳은 또 다른 작은 마을이라는 것을 확인할 뿐이다. 아직 몇 킬로미터를 더 가야 한다. 갑자기 피로감이 몰려들기 시작한다. 우울한 느낌이다. 지금까지 느꼈던 피곤함과는 다른 느낌이다 …… 아마도 에스테야로 들어가는 마지막 남은 길이 간선도로를 따라 걸어야 하기 때문인지 모르겠다. 일요일 도로의 차량 통행은 매우 심하고 걷는 사람을 불쾌하게 만든다. 여기서는 내 영혼을 고양시켜주는 것이 아무 것도 없다.

아직도 너른 벌판을 걷고 있지만 벌써 로사리오 묵상의 15단 신비의 기도가 모두 끝났다. 하지만 사람들에게 길을 물으면서 자꾸 마음이 흔들린다. 사람을 만나면 로사리오 묵주를 주머니 속에 넣어야 하나? 아니, 그냥 손에 들고 있어도 괜찮을까? 참 이상한 일이다 …… 독일에서는 이슬람교 신자가 사람들 앞에서 자신의 기도 묵주를 손가락으로 돌리면서도 아무 거리낌이 없는데. 왜 나는 이렇게 어쩔 줄 몰라 하고 이런 문제로 고민하는 걸까? 일종의 타협을 하기로 한다. 로사리오 기도를 할 때면 묵주를 돌린다. 그러다 누군가를 만나면 묵주 돌리는 것을 잠시 멈추어 일부러 사람들 눈에 띄지 않게 할 수 있을 것이다. 그밖에 다른 문제는 신경 쓰지 않을 것이다. 사람들은 자기가 생각하고 싶은 대로 생각할 수 있으니까.

에스테야에 도착하니 피곤이 몰려온다. 한 동안 읍내를 배회하면서 몇 블록을 한 바퀴 빙 돈다. 어디로 가야 할지 모르겠다. 마침내 경찰서를 발견하고 거기서 순례자 증명서에 도장을 받는다. 그리고 어디에 알베르게가 있는지 확인한다. 이제 너무 지쳐서 쓰러질 지경이다.

1090년 산초 라미레스 왕은 프랑스 이민자들과 함께 에스테야를 세운다. 무어족들이 지배하고 있던 영토를 회복해서 사람들이 다시 살게 만들었고 이로써 카미노는 약 3킬로미터 더 늘어났다. 사람들은 이곳이 카미노에서 가장 경치가 좋은 곳임을 알았다. 순례자들의 행렬이 끊이지 않게 되면서 에스테야는 크게 번성했다.『성 야고보의 서』는 12세기 순례자들이 이곳에서 맛 좋은 빵과 훌륭한 포도주, 고기와 생선을 풍성하게 먹을 수 있었고 이곳은 순례자들이 휴식을 취할 수 있는 최고의 장소였다고 기록하고 있다. 곧이어 이곳에 많은 오스피탈과 오스페데리아(여관)들이 생겨났다는 기록들도 있다. 교구마다 각자 오스피탈을 지었으며 대개 신도회에서 이것들을 관리했다.

카미노가 지나가는 곳에 있는 감독 관구의 스페인 주교들이 1988년에 공개한 한 주교 서신에 따르면, 에스테야는 스페인에서 성 야고보 순례자들이 만든 신도회 가운데 가장 역사가 깊은 신도회가 있는 곳이다. 이 조직에 대한 최초 기록은 (비록 지금의 이곳 에스테야가 아니지만) 1120년에 나타난다. 이들 신도회 가운데 가장 유명한 곳이 파리 신도회였는데 400년 동안 조직이 지속되었다. 이 조직들은 대개 콤포스텔라까지 순례를 한 사람들로 구성되었다. 그들은 각자 사는 도시들로 돌아가서 그곳에다 신도회를 만들었는데 해마다 회의를 열고 순례를 널리 알리며 때로는 가난한 순례자들을 위한 오스피탈도 짓고 회원들이 죽었을 때 장례도 도맡아했다. 파리 신도회는 1388년 회원들을 위한 연회를 열었는데 참석자가 809명에 이르렀다. 이 연회에는 황소 다섯 마리, 돼지 열여덟 마리, 삼백 개의 달걀이 쓰였다. 1578년 열린 연회는 너무 사람들이 많고 떠들썩해서 경찰들이 출동하기도 했다.

북해 연안의 국가들과 독일, 영국에서도 이들 신도회의 활동은 활발했다. 스페인의 신도회들은 숙소를 제공하고 순례길을 정비하고 카미노 곳곳에 놓인 다리들을 세우고 관리했다. 오늘날에도 이들 신도회는 유럽 여러 나라에서 여전히 활발하게 활동하고 있다.

마침내 알베르게에 도착했다. 그런 것 같다. 알베르게가 아파트 건물 안에 있다. 한 20년 전에 지은 것처럼 건물 벽면이 탁한 회색이다. 얼마 안 있으면 철거될 것 같은 모습이다. 근처에 있는 다른 건물들은 비어 있거나 버려진 것처럼 보인다. 문은 잠겨있고 주위에 아무도 없다. 이보다 더 황량한 이웃을 상상하기란 힘들 것이다. 시수르 메노르의 알베르게에서 여주인 론칼의 따뜻한 보살핌 속에서 편히 쉬었던 것을 생각할 때 먼 길을 걸어 도착한 이곳은 참 황당하기 그지없다.

에스테야와 관련해서 약간 신비로운 이야기가 있다. 1270년 무렵, 그리스 서쪽에 있는 도시인 파트라스의 주교는 콤포스텔라로 순례를 떠나기로 결심했다. 그 유명한 성지에 걸맞은 선물을 남기고 싶었던 주교는 파트라스에서 순교하고 거기서 묻힌 사도 성 안드레의 어깨뼈를 가지고 갔다. 주교는 가장 가난한 순례자처럼 여행하기를 원했기 때문에 시중드는 사람도 없이 혼자 걸어서 에스테야에 도착했다. 그곳에 도착해서 몸이 아프기 시작했지만 자기가 누구인지 아무에게도 밝히지 않고 돈 없는 다른 가난한 순례자들처럼 오스피탈에서 쉴 곳을 찾았다. 그의 몸 상태는 빠르게 악화되었고 얼마 안 있다 숨을 거두고 말았다. 그가 가져온 귀중한 성물은 특수하게 제작된 상자 안에 넣어 가슴에 묶어 옷 속에 숨기고 있었다.

사람들은 산 페드로 성당의 수도원에 그를 묻었다. 그날 밤, 성당지기가 새로 묻은 무덤 위로 신비한 빛이 떠도는 것을 보고 깜짝 놀랐다. 작은 별들이 그 무덤 위로 쏟아지며 어떤 신령한 존재가 있음을 알리는 것처럼 보였다. 성당 신부는 성당지기의 말이 못미더웠지만 사실인지 확인하기 위해 다음 날 밤 공동묘지 근처에 갔다. 성당지기가 말한 경이로운 일이 또 다시 일어났다 …… 묘지를 파라는 분명한 신호였다. 그들은 흥분과 전율 속에서 시신의 옷을 벗기기 시작했다. 그리고는 시신의 가슴에 매어있는 작은 나무상자를 보고 놀랐다. 상자를 조심스레 열어보니 그 안에는 성 안드레의 성물과 구리에 법랑을 입힌 지팡이의 윗부분(프랑스 리모주산 도자기), 성찬식 때 포도주를 담는 그릇인 주수병 2개, 비단 장갑들이 들어있었다. 동봉된 문서는 그것들이 성물임을 증명했다. 나중에 안드레는 에스테야의 수호성인으로 선포되었다.

  오후 4시, 한 남자가 문을 열고 들어온다. 그는 알베르게가 누추한 것에 대해 사과하며 이곳은 임시로 마련된 숙소라고 설명한다. 새로 알베르게를 짓고 있는데 아직 완성되지 않은 것이다. 그는 이해를 바란다고 말한다. 이곳은 방이 두세 개 있는데 침대 몇 개와 욕실이 하나씩 있다. 물은 따뜻하고 지붕도 새지 않는다. 지금 밖에는 비가 내리고 있다. 눈을 붙일 침대를 찾는다. 지금은 다른 게 아무 것도 필요 없다.

  12세기 말, 어떤 이가 론세스바예스에 있는 알베르게를 칭송하면서 라틴어로 이런 시를 지었다. 모두 42연으로 구성되어 있는데 각 연마다 4줄이다. 그 가운데 한 연의 내용이 에스테야의 이곳 알베르게와 딱 맞아떨어진다.

문은 누구에게나 열려 있다, 아픈 사람이든 건강한 사람이든,
가톨릭 신자뿐 아니라 이교도들에게도, 유대교인에게도, 이단자
들에게도, 게으름뱅이나 하잘것없는 사람에게도, 간단히 말해
서, 선한 자와 속물들 모두에게도.

  당신이 그 문으로 들어가기 위해서는 그저 카미노 위에 있기만 하면 된다. 그 밖에 무슨 질문이 필요한가.

  또 다른 순례자들이 안으로 들어온다. 덩치가 큰 캐나다 사람이 한 명 들어오더니 자기는 내일 콤포스텔라 근처에 있는 도시, 아마도 레온까지 가는 버스를 타려고 한다고 내게 말한다. 콤포스텔라까지 걷고 싶은 마음은 굴뚝같지만 그리스에서 요

리사로 새로 취직을 해서 직장에 가야 하기 때문에 끝까지 걸을 수가 없다고 한다.

이곳에는 조리를 할 수 있는 시설이 없기 때문에 우리는 뭔가 먹을 것을 찾아 밖으로 나간다. 읍의 '중앙'에서(여러 곳이 있는 듯하다) 우리는 카미노에서 두세 번 본 적이 있는 한 쌍의 젊은이를 만났다. 그들은 호텔에 방을 잡았고 내일 독일로 돌아갈 예정이란다. 걷는 게 그들에게 너무 힘들었다고 한다. 지금 휴가 중인데 휴가가 끝나 직장으로 돌아가기 전에 '스페인에서 빼앗긴 기력을 회복할' 충분한 시간을 갖기 위해 집으로 돌아갈 것을 신중히 고민 중이라고 한다. 1928년 마드리드에서 콤포스텔라까지 걸었던 청년 형제들의 이야기에 나오는 한 장면이 갑자기 떠오른다. 그들에 대한 기록 가운데서 형이 쓴 대목이다. 집을 나서기 위해 문 앞에 서자 그들의 어머니는 "키스해다오. 그 키스가 너희들이 집에 없는 동안 매일 밤마다 우리를 지켜줄 거다"라고 했다. 그들의 아버지는 살며시 웃으며 "원하면 지금이라도 포기하고 그냥 집에 있어도 된다. 그러나 한번 시작하면 성 야고보의 무덤에 닿을 때까지는 이 집에 돌아오지 마라"고 진지하게 말했다. 이 차이는 무엇에서 오는 걸까? 성격에서? 문화에서? 시대의 차이? 골똘히 생각하다보니 머리가 어지럽다. 알베르게에서 같이 나온 사람들을 따라 간단하게 점심을 먹기 위해 사람들이 많이 몰려 있는 간이식당으로 들어간다.

밖에는 여전히 비가 내리고 있다. 우리는 회색의 침울한 모습을 한 아파트에 있는 알베르게로 서둘러 되돌아온다. 내일 아침 일찍 다시 길을 떠나련다. 그러면 여러 가지 전설들로 풍성한 이곳 에스테야를 꼼꼼히 살펴볼 기회는 없을 것이다. 그 전설들 가운데 하나는 나바라 왕국의 가르시아 라미레스 왕의 딸, 산차(레오파스라고도 부른다)가 어떻게 가스통 데 베아른 백작과 결혼했는지와 관련이 있다. 1170년 백작이 후손을 남기지 못하고 죽은 뒤 곧이어 레오파스가 임신했다는 사실이 밝혀졌다. 베아른 가문은 그 아이가 분명 죽은 백작의 후손일 거라는 기대에 부풀어 기뻐했다. 그러나 레오파스는 얼마 안 있다 아이를 유산하고 말았다. 주변에서 의혹의 시선들이 쏟아졌고 마침내 레오파스는 고의로 낙태를 했다는 혐의로 붙잡혔다. 그리고는 물에 빠뜨려 죽이라는 선고를 받았다. 레오파스는 손과 발이 묶인 채 에스테야를 관통해서 흐르는 에가 강 위를 가로지르는 다리에서 강물에 던져졌다. 이 슬픈 광경을 지켜보기 위해서 3000명이 넘는 사람들이 다리 주변에 모였다.

레오파스는 자신의 결백을 밝혀달라고 성녀 로카마도르를 크게 외쳐 불렀다. 레오파스가 강에 던져지자 그녀의 몸은 강물 속으로 빠지기는커녕 물 위에 가볍게 둥둥 떠서 근처에 있는 모래밭으로 떠내려가 멈추었다. 백주 대낮에 자신들의 눈으로 직접 이 불가사의한 광경을 목격한 군중들은 레오파스를 그들의 어깨에 들어올린 채 의기양양하게 근처에 그녀가 살던 성으로 데리고 갔다. 그 뒤, 레오파스는 정성을 다해 짠 벽걸이 융단을 산투아리오 데 누에스트라 세뇨라 데 로카마도르 대수도원장에게 봉헌했다. 이런 경이로운 이적과 관련된 이야기들은 끊임없이 이어진다. 지금 내가 밟고 있는 이 흙이 그때 그 사람들이 밟았던 그 흙일까? 아무리 보잘것없는 것일지라도 그들과 나 사이에, 그들의 믿음과 내 신앙 사이에 조금이나마 서로 맞닿을 수 있는 것이 있을까? 나는 과연 그들의 세상 속으로 걸어 들어가기 위해 스스로 정신을 맑게 정화할 수 있을까? 알고 싶다.

7
이 길을 앞서 걸었던 옛 순례자들과 함께
에스테야에서 로스 아르코스까지

바깥은 아직도 꽤 어둡다. 하지만 기분은 괜찮다. 이제 떠날 시간이다. 그런데 이 소리는 무슨 소리지? 창밖을 내다보니 …… 비가 내리고 있다. 어떻게 한담? 며칠 전 몇 시간 동안 비를 맞고 걸은 적이 있다. 다시는 폭우가 쏟아지는 날은 걷지 않겠다고 다짐했는데. 밖은 인적도 없이 적막하다. 하늘은 구름으로 짙게 덮여 있다. 아무래도 하루 종일 쏟아 부을 모양이다. 갑자기 지금쯤 따뜻하고 편안한 호텔방에 있을 젊은 독일인들과 오늘 아침 버스를 타기 위해 표를 끊고 있을 캐나다인이 생각난다.

과일과 빵, 치즈로 아침을 때우고 소지품들을 배낭에 넣는다. 어깨에 배낭을 메고 판초를 꺼내 온몸을 감싼다. 판초에 붙은 머리 씌우개로 얼굴을 단단히 감싼 다음 판초 안 쪽으로 한 쪽 팔을 빼고 다른 쪽 팔로는 지팡이를 쥔다. 거리로 나서며 지팡이로 인적 없는 보도를 가볍게 두드리고 읍내의 어두운 정적을 깬다. 이렇게 일찍 길을 나서는 사람은 내 뒤를 바로 따라 나온 또 한 명의 순례자 말고는 아무도 없다.

읍내를 지나가다 벌써 문을 연 슈퍼마켓이 눈에 보인다. 비도 내리고 어두운 데다 눈에 잘 띄지도 않는 까닭에 내 뒤로 몇 미터 떨어져 따라오는 사람이 그 가게를 보지 못할지도 모른다. 그는 먹을 것을 좀 사려고 가게를 찾고 있는 중이었다. 나는 뒤돌아서서 그 사람을 향해 소리를 질렀다. 그렇게 돌아선 채 가게로 들어가면서 계단이 있는 줄 착각하고 그 위에 발을 내딛었는데 그게 아니다. 그것은 가게 안으로 휠체어를 타고 가거나 물건을 옮길 때 작은 짐수레를 밀고 들어가도록 경사를 낸 길이다. 콘크리트 바닥이 젖어 있어서 그만 미끄러지고 말았다. 몸이 기우뚱하면서 배낭이 아래로 쳐졌다. 지팡이를 짚고 있었지만 전부터 아팠던 무릎을 바닥에 찧고 말았다. 콘크리트 바닥이 쿵 소리를 낸다. 갑자기 무릎이 쿡쿡 쑤시더니 온몸으로 통증이 퍼진다. 다시 걷다보면 곧 나아질 거다. 하지만 걱정이 된다. 지금까지 날마다 종일토록 나를 괴롭혀왔던 무릎 통증이 이제야 겨우 잊혀질 만 했는데 이게 뭐람. 눈앞에 오직 한 장면만이 어른거린다. 이게 내 순례의 끝이다. 나도 버스를 타고 있을 거다.

천천히 일어서 본다. 똑바로 선다. 한 발짝, 또 한 발짝 내딛는다. 통증이 좀 있지만 조금 머뭇거리며 계속 걸을 수는 있다. 멈추지 않고 계속 걷는다. 그리고 얼마 시간이 흐르자(얼마나 지났는지 모르겠다)통증이 잦아들기 시작한다. 놀랍게도 통증이 조금씩 계속해서 약화되더니 마침내 완전히 사라졌다. 믿을 수 없는 일이 또 다시 일어난 것이다. 모든 생명체들에게 신의 축복을 빌며 빗속에서 마구 웃고 울고 소리치고 춤추고 싶은 기분이다.

 비는 그칠 줄 모르고 내린다. 하지만 폭우는 아니다. 어떤 사람은 이 비를 어쩌면 사랑스런 봄비라고 부를지도 모른다. 사람들에게 어떤 피해나 불편함도 주지 않는다. 이제 다시 너른 들판을 걷고 있다. 비로소 정말 카미노를 걷고 있는 기분이다. 아직까지 에스테야를 벗어나지 않은 곳에 큰 건물들이 여럿 모여 있는 것이 보인다. 누에스트라 세뇨라 라 레알 데 이라체 수도원이다. 나바라 지역에서 가장 오래된 수도원 가운데 하나다. 일설에 따르면 서고트 시대(409~711)에 지어졌다고 한다. 또 한때는 대학 건물로 쓰이기도 했다. 그러나 지금은 아무도 쓰지 않으며 정부에서 재건축을 진행하고 있다. 개축에 들어가는 소요 예산을 커다랗게 쓴 커다란 표지판을 보고 알 수 있었다. 나라의 문화유산을 보존하기 위한 또 다른 정부의 조치다. 정말 어마어마하게 넓은 곳이다. 이 넓은 곳을 어떻게 수사들로 채울 수 있었을까? 역사는 돌고 돈다. 지난 세기, 스페인 정부는 수사들과 수녀들을 모두 내쫓았다. 그러나 지금은 비어 있는 이들 건물, 보배로운 건축물들을 다시 원상회복시키려고 애쓴다. 다시 한번 고야의 그림이 생각난다. 수녀와 수사, 탁발수도사들의 성스러운 수도복을 벗기고 평상복으로 갈아입혀 세상으로 내쫓는 모습을 그린 그림이다. 고야의 상상력이 그려낸 필력은 어떤 말로도 묘사할 수 없는 열정을 보여준다.

 오른쪽에 있는 큰 건물은 보데가스 이라체라고 하는 포도주 회사의 창고다. 그 앞에 표지판이 하나 있고 정교한 철제문이 있다. 문을 열고 건물 벽 쪽으로 다가간다. 벽에는 두 개의 수도꼭지가 있는데 하나는 물이 나오고 다른 하나는 포도주가 나온다. 그 포도주를 생산한 양조장 이름은 푸엔테 델 비노Fuente del Vino(포도주가 나오는 샘이라는 뜻 - 옮긴이)다. 수도꼭지가 달린 벽 위로 우묵하게 들어간 부분이 있는데 그곳에 순례자 성 야고보의 석상이 버티고 서 있다. 표지판에는 이곳을 지나는 모든 순례자들이 여기서 아주 맛좋은 포도주 한 잔을 마시고 콤포스텔라까지 활기차고 건강하게 무사히 순례를 마치라고 권한다. 포도주를 한 잔 더 마시고 싶다면 정면에 있는 건물을 우회해서 나오는 소매점에서 자신이 원하는 만큼 살 수 있다. 포도주를 마실 잔은 여기에도 있다. 나는 그 잔을 물로 헹구고 그 안에 포도주를 채운다. 음. 정말 맛있는 포도주다. 망설여진다. 포도주를 더 마시고 싶은데 한 병을 사서 가지고 다니기는 싫다. 짐이 늘어나는 것을 바라지 않는다. 그럼 어떻게 하지? 반잔만 더 채운다. 포도주 양조업자의 관용을 남용하지 않는 한, 그가 정해놓은 원칙을 너무 고지식하게 따를 필요가 있을까? 순례자들을 위해 이 얼마나 멋진 일을 하고 있는가. 그리고 빗속에서 마시는 포도주의 맛은 얼마나 좋은가!

오늘 걷는 카미노는 과거에 농부들과 가축들이 걸었던 진흙탕길 위에 경작된 포도밭과 밀밭 사이를 관통해서 지나간다. 진흙은 걸음을 느리고 어렵게 만든다. 그러나 나는 자동차와 트럭이 경주하듯이 물을 튀기며 달리는 간선도로를 따라 걷는 것보다 이 길이 더 좋다. 이곳 스페인에서는 (독일처럼) 대다수 사람들이 무시무시한 속도로 차를 몬다. 이게 유럽 국가들의 특별한 현상인가? 다른 사람을 따라잡고 그보다 앞서고 싶은 걸까? 미국인들이라고 다를까?

보이는 들판들은 넓기만 한데 집은 별로 없다. 더 멀리까지도 이런 풍경이 계속해서 이어진다. 풍경이 자주 바뀌고 이것저것 볼거리가 많으면 먼 길도 언제 갔는지 모르게 금세 지나가는 느낌이 있다. 그러나 오늘은 비 때문에 모든 게 느리게 움직이는 것 같다. 도착지까지는 아직도 많이 남았다.

좀 독특한 지역을 지나고 있다는 느낌이 마을 두세 곳을 지나치면서 불현듯 떠올랐다. 마을들은 모두 깔끔하게 정돈되어 있었지만 어디서도 움직이는 것들은 눈을 씻고 찾아봐도 없다. 혹시 낮에는 주민들이 모두 도시로 일하러 나가고 밤에는 잠만 자는 그런 마을들은 아닌지 모르겠다.

어제는 일정하게 간격을 두고 길게 늘어선 언덕들을 따라 펼쳐져 있던 들판들을 여러 곳 지났다. 대지 위에 드러난 흙 말고는 들판에 보이는 것은 아무 것도 없었다. 언덕에서 자라는 것도 아직은 보이지 않았다. 다만 언덕 위에서 일하고 있는 사람들이 보일 뿐이었다. 여태까지 카미노에서 본 것은 그들이 전부였다. 하지만 그들이 무엇을 하고 있는지, 거기서 무엇을 재배하는지는 알 길이 없었다. 오늘은 들판 가까운 길로 걸어가면서 땅 위로 홀연히 솟아나온 푸른 아스파라거스 새싹을 본다. 아스파라거스! 내가 무척 좋아하는 채소다. 유럽 사람들은 흰 아스파라거스를 재배하는데 이파리가 햇빛을 받아 푸른색으로 바뀌지 못하게 하기 위해 그 위에 덮개를 씌운다. 그렇게 하기 위해 얼마나 더 많은 일을 해야 할까. 그냥 푸른색으로 바뀌게 놔두는 것이 더 나을 텐데. 흰 아스파라거스는 맛이나 씹히는 감촉에서 모두 푸른 아스파라거스보다 훨씬 못하다. 사람들이 왜 흰 아스파라거스를 먹는지 정말 모르겠다.

슬그머니 마음 한 구석에서 유혹의 손길이 아른거린다. 지금 주위에는 아무도 없다. 잘 경작된 언덕 밭에서 삐쳐 나온 이 푸른 새싹들은 스페인 농부들에게는 쓸모없는 것들이리라. 그들은 이런 푸른 싹들을 닭 모이로도 주지 않을 것이다. (대개는 그냥 버린다!) 밭으로 들어가서 조금 꺾어 가도 되지 않을까? 하지만 포기해야 할 것 같다. 진흙 밭이라 땅이 너무 질척거려 보인다. 괜히 새싹들을 꺾으러 들어가다 밭고랑을 엉망으로 만들지도 모를 일이다. 엉뚱하게 순례자들에 대해서 나쁜 이미지만 남길 수 있다. 여기서 진창을 걸어서 밭에 들어갈 사람이 순례자들 빼고 누가 있겠는가? 바지 엉덩이에 벌써 진흙이 잔뜩 묻었다. 이제 더 생각할 것도 없다. 그냥 포기하자. 어쩌면 카미노에서는 푸른 아스파라거스를 파는 가게를 발견하지 못할지도 모른다. 나는 이제 그것을 훔칠 수도 살 수도 없다.

포도주 한 잔 반을 마시고 나중에 물을 좀 마시기 위해 잠시 멈춘 것을 빼고 빗속을 여섯 시간 동안 터벅터벅 걸어서 마침내 로스 아르코스에 도착했다. 통증도 피곤함도 전혀 느껴지지 않는다. 정말 기분이 좋다! 몇 시간이고 더 걸을 수 있을 것 같다. 길을 걸으면서 하는 로사리오 묵상 기도는 오늘 나를 더욱 카미노에 깊이 빠져들게 했다.

여러 번을 물어물어 알베르게가 어디에 있는지 아는 사람을 만났다. 학교 선생님들이 기거하는 집으로 쓰이던 2층짜리 아파트 건물이 지금 알베르게로 사용된다. 이번에는 집 열쇠를 가진 여인을 찾아야 한다. 이제야 비로소 안으로 들어가서 판초를 벗는다. 밖에서 걷는 동안 비가 판초를 스며들어와 안쪽을 다 적신 줄 알았다. 그러나 그건 빗물이 아니라 습기와 땀이 응결되어 그렇게 느낀 것이다. 배낭은 젖지 않고 말짱하다. 다행이다. 배낭은 아주 중요한 물품이다. 비와 땀에 젖고 진흙물이 튀긴 옷을 벗고 마른 옷으로 갈아입는다. 바깥이 갑자기 조용하다. 창밖을 내다보니 비가 멈췄다! 햇살이 비치기 시작한다.

알베르게에는 나 혼자뿐이다. 이곳에 맨 처음 도착한 순례자인 덕분에 구석진 조용한 곳에 있는 침대를 고르기 위해 주위를 두리번거린다. 2층에 침대 두 개가 놓여진 작은 방이 있다. 오늘밤 그렇게 많은 순례자들이 오지 않는다면 그 방은 아주 조용한 장소가 될 듯하다. 침대 두 개가 놓여진 또 다른 작은 방이 있다. 아래층에는 큰 방이 하나 있는데 침대 수도 그만큼 더 많다. 이곳은 아주 깨끗하지는 않지만 그래도 필요한 것은 모두 있다. 파이프와 밸브가 어지럽게 연결되어 있는데 아마도 수도관인 듯하다. 하지만 그것을 어떻게 작동하는지 몰라 오늘 몸을 씻는 것은 포기하기로 한다. 비 때문에 날씨가 꽤 차가워진 까닭에 목욕을 쉽게 포기할 수 있어 다행이다.

마을의 중심은 여기서 몇 백 미터 떨어져 있다. 순례자 증명서에 도장을 받고 먹을거리를 사러 그곳에 가야 한다. 그런데 비가 다시 내리기 시작한다. 폭우다 …… 하늘에 구멍이 뚫린 것처럼 마구 쏟아 붓는다. 비가 계속 내리면 오늘 저녁은 건너뛰리라. 그리고 도장을 받는 일도 내일 아침으로 미뤄야겠다.

오늘 한 벌밖에 없는 여벌옷을 다 갈아입었기 때문에 젖은 옷이 다 마르기 전에 이 옷마저 젖게 할 수는 없다. 양말을 빨고 말려야 하는 것은 모두 빨랫줄에 잘 걸어놓는다. 지팡이는 판초를 걸어놓기에 딱 좋다.

얼마 있다 비가 다시 그친다. 마을로 들어갈 수 있는 기회다. 순례자 증명서를 챙겨서 밖으로 나간다. 언젠가 큰 성당에서(중심 도시에 걸맞게 큰)순례자 증명서에 도장을 찍어주는 사람이 있다는 소리를 들었다. 그 사람을 찾다가 꼭 여장부처럼 생긴 나이 지긋한 여인을 만났는데 영어는 엉망이었다. 그 여인에게 내가 원하는 것, 순례자 증명서에 도장을 찍어달라고 설명한다. 무표정하게 얘기를 듣던 그 여인은 나를 수상쩍은 듯이 바라보다 자기를 따라오라고 퉁명스럽게 말한다. 그녀는 천천히 중앙에 회중석이 길게 늘어선 어두운 아치형 공간을 터덕터덕 걷더니 이어서 익숙한 몸짓으로 성찬식용 제단을 지나쳐 간다. 아무런 신호도 없이 멈추지 않고 걷더니 성단소(聖壇所성가대와 성직자가 앉는 자리 - 옮긴이) 옆으로 난 문을 통해 들어간다. 그녀는 불을 켜고 성구聖具들을 모셔둔 마치 동굴처럼 생긴 방들 가운데 하나를 들여다본다. 예전에 오래된 스페인 성당에서 본 적이 있는 곳이다. 그렇게 많은 조각과 장식들이 있는 커다란 방이 오직 신부들이 미사와 각종 성찬식용 의복을 입기 위해서만 쓰인다는 것이 믿기 어렵다.

방 한쪽 구석에 있는 탁자 겸 책상은 그 나이든 여인의 자리인 듯하다. 거기에 앉은 그녀에게 순례자 증명서를 건네준다. 그녀는 책상 서랍을 열고 도장을 꺼내 잉크를 묻힌다. 순례자 증명서를 펼치고 다음에 찍어야 할 빈 자리에 정확하게 도장을 찍는다. 오랫동안 해온 일이라 자신이 무엇을 해야 하는지 잘 알고 있다. 내가 고맙다고 말하자 그녀는 "뽀르 나다"라고 퉁명스레 답한다. "천만에"라는 말이다.

내가 자리를 뜨려고 하자 그녀도 자리에서 일어선다. 그녀가 먼저 문밖으로 나서기를 기다린다. 그러나 그녀는 들어왔던 방향과는 다른 벽 쪽으로 간다. 거기에는 엄청나게 많은 전선과 스위치 상자가 있다. 그녀는 그 스위치들을 돌리기 시작한다. 방문 밖을 내다보니 …… 아득한 어둠으로 비어있던 공간들이 갑자기 여기저기 불빛으로 일렁거린다. 성단소로 나간다. 오, 하느님! 여러 가지 색채의 장식을 한 성상들과 석조상, 성단 뒤를 두른 금빛 배경의 채색화들, 지붕 높이 치솟은 기둥들, 커다란 창문들이 장관을 이루며 서로 어우러진다. 바깥은 어둠이 내려 캄캄하다. 한숨을 돌린다. 너무 많은 예술품들, 너무도 세련된 양식들이 갑자기 머리를 강하게 내리치는 듯하다. 이 광경이 아름다운가? …… 미친 짓이 아닌가? …… 그렇게 감동적인가? 이 예술품과 건축물을 어떻게 바라봐야 할지, 어떻게 합리적으로 생각해야 할지 잘 모르겠다. 로스 아르코스는 스페인에서 늘 볼 수 있는 평범한 농촌 마을에 다름 아니다. 이런 터무니없는 사치를 어떻게 해석해야 할까? 이것을 옛날식 신앙의 표현방식이라고 봐야 할까?

이곳은 이글레시아 데 산타 마리아 성당이다. 여행안내서들은 이곳을 위대하고 기념비적인 곳이라고 설명한다. 정말 기념비적이라고 할 수 있을지 모르지만 이것을 위대하다고 말할 수 있는 걸까? 어떤 이들은 이 괴물 같은 사원을 보고 이 마을의 역사적 중요성을 깨달을 수도 있을 것이다. 그러나 내게는 그런 역사적 중요성의 본질을 이해하는 것보다 이 성당의 물질적 기원을 파악하는 것이 훨씬 더 의미가 있는 일이다.

순례를 시작하면서 카미노에서 아주 유명하다고 하는 모든 예술작품들이나 유서 깊은 로마네스크 양식의 건축물들, 그리고 그곳에 대한 엄청난 분량의 관련서적 목록들을 무시하기로 마음먹은 것은 무엇보다 잘한 일인 것 같다. 그것들은 카미노를 아주 좁은 시각으로만 보게 만들 것이다. 무엇보다도 더 영구적이고 계시적인 것은 '저 너머 밖'에 있다. 오늘 카미노의 진실은 비가 내리고 있는 이 건물 밖에 있다. 적어도 난 그렇게 믿는다. 이 건축물은 너무 분명하지 않고 혼란스럽다. 나는 이 건축물을 이해할 수 없다. 내가 아는 것으로는 해석할 수 없다. 너무 복잡하고 괴상하다. 그것은 열쇠가 없는 어떤 다른 세상 같다. 그것에 대해 어떻게 생각해야 할지 정말 모르겠다.

재빨리 성구들을 보관하는 방으로 다시 들어가서 날 즐겁게 하기 위해 성당 안에 불을 밝힌 고마운 여인에게 감사의 말을 전하고 내가 얼마나 감명을 받았는지 두서없이 인사를 했다. 그러고 나서 달아나듯 그곳을 빠져나온다. 바깥 날씨가 어떻든 간에 빨리 밖으로 나가고 싶었다.

읍내로 걸어가면서 수백 년 전 스페인 사람들의 종교적 감수성에 대해서 치밀어 오르는 분노 때문에 머리가 어지러운 중에 또 다른 순례자 한 사람과 우연히 마주쳤다. 프랑스인 의사! 둘 다 깜짝 놀라며 반갑게 인사를 나눈다. 커피 한 잔 하는 게 어떠냐고 묻는다. 그곳이 아주 작고 보잘것없든 아니면 매우 우아한 곳이든 스페인의 간이주점에서 마시는 커피의 맛은 지금까지 마신 어떤 커피와 비교할 수 없을 정도로 최고의 맛이다. 난 기꺼이 즐거운 마음으로 그와 함께 커피 파는 곳을 찾아 나선다.

늦은 오후다. 읍내 가게들이 전통적으로 오랫동안 전해져온 한낮의 시에스타(낮잠)를 끝내고 문을 다시 연다. 우리는 오늘 저녁과 내일 아침거리를 사러 다닌다. 알베르게에 가지고 가서 조리하지 않고 그냥 먹을 수 있는 것을 가게에서 살 작정이다. 슈퍼마켓처럼 보이는 작은 가게를 발견하고(가게 주인은 자기 동생이 캘리포니아에 산다고 했다)거기서 이것저것 산 뒤 빵집으로 간다. 빵집을 제대로 찾아 갔지만 가게 문이라고 생각하는 곳에 가까이 가보니 문이 잠겨 있다. 주위를 둘러보니 동네 사람인 듯한 사람이 거리를 지나간다. 그래서 그에게 달려가 우리 사정을 얘기했다. 벌써 오후 6시. 그는 문을 크게 두드리라고 가르쳐준다. 우리는 가게 앞으로 되돌아가서 시키는 대로 했다. 2층 창문이 열리고 친근해 보이는 얼굴의 여인이 무슨 일이냐는 듯 밖을 내다본다. 빵을 사고 싶다고 말한다. 그녀는 알았다고 고개를 끄떡이고 금방 아래로 내려와 가게 문을 연다. 빵은 대개 이른 아침에 사야 한다는 것을 대강 짐작했다. 날마다 문을 가장 먼저 여는 가게는 빵집이라는 것을 이제 알았다.

함께 온 프랑스인은 우표를 몇 장 사고 싶어 한다. 하지만 우체국이 보이지 않는다. 그리고 이 시간이면 우체국은 벌써 닫았을 것이다. 이곳에서는 지방의 우체국 업무가 제한된 시간에만 운영되는데 대개 오전에만 문을 연다. 그런데 한 가게를 지나가다 포목이라고 씌어있는 물품 아래로 여러 가지 잡다한 것들을 놓고 파는 것을 보았다. 그래서 혹시 마을 어디서 우표를 살 수 있는지 물었다. 주인은 바로 저기서 판다고 가리킨다. 그때 선반 위에 얹혀진 포장이 안 된 커다란 갈색 세탁비누가 눈에 띈다. 무색소 전통 비누라고 표시되어 있다. 이걸로 몸을 씻어도 되는지 주인에게 물었다. 그렇게 쓰는 사람들도 있단다. 독일에서 가져온 세탁비누가 다 떨어지면 그때 이것을 써 보리라. 순례 중에 가장 중요한 것, 양말을 깨끗이 빨 수 있는 그런 세탁비누가 필요할 거라고 생각했다. 양말은 언제나 청결을 유지해야 한다. 그 비누로 좀 다른 용도지만 몸도 씻을 수 있으면 좋다. 지금까지 그 생각은 괜찮은 결정이었다. 놀랍게도 내 발은 아직도 아무 이상이 없다.

그동안 계속된 규칙적인 생활은 건강에 좋았다. 오전 6시에 기상해서 가끔 면도를 하는 때도 있고 아침을 조금 먹는다. 그런 다음 배낭을 꾸려 카미노로 나선다. 어떤 때는 아침을 먹었더라도 걸으면서 과일을 먹기도 한다. 그러나 물 먹을 때를 빼고는 가다가 멈추는 경우는 없다. 카나리아 제도에서 온 청년이 말했던 것처럼 마을마다 맛좋은 물이 나오는 공동 우물이나 수도가 있다. 나는 혹시 있을지도 모를 위급한 상황을 대비해서 플라스틱 물병에 약간의 물만 담아서 가지고 간다. 물을 많이 담아가면 무거워서 힘들다. 목적지를 정할 때 먼저 알베르게가 있고 하루에 20~30킬로미터쯤 걸어서 갈 수 있는 곳을 고른다. 그 정도 거리면 대개 쉴 수 있는 마을이 나온다.

알베르게에 도착하면 가장 먼저 할 일이 양말과 옷가지들을 빠는 일이다. 그래야 다음 날 아침 떠나기 전까지 빨래한 세탁물들이 마를 수 있는 충분한 시간을 가질 수 있다. 또 전날 빤 양말이 안 말라서 비닐봉지에 그냥 넣어온 것이 있으면 꺼내서 빨랫줄에 말린다. 그런 다음 대개 몸을 씻고 먹을 것을 찾으러 밖으로 나간다. 음식점에 앉아서 먹을 것이 나오기를 기다리는 것보다 마을 가게들을 돌아다니며 먹을 것을 찾는 행동이 카미노의 정신에 더 가까운 것처럼 보인다. 알베르게에 음식을 조리할 수 있는 부엌이 없으면 사온 음식을 데우지 않고 그냥 먹을 수도 있다. 큰 마을이나 읍내에 머무는 날이면 언제나 내게 그날의 특별한 세속적 큰 기쁨을 주는 카페오레를 마실 수 있는 간이주점을 찾아간다. 하루 일지를 쓰고 나면 이제 잠잘 시간이다. 지금까지 오늘처럼 어찌할 수 없는 경우를 빼고는 관광 유적지를 돌아보는 일과 같은 것에는 관심이 없다.

비트겐슈타인은 "의미를 (인간 내면의) 정신적 활동이라고 부르는 것만큼 그릇된 생각은 없다!"라고 말한다. 이 말이 오늘 성당에서 일어난 일들을 설명해줄 수 있을지 모르겠다. 그 모든 화려한 색상으로 치장한 인간의 작품들과 나 사이에는 아무 일도 일어날 수 없었다. 나는 그런 세계에서 자라지 않았다. 그런 수세기에 걸친 오랜 전통과 나 사이에는 공통되는 친밀성이 하나도 없다. 말하자면 그런 물질적 과시는 나를 구성하는 물질적 역사와 아무 상관이 없다. 데카르트가 말한 것과 반대로 나는 생각하는 자아가 아니다. 오히려 공동체와 사회 속에 축적된 전통 속에서 살고 걷는 하나의 피조물일 뿐이다. 의미란 내 의식의 내면에 있는 신비스러운 상태를 말하는 것이 아니다. 오히려 그것은 나라고 하는 역사적 자아가 주변 세계와 물질적, 사회적으로 상호 작용하는 것을 말한다. 내가 카미노를 직접 걸을 때 비로소 나는 카미노의 세계로 들어갈 수 있는 것이다. 나는 책을 통해 아주 빈약하게 피상적이고 간접적으로만 그 성당이 무엇이라는 것을 알 뿐, 진정 그 세계가 무엇인지는 알 수 없었다. 이를테면 집시들을 만난 세 학생들의 이야기가 내게 의미가 있는 것은 내가 길을 가다 집시들을 만났기 때문이다. 또 로사리오의 묵주가 갑자기 내게 의미가 있는 것은 내가 실제로 사람들과 함께 로사리오 묵상기도를 하기 때문이다. 나는 앞서 이 길을 걸었던 순례자들과 함께, 나와 믿음을 공유하는 그들과 함께 걸어가며 숨쉬고 말한다. 나는 그들의 세계로 바로 걸어 들어간다.

나는 무미건조한 일상을 저 뒤에 두고 떠났다. 아침마다 전에는 한번도 밟아본 적이 없는 땅 위의 새로운 곳을 거닐며, 그리고 오직 상상 속에서만 그리던 사람들을 만나며 경이로 가득 찬 신기한 세상 속으로 점점 더 가까이 간다. 순간마다 깨닫는 것에 순응하고 모든 감각을 통해 들어오는 것을 받아들이며 이 여로의 종착지에 있는 신비로운 세상을 향해 한 발짝 한 발짝 내딛는다. 무엇인가를 주목한다는 것의 대가란 그 얼마나 환상적인가.

나는 이 여행을 시작하기 전에 뭔지는 알 수 없지만 본능적으로 '기념비적인 것들'은 돌아보지 않겠다고 작정했다. 오늘 겪은 일은 내가 참 선택을 잘 했다는 것을 아주 극적으로 보여주었다. 혼자 걷기로 한 결정과 마찬가지로 말이다. 비트겐슈타인의 말을 따른다면 내가 카미노에서 얻을 수 있는 의미(감각)는 오직 사회적, 육체적 경험을 통해서다. 지금은 이 세상에 없지만 이 길을 앞서 걸었던 옛 순례자들과 함께 질척한 진창길을 무거운 걸음으로 걸으면서 경험하는 경이롭고 풍성한 느낌이 바로 그러한 의미가 아니겠는가? …… 정말 신기한 것은 나를 카미노의 세계로 인도할 유일한 사람들인 그 옛 순례자들을 나도 모르게 '무의식적으로' 선택했다는 사실이다. 처음에 여행을 시작할 때 그 세계는 내가 전혀 모르던 이방의 세계였는데 말이다.

8
어둠속에 갇혀있던 신앙은 다시 불을 밝힌다
로스 아르코스에서 로그로뇨까지

오늘은 가끔씩 노란색 화살표가 보이지 않아 중간에서 여러 차례 길을 멈춘다. 어떻게 하나? 길을 잘못 들어선 건 아닐까? 돌아가서 화살표를 지나쳤는지 확인할까? 그러나 길을 잘못 들어선 것 같지는 않다. 쓸데없이 되돌아가지는 않기로 마음먹었다. 콤포스텔라까지 가는 데 다른 샛길은 없다. 목적지까지 걷는 데 필요한 발걸음보다 더 많이 걷는 것은 너무 힘들어서 안 된다.

한 번만 빼고 매번 결국에는 화살표를 다시 발견했다. 아무튼 내 방향감각이(또는 내 수호천사가) 나를 살린 셈이다. 순진한 기쁨…… 화살표가 다시 눈앞에 나타날 때 내뿜는 반가운 안도의 큰 한숨. 그것은 전혀 예기치 못한 또 다른 경험이었다. 걷다가 모르는 길이 나왔는데 배낭은 무겁게 지친 몸을 짓누르고 갈 길은 아직도 멀다는 것을 알면서 카미노로 되돌아갈까 하다가(그게 얼마나 먼지 누가 알리오?) 온 길을 되돌아가지 않아도 된다는 것을 알았을 때 그 기분이 어떤지 겪어본 사람이 아니면 모를 것이다.

지나다 화살표를 보았다고 생각했는데 그게 아닌 것이 밝혀지면 갑자기 마음이 긴장하기 시작하면서 발걸음이 빨라진다. 혹시 이렇게 가면 점점 더 카미노에서 멀어지는 건 아닐까? 돌아가야 하지 않을까? 그런데 그때마다 길옆에 표시된 화살표가 다시 나타나면 지금까지 긴장했던 마음은 이내 풀어진다. 다시 가벼운 마음으로 계속 걸어간다. 그때는 카미노에서 모든 것을 얻은 듯한 기분이 된다. 그 경험은 너무 복합적이고 동시에 평범하기도 하고, 또 너무 태평스러우면서도 걱정으로 가득 차서 그것을 설명할 적절한 방법이나 그런 흥분상태를 잘 전달할 수 있는 방법이 없는 것처럼 보인다. 그것은 직접 여기서 겪어봐야 알 것이다. 그러나 한번은 길을 잘못 들어서서 아무튼 길을 잃은 적이 있다. 다행히도 더 멀리 가기 전에 길을 잘못 들었다는 것을 알고 즉시 되돌아가서 제대로 길을 찾았다.

오늘 로사리오의 기도 속에서 전혀 뜻밖의 향기로움을 맛본다. 특히 로사리오 기도의 3가지 5단의 신비(환희의 신비, 고통의 신비, 영광의 신비)를 암송하고 끝날 때마다 "살베 레지나('문안드립니다, 모후이시여'라는 뜻 - 옮긴이)"라고 기도하는 동안 그 향기는 더욱 강해진다. 이것은 옛날부터 전해 내려온 성모 마리아에게 드리는 기도다. 수세기 동안 수사와 수녀들이 잠자리에 들기 전에 마지막 의식으로 저녁기도 시간에 이것을 함께 암송하거나 노래했다. 수도원을 방문하는 사람들은 종교의식이 진행되는 동안 어둠 속에서 작은 촛불들을 들고 이 기도를 찬송가로 부르는 것을 많이 볼 수 있다. 이 장면은 그들이 수도원에서 목격할 수 있는 가장 인상적이고 감동적인 예배의식이다. 그 기도는 이렇다.

> 모후이시며 사랑이 넘치는 어머니,
> 우리의 생명, 기쁨, 희망이시여.
> 당신 우러러 하와의 자손들이,
> 눈물을 흘리며 부르짖나이다.
> 슬픔의 계곡에서.
> 우리들의 보호자 성모님,
> 불쌍한 저희를,
> 인자하신 눈으로 굽어보소서.
> 귀양살이 끝날 때에,
> 당신의 아들 우리 주 예수님 뵙게 하소서.
> 너그러우시고, 자애로우시며,
> 오! 아름다우신 동정녀 마리아님.

내가 어떻게 이 기도를 이렇게 쉽게 떠올릴 수 있을까? 아니, 그보다 먼저 내가 어떻게 이 기도를 기억했단 말인가? 나는 서둘러 50년 넘게 살아온 지난 세월을 되짚어본다. 그러다 어릴 적 다녔던 일리노이 주 링컨에 있는 자그마한 가톨릭교구 부속 초등학교인 세인트 메리스 학교가 생각났다. 그러나 그때 그 기도는 금방 잊혀졌다. 그 후 다녔던 그 마을 공립 고등학교의 세속적 분위기에 흠뻑 빠졌기 때문이다. 고등학교를 졸업한 뒤, 성모 마리아에게 비는 그런 기도 따위는 미 해병대에 입대한 강인한 청년에게는 어울리지 않는 듯했다. 한편 군복무를 마치고 대학을 다니면서 토머스 머튼이 쓴 『칠층산 Seven Storey Mountain』을 읽었다. 안정된 직업보다는 하느님의 소명을 찾아 헤매는 한 청년의 굴곡진 삶을 다룬 책이다. 머튼은 대학에서 많은 문제들을 가지고 고민하다가 결국 트라피스트 수도회의 수사가 되었다.

나는 동생의 차를 빌려서 아이오와 북쪽에 있는 트라피스트 수도원인 아워 레이디 오브 뉴 멜로래이로 몰고 갔다. 수도사들은 거기서 매일 밤마다 고대 그레고리오 성가의 창법을 따르는 '살베(성모송)'를 부르며 하루를 마감했다. 그 방문은 그것으로 끝이었다. 아무런 결론이 없었다. 이틀 뒤 다시 학교로 돌아왔지만 그때 무언가가 또는 누군가가 내 마음 속에 각인되었던 것 같다.

오늘 그 기도를 오랫동안 묵상하고 여러 차례 되풀이하며 거기서 풍기는 절묘한 아름다움을 맛보다가 갑자기 그 강렬한 경험의 기억이 무엇을 의미하는지 깨닫고는 큰 충격에 빠졌다. 이 분은 지금까지 내가 알지 못했던 사람이었다. 성모 마리아는 내게 이방인이었다. 이제야 비로소 나이가 들어서 그녀의 존재를 느끼기 시작한 것이다! 그동안 나는 오랜 세월을 회의론자로 살아왔다. 나의 범신론은 얼마나 공허하고 초라했던가.

오랫동안 이런 생각에 빠져 그것들이 내게 의미하는 것이 무엇인지 곰곰이 따져본다. 내가 방금 무엇을 깨달았는지, 그리고 어떻게 바뀌었는지는 앞으로 내 삶에서 매우 큰 의미가 있을 것 같다. 나는 지금 완전히 다른 곳에 있다. 완전히 다른 사람이 될 것을 요구받고 있다. 이 순간부터 나는 완전히 새로운 사람으로 거듭날 것이다. 지금의 깨달음과 성모 마리아의 존재를 느끼며 이전의 내 모습과는 전혀 다른 방식으로 생각하고 느끼고 행동할 것이다. 따라서 나는 이러한 은총을 지금까지 카미노를 걸으며 겪었던 사건들 가운데 가장 중요하며 가장 숭고한 선물로 볼 수밖에 없다. 이것을 '증명'하려는 어떤 논리나 주장도 모두 멍청하고 무익한 짓이다. 성모 마리아가 내게 친숙하게 다가왔다는 사실은 일관된 지적 체험, 그리고 직관적 느낌과 더불어 모든 것을 이미 증명하고 있다.

오늘부터 날마다 걸으며 해야 할 가장 중요한 일은 이러한 깨달음을 매우 사랑스럽고 세심하게 갈고 닦는 일이다. 왜냐하면 성모 마리아는 내가 이름이나 얼굴은 모르지만 그들의 존재를 느낄 수 있도록 나를 인도할 수 있기 때문이다. 그러나 다른 한편으로 나는 성모 마리아를 이미 알고 있다. 어렸을 때 나는 처음 성모 마리아를 알았다. 그때는 내 삶에 매우 친근한 존재였다. 그러나 자라면서 세상과 점점 더 친해졌다. 이제야 인정하지만 괴짜 친구들과 어울리며 어리석고 황량한 세상 속에서 방황했다. 이제 나는 그것과는 다른 세상 속으로 들어갈 수 있을 것 같다. 어린 시절 친구들과 함께 했던 친한 벗으로 다시 돌아갈 수 있을 것 같다.

어쩌면 나는 성모 마리아를 통해 카미노의 가장 숨겨진 신비로운 인물, 성 야고보를 알게 될지도 모른다. 신약성서는 성 야고보라는 사도에 대해서 기록한 내용이 별로 없다. 그리고 그것이 그에 대해 알 수 있는 내용 전부다. 성 야고보를 그린 가장 오래된 초상화를 보면 검을 잡고 있는 모습이 나오는데 그것은 그가 어떻게 죽었는지를 잘 보여준다. 그는 헤롯의 명령으로 칼에 찔려 죽었다. "그때 헤롯 왕은 교회에 속한 사람들을 박해하려고 몇 사람을 붙잡았다. 그는 요한의 형제, 야고보를 칼로 쳐 죽였다."(사도행전 12 : 1~2) 신약성서에서 야고보의 생애에 대해 언급한 말은 이것이 다. 사람들이 대다수 성인들에 대해 떠올리는 이미지는 그들이 살아있는 동안 겪었던 여러 가지 사건들로 구성되기 마련이다. 성인들에 대한 전기를 쓰는 사람들도 일반 전기 작가들과 마찬가지로 대상이 되는 인물들을 더 많이 알기 위해 그들의 유명한 행적들과 관련된 모든 실마리들을 추적하는 데 온힘을 다한다.

역사적 실체로서 성인들에 대한 지식은 결국 역사적 사실들과 작가의 상상력이 만나 복잡하게 서로 얽히면서 하나의 이야기로 완성된다. 성 야고보는 기적과 관련된 모습으로 주조된, 어떤 의미에서 새롭게 창조된 인물이라는 점에서 독특하다. 성 야고보는 9세기 초(갈리시아에 있는 잊혀진 그의 무덤을 암시하는) 천사들과 빛나는 하늘로 시작해서, 852년 클라비호 전투를 이끄는 백마 탄 기사의 모습으로 이어지기까지 그를 이용하고자 하는 사람들의 욕망과 야망, 신앙심과 헌신성에 따라 만들어진 스페인 역사에 반영되었다. 어떤 사람들은 성 야고보가 많은 성인들 가운데 그를 열렬히 따르는 신도들의 소망을 고스란히 반영한 유일한 인물이라고 생각한다. 이것이 바로 성 야고보의 실체인 것이다. 그러나 우리는 이것을 어떻게 이해할 수 있을까? 우리는 역사적 자료들을 있는 그대로 틀에 박힌 의미로 믿을 수 없다. 수세기 동안 믿음과 희망을 가지고 이 카미노를 걸었던 수많은 순례자들은 그들이 겪은 사실들을 현실을 뛰어넘는 확신의 체계로 변형시켰다. 그러나 그 모든 특별한 것들이 실제로 정확한지에 대해 하나하나 의심한다면 카미노에서 계시된 섬세하게 짜 맞춰진 복잡한 진실은 제대로 파악할 수 없을 것이다.

17세기에 스페인에서는 콤포스텔라에 실제로 성 야고보의 시신이 있는지를 두고 매우 활발하고 격렬한 논쟁이 벌어졌다. 이 논쟁은 또한 아빌라의 성녀 테레사Teresa of Avila를 성 야고보와 마찬가지로 스페인의 수호성인으로 인정하자는 제안도 함께 수반했다. 이 문제들에 대한 논란이 격화되면서 마침내 서로 충돌하는 사태까지 이르자 교황이 나서서 강제로 사태를 평화롭게 수습해야 했다. 그러나 실체적 진실에 대한 모든 주장은 성 야고보가 갈리시아에 나타난 의미를 놓치게 만들 수 있다. 여기서 가장 중요한 것은 사람들의 삶 속에 나타난 특정한 결과와 더불어 믿음의 문제다. 내가 여기서 깨달은 것이 바로 이것이다. 그러나 카미노의 근원에 서 있는 한 인물, 성 야고보를 잊지 말아야 한다. 내 환상을 좇아 성 야고보를 구성하려고 하는 유혹을 물리치고 그의 본 모습을 찾기 위해 한시도 멈추지 말아야 한다.

성 야고보는 호전적인 이슬람교도들로 둘러싸인 작은 국가, 아스투리아스 왕국이 기독교 국가로서 살아남기 위해 전쟁을 시작했던 바로 그때 이베리아 반도에 처음 나타났다. 이 나라 국민들이 지닌 신앙의 고유한 특성은 나중에 전혀 다른 두 가지 이미지들로 나타났다. 순례자 성 야고보라는 이미지와 이슬람교도들을 격퇴시킨 성 야고보라는 이미지가 공존했다. 나는 이 두 가지 이미지를 모두 이해하기 어렵다. 내가 어떻게 그들이 꿈꿨을 절망적이고 두려웠던 순간들을 상상할 수 있겠는가? 그들은 하늘의 개입이 진기한 것도 놀라운 것도 아니었던 것은 아닐까? 그들은 세상이 하느님의 손 안에 있다고 믿었던 것은 아닐까? 모든 기독교 국가에서 그 자신의 무덤을 향해 걷는 한 성인에 대해 나는 무엇을 생각할 수 있을까? 미술가들이 성 야고보를 창작해서 그려냈듯이 사람들도 성 야고보를 그렇게 창조했다.

내가 카미노에서 드리는 기도는 이제 모양을 갖춰가기 시작한다. 다른 모든 것들과 마찬가지로 나는 여기서 아무 것도 미리 보지 못했다. 이제 나는 모든 감각을 통해 영감을 느끼고 싶다. 문명은 내 모든 감각을 변형시켜 아주 세속적인 인간으로 바꾸어 버렸다. 감각을 '정제'하여 마비시킨 것이다. 그러나 날마다 카미노를 따라 터벅터벅 걷는 힘겨운 몸부림은 그 감각들을 복원시켰고 그 기능을 다시 되살렸다. 어둠 속에 갇혀있던 신앙은 다시 불을 밝힌다. 지금까지 성모 마리아에 대해 얼마나 틀에 박힌 신앙생활을 했는지 생각하면 깊은 자괴감을 느끼지 않을 수 없다. 어쩌면 나는 이제 지난날 부모님께서 내게 물려준 진정한 삶을 시작하게 된 건지도 모른다.

높은 담장으로 둘러싸인 자그마한 공동묘지를 지난다. 스페인에서 공동묘지를 돌보는 전통은 미국이나 독일보다 훨씬 더 단순하다. 그러나 이곳 공동묘지 입구에 씌어진 문구는 두 나라 어디서도 본 적이 없다. "요 께 푸이 로 께 뚜 에레스. 뚜 세라스 로 께 요 소이." ("나는 현재의 당신이었다. 당신은 현재의 나가 될 것이다.") 스페인어로 읽는 것이 영어로 읽는 것보다 훨씬 더 강렬한 느낌을 준다.

로그로뇨에 점점 가까워지고 있다. 나바로 왕국과 카스티야 왕국 사이에 이 도시가 건설된 이후로 나바로인들과 카스티야인들은 끊임없이 서로 다투었다. 1076년, 카스티야 왕국의 왕 알폰소 6세는 이 지역, 라 리오하를 자기 나라의 지배 아래 두었다. 그리고 군사적 목적과 순례자들의 여행을 돕기 위해 로그로뇨를 가로지르는 에브로 강에 다리도 놓았다. 알폰소 6세는 카미노를 널리 알리고 잘 발전시키려는 사람들 가운데 한 사람이었다. 그가 왕으로 있는 동안 "여자 혼자서도 주머니에 스페인 금화를 가득 넣은 채 낮이건 밤이건 아무 걱정 없이 카미노를 여행할 수 있었다"고 한다. 아마도 약간의 과장이 섞인 말이리라.

그 당시 이슬람의 지배 아래 있던 스페인 왕국, 알-안달루시아는 아마도 유럽에서 가장 발전한 나라였을 것이다. 이 나라의 발전된 농업, 과학, 의학, 건축, 철학, 문학은 유럽에 있는 다른 나라들의 학자들을 톨레도와 코르도바로 끌어들였다. 알-안달루시아의 저작물들이 라틴어로 번역되면서 아비센나와 아베로에스의 학문적 성과들이 유럽의 대학들에서 중요하게 연구되기 시작했다. 10세기 무렵, 프랑스와 독일, 콘스탄티노플이 코르도바로 외교사절단을 보내 정식으로 외교 관계를 수립했다. 중세시대에 피레네 산맥을 넘어 북유럽 쪽으로 퍼져나간 서구의 문화들은(예를 들면, 과학, 철학, 의학과 같은 영역들을 포함해서)대개 기독교가 지배하던 스페인이 아니라 이슬람교가 지배하던 스페인, 알-안달루시아에서 비롯되었다. 그 당시에 그러한 문화적 가교 역할을 한 것이 바로 카미노였다고 주장하는 사람들이 오늘날 많이 있다. 그러나 그런 주장들은 역사적 진실을 심하게 훼손시키고 카미노의 진정한 성격을 왜곡하고 있다.

몇 년 사이에 독립 국가로서 알-안달루시아의 앞날에 커다란 변화를 초래할 두 가지 사건이 터졌다. 1002년, 알-안달루시아의 위대한 지도자 알만소르가 죽었다. 갑작스런 침략과 파괴적인 약탈로 이베리아 반도 전역에 있는 기독교 국가들을 두려움에 떨게 만들었던 알만소르는 997년 콤포스텔라를 공격하고 유린함으로써 전사로서 자신의 공적을 최고조에 이르게 했다. 알만소르가 성 야고보의 무덤에 도착했을 때 모든 마을 사람들은 도망갔지만 오직 노인 한 사람만은 그곳을 떠나지 않고 조용히 기도를 드리고 있었다고 한다. 알만소르는 그것을 보고 그 노인과 무덤은 전혀 건드리지 않고 그 지역을 철수했다는 전설이 전해온다.

1031년, 마침내 코르도바의 칼리프(이슬람 국가의 왕을 뜻함-옮긴이)체제가 무너지고 말았다. 이것은 알-안달루시아의 중심 권력이 종말을 맞이했다는 것을 의미했다. 알-안달루시아는 곧 스무 개의 작은 나라들로 나뉘었고 끊임없이 서로 전쟁을 계속했다. 강력한 부족중심주의는(이슬람의 전사들 사이에는 이런 경우가 많았다)대개 조건 없는 충성심을 요구했다. 따라서 그 뒤로는 끊임없이 전쟁이 일어나는 이 지역을 다시 하나로 통일

하는 지도자는 한 사람도 나오지 않았다.

　1085년, 알폰소 6세는 탈레도를 탈환했다. 이때 이베리아 반도에 있던 기독교 국가들이 서로 자기들끼리 싸우지 않고 협력했다면 알-안달루시아를 정복하는 일은 쉬웠을 것이다. 그러나 1492년, 페르디난드와 이사벨라의 지도력 아래서 비로소 그런 상황이 이루어졌다. 1094년, 위대한 그리고 나중에 신화적 영웅이 된 엘시드가 발렌시아를 무어족들에게서 탈환했다. 그러나 그도 마찬가지로 오랜 세월을 다른 기독교 국가들과 싸우는데 많은 힘을 썼다. 기독교 국가의 왕들과 군대들은 이슬람 세력의 도움을 받아 다른 기독교 국가들과 싸웠고, 반면에 이슬람 국가의 왕들과 군대들은 기독교 세력의 도움을 받아 다른 이슬람 국가들과 싸웠다. 에브로 강에 가까워지면서 내가 가로질러 걷고 있는 이 땅이 바로 옛날 기독교와 이슬람 세력이 연합해서 서로 뒤엉켜 싸우다 흘린 병사들의 피로 깊게 물든 땅이라는 생각이 문득 떠오른다. 이러한 행태는 역사적으로 서고트족까지 거슬러 올라간다. 이 모든 것 또한 카미노의 수수께끼 가운데 일부다.

　7~8시간 정도 더 걸어가자 다리가 나온다. 어제 음식점에서 본 신문에서는 오늘 소나기가 쏟아질 거라고 예보했다. 그러나 지금까지 걷는 동안 빗방울이 몇 방울 떨어졌을 뿐이었다. 다행히도 다리 건너 얼마 안 가서 알베르게가 있었지만 아직 문을 열지 않았다. 길 건너편에 경찰서가 있다. 비가 마구 쏟아지려고 하자 경찰관들이 안으로 들어와 쉬라고 손짓한다.

　아시시의 성 프란체스코(이탈리아 수도사로 프랑스 프란체스코 수도회 창시자 - 옮긴이)가 콤포스텔라로 가는 길에 로그로뇨의 이곳에 머무르며 메드라노라는 사람의 아들을 치료했다고 한다. 메드라노는 감사의 표시로 수도사들에게 자신의 집과 땅을 수도원으로 써달라고 기증했다. 프란체스코가 콤포스텔라에 갔다가 다시 이곳에 도착하자 수도원을 짓는 공사는 잘 진행되고 있었다. 이것이 산 프란체스코 성당과 수도원의 기원이다.

알베르게를 운영하는 사람들이 곧 도착해서 문을 연다. 이곳은 길을 두 번 건너 오른쪽 구석에 있는 매우 유서 깊고 훌륭한 건물이다. 안으로 들어가니 내부가 완벽하게 수리되어 있었다. 벽에는 지방 행정당국에서 최근에 이 건물을 준공한 것을 표시한 명판이 눈에 띄게 걸려 있다. 돌계단을 올라 2층에 있는 접수대로 간다. 젊은 여성 둘이 인사를 하며 맞이한다. 그들은 순례자 증명서에 도장을 찍고 300페스타를 기부할 것을 요청한다. 몇몇 다른 순례자들도 도착했다. 접수대에 있는 여성 가운데 한 명이 우리들을 데리고 다니며 이곳 시설 사용에 대해 안내를 한다. 부엌은 크고 시설이 잘 되어 있다. 자동세탁기를 비롯해서 모든 주방기구들이 새것이다. 건물 뒤편에는 매우 맘에 드는 널찍하게 포장된 바깥 테라스가 있는데 손빨래를 할 수 있는 훌륭한 빨래판 싱크대도 있다. 잠자는 방의 침대들은 모두 새 것인데 아주 빽빽하게 붙어 있다.

배낭을 침대 위에 내려놓고 맨 먼저 더러워진 옷을 벗어 빨래판이 있는 곳으로 간다. 거기서 콤포스텔라로 순례 중인 네덜란드에서 온 여성들을 여러 명 만났다. 한 여성은 물로 신발을 빨고 있다. 그건 현명한 일이 아닌 것 같다. 신발이 마르면 그 위에 방수제를 바를 거라고 말한다.

나는 무거운 이탈리아제 등산화만 한 켤레 있는 까닭에 알베르게에 도착하면 신을 신발이 필요하다. 알베르게들은 대개 바닥에 도제 타일을 깔아놓았다. 그래서 발바닥이 차갑다. 알베르게에 도착한 뒤에는 신발을 벗어서 발을 좀 쉬게 할 필요가 있다. 접수대에 있는 한 안내원이 가벼운 샌들을 살 수 있는 곳이 어딘지 알려준다. 그리고 여기서 몇 블록 안 간 곳에 음식점이 하나 있는데 순례자들에게 특별히 싼 값으로 훌륭한 식사를 제공한다고 귀띔한다. 먹을 것을 사러 가게를 찾아다니기에는 너무 피곤하다. 특히 이곳은 큰 도시라서 가게를 찾아다니려면 여기저기 헤매야 하고 평소보다 더 많이 걸어야 할 것이다. 그래서 그냥 음식점에서 사먹기로 했다. 음식점에서 사먹는 것보다 직접 해먹는 것이 좋다는 생각은 오늘만큼은 접어둬야겠다. 게다가 오늘 이곳의 부엌은 저녁을 지어먹으려는 사람들로 북적거리는 것 같다. 오늘밤은 아무래도 지금까지 묵었던 어떤 알베르게들보다 더 많은 사람들이 머물 것처럼 보인다. 이 알베르게가 새로 문을 열었고 카미노에서 가장 시설이 좋은 알베르게 가운데 한 곳이라는 소문은 이미 여러 곳에서 들어 알고 있었다. 문을 연 지 몇 주 지나지 않았는데 벌써 순례자들 사이에 널리 알려졌다.

접수대의 젊은 여성은 또 건강에 이상이 있는 순례자들을 무료로 돌봐주는 의사가 있다고 알려준다. 로그로뇨 주민들이 순례자들에게 안락한 휴식처를 제공하기 위해 정성을 다하고 있다는 것을 알 수 있다. 알베르게 건물의 규모나 내부 장식과 시설에 들인 노력으로 볼 때 꽤 많은 돈이 들어갔을 것이다. 이제 그들은 이 알베르게를 운영하기 위한 재원을 마련해야 한다. 순례자들이 내는 약간의 기부만으로는 전체 비용을 감당하기 어려울 것이 분명하기 때문이다.

  놀랍게도 여기서 또 다시 프랑스인 의사를 만났다. 우리는 서로 걷는 속도가 다르다. 비록 같은 시간에 같은 장소에서 출발하더라도(예를 들면, 오늘 아침 로스 아르코스에서)내가 먼저 목적지에 도착했다. 그도 마침 밥을 먹으러 가는 길이라 함께 간다. 음식은 정말 맛있고 가격도 적절하다. 하지만 샌들 파는 곳을 찾을 수 없다. 그곳을 찾으러 시내를 헤집고 다닐 생각은 없다. 알베르게로 돌아오니 널따란 바깥 현관문 안쪽에 여러 대의 자전거들이 서 있다. 모두 산악용 자전거처럼 보이는데 전에 한번도 타본 적이 없는 신형 자전거들이다. 자전거를 타고 순례를 하는 사람들도 남는 침대가 있으면 알베르게에서 묵을 수 있다. 걷거나 말을 타고 순례하는 사람들이 알베르게에 우선 묵을 수 있다는 것이 원칙이다. 침낭 속으로 들어갔지만 아직 실내 전등은 켜져 있다. 그리고 아직 깨어있는 순례자들이 나누는 이야기들이 넓은 방 안 여기저기서 들린다.

9
이곳은 정말 고요하다
로그로뇨에서 나헤라까지

지난밤, 잠에 곯아떨어진 뒤에도 가끔씩 날카롭게 귀청을 찢는 듯한 한 여인의 목소리 때문에 잠에서 깼다. 그 여인은 내가 있는 자리에서 좀 떨어진 곳에 있었지만 두꺼운 벽도 관통할 것 같은 목소리를 가졌다. 그날 자전거로 겪은 모험에 대해서 동료들에게 쉬지 않고 빠른 말로 말했다. 누운 상태에서 어이없다는 생각부터 치미는 분노의 감정까지 빠르게 스쳐가면서 속으로 도대체 이럴 때 어떻게 해야 하지? 하는 의문이 들었다. 이 건물의 끝에는 사람들이 모여서 얘기를 나눌 수 있는 큰 방이 있다. 이 방은 잠을 자는 곳이다. 시간도 늦었다. 어떻게 저 사람들은 이렇게 남을 배려할 줄 모를까? 프랑스에서 온 그 의사와 다른 순례자들도 지금 잠을 자고 있다. 혼자 투덜거리며 침낭 속에서 여러 차례 뒤척이다 마침내 다시 잠이 들었다. 그러나 다음에도 이 같은 일이 일어나면 가만히 있지 않을 것이다. 정중하지만 강하게 항의하는 것이 당연할 것이다. 로스 아르코스에서 묵었던 낡고 수수한 알베르게는 비록 겉모습은 매우 황량해 보였지만 너무 조용해서 잠을 자기에 아주 좋았다. 이 새로 지은 깨끗한 알베르게는 아무리 물질적으로 아름답다고 해도 알베르게가 순례자들이 잠을 자는 곳이라는 가장 중요한 의미를 간과한다면 아무 쓸모가 없는 곳이 되고 말 것이다.

지금까지 알베르게에서 지낸 것 가운데 최악의 밤을 보내고 아침 7시 30분쯤에 나헤라로 길을 떠난다. 오늘은 간선도로를 따라 몇 킬로미터를 걸어야 한다. 카미노는 12세기에 에메릭 비코가 지도에 그린 길을 그대로 따르려고 하지만 오늘날 그 길은 언제나 경치 좋은 산모퉁이 산길이나 울창한 숲을 통과하는 꾸불꾸불한 길로만 되어 있지 않다. 순례자들은 가끔씩 트럭이나 자동차들에게 길을 내줘야 하는 때도 있다. 길은 아스팔트로 포장되어 있고 2차선이다. 길 양쪽 끝으로 1미터 폭으로 '갓길'이 있다. 아스팔트가 끝나는 지점에서 땅바닥이 아래로 푹 꺼지면서 깊은 도랑을 만든다. 그래서 아스팔트길 아래로 내려설 수가 없다. 차 두 대가 서로 마주치거나 한 대가 다른 한 대를 추월할 때면 달리는 차와 간격은 1미터도 안 되게 가까워진다. 특히 큰 트럭이 지나가기라도 하면(이런 경우가 많다) 몸의 균형을 잡기도 힘들다…… 그럴 때면 분노와 증오의 감정이 마구 치밀어 오른다.

아스팔트 위를 걷는 것은 흙 위를 걷는 것과 완전히 다르다. 간선도로에서는 모든 발걸음이 똑같다. 발걸음을 옮길 때마다 발바닥으로 전달되어 오는 감촉은 오직 포장도로의 탄력성 없는 단단한 느낌뿐이다. 어디를 걷든지 특별히 다른 감촉은 느껴지지 않는다. 똑같이 지루하고 단조로운 느낌만이 발바닥으로 전해온다. 마치 한 자리에만 있는 것 같은, 또 다른 곳에서 와서 다시 그곳을 향해 가는 듯한 착각에 빠지게 만든다. 나는 지금 현대적 공간 안에 있다. 발걸음은 터벅터벅 변화가 없다. 화가 난다. 노란 화살표를 볼 때마다 그 화살표가 아스팔트길이 아닌 돌멩이와 진흙, 자갈과 흙이 뒤섞인 흥미진진한 길로 인도하기를 바란다. 포장도로를 벗어나면 거기서는 언제나 놀라운 것들이 나타난다. — 작은 실개천을 가로지르는 통나무다리, 길모퉁이를 돌아서면 새롭게 나타나는 야생화 풀밭, 특이하게 생긴 이국적인 작은 숲, 거리를 두고 차례로 나타나는 서로 다른 풍경의 시골 마을들. 발걸음을 옮길 때마다 무한한 가능성을 품은 흙 위에는 서로 다른 모양의 발자국이 새로 만들어진다. 이렇게 여러 가지를 명상하며 걷다 보면 벌써 몇 킬로미터를 지났는지 모른다. 시간이 흐르는 것도 느끼지 못하고 말이다.

큰 소리를 내며 지나가는 차량들은 대개 폭력적인 이별을 알리는 끔찍한 소음만을 남기고 농촌의 대기를 더럽힐 뿐이다. 소음보다 대기 오염이 더 큰 문제다. 그동안 무자비하게 대지를 파괴했던 자동차 엔진과 다른 부품들의 소음들이 감소했다는 사실은 그만큼 공학기술이 정교해졌다는 것을 의미한다. 이런 생각은 마음을 슬프고 우울하게 만든다. 많은 사람들의 재능과 속세의 기술들이 엄청난 괴물을 하나 만들어냈다. 그것은 어느 먼 곳에서 스페인으로 건너온 것으로, 완전히 연소되는 데 수천, 수백만 년, 아니 그 이상이 걸릴지도 모르는 화석연료를 순식간에 태우고는 고작 하는 일은 사람들이나 짐을 나르는 것이다. 여기 어디에 형평성이 있단 말인가? 그 어디에 조화와 균형이 있단 말인가? 내가 순례 첫날 죄와 정의, 고통에 대해 깨우친 것이 진실이라면, 수세기에 걸쳐 전 세계로 널리 퍼진 이 무질서는 어떤 대가로, 어떤 형태로 바로 잡혀질 수 있을까? 이러한 낭비를 고발하는 예언자로 누가 나설까? 아무 생각이 없는 파괴 세력들을 물리치기 위해 행동에 나설 수 있는 강력한 용기를 지닌 사람은 누구일까?

이것이 바로 우리가 말하는 경제생활이다. 어쩔 수 없이 자동차를 타야 하고 그럼으로써 대지는 파괴된다. 또 그런 자동차가 실어 나르는 것에 의지하면 할수록 땅은 점점 더 황폐해진다. 이것에 대해서 좀 다르게 생각할 수 없을까? 한정된 자연을 되살리는 방향으로 생각할 수는 없을까? 타당성의 복원? 질서의 회복?

오늘 공동묘지를 여러 곳 지나친다. 모두 낡은 담장으로 둘러싸이고 한쪽 담장 중앙에 철문이 있다. 그 가운데 한 공동묘지의 철문에 이렇게 쐬어 있다.

연극 …… 인생.
서막 …… 태어나기.
이야기 …… 고통 겪기.
결말 …… 죽기.

공동묘지 안에 있는 무덤들은 그렇게 잘 보살펴지고 있지 않은 것 같다. 잔디도 잘 정돈되지 않았고 여기저기 잡초들로 무성하다. 처음에는 그 묘지들이 버려진 곳인 줄 알았지만 자세히 보니 묘지들마다 새로 단장한 무덤이 한두 개씩 보였다. 예전에 내가 살던 곳에서 버려진 공동묘지를 돌보는 일을 했고 그 일에 자부심도 있었기에(때로는 혼자 그 일을 한 적도 있다) 오래된 공동묘지들을 볼 때면 언제나 고향 생각이 난다.

산업단지들이 주변을 둘러싸고 있는 길게 뻗은 높은 담장으로 다가간다. 길이 그 옆을 따라 곧바로 나있기 때문이다. 담장을 쳐다보니 누군가가 거기에 한 절씩 이어서 시를 써놓았다. 각 절은 질문을 하고 대답을 암시하는 형식으로 되어 있다. 콤포스텔라에는 왜 가지요? 자연을 찬양하기 위해서? 확 트인 대기의 자유를 만끽하기 위해서? 맹세를 지키기 위해서? 하느님의 특별한 은총을 찾아서? 속죄를 위해서? …… 열 개 정도의 질문들이 이어진다. 마지막 절은 이렇게 끝난다. 아니요. 그런 이유들 때문이 아니에요. 오직 '저 위에 계신 한 분'만이 당신을 콤포스텔라로 이끄는 이유를 압니다.

여러 알베르게에 비치된 숙박부에서 이것과 비슷한 생각이나 표현들을 본 적이 있다. 이 시는 아마도 카미노를 걸으면서 누군가 쓴 잘 알려진 문학작품이 아닐까 추측한다. 이 시를 더 음미하며 쉬고 싶다. 그러나 걷는 것에 집중하는 하는 것이 지금까지 내가 바랄 수 있는 어떤 곳보다 더 경이로운 곳으로 나를 인도한다. 어쩌면 그것은 나를 정말 지금까지와는 전혀 다른 사람으로 만들지도 모른다.

로사리오 기도는 다시 나를 지금까지 알지 못했던 영역으로 데리고 간다. 영광의 신비 기도(예수의 부활, 예수의 승천, 성령의 강림, 성모 마리아의 승천, 성모 마리아의 천상 모후로 대관)

는 오늘 특별히 내 마음을 사로잡았다. 마치 예전에 내가 성령을 알지 못했을 때 느꼈던 그 느낌과 같았다. 나는 성령을 보내시기로 약속하신 예수의 말씀들을 기억해냈다.

…… 나는 아버지께 청하겠습니다. 그러면 아버지께서 영원히 함께 계실 다른 협조자를 그대들에게 붙여주실 겁니다. 그분은 진리의 영이십니다. 세상은 그분을 본 적도 없고 알지도 못하기 때문에 그분을 받아들일 수 없지만 그대들은 그분을 알고 있습니다. 그분이 그대들과 함께 머물고 그대들 안에 계시기 때문입니다.(요한복음 14 : 16~17)

…… 내 이름으로 아버지께서 협조자 성령께서 모든 것을 가르쳐주시고 …… (요한복음 14 : 26)

…… 진리의 영 그분이 오시면 그대들을 모든 진리 안에 인도하실 것입니다. (요한복음 16 : 13)

예수의 제자들은 앞으로 일어날 예수의 죽음에 대해서 자세한 설명을 듣고 난 뒤에도 여전히 예수가 무엇을 얘기하고 있는 건지 몰라(예수에게 직접 물어보는 것이 두려워서)자기들끼리 얘기한다. "무슨 말씀을 하시는지 알 수가 없군." (요한복음 16 : 18)

오늘 비로소 나도 지금까지 그 말을 이해하지 못했음을 깨달았다. 오랜 세월 동안 그 말씀을 얼마나 여러 차례 들어왔던가?

그런데 오늘 마치 그 말씀을 처음 듣는 듯하다. 그 말씀을 곰곰이 생각할 수 있는 시간을 가질 수 있다니 이 얼마나 좋은 일인가. 그 말씀을 두고 여러 시간을 묵상한다. 내가 어떻게 카미노와 관계를 맺게 되었는지, 그리고 어떻게 내 발과 마음, 내 모든 것이 카미노로 들어왔는지 이해되기 시작한다. 그런데 이 말씀들이 어떻게 내 머리 속에 떠올랐을까? 오랫동안 이것에 대해 생각하다가 아마 유대인도 아니고 기독교인도 아니었을 비트겐슈타인이 한 말이 생각났다.

기독교는 역사적 진실을 바탕으로 하지 않는다. 오히려 기독교는 우리에게 역사 이야기를 들려주며 이렇게 말한다. 이제는 믿어라! 그러나 역사 이야기에 부합하는 믿음을 가지고 이 이야기를 믿으라는 것이 아니다. 오히려 언제나 변함없이 당신 삶의 결과로서 나온 이야기만을 믿을 수 있다는 것을 믿으라는 것이다. 여기 당신의 이야기가 있다. 당신의 역사 이야기를 다른 사람의 역사 이야기들과 똑같이 대하지 마라! 그 이야기를 당신의 삶에서 아주 특별한 자리에 두어라. — 여기에 서로 모순되는 것이 무엇인가!

가슴 속 깊이 선명하게 다가온다. 이 순간 카미노가 내 온몸으로 부딪치는 문제인 것처럼 비트겐슈타인이 말하는 믿음은 시간을 거슬러 이제 나에게 온몸으로 전해온다. 카미노에서의 경험은 앞으로 나를 진실한 신앙생활로 이끌지도 모른다.

오늘 아침 길을 떠날 때 꽤 걱정을 많이 했다. 지도를 보니 나헤라까지 가려면 30킬로미터를 걸어야 했다. 지금까지 하루 동안 걸었던 거리보다 더 많이 가야 했다. 그러나 오늘 날씨는 걷기에 좋았다. 햇빛도 강하지 않고 가끔씩 구름이 끼기도 했다. 라 리오하의 옛 수도인 나헤라에 도착하자 몸만 약간 피곤할 뿐 아무렇지도 않다. 나바라 왕국의 지배자들은 이곳에 왕실을 지었다. 10세기와 11세기(1079년, 카스티야 왕국의 알폰소 6세가 나헤라를 지배하기 전) 나바로인들은 카미노의 열렬한 지지자들이었다. 그들은 가난한 순례자들을 위해 오스피탈들을 짓고 그곳에서 묵을 수 있게 했다. 산 후안 데 오르테가가 12세기 전반기에 여기에 다리를 놓았다는 이야기가 있다. 그의 묘비는 이삼 일 더 걸어가면 볼 수 있다.

 이 마을은 한 왕국의 중심이라고 보기에는 아무래도 너무 작아 보인다. 이번에는 아무 고생 없이 바로 알베르게를 찾았다. 마을 한 편에서 산을 마주보며 서있는 여러 채의 건물들이 한 군데 모여 있다. 이 알베르게는 모나스테리오 데 산타 마리아 라 레알로 1052년 나바라 왕국의 돈 가르시아 왕이 세웠다. 문에는 오후 4시에 문을 연다는 안내가 붙어 있다. 마을의 모든 가게는 점심식사 후 낮잠을 즐기기 위해 영업을 안 한다. 스페인 경제에서 가장 우아한 관습은 바로 이것이다. 아무리 작은 읍이나 마을이라도 이 관습은 반드시 지키는데 대도시의 경우도 그런지는 확실하지 않다. 하루 중 사고파는 행위가 멈춰지는 때를 볼 수 있다는 것은 즐거운 일이다.

 그러나 다행히 이 시간에도 문을 연 간이주점들이 여러 곳 있다. 때때로 이들 간이주점은 직접 먹을 것을 팔기도 하고 정식 음식점을 따로 두고 있기도 한다. 하지만 지금 내게 필요한 것은 카페오레 한 잔이다. 5분도 안 걸려 마침내 카페오레를 파는 간이주점을 찾았다. 배낭과 지팡이를 벽에 기대고 자리에 앉아 주문을 한다. 7시간 동안 걸은 뒤에 오는 완벽한 휴식은 온몸을 새롭게 충전한다. 이곳은 정말 고요하다. 카미노를 벗어나 이 마을에 들어와서 방금 막 든 느낌이다. 건너편 간이주점에 앉아 있는 또 다른 손님 한 사람. 텔레비전은 꺼져 있다! 보통 때와 좀 다른 풍경이다. 지금까지 본 스페인 간이주점의 모습은 대개 손님들에게 두 가지 서비스를 제공한다. 벽 높은 곳에 대형 컬러텔레비전을 설치하고 손님들이 넋을 놓고 바라보게 하고 카운터 위에는 그날 나온 지역신문들을 올려놓는다. 이렇게 조용히 앉아서 글을 쓸 수 있다니 오늘은 정말 운이 좋다. 물론 여기에는 또 다른 즐거움도 있다. 커피 한 잔을 시켜놓고 몇 시간이고 앉아 있을 수 있다는 점이다. 더 오래 앉아 있기 위해 커피 한 잔을 더 시켜야 한다든지, 아니면 일어서야 한다면 이런 깊은 인상이 남지 않을 것이다.

알베르게의 문을 열 시간이 다 되었다. 다시 배낭을 메고 그곳으로 간다. 문 앞에서 프란체스코 수사를 만났다. 여섯 명의 수사가 여기에 산다고 알려준다. 이곳에 있는 수도원 건물은 아마 수백 년은 된 것 같다. 그 건물이 알베르게로 들어가는 입구이며 들어가는 사람은 여기서 약간의 입장료를 내야 한다. 이 건물은 나중에 자세히 살펴볼 생각이다. 현관 쪽으로 나가면 순례자들이 잠자는 방이 보인다. 침대가 여러 개 있는 큰 방이다. 두꺼운 벽에 작은 창문이 달랑 하나밖에 없다. 위로 올라가서 창문을 열고 바깥 공기가 안으로 들어오게 한다. 스페인 사람들은 대개 이렇게 폐쇄된 공간에 창문들을 달아놓고 실내의 냉기와 습도를 높인다고 한다.

욕실에는 따뜻한 물이 나오는 싱크대는 있지만 몸을 씻을 시설은 되어있지 않다. 그래서 싱크대에서 몸을 씻고 종이 수건으로 닦고 말린다. 며칠 전 날마다 목욕 후에 수건을 말리는 일을 포기했다. 대신에 종이 수건 두루마리를 샀다. 한 번 몸을 닦는 데 여섯 장이면 충분했다. 두루마리는 배낭에 넣고 다니기에도 무겁지 않았다.

가까이에 있는 가게들을 돌아보다 아주 가벼운 슬리퍼를 발견했다. 내가 찾던 바로 그거다! 이 알베르게는 음식을 조리할 부엌이 없다. 하지만 정어리 깡통 하나, 햄 한 조각, 빵, 치즈, 냉동채소(종종 원하는 만큼 많이 살 수 있다), 과일만으로 훌륭한 식사를 할 수 있다. 오늘 아침 일찍 빵집에 가니 벌써 여러 명의 여성들이 와서 줄을 서고 있었다. 나는 그 뒤에 섰다. 그런데 맨 앞에 있던 사람이 나를 돌아보더니 자기 앞에 서라고 말했다. 주민들은 내가 누군지 알았다. 콤포스텔라로 가는 외국인 순례자라는 것을. 그들은 세심하고 친절하게 호의를 아끼지 않는다. 지금까지 외국에 나가서 이보다 더 따뜻한 환대를 받으리라고는 꿈도 못 꿨다. 내가 말을 하자 그들은 내가 자기 나라 말을 안다는 것을 알고는 얼굴이 밝아지면서 만족스런 표정을 짓는다. 더군다나 오늘은 가장 먼저 빵을 살 수 있게 된 덕분에 통밀빵을 살 수 있었다. 행운이 겹친 날이다.

새로 산 슬리퍼와 저녁거리를 들고 알베르게로 간다. 슬리퍼를 신고 복도로 걸어 들어가는데 무엇인가가 눈길을 끈다. 사람들이 몇 명 있는 듯하다. 현관을 지나자 정원을 둘러싸고 있는 전통적인 수도원의 산책로가 나온다. 기둥들 사이로 세워진 정교한 석조물들은 그것이 돌이라는 사실을 잊어버릴 정도로 경이롭다. 산책로 한쪽 끝에는 작은 홀이 있는데 예배를 드리는 방인 듯하다. 뒤쪽에는 약 12개의 커다란 묘비가 서 있다. 묘비마다 그 위에는 실물크기의 인물상이 얹혀 있다. 나바라 왕국의 왕족들이 거기에 묻혀 있다. 오늘날에도 스페인에 이런 일을 할 수 있는 석공들이 남아 있을까? 있다 하더라도, 이런 작은 마을에서도 이렇게 훌륭한 작품을 만들 수 있을 정도로 많이 있을까? 또 그만큼 많이 있더라도 그들이 할만한 일이 있기나 할까? 오늘날 어떤 사회가 이런 아름다움을 누릴 정도로 여유가 있을 수 있을까?

산을 깎아낸 것처럼 보이는 작은 예배당 뒤에 서 있는 성모 마리아 상의 눈이 좀 특이하다는 것을 알고 흠칫 놀랐다. 여러 가지 색채로 장식된 성모 마리아 상에 천천히 다가가보니 눈이 밝게 빛나고 그 광채가 주위로 뻗어나간다. 그 눈빛은 평화와 고요를 발산한다. 무표정한 가운데 강렬한 열정을 감추고 있다. 그런 신비로운 모습 앞에서 황홀경에 빠지지 않을 사람이 누가 있겠는가. 여행자들을 이곳으로 끌어당기는 것이 바로 이런 것이 아닐까? 이 수도원을 세운 돈 가르시아 왕이 어느 날 사냥을 나갔다 겪은 일이 기억난다. 왕의 사냥매는 비둘기 한 마리를 쫓아 어느 동굴로 날아 들어갔다. 왕도 매를 찾아 그 동굴로 들어갔다. 거기서 왕은 흰 백합꽃으로 장식된 '단' 위에 등불을 들고 서있는 성모 마리아 상을 발견했다. 이 이야기는 성모 마리아 상과 완벽하게 어울린다. 이렇게 특별하고 감동적인 작품은 대개 일상적인 것에서 비롯된다. 그저 고요한 경이로움 속에 서 있을 뿐이다……

나는 계속해서 이 성당들과 수도원들의 신비로움에 빠져든다. 이들 건물은 대개 거대하다고까지 할 수는 없지만 큰 편에 속한다. 지금은 물론 많은 건물들이 사라졌다. 일부는 폐허가 된 채로 남아 있다. 또 다른 건물들은 비어 있거나 버려져 있다. 여기에 바로 얼마 안 남은 그런 종교 건축물이 있는 것이다. 스페인에서는 마을이나 읍, 도시 어디를 가든 입구에 그곳을 대표하는 중요한 종교 건축물을 안내하는 표지판이 세워진 날짜와 함께 서 있다. 세속적인 건물들을 안내하는 표지판은 본 적이 없다. 스페인의 건축 역사는 오직 종교적인 건축물로만 구성되어 있어서일까? 그 표지판들은 관광객들을 위해 있는 것이 틀림없다. 이곳 국민들은 이미 그것들을 알고 있거나 그런 것에 도무지 관심이 없을 것이기 때문이다. 그들은 그런 것들을 당연한 것으로 생각하고 있다. 그것이 오늘날 이 장소들의 가장 중요한 존재목적이 아닐까? …… 관광객들의 눈을 즐겁게 하고 신성함을 느끼게 만드는 기이하고 감동적인 성물들? …… 소비중독증에 걸렸지만 이미 선택할 수 있는 것들에 점점 싫증을 느끼기 시작하는 현대인들의 취향을 만족시키는 돌에 새겨진 역사들?

이곳의 모든 건축물들은 경이로움을 느끼게 하면서 다른 한편으로는 많은 의문을 던지게 만든다. 그러나 그런 것들에 대해서 별로 알고 싶지 않다. 지금까지 그 건축물들은 내 관심대상에서 그렇게 중요하지 않거나 아주 우연한 것들이었다. 우연히 그런 건축물 안으로 들어가게 된다면 금방 휙 훑어보고 말 것이다. 관광안내원은 성당 안에 매우 웅장한 성가대석이 단상 위에 있다고 말한다. 오늘날 수사들은 그것을 사용하지 않는다. 성가대 자리에 빈 곳이 많다고 해서 어리둥절해 할 사람은 아마도 지금은 거의 없을 듯하다. 수사들이 거기서 성가를 부르고 있다면 나는 분명히 거기에 함께 참석하고 싶을 것이다. 그러나 다시 또 다른 공허한 예술적 보배들이 정신을 산만하게 만든다. 그것들은 날마다 책을 읽거나 다른 사람들과 함께 걷는 것처럼 정신을 어지럽힐 수 있다. 저 밖 들판과 산에서 나를 기다리고 있을 공간은 정신이 어지러우면 절대로 발견할 수 없는 그런 곳이다.

할 수만 있다면 밤마다 들판에서 텐트를 치고 홀로 잠자는 것이 가장 좋을 것이다. 그러나 오스피탈이나 알베르게의 전통이 너무도 풍요로워서 지금은 그 전통을 음미하고 싶다. 카미노에서 만나는 다른 순례자들과 다정하게 나누는 말 몇 마디는 정말 유쾌하고 기분 좋다. 바로 몇 분전에 네덜란드에서 온 남자 한 명을 만났다. 나보다 약간 나이가 어려 보인다. 이번이 카미노에 두 번째란다. 처음에 왔을 때는 네덜란드에서 시작해서 콤포스텔라까지 가는데 석 달 반이 걸렸다고 한다. 그것이야말로 옛날 중세시대에 자기 선조들이 걸었던 순례방식을 그대로 따라 한 것이었다.

조리가 안 된 찬 저녁을 맛있게 먹고 어두운 방의 습기를 막기 위해 얼른 침낭 속으로 미끄러져 들어간다. 지금 이 방에는 나 말고 두세 명의 다른 사람들만 있을 뿐. 오늘밤은 정말 고요한 밤이 될 것이다.

프리드리히 헤를린 〈산티아고 순례자들의 식사〉, 15세기, 독일 ▷

10
진리는 더욱 낮은 곳에 있다
나헤라에서 산토 도밍고 데 라 칼사다까지

 몇 시간 뒤 비가 내리기 시작한다…… 빗방울이 간간히 내리는가 싶다가 갑자기 마구 쏟아 붓기도 한다. 지금 가지고 있는 판초는 속에 습기가 차서 좋지 않다는 생각이 내내 머리 속을 맴돈다. 그래도 판초 덕분에 알베르게에 도착해서도 배낭이 젖지 않고 그래서 마른 옷을 꺼내 갈아입을 수도 있지 않은가. 비가 온다고 길을 떠나지 않을 수는 없다.
 오늘은 진흙탕 길이 그렇게 질척이지 않는다. 대부분 길은 점토 위에 커다란 자갈들이 여기저기 박혀 있다. 발을 디딜 때마다 신발 밑창을 통해서 날카로운 자갈 모서리가 발바닥을 압박해온다. 새로운 종류의 통증이 걷는 것을 힘들게 한다. 그러나 반면에 이 통증은 발걸음을 더욱 또렷하게 느낄 수 있게 만든다. 대지와 진정으로 끊임없이 접촉하고 있음을 느낄 수 있는 것이다. 사람들이 만든 지표면이 나와 대지를 분리시킬 수는 없다. 아스팔트는 단단하기 때문에 밟고 다니기가 쉽다. 그러나 그 길은 너무나 부자연스럽고 획일적이다. 그 위를 걸을 때면 나는 살아있는 흙과 단절된 채 죽어가는 단조로움 속에 갇혀 정처 없이 헤매는 것 같은 느낌이 든다.

이따금 지친 순례자들에게 용기를 북돋아주기 위해 손수 만든 표지판들을 집 앞에 세워두는 집들도 있다. 오늘은 그런 표지판을 세 개나 보았다.

용기를 내세요. 이제 얼마 안 남았어요.

그리고 좀 지나자,

산토 도밍고에 곧 도착할 거예요.

또 다른 표지판에는 순례자의 믿음을 인정한다는 뜻으로 이렇게 씌어 있다.

순례자여, 당신은 좋은 여행을 하고 있습니다.

계속해서 로사리오 기도를 암송하며 걷고 있는데 그동안 까맣게 잊고 지냈던 사실이 새삼스레 머리 속에 떠올랐다. 그렇게 기도를 암송하고 신비로운 이미지들을 떠올리며 천천히 걸으며 명상하기를 몇 시간, 오래전에 잊어버렸던 어떤 중요한 것이 생각났다. 아침과 저녁마다 언제나 침대 옆에서 무릎 꿇고 기도를 드리던 모습이 떠올랐다. 이것은 하루를 시작하고 끝내는 의식이라는 생각이 내 마음에 강하게 남아 있었던 것이다. 부모님은 어릴 때부터 이런 기도 습관을 들이도록 가르쳤다. 그 뒤로 오랜 세월 동안 도대체 내게 무슨 일이 일어난 걸까? 어른이 되어 어머니가 돌아가신 뒤 나는 아버지를 찾아갔다. 우연히 아버지가 잠자리에 들기 전에 침대 옆에서 무릎을 꿇고 기도하는 모습을 봤다. 아침에도 그렇게 기도를 했던 것 같다. 아버지도 어렸을 때부터 그렇게 하도록 가르침을 받았고 여든이 넘도록 한번도 거르지 않으셨다. 이 얼마나 성실한 모습의 전형인가! 나는 아직도 아버지에게 배워야 할 것이 너무도 많다. 오늘 나는 아버지가 여기에 함께 있다는 것을 알았다. 콤포스텔라까지 나와 동행하는 다른 모든 사람들과 함께. 그들도 나처럼 이렇게 자신을 둘러싸고 있던 장막을 하나씩 걷어내면서 걷고 있을 것이다. 나는 아버지가 성령에 대해 알려주기를 바란다. 정말로 성령의 존재에 대해서 더 많은 것을 알고 싶다.

다섯 시간쯤 걸은 것 같다. 저기 산토 도밍고 데 라 칼사다의 모습이 어렴풋이 보인다. 한 20킬로미터는 온 것 같은데 기분은 꽤 좋다. 걷는 동안 비가 내린 것은 두 시간 정도밖에 안 되는 것 같다. 비가 올 거라고 예보도 없었다. 시내가 온통 축제 분위기다. 알베르게가 있는 '구시가지'의 중심가에는 형형색색의 종이 장식물들이 여기저기 매달려 있다. 아마 어제인가 신문가판대를 지나치다가 우연히 눈길을 끄는 사진을 하나 보았다. 그것은 산토 도밍고에서 피에스타 파트로날(fiesta patronal 스페인의 지역마다 있는 수호성인을 기리는 축제 - 옮긴이) 행사를 하고 있는 사진이었다. 산토 도밍고 데 라 칼사다는 일주일 내내 축제를 하는 곳으로 잘 알려져 있다. 거리마다 나들이옷을 입은 사람들이 흘러넘치고 곳곳에서 사람들이 음악을 연주하는 것으로 봐서 지금이 바로 그 주간인가 보다.

산토 도밍고는 아마도 카미노와 관련해서 가장 잘 알려지고 친근한 성인일 것이다. 11세기에 여기서 그다지 멀지 않은 빌로리아에서 태어난 도밍고는 본디 목동이었다. 그는 젊었을 때 수사가 되려고 했지만 두 번이나 수도원에서 거절을 당했다. 그 뒤로 숲 속에 외딴 집을 짓고 은둔자로 살기 시작했다. 그가 은거생활을 한 곳이 바로 그의 이름을 딴 이 마을이다.

사람들이 콤포스텔라로 가려면 도밍고가 사는 집 근처를 지나야 했다. 도밍고는 순례자들이 겪는 고통과 어려움을 알고 있었다. 그가 은거하는 숲은 순례자들을 약탈하던 악당들이 숨기 좋은 곳이었다. 그 인근의 강은 건너기도 어려웠다. 그래서 도밍고는 결국 순례자들을 돕는 일에 헌신하기로 마음먹었다. 숲으로 지나가는 길을 크게 넓히고, 다리를 놓고 관리하며 자기가 사는 집을 순례자들을 위한 오스피탈로 개조했다.

마침 알폰소 6세가 그곳을 지나가다(1076년) 도밍고가 해놓은 일을 보았다. 알폰소 6세는 자신도 예전부터 카미노에 대해서 관심을 가지고 있던 터라 도밍고가 더 많은 일을 할 수 있도록 그에게 땅을 하사했다. 도밍고는 1109년 5월 12일 죽어 이 읍에서 가장 큰 성당에 묻힌다. 그는 나헤라와 레데시아(산토 도밍고 데 라 칼사라 너머에 있는 읍) 사이의 카미노를 건설하고 관리했다고 전해진다.

이곳 사람들은 즐거운 마음으로 나를 알베르게로 인도한다. 알베르게는 읍의 '한 가운데'에 있는데 낡은 건물을 아름답게 복구하고 건물 정면에 공원처럼 긴 광장을 조성했다. 활짝 열린 광장의 모습은 그곳으로 연결된 여러 갈래의 좁은 거리들과 멋진 조화를 이룬다. 알베르게에서 사무실 하나를 발견했는데 《순례자》라는 잡지를 펴내는 곳이었다. 잠자는 방이 있는 2층으로 올라가니 큰 방이 두 개 있고 그 사이에 욕실과 주방, 식당이 있다. 양말을 빨고 따뜻한 물로 몸을 씻는다. 만일 텐트를 가지고 여행을 한다면 어떻게 따뜻한 물로 몸을 씻을 수 있을까? 나는 그것을 포기할 수 있을까? 하는 생각이 문득 든다. 비록 비에 젖지 않고 추위에 떨지 않는다고 해도 하루 종일 걷다보면 온몸이 땀에 흠뻑 젖기 마련이다. 그래서 날마다 양말을 빨아서 잘 말려야 하고 깨끗한 것으로 갈아 신어야 한다. 오늘 이곳은 옆 건물의 지붕으로 빨랫줄이 연결되어 있기 때문에 빤 양말들을 밖에 내다 걸어야 한다. 다행히 순례를 떠나기 전부터 이런 경우를 예상해서 커다란 빨래집게들을 가져왔다. 세탁한 옷가지들을 빨래집게 고정시켜 놓으면 바람이 불어도 날아갈 염려가 없다. 안 그러면 나중에 어디에 있는지 찾지 못하는 수도 있다.

몸을 씻고 나니 무언가 하고 싶은 생각이 든다. 부엌시설이 잘 되어 있어서 따뜻한 음식을 조리해 먹어도 될 것 같다. 가게들이 다시 문을 여는 오후 늦게 시장을 찾아 나선다. 읍내로 들어서니 아직도 모든 가게가 문을 열지 않았다. 이상한 생각이 들어, 가게 문 앞에 붙은 안내문을 보니 '축제 기간에는 장사 안 함'이라고 씌어 있다. 오늘이 축제 마지막 날이었다. 그래서 모든 장사가 정오에 끝났다! 마을 사람들은 모두 오늘밤 있을 저녁 축제를 준비하고 있었다.

알베르게로 돌아와 부엌을 둘러보니 어떤 순례자가 먹기 싫어서 남기고 간 듯한 바나나 두 개가 눈에 띈다. 냉장고 안에는 여러 개의 우유팩과 달걀들이 들어 있다. 분명히 어느 한 사람의 것이 아니다. 그 안에는 또 초콜릿가루가 든 깡통도 있다.

달걀 몇 개를 푹 삶고 있는데 한 남성이 다가오더니 대구포 한 마리를 건네준다. 너무 많아서란다. 배낭에서 빵 한 조각을 꺼낸다. 그렇게 식사를 마쳤다. 내일까지 충분히 견딜만하다. 배낭에는 아직도 자그마한 초리소(양념을 많이 한 스페인식 소시지) 한 조각과 빵이 남아 있다. 아침에 먹으면 된다. 나중에 과일을 좀 사야겠다.

부엌 냉장고 밖에 놓여 있는 종이팩에 든 우유의 양은 12리터쯤 된다…… 내가 알기로는 우유팩을 개봉하지 않은 경우에는 굳이 냉장고에 넣어둘 필요가 없다. 그래서 우유 맛이 어떤지 확인하지도 않고 초콜릿가루를 듬뿍 떠서 우유에 탔다. 종이팩 위에는 이 우유가 스페인 적십자에서 기증한 것이라고 씌어 있다. 과잉 생산으로 남은 우유를 기증한 것이다. 하지만 알베르게 주방에서 이런 우유를 본 것은 이번이 처음이다. 잉여 농산물을 모아서 알베르게에 보내는 사업은 꽤 괜찮은 생각인 것 같다. 그 덕분에 순례자들은 먹는 데 들어가는 돈을 절약할 수 있다. 여기서도 따로 돈을 받지는 않지만 사람들이 알아서 벽에 있는 헌금함에 기부를 할 수는 있다. 이런 경우 나는 대개 300페세타를 기부하는데 대부분의 알베르게에서 이 정도의 금액을 내는 게 보통이라고 들었기 때문이다.

꽤 나이가 어려 보이는 매력적인 여성이 방으로 들어온다. 캘리포니아 몬테레이에서 온 미국인 여성이었다. 나는 그녀의 나이가 궁금해서 물어본다. 스물세 살.(열여섯 살쯤으로 생각했다) 혼자 걷고 있어요? 네. 오는 데 어려움은 없었어요? 에스테야에 늦게 도착했는데 알베르게를 찾을 수 없었어요. 스페인어를 모르기 때문에(그런데 혼자 걷다니!) 어디로 가야 할지 묻는데 어려움이 많았어요. 그러다 문이 열려있는 간이주점을 발견하고는 그리로 들어갔지요. 내 처지를 이해한 듯한 한 남자가 자기를 따라오라고 하더군요. 몇 블록 지나니까 큰 건물이 하나 나왔어요. 그 남자가 초인종을 눌렀어요. 수녀 한 분이 문을 열더라고요! 안으로 들어오라고 하더니 따뜻한 저녁밥을 차려주고 침대까지 마련해주었어요. 그러니까 결국은 아무 문제가 없었다고 해야겠죠.

나중에 그녀는 내게 두 가지를 물었는데 그걸 듣고 깜짝 놀랐다. 그녀는 자신이 성당에서 거행하는 미사에 참석해도 되는지를 물었다. 나는 물론 당연히 된다고 했다. 그녀는 자신이 가톨릭 신자가 아니라고 했다. 그래서 미사에 참석하는 것이 적절한 행동이 아니라면 굳이 그렇게 하고 싶지 않다는 것이었다.

그리고 또 자신을 괴롭히는 또 하나의 문제에 대해 의견을 물었다. 스페인 사람들은 자기 같은 미국인이 자기 나라 땅을 밟는 것에 대해 불쾌하게 생각하냐고 물었다. 나는 그런 생각을 한번도 해본 적이 없었다. 지금까지 이곳 사람들은 그렇게 멀리서 자기 나라까지 찾아와 걷는 사람들을 보면 기뻐한다고 생각했다. 그러나 그때 전에 들은 이야기가 생각났다. 어떤 읍에서 있었던 일이다. 순례자 일부가 콤포스텔라로 순례를 하는 도중에 한 곳에서 미사 진행을 거들었다. 그런데 그 미사를 집행하는 사제가 그들에 대해서 한 마디도 하지 않고 강론 시간에도 카미노에 대한 언급은 전혀 없었다. 미사가 끝난 뒤, 신도들이 자유롭게 바라는 것을 기도 하는 시간에 그 순례자들 가운데 한 사람이 사제에게 자신들이 순례를 잘 끝낼 수 있도록 기도해달라고 요청했다. 사제는 그러한 탄원의 기도를 마치면서 "여름휴가를 즐기지 못하고 비행기를 타고 떠날 수 없는 사람들을 위해"라는 말을 덧붙였다. 이 말을 듣고 그 순례자는 사제가 순례자들을 스페인을 횡단할 정도로 돈과 시간이 많은 여유로운 특권층으로 생각하고 있는 것은 아닌가 하는 강한 인상을 받았다고 한다.

나는 그 미국인 여성의 질문을 통해서 그녀의 걱정 속에 담긴 섬세한 감수성과 그 사제가 암시했던 미묘한 진실이 서로 교차하고 있음을 느낄 수 있었다. 우리들 가운데 이곳에 있는 사람들은 여러 면에서 혜택 받은 사람들임에 틀림없다. 건강한 신체가 있고 내 마음대로 쓸 수 있는 시간과 돈이 있으며, 또 수세기 동안 많은 사람들이 신성하게 생각했던 카미노를 걷겠다는 생각을 할 수 있었다는 것은 얼마나 축복받은 일인가.

어지러운 생각들을 정리하면서 백여 미터 떨어진 성당으로 향한다. 정면에 있는 작은 광장에 이르자 반대편에 보이는 건물 하나가 눈에 띈다. 정부에서 운영하는 파라도르 나시오날 호텔이다. 이 호텔은 마드리드의 행정부가(관광산업을 위해서?)전국에 걸쳐 일급 호텔이 있어야 할 곳이라고 지정한 곳에 세워졌다. 투자 회수가 불확실한 상황에서 민간분야가 이러한 호텔 사업에 뛰어들기는 어려웠을 것이다. 일부는 이곳처럼 옛날 건물들을 개조했고 또 일부는 완전히 새로 짓기도 했다.

파라도르 호텔 쪽으로 걸어간다. 견고하고 우아한 모습에 화려하고 세련된 맛이 난다. 안을 둘러보기 위해 실내로 들어서자 곧바로 뭔가 나와는 어울리지 않는 느낌이 들면서 마치 고급스런 호텔에 들어온 것 같다. 현관을 지나자 넓은 거실이 나온다. 이곳에 있기에는 비록 옷차림새가 너무 허름할지 모르지만 더 안쪽으로 들어가 본다. 보기는 좋은데 아무 것도 만져서는 안 될 것 같은 분위기다. 되돌아 나오면서 접수창구에 가서 호텔안내 책자가 있는지 물었다. 접수창구에서 안내하는 젊은 여성이 아주 깍듯하게 가까이에 있는 탁자를 가리킨다. 그녀는 내가 이 호텔에 묵을지도 모르는 손님이라고 전혀 생각하지 않는 것 같다.

이 궁전처럼 웅장한 건물도 사실은 아주 오랜 옛날에 산토 도밍고가 순례자들을 위해 이곳에 휴식처를 처음 지었던 그 역사적 과정의 연속성 속에서 존재하는 것이다. 이곳이 도밍고가 오스피탈을 처음 지었던 자리가 맞다면, 이곳은 또한 그가 숲 속에서 은거하던 바로 그 집터일 것이다. 이곳에 있는 흙은 수세기를 거치면서 마침내 이렇게 바뀐 것이다!

파라도르 호텔에서 몇 걸음 떨어지지 않은 성당에 들어와 있다. 안으로 들어서자마자 성 산토 도밍고의 묘비를 둘러싸고 있는 격자모양의 철골 구조물이 눈길을 끈다. 오늘은 모든 것이 꽃들로 장식되어 있다. 묘비 위에는 실물 크기의 도밍고 상이

서 있다. 눈에 띄는 것이 있기는 한데 처음에는 그것이 무엇인지 몰랐다. 자세히 그 조각상을 들여다보고 있자니 유럽의 미술 작품을 보면 나오는 순례자를 나타내는 전통적인 표식들이다. 지팡이, 조개껍질, (물이나 포도주를 마시기 위한) 조롱박, (먹을거리를 넣어 다니는) 부대 자루나 손가방, 순례자 망토, 로사리오 묵주 …… 그래, 로사리오 기도! 전에는 그림이나 조각상들을 보면서 묵주에 대해서는 전혀 생각해본 적이 없었는데, 지금 생각하니 거기에서 모두 묵주를 본 것 같다. 로사리오 기도는 카미노의 기도다. 내가 어떻게 그 기도에 '빠지게' 되었는지 신기한 일이다. 나는 이 기도를 신중하게 생각해서 선택한 것이 아니다. 그냥 늘 입고 다니는 옷처럼 고른 것뿐이다. 그냥 아버지께 물려받은 것이다. 아버지는 나를 카미노의 신비로 이끈 수많은 순례자들 가운데 한 분이다. 로사리오 묵주는 지팡이나 조롱박과 마찬가지로 단순한 장식물이 아니다. 순례를 계속하기 위해서는 날마다 물을 마셔야 하는 것처럼 카미노라는 신성한 공간으로 들어가기를 바란다면 날마다 로사리오 기도를 드려야 한다.

반대편을 돌아보니 벽에 붙박이로 금박을 입힌 우리가 있는데 그 안에 닭 두 마리가 있다. 그것이 진짜 닭인지 알고 싶어서 내가 볼 차례가 올 때까지 기다리고 있었다. 흰색 암탉과 수탉이 한 마리씩 있는데 이들은 카미노에서 가장 유명한 기적을 기념하기 위해 이곳에 있다. 그 기적은 유럽 전역에 널리 알려져 있고 지금은 대다수 박물관에 걸린 그림들이나 여러 문학작품에 나오는 이야기 속에 등장한다. 일반인들에게 매우 잘 알려진 전설이기에 종류도 매우 다양하며 그 자체가 하나의 거대한 문학 주제다. 그 가운데 1670년에 이곳에 온 이탈리아 순례자 도메니코 라피와 관련된 이야기는 이렇다.

순례자 복장을 한 라피가 성당 안으로 들어서자 그 옷차림새를 본 닭들이 '즐겁게 노래하기' 시작했다고 한다. 이 닭들은 성당에 들어온 순례자들을 볼 때마다 그렇게 노래를 부른다고 했다. 라피는 성당지기에게 암탉과 수탉의 깃털을 하나씩 얻을 수 있는지 물었다. 신앙의 징표로 집에 가져갈 생각이었다. 어떤 사람들은 이 깃털들이 기적의 힘을 지니고 있다고 기록하고 있다. 또 성당의 닭들은 순례자들이 던져주는 빵만 먹는다고 한다. 그리고 그 빵은 반드시 순례자들이 돈을 주고 산 것이 아니라 보시를 받은 빵이어야 한다. 성당의 닭들은 돈을 주고 산 빵은 절대로 먹지 않기 때문이다. 닭들은 그것을 구별할 줄 안다고 한다. 또 순례자들이 우리 안에 던진 빵을 닭들이 먹으면 그들은 콤포스텔라까지 무사히 갈 것이고, 그렇지 않으면 그곳에 도착하기 전에 죽을 것이라고 믿는 사람들도 있었다.

라피와 동료들은 산토 도밍고를 떠나면서 작은 성당에 그 닭들과 관련된 이야기 하나가 새겨진 명판을 남긴다. 1090년, 데살로니가 출신의 그리스인 부부와 아들이 콤포스텔라로 순례를 하고 있었다. 그들은 이 읍에 도착해서 여관을 잡고 이틀 정도 쉬어가기로 했다. 그런데 여관집 딸이 이들 부부의 아들에게 반하고 말았다. 여관집 딸은 한밤중에 손님 부부의 아들 방에 몰래 들어가 자기 사랑을 고백했다. 그러나 그 청년은 이러한 노골적인 애정 표시에 크게 당황한 나머지 그녀를 꾸짖고 단호하게 그녀의 구애를 거부했다. 그녀는 청년을 더 이상 유혹할 수 없다는 것을 알고 난 뒤, 애타던 사랑의 열정이 극단의 증오로 바뀌었다. 분노가 지옥의 불길처럼 활활 불타오르던 그녀는 이제 복수할 기회만 노리고 있었다.

여관집 딸은 청년의 방을 나온 뒤 자기 아버지의 은잔 하나를 몰래 가져와서 그 청년의 순례 가방 안 깊숙이 숨겼다. 그들 가족이 콤포스텔라로 떠나자마자 여관집 딸은 은잔을 잃어버렸다고 소동을 부리며 방금 떠난 순례자 가족이 훔쳐간 게 분명하다고 떠들었다. 여관집 주인은 자기 딸의 생각이 맞다고 생각하고는 경찰관들을 대동해서 그 순례자 가족을 쫓아갔다. 경찰관들은 마침내 그들을 따라잡은 뒤, 가진 것들을 뒤졌고 잃어버린 은잔을 발견했다. 경찰관들은 그 아들을 읍으로 데리고 와서 절도죄로 교수형에 처했다. 오늘날 그 이야기가 새겨진 명판이 있는 성당 자리가 바로 청년이 교수형을 당한 곳이다.

절망에 빠진 부부는 콤포스텔라까지 순례를 계속했다. 그들은 하느님과 성 야고보에게 자신들과 아들의 무고함을 간청하는 기도를 드렸다. 그들은 돌아오는 길에 아스토르가에 도착할 때까지 어느 길로 갈지 결정하지 못했다. 남편은 아들이 죽은 그곳을 피해 다른 길로 가기를 바랐다. 그러나 아내는 왔던 길로 다시 되돌아가기를 바랐고 그렇게 했다.

부부가 아들이 교수형을 당한 곳에 가까이 갔을 때 그들의 아들이 소리쳤다. "아버지, 어머니. 그만 우세요. 저는 하느님의 은총과 성모 마리아, 성 야고보의 축복으로 아직 살아 있어요. 그들이 나를 이렇게 공중에서 붙들고 있어요. 어머니, 재판관에게

가서 제가 무죄이고 아직 살아 있다고 말하세요. 어머니, 아버지께 돌아가고 싶어요." 청년의 어머니는 바로 재판관의 집으로 달려간다. 그녀가 문 안으로 들어섰을 때 재판관은 저녁밥을 먹기 위해 막 자리에 앉고 있었다. 그녀는 자신의 아들이 아직 살아 있으며 죄가 없다고 정신없이 말한다. 재판관은 잔인한 웃음을 띠며 "오, 부인! 무언가에 홀렸나 본데. 당신 아들은 보다시피 내 접시에 있는 구운 통닭처럼 더 이상 살아 있을 수 없어"라고 말한다.

라피는 "오, 놀라워라! 오, 위대한 하느님의 권능이시여!"라고 하며 불쑥 중간에 끼어든다. 암탉과 수탉, 두 마리의 통닭은 갑자기 접시 위에서 날개를 퍼덕이며 울기 시작했다. 그 기적의 사건을 목격한 재판관은 곧바로 일어나서 몇몇 신부들과 시민들을 대동하고 교수대로 갔다. 그들은 교수형에 처한 청년이 건강하게 잘 있는 것을 보고는 그 청년을 풀어서 부모에게 되돌려 보냈다.

재판관은 읍내로 돌아와서 그 닭들을 쇠로 만든 우리에 넣어서 성당 안에 모셨다. 라피는 닭들이 7년 동안 살았다고 전한다. 암탉이 죽기 전에 달걀을 두 알 낳았는데 이것들이 부화해서 암수 병아리가 한 마리씩 나왔고 부모 닭과 마찬가지로 흰색의 깃털을 지녔다고 한다. 여관집 주인과 딸은 벌을 받았다. 그들이 교수형을 당했다는 이야기도 있다.

영국 작가 로버트 사우디는 1829년에 이 이야기를 한 편의 긴 시로 발표한다. 그는 그 여관집 딸의 운명을 경쾌하고 상상력 넘치는 운율로 이렇게 노래한다.

여관집 주인의 사악한 딸은
자신이 한 일을 고백했다네,
그래서 사람들은 그녀를 수녀원에 보냈다네,
그리고 그녀는 수녀가 되었다네.

교수형 당한 어린 청년을 성 야고보가 붙잡고 있고 교수대 옆에 그 청년의 부모가 서 있는 장면은 유럽 어디를 가나 볼 수 있는 그림이다. 이 이야기는 여러 차례 연극으로 씌어지고 공연되었다. 그 가운데서 가장 최근 것은 아마도 헨리 게온의 〈교수형으로 죽다 살아난 사람〉(1920)일 것이다. 닭들의 기적이 산토 도밍고 데 라 칼사다에서 인정받은 것은 15세기에 와서였다. 그 이전에는 다른 도시에서 그 기적이 일어났다.

오랜 세월 동안 이 이야기가 인기를 끄는 이유를 합리적으로 '설명' 하는 것은 어렵지 않다. 유럽 각지에서 콤포스텔라로 순례를 떠나는 발길들이 많아지면서 순례자들을 속이는 부정직한 여관주인들과 장사꾼들도 따라서 많아졌다. 성 야고보의 권능과 하느님의 정의는 이 이야기 속에 생생하고 확실하게 살아 있다. 여기에 등장하는 인물들, 그들의 행동거지, 또 그들의 운명 속에는 그 시대의 민중들이 바라던 희망과 그들의 경험이 완벽하게 스며들어가 있었다.

그 이야기는 사람들의 신앙이 아주 소박하고 '단순' 했던 시대의 이야기라고 말하는 사람들도 있다. 심지어 자기 나라와 국민들을 예리하게 관찰했던 위대한 철학자 미구엘 데 우나무노도 사람들이 성 야고보의 시신이 갈리시아에 묻혔다고 믿던 때를 "수세기 동안 이어진 아주 순진무구하고 단순한 기독교 신앙의 시대"라고 묘사한다.

그 머나먼 시대의 기록들을 읽기 위해서는 더욱 민감하고 섬세한 눈이 필요하다. 아스투리아스 왕국의 사람들은 8세기에 무시무시한 무어족들과 대적했다. 9세기 초, 아스투리아스 사람들은 자기 영토에서 위대한 사도, 성 야고보의 뼈를 발견했다. 그들은 이러한 사건을 통해 자신들의 삶을 짓누르고 있던 한계를 벗어날 수 있었다. 그들은 그동안 갇혀있던 '시간의 감옥'에서 풀려났다. 그들은 진정으로 역사적일 수 있는 신화를 창조했다. 그것은 지금도 생생하게 살아 있다. 진정한 의미에서 카미노의 신비를 창조한 사람들은 이들 아스투리아스 사람들이었다. 옛날 사람들을 정신세계가 미숙한 사람들로 치부하는 듯한 태도는 왜곡과 오해를 낳기 마련이다. 예를 들면, 『성 야고보의 서』에서 성 야고보가 행한 기적 가운데 오줌을 누기 위해 배 난간에 앉아 있다가 물에 빠진 사람을 구해주는 성 야고보의 모습이 나온다. 그들이 살던 시대적 배경 속에서 배를 타고 가다 물에 빠지는 것만큼 자연스러운 사건이 무엇이 있겠는가? 이 기적이 의미하는 중요한 요소는 오줌을 누고 있는 유치하고 저속한 이미지의 상상이 아니라, 물에 빠진 사람이 예루살렘을 순례하고 돌아오는 사람이었다는 사실일 것이다. 그 순례자는 콤포스텔라에 가지 않았다. 그러나 성 야고보는 그것 때문에 그를 나쁘게 생각하지 않았다. 성 야고보가 보여준 그 커다란 아량과 신뢰는 우리의 단순하고 어리석은 감각을 활짝 깨워준다.

우리는 비트겐슈타인이 한 말 속에서 이 이야기가 전하고자 하는 의미를 더욱 잘 이해할 수 있다. 그는 "종교에서 모든 차원의 신앙은 더 낮은 차원에서 보면 아무런 의미도 없는 듯하지만 모두 나름의 적절한 표현 형태를 가지고 있다."고 말한다. "더 높은 차원에서" 진리는 "여전히 더 낮은 차원에 있는 사람에게는 아무 쓸모가 없다. 그 사람은 오직 그것을 잘못 이해할 뿐이다." 가장 낮은 자세로 걷는 것, 수많은 사람들이 밟았던 그 길을 다시 가려는 시도는 이런 이야기들에 담긴 진실로 우리를 인도할 것이다. 학문적으로 다듬어진 것에 기댈 수는 없다. 그 진리는 더욱 낮은 곳에 있기 때문이다.

알베르게로 돌아오면서 길거리를 가득 메운 사람들이 즐겁게 노니는 모습들을 본다. 나도 그들과 어울리고 싶지만 어떻게 해야 할지 모르겠다. 또 내일 아침 일찍 떠나기 위해서는 지금 잠을 자야 한다. 2층에 올라가자 스페인인 순례자 한 쌍이 특별한 전통 축제 음식인 버섯요리를 먹으러 자신들과 함께 나가자고 조른다.

그들을 따라 길거리로 나서니 건물 정면에 있는 광장 오른편에 버섯을 요리하는 거대한 단지가 보인다. 우리는 줄을 서기 위해 건너편으로 간다. 한 시간쯤 기다리고 나서 커다란 버섯 하나와 작은 빵 한 조각, 포도주가 담긴 조그마한 종이컵 하나를 받았다! 정말 맛이 좋다. 하지만 한 시간씩이나 기다릴 줄 알았다면 나오지 않았을 걸. 2층으로 되돌아와서 멀리서 울려오는 음악과 노래 소리를 들으며 침낭 속으로 들어간다. 그 소리들은 내 잠을 방해하기에는 너무 멀리서 들린다.

11
너무나 살그머니 찾아오는 파괴
산토 도밍고 데 라 칼사다에서 벨로라도까지

읍내에서 나가는 길을 찾기란 좀처럼 쉽지 않다. 읍내에 있는 알베르게에서 묵을 때마다 떠나기 전날 저녁에 현재 위치를 잘 숙지해둔다. 왜냐하면 대개 이른 아침에는 거리에 사람들이 없어서 길을 물을 수 없을지도 모르기 때문이다. 읍내 거리는 언제나 헷갈린다. 그래서 어디로 가야 하는지 아는 데까지 한참 시간이 걸린다. 마침내 주택가를 지나 거대한 프란체스코 성당과 수도원을 통과한다. 지금은 비어있고 문이 잠긴 것처럼 보인다. 옛날에 라피가 발견했던 작은 성당 자리다. 이제 벨로라도로 가는 길이다!

몇 시간이 지나자 나보다 먼저 순례길에 올랐던 모든 사람들이 창조해낸 카미노라는 매우 특별한 공간이 그 안에 담긴 또 다른 진리의 모습을 드러낸다. 어둠 속에서 또 다른 빛을 본다. 이런 순간이 올 때마다 그것은 인생을 더욱 소중하고 의미 있게 만든다는 점에서 이미 알고 있는 어느 것보다 더욱 중요해 보인다. 카미노라는 특정한 공간 속으로 더 깊숙이 들어가면 갈

수록 그곳에 대한 깨달음의 울림은 더욱 커진다. 삶의 진실에 대해 더 많이 알게 되는 것이다.

때때로 순례의 발길은 신앙으로 가는 여행, 아니 오히려 신앙을 찾아 나서는 여행인 것처럼 보였다. 솔직히 말해서 나는 지금까지 스스로 신앙인이라고 부를 수 없는 사람임을 거듭 인정하지 않을 수 없다.

이러한 생각이 자꾸 되풀이되면서 또 다른 생각이 떠올랐다. 내가 여기에 있는 까닭은 바로 신앙인이 되기 위해서라는 생각. 그것이 바로 나를 이곳으로 이끈 근본 이유다. 카미노는 내가 죽기 전에 반드시 가야 할 곳으로 나를 데려다 줄 것이다. 그리고 죽기 전에 반드시 되어야 하는 사람, 신앙인으로 나를 만들어 줄 것이다. 오랜 세월 동안 내뱉은 모든 말들과 모든 '합당한' 행동들은 이제 모두 공허하고 생명이 없어 보인다. 그것들은 모두 가식에 불과했다. 내가 누릴 수 있는 시간이 얼마 남지 않은 지금에서야 비로소 신앙의 은총을 받게 될 곳에 다가선 것이다. 나는 그것을 언제나 머리로만 알고 있었지 진정으로 알지는 못했다. 나는 몸을 사용하는 영혼도 아니고 육신을 이겨내는 정신도 아니며 모든 감각을 제어하는 영적 자아도 아니다. 비트겐슈타인은 이것을 아주 잘 표현한다. 지식은 육체와 분리된 정신에서 나오지 않는다. 지식은 일종의 사회적 생산물이다. 그것은 '여러 가지 삶의 형태'에서 나온다. 이러한 삶의 형태들은 사람들이 일상적으로 하는 집단행동을 통해서 도달하는 의미에 의해서 형성된다. 이러한 행동은 현실적이고 육체적이며 역사적이다. 내가 카미노라는 공동체에서 겪고 있는 그런 종류의 행동들이 바로 그것이다.

내가 지향하는 신앙의 은총은 그야말로 그라티아 그라티스 다타 gratia gratis data, 감히 받을만한 가치조차 없는 사람에게도 기꺼이 주어지는 하느님의 감화이자 자유로운 영혼의 감동이다. 이것은 은총을 베푸는 자의 지극한 관용에서 나온다. 부모님은 내가 신앙생활을 어떻게 해야 하는지 그 모든 형태와 모범을 보여주셨다. 또 부모님과 마찬가지로 옛 순례자들은 내게 로사리오 기도를 남겼다. 이 기도는 그리스도의 신비를 내게 전해준다. 그리스도의 신비 안에서 나는 하느님의 가르침과 하느님의 사람들을 발견한다. 내게 필요한 것은 모두 거기에 있다. 내가 찾는 것도 모두 거기에 있다. 그러나 나는 언제나 대지에 발을 딛고 한 걸음 한 걸음 천천히 걸어왔기 때문에 이제야 비로소 그런 은총들을 움켜쥘 수 있는 곳에 오고 있는 것이다. 고통은 모든 헛된 환상들이나 감상주의를 제거한다. 기도의 숨결은 모든 허상의 지식을 지운다. 다시 한번, 카미노 순례를 시작하면서 맨 처음 깨달았던 생각이 떠오른다. 혼자 걷고 순례 기간 동안 책을 읽지 않기로 결심한 것은 매우 현명한 생각이었다.

나는 지금까지 살면서 여러 곳을 다녔다. 많은 나라를 여행했다. 그러나 이제 비로소 아주 특이한 발걸음에 대해서 알게 되었다. 하나밖에 없는 유일무이한 공간으로 나를 데려다주는 진정한 발걸음을 배운다. 내가 죽기 전에 한 번 더 내딛어야 하는 발걸음이 있는데 그것은 바로 신앙인이 되는 것이다. 내가 진정한 신앙인이 되는 순간이 바로 마지막 발걸음이 될 것이며 그것은 또한 첫 번째 걸음마이기도 하다. 신앙은 시작이기 때문이다. 신학적으로 신앙은 사람들이 삶을 시작하는 지점이다. 내 생명이 끝날 때 그 생명은 다시 시작한다. 카미노의 종착지에 닿을 때 카미노의 원천이며 나의 근원인 신앙도 완성된다.

오늘은 비가 많이 내린다. 벨로라도에 다가가자 커다란 마을 모습이 보이기 시작한다. 네다섯 시간씩이나 걸었는데 겨우 20킬로미터밖에 못왔다. 하지만 너무 지쳐서 더는 갈 수 없을 것 같다. 여기에도 알베르게가 있다. 비가 그쳤다. 어떤 사람이 읍내에 있는 한 건물을 가리킨다. 그곳은 교구 사무실처럼 보인다. 교구 신부인 듯한 한 남성이 인사를 하며 오늘 묵을 알베르게가 어디에 있는지 알려주고 열쇠를 넘겨준다. 몇 블록을 더 걸으며 방향을 몇 번 바꾸자 작은 성당 하나가 나온다. 방금 지나친 교구 성당보다 작았다. 주위는 매우 조용하다. 옆문은 성당의 부속회관처럼 보인다. 문을 열고 들여다보니 놀랍게도 한때 극장으로 쓰였던 곳이다. 천장이 다른 데보다 낮은 곳이 있었는데 그 위로 2층이 있었다. 침대들은 그곳에 있었다. 객석이 있었던 곳에는 큰 탁자와 의자들이 놓여 있다. 무대 위에는 싱크대와 가스레인지가 설치되어 있다. 무대 한쪽 끝에는 화장실과 따뜻한 물이 나오는 목욕탕이 있다.

배낭을 풀고 시장으로 향한다. 가게들이 문을 닫기 전에 필요한 식료품들을 사야 하는데 시간이 빠듯하다. 오늘은 정말 직접 요리해서 먹을 참이다! 햄 한 조각, 냉동 토마토와 완두콩, 통밀빵, 신선한 딸기와 요구르트. 진수성찬이다. 알베르게로 돌아와서 빨래를 하고 아직 해가 떴을 때 따뜻한 햇볕에 말릴 수 있는 것은 모두 말린다. 신발과 옷가지들은 오늘 모두 마를 것이다. 따뜻한 물로 몸을 씻으니 기분이 좋다. 햄과 채소들을 익혀서 먹는 저녁밥은 아주 맛있다. 교구에서 순례자들을 위해 마련해 준 이 알베르게는 다른 곳과 비교할 때 매우 특별나고 매력적인 숙소다. 이런 건물들의 문지방을 넘어서는 경험은 시골 산길을 걷는 것과는 또 다른 맛을 준다. 그것은 언제나 새롭고 예측할 수 없는 경험이다. 산토 도밍고 데 라 칼사다에서는 순례자들에 대한 우애를 그 지역의 수호성인을 기리는 전통 속에서 아름답게 전해주었다. 그러나 이곳 주민들은 그들 나름의 방식으로 순례자들을 환대한다. 이렇게 오래된 건물을 파격적으로 개조하여 이곳을 찾는 순례자들로 하여금 멋진 경험을 할 수 있게 해준다.

문 옆에 있는 상자 안에 고무도장이 있다. 여기서는 순례자들이 자기 증명서에 스스로 도장을 찍는다. 문에 안내문이 붙어 있다. "아침에 가장 늦게 떠나는 사람은 문을 잠그고 문 앞에 있는 우편함에 열쇠를 넣어주세요." 의자 하나를 밖으로 들고 나가 앉아서 일광욕을 한다. 새로 도착하는 스페인 순례자 3명을 보고 가볍게 인사한다. 그들 가운데 한 남자는 바르셀로나에서 대체의학을 하는 사람이다. 거대한 뭉게구름이 하늘을 가로질러 움직이며 대기의 아름다움을 끝없이 이야기한다.

지금은 노천카페에 앉아서 커피를 마시기에 딱 좋은 오후다. 하지만 카미노를 따라 오면서 그런 곳은 아직 보지 못했다. 아마도 그런 카페들은 대도시에나 있을 테지만 그런 대도시는 그냥 지나쳐 버렸기에 노천카페들을 발견할 수 없었는지도 모른다. 자리에서 일어나 '도심' 쪽으로 몇 블록 걸어가자 미각의 즐거움에 빠질 수 있는 간이주점이 한 곳 보인다. 몇몇 순례자들이 거기서 초콜릿을 먹고 있다. 가게를 갈 때마다 가장 먹고 싶은 것이 초콜릿이었다. 하지만 지금은 커피만 마시는 게 더 낫다…… 초콜릿을 먹으면 그 달콤함에 미각이 무뎌져서 커피 맛을 못 느끼게 만들지도 모르기 때문이다.

간이주점 안에는 언제나 나이든 사람들이 젊은 사람들보다 많이 있다. 카미노를 순례하는 사람들의 구성도 마찬가지다. 주점 안에 있는 남자들은 술을 마시기보다는 카드놀이 같은 게임에 더 빠져 있다. 탁자 위에는 카드놀이를 위해 임시로 녹색 펠트 커버를 깔아놓았다. 주점들은 대개 사람들로 북적거린다. 나헤라에서 본 주점의 경우는 예외였다. 주점 안에 있는 남자들의 행동이나 말투로 봐서 모두 매우 즐거운 시간을 보내고 있는 듯하다. 실내 분위기는 조용하고 따뜻하며 자연스럽고 즐겁다. 비록 이곳에 아는 사람이 하나도 없지만 그냥 이렇게 가만히 있어도 기분이 좋다. 가끔씩 여자들이 짝을 지어 주점에 오기도 한다. 그들은 대개는 술이나 커피 한 잔 마실 정도만 있다가 나간다. 방금 들어온 젊은 여성들은 직장 여성들처럼 보인다. 부엌이 아니라 사무실에서 나온 듯한 차림새로 보아 아마도 '전문직'에 종사하는 여성들인 것 같다. 그들은 매우 독립적이고 자유로워 보인다. 그러나 주점에 가본 적도 별로 없고 일정치도 않은 내가 주점의 분위기를 두고 이러쿵저러쿵 일반화하기에는 무리가 있다. 비록 그렇기는 하지만 여기 있는 남성들의 아내들은 지금 어디에 있을까? 그 아내들은 어디서 자기 친구들과 만날까? 그들이 모일 수 있는 어떤 특별한 '클럽'이 있을까? 예전에 공원 의자에 앉아서 햇볕을 즐기며 앉아있는 여성들을 본 적이 있다. 그러나 그런 여성들은 아주 적다. 아, 그만 생각하자 …… 나는 대중 사회학자가 아니다. 알베르게 앞에서 일광욕이나 하는 게 낫겠다. 오늘은 오전 내내 비를 맞았으니 이제 스페인의 밝은 햇빛을 온몸 깊숙이 흠뻑 뒤집어쓰자.

　잠깐 동안 읍내를 걸으면서 가죽 제품들을 판다는 광고물들을 여러 개 봤다. 이 근처에 그런 제품들을 만드는 작은 가게나 공장들이 있는 것 같다. 이곳이 그런 제품을 만드는 중심지일지도 모른다. 전에 뉴스페인(스페인이 정복한 중앙아메리카를 말함 - 옮긴이)의 경제에 대해 읽은 것이 기억난다. 1535년 무렵, 스페인 부자들은 소와 양을 기르는 사람들이었다. 그러나 정육사업은 목장 가까이에 대도시가 없으면 별로 수익을 내지 못했다. 따라서 소와 양을 길러서 얻는 수입은 주로 그들의 가죽과 기름에서 나왔다. 소와 양의 기름은 양초나 선박 방수제를 만드는 재료로 쓰였다. 도살된 쇠고기는 대개 그냥 들판에 버리고 썩게 내버려 두었다. 한편, 소들이 내뿜는 가스와 과도한 방목은 토양을 황폐화시켰고 오늘날까지도 계속되고 있다. 침략자 스페인 사람들에게 중앙아메리카의 금은 탐욕의 대상이었을지 몰라도 중앙아메리카 고원의 아즈텍인들에게 소는 그다지 쓸모 있는 가축이 아니었다.

　알베르게로 가는 길에 골목을 돌아서다 팜플로나에서 한번 본 적이 있는 신발을 수선하는 가게, 사파테리아 zapatería 가 눈에 들어온다. 그냥 지나치려다 무언가가 잡아끄는 느낌에 걸음을 멈춘다. 되돌아서서 다시 한번 이 초라하고 어느 구석에 붙었는지 모를 가게 정면에 붙은 작고 지저분한 창문을 통해 안을 들여다본다. 창문 안으로는 새로 만든 듯한 신발들이 보인다. 그리고 한 구석에 '주문 제작한 신발'이라는 자그마한 안내문이 붙어 있다. 밖에서 보면 그 안내문이 의미하는 것을 상상하기 힘들 정도로 가게는 너무 작고 초라하다. 얼른 들어가서 궁금증을 풀지 않고 뭐해?

문을 열고 가게 안으로 들어간다. 선반에는 새 신발들이 더 많이 진열되어 있다. 그러나 신발을 넣는 상자는 보이지 않는다. 남성용, 여성용, 여러 종류의 신발들이 있다. 가게 뒤편에서는 남자 두 사람이 일하고 있다. 계산대로 걸어가니 두 사람 가운데 좀더 나이가 어린 아마 내 또래 정도 되어 보이는 한 남성이 기다렸다는 듯이 내게 다가온다. 무슨 말을 해야 할지 머뭇거리다 "여기서 구두를 직접 만드시나요?" 하고 의심쩍게 물었다. 그는 "네." 하고 지체 없이 대답했다. "실례의 말씀일지 모르지만 혹시 당신이 죽은 뒤에 이 일을 계속하기 위해 지금 일을 배우고 있는 젊은 사람이 있나요?"라고 다시 물었다.

바로 그때, 잘 차려입은 중년 여성이 가게 문을 열고 들어온다. 가게 주인은 나와 그 여인을 번갈아 보더니 내게 잠깐 기다리라고 한다. 그 여인은 수리하기 위해 맡겼던 신발을 찾으러온 단골고객이 분명하다. 그녀는 돈을 지불하고 곧바로 자리를 떴다. 주인은 돌아와서 말문을 열었다.

가게 뒤편에서 기계를 돌리며 조용히 일하고 있는 더 나이든 남자는 자기 아버지며 자신은 아버지에게 신발 만드는 일을 배왔다고 한다. 그는 전기로 움직이는 작은 기계가 3대 있는데 신발 만드는 시간을 줄여서 제작 단가를 낮춤으로써 공장에서 만든 제품들과 경쟁할 수 있도록 하기 위해 몇 년 전에 설치한 것이라고 한다. 그런 기계를 사용하는 것은 가게를 운영하기 위한 어쩔 수 없는 한 방편인 것처럼 보인다. 이 가게의 장인은 여전히 장인으로 남아 있으며 그가 사용하는 작은 기계는 그의 팔과 손을 보조하는 장치이며 장인의 통제가 가능한 하나의 도구일 뿐이다. 그것은 망치나 칼과 비슷한 것이다. 그러나 그들 사이의 유사성과 차이점은 좀더 주의 깊게 살펴보아야 할 것이다.

내가 조금 전에 물었던 질문에 대해서는 없다고 한다. 지금 아무도 신발 만드는 기술을 배우는 사람은 없다고 했다. 그는 어쩌면 이 읍에서 신발을 만들 줄 아는 마지막 사람이 될지도 모른다.

자식들이 있는지 물었다. 두 명이 있다고 한다. "자식들은 어디 있지요?" "대학에 다녀요." 너무 까다로운 질문을 하려는 것은 아닌지 하는 걱정이 들어서 괜한 것을 따져 묻는다는 인상을 주지 않기 위해 최대한 부드럽게 물어보기로 했다. 자식들에게 가업을 잇도록 권유는 해보았는지 물었다. "음 …… 안 했어요." 그의 대답 속에 어떤 곤혹스러움과 막연함이 있음을 느낄 수 있었다. 그도 여느 사람들과 마찬가지로 대학은 무조건 좋은 것이라는 우리 시대의 전통적인 생각에 사로잡혀 있는 것이 분명하다. 자식들이 대학에 들어간 것은 자기 가문에서는 처음 있는 일이며 집안의 경사다. 이것은 오늘날 주변에서 흔히 볼 수 있는 정해진 각본이다.

그러나 그는 대학에 대해서 아무 것도 알지 못하며 아무 경험도 없다. 거기서 무슨 일이 일어나는지, 심지어 자식들이 대학을 졸업하고 나면 어떻게 될 건지 전혀 알지 못한다. 또 지금 직장에 취직하는 것이 얼마나 어려운 일인지 어떤 이해도 없었다. 평생 한 번도 다른 데 취직해본 적이 없기 때문이다. 합리적이고 관료주의적이지만 상사나 사장의 사적 목적이나 야망에 따라 기이하게 해석되는 규칙들을 준수하며 일한다는 것이 무엇인지 전혀 모른다. 더욱이나 현재 노동 시장의 문제들이나 노동가치론에 대한 논쟁들에 대해서는 관심도 없다. 자신이 대대로 이어온 노동과 삶은 진정한 공동체의 토양에 단단히 뿌리박고 있기 때문이다. 그러나 그 구둣방 주인은 모든 스페인 국민들처럼 오늘날 더 높은 수준의 고등교육을 받는 것이 당연하고 바람직한 일이라는 환상에 사로잡혀 있었다.

그는 자기가 타고난 기술들이 삶의 한 방식이며 하나의 인간 공동체를 완성시키는 데 없어서는 안 될 옛 전통의 핵심요소 가운데 하나라는 생각은 전혀 하고 있지 않은 듯하다. 공동체를 위해 그가 제공하는 훌륭한 노동력과 생산물을 감안할 때 이곳에서 그가 차지해야 할 자리는 당연히 영예롭고 존경받는 자리여야 한다. 그러나 그는 자기가 속해 있는 이 세계와 오직 추상적이고 불명료한 목표를 좇아 앞만 보고 미친 듯이 질주하는 또 한 명의 경쟁자만을 양산하는 관료화된 조직의 세계를 명확하게 구분해낼 줄 모른다.

그는 자신이 오늘날 산업과 기술이 지배하는 세계 앞에 당당하게 설 수 있는 존재라고 보지 않는다. 현대의 산업사회는 아무도 진정으로 무언가를 만들지 못하고, 개인과 공동체의 고유한 특성들을 무참히 파괴한다. 그는 사람들 앞에서 이렇게 말할 수 있어야 한다. "나는 장인이다. 누구보다 신발을 잘 만드는 명장이다. 내 옷과 손을 보라. 나는 동물의 가죽으로 이웃과 관광객들이 요구하는 신발을 멋지게 만들어낼 수 있다. 내가 만드는 신발들은 하나같이 정말 색다르다. 신발을 만들 때 어느 것도 똑같이 만들지 않기 때문이다. 내 앞에 서는 사람마다 발에서 느껴지는 감촉과 모양이 모두 다르기 때문에 거기에 딱 맞는 신발을 만들어야 한다. 비록 기계로도 사람들의 모든 발 치수에 맞게 신발을 찍어낼 수 있지만 기계는 그 신발을 신을 사람이 누군지 전혀 알 수 없으며 공동체 안에서 그 사람이 어디에 있는지는 더더군다나 알 수 없다. 그것은 몇 세대에 걸쳐 친근한 관계를 유지해야만 알 수 있는 것이다. 따라서 신발을 신을 사람에게 가장 알맞은 신발을 만드는 일을 기계가 할 수 없다는 것은 자명한 일이다.

더 나아가 나는 이 작은 가게의 주인이며, 나에게 주어진 시간과 노동, 내가 지닌 모든 기술의 지배자이다 …… 그리고 내 삶의 주인이다."

구둣방 주인의 자식들이 아무리 높은 지위에 오르고, 큰 성공을 거둔다고 해도 그들이 한 공동체 안에서 자신의 성과와 자리를 어떻게 특징화할 것인가? 그 자식들은 과연 아버지와 같은 자리에 도달할 수 있을까? 그들은 아버지처럼 그런 존경을 받으며 우뚝 설 수 있을까? 이런 문제를 제기하기에는 너무 늦은 걸까? 아니면 이런 질문들 자체가 아예 의미 없는 것은 아닐까?

 구둣방 주인은 여러 가지 신발들을 들어올리면서 그것들 나름의 특징을 설명하고 자신이 그것들을 어떻게 만들었는지 얘기한다. 그것들은 장인의 각별한 보살핌과 애정 속에서 만들어졌다. 그 신발들은 정말로 한 인간의 손에서 놀랍게 탄생된 아름다운 존재들이다. 그것은 내가 얼마나 간절히 원하던 신발인가. 나만을 위해 만들어진 신발을 가지기를 얼마나 바랐던가. 어쩌면 그는 내게 딱 맞는 신발을 벌써 머리 속으로 생각하고 있을지도 모른다. 내가 지금 신고 있는 기계로 만든 싸구려 비닐 제품의 샌들을 내려다본다. 그는 아마도 내가 신은 쓰레기 같은 신발을 보고 속으로 혀를 차고 있을지도 모른다.

 구둣방 주인은 자기 나라와 동네의 경제 상황이 나빠지고 있는 것에 대해 걱정한다. 밖에 나가면 하루 종일 할 일 없이 거리를 배회하는 많은 청년들을 볼 수 있다. 그들을 위한 충분한 일거리가 없는 것이다. 한때 정부가 이곳에 젊은이들이 신발을 만드는 기술을 배울 수 있는 학교를 세울 거라는 소문이 돌았다. 그러면 그 청년들을 고용할 공장도 세워질 것이다. 그러나 그런 일은 일어나지 않았다. 분명히 정부의 계획에 무슨 문제가 생긴 것이다.

 오늘날 스페인의 경제 문제는 1492년에서 비롯되었다고 믿는 사람들이 있다. 그해에 그동안 경제 활동에 아무 제약도 받지 않고 스페인 경제에서 중요한 역할을 담당했던 유대인들이 국외로 추방되었다. 페르디난드와 이사벨라 정부의 이러한 조치는 카스티야 왕국이 탄생하기도 전에 이미 그 운명을 결정하는 요인이 되었다. 당시에 카스티야에서는 귀족이 되고자하는 광적인 열망이 있었다. 스페인의 신사계층에서 군인은 가장 높은 직업이었고 성직자, 법률가가 그 뒤를 이었다. 법률가들이 하는 주된 활동은 더 높은 자리로 올라가기 위해 왕실 주변을 어슬렁거리는 일이었다. 돈을 버는 사업은 존경받지 못하는 일이었다. 내가 오늘 여기서 본 최고의 수공예 기술은 지금까지 스페인이나 그 밖의 다른 곳에서도 그에 합당한 대우나 존경을 받지 못했다.

바로 이 문제가 정부의 개입보다 더 복잡하고 중요한 문제라는 것을 이 구둣방 주인은 알지 못한다. 우리가 문제의 본질을 파악하기 위해서는 그 사회를 구성하고 있는 개념들과 믿음체계, 관습적 행위를 먼저 알아야 한다. 일은 무엇인가? 존경받는 일은 무엇인가? 일은 이 특정한 공동체를 어떻게 세우는가? 또는 어떻게 파괴하는가? 아마도 …… 정부는 직업훈련학교를 세울 수도 있었을 것이다. 그리고 공장도 새로 건설할 수 있었을 것이다. 그리고 이 읍의 모든 젊은이들에게 일자리를 줬을 수도 있다. 그러나 그 세상은 지금 이 가게에 있는 두 남자 가운데 한 사람의 세계, 즉 일하는 사람에게 고귀함을 주고 공동체를 풍요롭게 만드는 세상과는 전혀 다를 것이다.

이 구둣방 주인의 아버지와 자신, 그리고 자기 자식들은 각자 전통의 혼란에 빠져 있다. 나는 이러한 혼란도 곧 끝날까봐 두렵다. 구둣방 주인은 본능적으로 자신이 좋은 일을 하고 있음을 안다. 그가 일하는 방식은 자기에게 좋은 삶을 주며 그가 만들어낸 생산물은 자기 마을 사람들에게 기품을 준다는 사실을 안다. 그러나 이 모든 것이 이제 끝나가고 있다. 이 지역 공동체의 삶을 아름답게 유지하며 수세기 동안 이어 내려온 전통은 구둣방 주인의 자식들이 멀리 떠나감으로써 곧 붕괴되고 영원히 사라질 것이다. 어떤 정부도 그것을 복구할 수 없다. 신세계는 그의 자식들을 유혹한다. 그리고 그들은 아마도 지금쯤 그 유혹에 넘어가고 있을지도 모른다.

그들은 기껏해야 자신들이 하드웨어와 소프트웨어로 구성된 기계의 부속물밖에 될 수 없다는 것을 알지 못한다. 기계가 정교하면 할수록 그들은 기계에 더욱 더 종속되고 기계의 명령에 따라 움직이고 조작될 것이다. 그들은 이제 어느 한 기업이나 사업체가 아니라 전 세계의 기계, 시장, 금융거래, 탐욕스러운 도박꾼들이 복잡하게 어우러진 복합체에 고용되어 생활하는 것에서 결코 벗어날 수 없을 것이다.

가게 안을 이리저리 둘러본다. 이 안에 있는 어떤 것도 인간미 없는 현대식 상점처럼 모든 것이 표준화되거나 규격화되어 있지 않다. 여러 가지 종류의 가죽들을 손가락으로 쓰다듬으며 만져본다. 전에는 이렇게 많은 종류의 가죽이 있는 줄 몰랐다. 몇몇 신발들을 집어 들고 자세히 살펴본다. 이 얼마나 고귀한 물건들인가! 나는 지금 이 기품 있는 예술가, 이 위대한 장인을 바라보고 있다. 우리는 서로 마주보며 악수를 나눈다. 더 머무르고 싶지만 가야 한다. 그는 다시 자기의 일터로 돌아가야 한다. 우리의 삶은 그렇게 잠깐 만났다 헤어지는 것이다. 그에게 감사의 인사를 하고 돌아서서 어정쩡하게 가게 문을 나선다. 그에게 내가 무슨 말을 할 수 있을까? 그의 재능과 독립심에 경의를 표할까?

그런 삶들이 아직도 존재하는 공동체에 대해 감탄할까? 그러한 전통이 아직도 이어지고 있는 이 나라의 풍요로움에 대해 이야기할까? 그러나 이런 것들은 모두 진실이 아니다. 언젠가 정부가 찾아와서 자신들이 저지른 일이 무엇을 의미했는지 확인할지도 모를 일이다. 내가 그리는 그림은 이미 옛날 일이며 끝난 일이다. 고용, 실행 가능한 산업, 경제 성장을 창출하는 여러 가지 정부 계획들은 지금 이곳의 세계를 완전히 파괴할 것이다. 그래서 이곳에서의 하루하루가 더욱 더 추억으로 남을 것이며 오직 꿈속에서나 볼 수 있는 모습이 될 것이다. 그래도 어쨌든 구둣방 주인에게 말을 남겨야 한다면 이렇게 말하리라. 당신을 얼마나 존경하는지 모릅니다! 당신에게 어떻게 경의를 표하리오! 당신의 나라가 당신을 잃지 않기를 바랍니다!

생장피드포르에 도착했던 화요일부터 날마다 나는 하느님이 창조한 자연 속을 걸었다. 자연 그대로 남겨진 세상의 아름다움도 보았고, 결과가 좋든 나쁘든 신이 창조한 세상을 어떻게든 바꾸려고 애쓴 흔적들도 보았다. 나는 오직 잠자고 먹을 때만 빼고 인공의 세계에서 벗어나 '저 밖에' 남으려고 했다. 수많은 박물관과 성당, 수도원들은 되도록 피하려고 애썼다. 어쩌면 이런 노력과 원칙 덕분에 매우 평범하고 허름한 가게를 지나가다가도 무언가 눈에 띄면 그 자리에 서서 맑은 눈으로 그것들을 들여다 볼 수 있게 되었는지도 모른다. 그래서 그 안에 들어서면 숭고하고 고결한 삶의 방식들이 보였다. 예전에 그런 것들을 보았다한들 지금처럼 이렇게 간명하게 이해할 수 있었을까? 이제 어떤 것의 내용과 형식을 볼 때면 그것이 얼마나 섬세하고 또 얼마나 귀한 것인지 이해할 줄 안다. 그런 전통들이 아직도 살아남은 세상들이 있을까? 그러한 삶과 공동체들을 다시 살려 낼 수 있을까? 오늘밤 저녁기도는 특별히 감사한 마음으로 드릴 것이다.

지금까지 살면서 커다란 슬픔을 느낀 적은 여러 번 있지만 지금과 같은 느낌은 처음이다. 너무도 살그머니 다가오는 파괴는 이제 더 이상 피할 수 없을 것처럼 보인다. 매력적인 이미지들이 사람들의 마음을 끌고 환상에 사로잡히게 한다. 늙은이들은 죽고 젊은이들은 멀리 떠나간다. 지금 무슨 일이 일어나고 있는지 정확하게 볼 수 있는 통찰력을 지닌 사람은 이제 아무도 없는 듯하다. 영감을 받아 강력하게 반대할 사람은 아무도 없다. 반역을 일으킬 용기를 가진 사람도 없다. 인간의 가능성, 세속의 선함과 아름다움은 이제 그 모습을 감춘다.

어느새 알베르게로 돌아왔다. 스페인인 순례자들도 의자들을 밖으로 내놓고 일광욕을 하고 있다. 나는 그들에게 그 구둣방 주인에 대한 얘기를 꺼냈다. 모두 그 가게를 지나쳤지만 아무도 그 가게가 거기에 있는지 몰랐다. 그 중 한 사람이 자기가 어렸을 때 자기 마을에 신발을 만드는 사람들이 있었다고 말한다. 그러나 그들은 모두 오래 전에 사라졌다고 한다. 지금은 분명치는 않지만 매우 낮은 신분의 신발 수선공으로 남아 있을 뿐이다.

그런데 얘기하는 도중에 갑자기 그들의 관심을 사로잡는 것이 나타났다. 그들은 내게 성당의 탑 꼭대기를 가리킨다. 저게 뭐지? 나뭇가지와 잎들이 아무렇게나 쌓여진 뭉치가 그곳에 불안하게 매달려 있었다. 아니 얹혀져 있다. 황새 둥지라고 한다. 평생 처음 보는 것이다. 어미 황새만 보이고 새끼들은 둥지 안에 가려져 있다. 이 지역 사람들은 가끔씩 카메라를 들고 새들을 관찰하러 왔다가 새끼들을 어렴풋이 보는 때도 있다고 한다. 나는 예전에 한 번도 황새를 생각해 본 적이 없다. 아예 황새가 존재한다고 믿지도 않았던 것 같다. 그저 아기 출산 파티에 초대하거나 아기 탄생의 기원과 관련된 이야기들(옛날 유럽에서는 황새가 아기를 부모에게 데려다 준다고 생각했음 - 옮긴이)에 나오는 정도로만 이해했을 뿐이다. 어떻게 아기와 황새 사이에 관계가 시작되었는지 궁금하다. 황새와 관련된 또 다른 이야기들도 많이 있다고 한다. 그것은 황새가 둥지를 짓는 신기한 방법과 관련된 것들인 듯싶다. 그런 새는 그것과 관련해서 흥미로운 역사들이 많이 있기 마련이다.

　잠자리에 들 때 좀 피곤했지만 그것보다는 밀려오는 슬픔 때문에 몸이 더욱 무기력해진 것 같다. 그렇지만 오늘 그 가게를 발견하고 구둣방 주인을 만나서 아주 짧은 시간이나마 선함과 아름다움에 대해 생각하고 일과 공동체에 대한 가능성을 통찰할 수 있었던 것은 정말 고마운 일이었다. 오늘 일은 기분도 무척 좋고 운도 좋았다. 지금의 나는 오늘 아침 산토 도밍고 데 라 칼사다를 떠났을 때의 내가 아니다. 카미노는 오늘 또 다시 나를 새롭고 신기한 곳, 벨로라도로 데리고 갔다. 나는 그 구둣방을 잊을 수 있을까? 다시 그곳을 볼 수 있을까? 그곳은 이미 존재하지 않는 것은 아닐까? 오늘날 스페인에서 노동을 품격 있게 만들고 공동체를 견고하게 지켜낼 수 있는 전통 공예를 전승하는 젊은 남녀들이 있는가? 자신들이 속한 공동체들을 진정으로 지속할 수 있는 그런 영감과 평생의 헌신, 기예와 근면함을 지닌 장인들이 모두 세상을 떠난다면 이 나라는 과연 어떤 나라가 될까? 제2의 벨라스케스, 고야, 부뉴엘, 피카소가 탄생할 수 있을까? 전통을 간직한 공동체(나라)의 삶을 예술적으로 표현하는 것만큼 그 공동체 사람들에게 더 소중한 것은 없을 것이다.

12
그들의 죽음은 헛되었다
벨로라도에서 산 후안 데 오르테가까지

오늘은 쌀쌀하고 구름이 꼈지만 아직 비는 내리지 않는다. 많은 언덕과 숲들 — 그것들을 산이라고 부르는 사람들도 있을지 모르겠다. 내리막길을 내려가다 보니 근처에 폐허가 있다. 5세기에서 7세기 사이에 번성했던 산 펠릭스 수도원의 잔해라고 한다. 그 시기는 로마인들이 떠나고 아직 무어족들이 침입해 오기 전인 서고트 시대 중반이었다. 이 건축물은 지금까지 본 것들 가운데 가장 오래된 것이다. 아주 오래전에 사람들은 돌들을 다듬어서 이곳으로 옮기고 하나씩 쌓아서 주거지를 만들고 노동과 기도의 장소를 창조했다. 얼마나 많은 수도원과 수녀원, 성당들이 여기 스페인에 건설되었는가! 오늘날도 짓고 있는 성당이 있다는 소리가 들리기도 하지만 수도원이나 수녀원을 짓는다는 얘기는 들은 적이 없다. 지금까지 카미노를 걸으면서 본 수도원이나 수녀원들은 모두 여기처럼 폐허인 채로 비어 있거나 그저 상징적인 존재로만 남아 있을 뿐이다.

그러나 내가 본 것은 카미노의 아주 작은 일부분이다. 내가 가보지 않은 다른 곳은 이곳과 아주 다른 모습일 수도 있다. 하지만 오늘날 스페인에 청빈한 수도 생활이 아직도 남아있는 곳이 있을까? 2차 세계대전이 끝난 뒤 미국에서 그랬던 것처럼 스페인에서도 스페인내전이 끝난 뒤 수많은 사람들이 수도원으로 들어갔을까? 이 나라에 대해서 더 많이 알고 싶다!

한참동안 숲 속을 걷는다. 천천히 침묵 속에서 숲 속의 나무들이 나를 받아들이고 맞이하는 느낌이 든다. 나무들 사이로, 하나의 피조물에서 또 다른 피조물 사이로 움직인다. 이 숲은 무엇을 의미할까? 우주 그 자체를 상징하는 것은 아닐까? 아직까지 상징을 조작하는 인간의 손때가 묻지는 않았을까? 세상은 단순하다. 그 안에 어떤 표시도 하지 않는다. 그냥 충분히 느낄 수만 있다면 그 세계 속으로 바로 들어갈 수 있다. 르네상스 시대에 인간이 만든 물질들 가운데 제1질료는 나무가 아니라 천이었다. 그러다 산업혁명 시대에 이르러서는 철이 그 뒤를 이었다. 그러면 오늘날은? 나는 이 나무들과 얼마나 멀어져 있는가! 로빈훗과 같은 영웅적 무법자들이 머무는 곳, 헨리 소로우와 같은 철학자들이 은거하는 곳, 신성과 세속이 함께 공존하고 어둠과 빛의 영역이 서로 교차하는 곳이 바로 숲이다.

숲으로 난 길은 산꼭대기까지 이어진 듯하다. 근처에 외딴 산림 도로가 달리고 있다. 정상에 오르니 아주 평범하게 생긴 기념비 하나가 있다. 사람들 눈에도 잘 띄지 않을 정도로 작은 크기다. 자세히 들여다보니, 끔찍한 스페인내전(1936~39년)으로 희생된 …… 로스 카이도스(los caídos 전몰자)를 기리기 위해 1936년 세워졌다. 비문에는 "그들의 죽음은 헛되지 않았다. 하지만 그들의 살인 행위는 헛된 짓이었다"라고 씌어 있다. 그 비석은 카미노를 걷는 사람들을 빼고는 모든 사람들의 뇌리에서 잊혀지고 이제는 찾는 사람도 별로 없는 듯하다. 벌목꾼들 말고는 거의 모두가 근처에 있는 도로를 이용할 것이다. 내 발밑 50미터 아래로 새로 난 간선도로가 산을 가로지르고 있다. 무슨 일이 일어났을지 분명하지 않은가. 효율성이라는 합리적 기준에 따라 건설된 새 도로는 또 다른 시대의 증언을 멀리 뒤로 하고 떠났으며 스페인과 세상을 다르게 바라볼 수 있는 시각을 잃어버렸다.

 이것은 한 외국인이 어둠과 수수께끼로 가득 찬 갈등인 스페인내전을 직접 대면하면서 맨 먼저 떠오른 생각이다. 그러나 분명히 해야 할 것이 한 가지 있다. 오늘날 그 비문은 진실을 반영하기 위해 거꾸로 씌어져야 한다. 그들의 죽음은, 헛되었다. …… 오늘날의 스페인 민중의 삶을 만드는 데 기여한 사람들과 사건들은 그들이 서로를 죽이면서까지 지키려고 애썼던 대의들이 역사적으로 헛된 것이었음을 증명했다. 아메리코 카스트로(Americo Castro 1925년에 출간한 『세르반테스의 사상』이란 유명한 책의 저자 - 옮긴이)의 주장에 따르면 그 대의들은 역사적일 수 없다. 즉, 세르반테스의 작품처럼 오랜 시간이 흘러도 지속될 수 있는 그런 것이 아니라는 말이다. 한편 당시에 자행된 그들의 살인 행위는 필연적인 과정이었다 …… 국민들로 하여금 극단적으로 행동할 수밖에 없게 만든 증오와 광기어린 열정은 결국 같은 동포들끼리 총을 겨누는 상황으로 치닫고 말았다. 양쪽이 저지른 잔학한 행위들은 정말 끔찍했다. 사람들은 종교 전쟁 때와 같은 광기로 가득 차서 서로를 죽였다. 우리는 고야가 그린 〈변덕〉(Los Caprichos 고야가 1797년부터 그리기 시작한 동판화 연작 - 옮긴이), 우나무노의 고뇌, 오르테가 이 가셋의 비애, 부뉴엘이 만든 영화들에서 스페인의 슬픈 과거들과 끊임없이 싸우고 있는 그들 한 사람 한 사람의 끔찍한 기록들을 본다. 비록 그들은 서로 정반대되는 이상들을 위해 싸웠지만 사실 그 밑바탕에는 하나의 동일한 이데올로기가 꿈틀거리고 있었다. 그것은 부정한 신들을 믿고 있는 사람들의 나라를 정화하겠다는 생각이었다.

스페인 역사를 통틀어, 가톨릭 성직자들이 유대인들과 지적인 논쟁을 벌일 수 있게 만든 책의 저자이며 스페인 정부를 처음으로 지지한 세비야의 대주교 성 이시도르 시대(570~636년) 이래로, 국가가 '공인한' 신앙을 따르지 않는 사람들은 언제나 박해를 받고 죽임을 당하거나 다른 나라로 추방되었다. (〈이교도, 유대인, 분파주의자들에 관하여〉에 나오는) 기독교인들이 아닌 다른 집단들의 행위를 규제하는 율법들은 적어도 서고트 왕국의 레카레도 왕 시대(586~601년)까지 거슬러 올라갈 수 있다. 서구 기독교에서 이러한 자세를 취하기 시작한 것은 콘스탄틴 황제가 기독교를 로마 제국의 국교로 인정한 밀라노 칙령(313년)을 발표한 때부터였다. 유럽 역사에서 처음으로 시민권은 자신이 믿는 신앙에 따라 제약을 받게 되었다. 유럽 각국은 나라마다 이 정책을 서로 다르게 해석하고 적용했다. 이 정책을 강압적으로 실시하는 곳에서 유대인들과 이교도들은 시련을 겪어야 하는 첫 번째 집단이었다. 흥미롭게도 고대 이래로 유대인들이 가장 안전하게 지낼 수 있었던 몇 안 되는 유럽 도시들 가운데 하나가 로마였다. 스페인에서는 이슬람의 정복(711년)을 경험한 이후로 유대인과 이교도들뿐 아니라 이슬람교도(불신자)까지 신앙의 자유를 박탈당하고 탄압받게 되었다. 그러나 시대에 따라 지역마다 매우 다르게 적용되었다.

서고트 시대부터 지금까지 이러한 정책에서 볼 수 있는 일관된 형태는 부정한 신앙을 지닌 사람들에 대한 관용과 증오의 정책을 어떻게 실시하느냐는 대부분 종교 지도자들의 태도에 달렸다는 사실이다. 이를테면 1085년 알폰소 6세는 톨레도를 수복하고 나서도 무어족들이 그들의 사원을 그대로 유지하고 사용할 수 있도록 허락했다. 그러나 알폰소 6세가 톨레도를 떠나자 그곳의 대주교는 무어족들을 내쫓고 이슬람 사원을 기독교 성당으로 바꾸었다. 또 알폰소 10세(1252~1284년)는 유대인들을 보호하려고 했지만 성직자들은 유대인들에게 반감을 지닌 기독교인들을 자극했다. 1391년, 페르난 마르티네스의 증오에 찬 설교는 세비야에 있는 유대인들을 미친 듯이 공격하도록 선동했고 이러한 광기는 스페인 전역으로 퍼져나갔다. 포르투갈과 이슬람 국가인 그라나다에 있는 유대인들만이 목숨을 보전할 수 있었다. 일부 사람들은 1391년이 스페인에서 유대교인들이 완전히 자취를 감춘 때라고 말한다. 그 이후로 유대인들은 목숨을 부지하기 위해 침례교를 택했다. 1411년, 그 당시 스페인에서 가장 널리 알려진 설교자였던 성 빈첸시오 페레리오는 유대인들이 아직도 스페인을 위협하고 있다고 믿었고 이것은 다시 기독교인들로 하여금 유대인들에 대한 증오를 불러일으키는 계기가 되었다.

  1492년 1월 2일, 그라나다가 멸망하자 이사벨라 여왕의 고해 수사이자 유대교에서 개종한 에르난도 데 탈라베라가 대주교로 임명되었다. 그 뒤 8년 동안 지속된 무어족들을 존중하는 그의 유화 정책은 개종자를 한 사람도 만들지 않았다. 그러나 당시에 가장 강성 인물들 가운데 한 사람인 엑시메네스 데 시스네로스 추기경이 대주교로 임명되자 그는 무어족들과 맺은 평화 협정을 파기하고 강제로 개종을 시키려고 했다. 피의 전쟁이 뒤따른 것은 당연한 수순이었다.

  최근 1988년, 추기경의 편지는 성 야고보가 특히 '국토회복운동' 과정에서 스페인의 가톨릭을 지켜냈다고 말한다. 이 운동은 강력한 '신비주의적' — 종교적 함의를 내포하면서 718년 콘바돈가 전투에서 시작해서 1492년 그라나다의 탈환으로 끝난 스페인 수복 전쟁을 일컫는다. 오랫동안 계속된 군사 행동과 점령은 마침내 이베리아 반도 전역을 다시 기독교의 지배 아래로 가져왔다. 그 편지에 따르면 스페인 국민들의 성 야고보에 대한 신앙심은 '성 야고보에게 바치는 봉헌 Voto de Santiago'이라는 해마다 성 야고보에게 조세 형태로 공물을 바치는 세속적 행위로 표현되었으며 오늘날까지 그 전통이 끊이지 않고 있다고 한다. 그러나 그것은 정확히 말하자면 사실이 아니다. 스페인 의회가 19세기에 이 봉헌제도를 폐지했기 때문이다. 그러다 20세기 들어 프랑코가 다시 이 제도를 살려냈다. 이 봉헌제도는 오랜 세월 동안 내용이 계속해서 바뀌었는데 성 야고보가 844년 클라비호 전투에서 성전을 이끈 것에 대한 보답으로 스페인의 일부 또는 모든 주 정부가(시대와 지역에 따라 달랐다) 콤포스텔라에 있는 성당에 조세를 바쳤다. 라미로 1세는 그 전투에서 백마를 탄 성 야고보의 도움으로 무어족들을 물리침으로써 그동안 해마다 무어족들에게 100명의 처녀를 바치던 치욕을 뒤집을 수 있었다. 해마다 100명의 처녀를 공물로 바치는 제도는 오래전 기독교인들이 무어족들에게 패배한 뒤부터 계속되었다고 한다. 하지만 오늘날 역사학자들은 이 이야기는 1150년 페드로 마르시오가 꾸며낸 이야기이며 사실은 클라비호 전투와 100명의 처녀 공물 이야기는 존재하지 않았다고 주장한다. 실제로 기독교인들이 무어족들을 물리친 것은 939년 라미로 2세가 이끄는 시만카스 전투에서였다. 성 야고보에게 바치는 봉헌에 대한 논쟁은 스페인 역사에서 가장 오랫동안 치열하게 논의되고 있는 문제들 가운데 하나다.

무어족들을 물리치기 위해 기독교인들을 이끌고 있는 백마를 탄 성 야고보의 이미지는 스페인 국민들 머리 속에 산티아고 마타모로스(무어인들을 물리치는 자)라는 인물로 정형화되면서 국토회복운동의 상징이 되었다. 성 야고보는 나중에 국토회복운동 동안 일어난 여러 전투에 등장한다. 그리고 이후 신세계의 토착 원주민인 인디언들을 죽이는 싸움에도 계속해서 나타난다. 유럽에는 두 종류의 성 야고보가 있는데 하나는 순례자의 모습이고 또 다른 하나는 무어족들을 물리치는 자의 모습이다. 하지만 미국에서는 오직 무어족들을 물리치는 자의 모습으로만 알려져 있다.

성 야고보가 없었다면 스페인의 운명은 지금처럼 일어서지 못했을 것이며 성 야고보가 스페인의 기독교화와 위대함의 근원이라고 믿는 사람들도 있다. 국토회복운동 시기의 초기에 전투개시를 알리는 함성은 "산티아고 이 씨에라 에스파냐" — "성 야고보와 스페인 사람들을 위한 스페인!"이었다. 이 구호와 강력하게 연계된 이미지들 가운데 하나는 성 야고보의 십자가다. 흰 바탕에 칼 모양의 적십자가 그려진 깃발이나 펼침막은 성 야고보의 군대를 상징했다. 프랑코 총통이 지배한 40년 동안 스페인 정부는 정권의 정통성을 선전하기 위해 성 야고보를 적극적으로 활용했다. 1936~39년의 스페인내전으로 마침내 끝난 국토회복운동은 여러 가지 측면으로 볼 때 종교적인 십자군 전쟁이었다.

교황 알렉산더 2세는 1065년 이베리아 반도에 있는 무어족들을 무찌르기 위해 십자군을 조직해야 한다고 설교했다. 1096년, 교황 우르바노 2세는 성지 예루살렘에서 이슬람세력을 몰아내기 위해 제1차 유럽 십자군 결성을 선포했다. 적어도 서른다섯 차례에 걸쳐(대부분 프랑스군이었지만) 십자군들이 이슬람 세력과 싸우고 있는 기독교 국가들을 지원하기 위해 스페인에 원정을 왔다. 종교적 신앙심과 정치적 야망을 서로 결합한 이런 매우 위험한 행동은 국토회복운동이 끝나고 스페인에 있는 모든 유대인들과 무어인들이 기독교로 개종하거나 다른 나라로 이주하는 것 가운데 하나를 선택함으로써 마침내 절정에 이르렀다. 그 이후로도 스페인에 거주하는 모든 사람들의 정통 신앙을 보호한다는 명목으로 종교재판이 끊이지 않고 계속되었다. 또 국민들을 대상으로 '피의 정화 limpieza de sangre'라고 하는 기독교 순혈주의 운동을 강력하게 전개했다. 그러나 20세기 스페인내전에서 드러난 광기와 분노는 수세기가 지난 현대에 와서도 아직까지 그 작업이 완성되지 않았음을 잘 보여준다.

1928년, 콤포스텔라에 도착한 세 명의 학생 순례자들은 자기 조국을 위해, 스페인이 더 강력한 기독교 국가가 될 수 있도록 도와달라고 성 야고보에게 기도한다. 1937년, 성직자와 젊은 카를로스주의자 민병대원은 스페인이 '정화될' 때까지 싸우는 군인들을 칭송하며 스페인을 구원해달라고 기도한다. 이 기도는 바로 부정한 스페인 사람들을 죽이는 것을 의미했다. 1939년, 프랑코 공화국이 무너지자 다시 수천 명의 사람들이 국외로 도망을 갔다. 이번에는 유대인이나 무어족이 아니라 부정한 이데올로기에 물든 기독교인들이 오랜 감옥생활을 피하고 목숨을 부지하기 위해서 탈출한 것이었다. 당시에 스페인에서 유일하게 인정되는 올바른 신앙에 대한 검증은 세속 정권이 맡았다. 이 산꼭대기에 세워진 기념비는 바로 그 사람들이 세운 것이었다. 그러나 그들의 자손들은 그것을 보지 못한다. 아마도 그것을 이해하지 못하거나 아예 그것에 대해 관심도 없을지 모른다.

사람들은 성 야고보가 실제로 1064년 국토회복운동에서 중요한 전투 가운데 하나인 코임브라 전투에 나타나서 백마를 타고 용맹하게 싸웠을까 의심할 수 있지만, 이어지는 전투들에 참전한 병사들은 그 사실을 추호도 의심하지 않는다. 그들은 성 야고보가 자신들의 편이며 그와 함께 싸우는 한 절대로 패배하지 않다고 굳게 믿었다. 이러한 태도는 국토회복운동이 종반으로 접어들면서 더욱 고조되어 아메리코 카스트로 같은 역사학

마르틴 숀가우어, 〈무어인들을 물리치는 성 야고보〉 1472년경, 알베르티나 미술관, 비엔나.

자는 성 야고보의 무력과 신앙심을 일치시키고 거기에 정복과 노획의 경제를 결합하는 스페인 고유의 특성을 결정하는 데 성 야고보의 영향력이 결정적이었다고 말한다. 특히 카스티야 왕국 시절에 만연했던 이런 성향은 스페인이 다른 유럽 국가들처럼 경제 성장을 하지 못한 요인들 가운데 하나였다고 주장되기도 한다. 국토회복운동 정신은 과거 어느 때보다도 1492년 이후로 더욱 강력해졌다. 이러한 생각이 가톨릭교도인 스페인 국민들의 희망과 야망에 끼친 정신적, 감성적, 영적 영향력은 15세기에 공식적으로 국토회복운동이 끝난 뒤에 오히려 훨씬 더 널리 퍼지고 깊이 스며든 것처럼 보인다. 스페인 국민들의 윤리관을 정립시키는 계기가 된 국토회복운동은 복음서의 개별적 권유를 선동적이고 침략적인 제도로 강제했다는 의미에서 근대 이전에 나타난 아주 특이한 근대적 현상이었다. 이를테면 스페인의 광기에 찬 신앙은 사도 바울이 아레오파고스 사람들에게 복음을 전파했던 것처럼 신세계의 원주민들이 스스로 감화 받을 수 있도록 복음서의 말씀을 전하기보다는 인디언들을 획일적으로 강제 교화시키려고 했다.

연대기 작가인 알벨다는 880년 쓴 책에서 사라센인들이 이베리아 반도를 점령했지만 기독교인들은 그들을 반도에서 내쫓을 때까지 밤낮을 가리지 않고 싸웠다고 기록한다. 카스트로는 가톨릭이 이슬람 세력의 침략에 맞서 성전이라는 개념을 개발함으로써 '기독교인'이 신앙을 지키기 위해서는 전쟁도 불사하는 사람들이라는 특정한 (고유한) 관념을 창조했다고 생각한다. 더 나아가 기독교인들은 무어족들이 전쟁을 할 때 지르는 함성인 '마호마'에 대적할 기독교인들의 구호가 필요했다.『시드의 노래 Poema del Cid』(1140년)에 보면 이런 구절이 나온다.

무어인들이 외친다. 무함마드여!
기독교인들이 외친다. 성 야고보여!

이것은 강력하고 배타적인 국가관과 집단주의의 가능성을 나타내는 "성 야고보와 스페인사람들을 위한 스페인!"이라는 국가 표어로 발전했다. 사람들은 실제로 이러한 식의 신앙심을 가지고 성전에 임하고 전투에 참여했으며 결국 많은 사람들이 죽었다. 그러나 오늘날 이런 신앙심은 어디에 있는가? 내가 이들 신앙심 깊은 옛 선조들과 신앙을 찾아 나선 것하고 시수르 메노르에서 만난 방송국 피디 청년처럼 오늘날 스페인에서 신앙이 실종된 것 사이에는 무슨 관계가 있는가? 다른 것은 몰라도 적어도 몇 세기 동안 신앙을 지키며 이어오는 것은 간단한 일이 아니었다는 사실은 분명하다.

  오늘은 비가 내리지 않아 몸이 젖지 않았지만 좀 지치고 춥다. 드디어 산 후안 데 오르테가에 도착했다. 이곳의 지명은 산토 도밍고 데 라 칼사다를 따랐던 추종자의 이름을 딴 것으로 후안도 마찬가지로 평생을 카미노를 걸으며 순례자들을 도왔다. 후안의 삶에 대한 기록들이 많이 남아있는 까닭에 후안에 대해서 자세한 내용들을 알 수 있다. 후안은 1080년에 태어나서 젊었을 때 사제 서품을 받았다. 그 뒤 함께 일하기 위해 산토 도밍고에게 갔다. 산토 도밍고가 죽자 후안은 예루살렘으로 성지 순례를 떠났다.(1109년) 성지 순례를 끝내고 돌아오는 길에 그가 탄 배가 난파되었다. 바리의 성인 니콜라스의 도움으로 기적같이 살아남은 후안은 그 성인의 이름을 딴 성당을 짓기로 약속했다. 그곳이 현재의 성당 자리인데 순례자들의 안전을 고려해서 자리를 선택했다. 순례자들을 약탈하는 강도들이 이 숲 속에서 은거했다. 후안은 또 수도참사회원들의 공동체를 만들어 성당 옆에 두었다. 수도참사회원들은 이곳에 머무는 순례자들을 도왔다. 전해오는 이야기에 따르면 후안은 로그로뇨, 나헤라, 산토 도밍고 데 라 칼사다를 비롯해서 여러 곳에 다리를 놓고 관리했다고 한다. 열아홉 사람이 지켜보고 서명한 후안의 유서는 지금까지 잘 보존되고 있다. 1183년 6월 2일, 후안이 죽은 뒤 사람들은 그를 기리기 위해 성당과 마을 이름을 그의 이름으로 바꿨다. 도메니코 라피는 17세기에 이 근처 숲에서 길을 잃고 버섯을 먹으며 연명하다 가까스로 이 수도원과 성당을 발견했다고 기록한다. 노란색 화살표가 없었다면 나도 마찬가지 신세였을 것이다. 비록 지금의 숲은 아마도 스페인 정부가 새로 나무를 심고 조성했겠지만 과거의 울창했던 모습은 지금도 여전하다.

오늘날 거기에는 (알베르게의 일부로 사용되는) 비어 있는 거대한 수도원 한 채와 복구 중인 성당 한 채만 있으며 일반 주택들은 몇 채 보이지 않는다. 성 니콜라스의 기념비는 성당 안에 있다. 관광객들을 실은 대형버스가 근처에 서 있다. 간이주점에서 나온 승객들이 버스에 오르고 차는 곧 떠난다. 오직 주말에만 카미노를 걷는다는 스페인인 순례자들을 몇 사람 만났다. 한 쌍의 독일인 순례자들은 올해는 반만 걷고 나머지는 내년에 걸을 예정이라고 했다. 햇볕이 쏟아지는 의자에 앉아서 배낭에서 준비해온 점심거리를 꺼내 먹는다. 이곳에서는 먹을거리를 살 수 없지만 모든 순례자들에게 유명한 마늘 수프를 대접하는 교구 신부가 있다는 얘기를 들었다. 하지만 그 교구가 어디에 있는지 모른다. 일부 주택들은 숲으로 둘러싸인 산 중에 있거나 들판 여기저기에 흩어져 있다.

순례자들이 또 여럿 도착하고 우리는 오래된 수도원 건물처럼 보이는 곳의 끝에 있는 간이주점에 들어간다. 주점 바로 옆에 불이 지펴진 난로가 딸린 거실 같은 방이 있다. 우리들 가운데 일부는 커피를 들고 그곳으로 간다. 안락한 온기가 우리 몸을 관통한다. 하루의 순례를 마감하는 데 이보다 더 좋은 방법이 있으랴.

곧 한 남자가 들어오더니 옆에 붙은 건물의 문을 연다. 거기서 그는 우리를 접수하고 순례자 증명서에 도장을 찍어준 뒤 알베르게로 쓰는 수도원에 들어가게 한다. 수도원에 있는 방은 지금까지 본 적이 없는 그런 곳이다. 커다란 두 개의 방에 순례자들이 쓸 침대들이 있다. 방 안이 바깥보다 더 춥고 습기가 많아서 창문을 열어야 한다. 뼛속까지 스며드는 냉기를 느끼게 하는 어떤 획일성이 이 석조 건물 안 곳곳에 여러 날의 추위와 습기로 스며들어 있다. 욕실은 남성용과 여성용으로 나뉘어 있는데 각각에는 뜨거운 물이 나오는 샤워기와 싱크대가 여러 개 있다. 그런데 빨래는 하지 말라는 경고문이 눈에 띈다. 참 이상한 규칙도 다 있다. 이런 규칙은 지금까지 어디서도 보지 못했다.

저녁이 되자 두 개의 방에 침대를 차지한 사람들이 약 스무 명 정도 되는 것 같다. 한 순례자는 소형 전지 라디오를 켠 채 자기 귀에 살짝 대놓고 낮잠에 빠져 있다. 어떤 사람이 방으로 들어오더니 수프가 준비되었다고 알린다. 우리는 모두 아래층으로 줄지어 내려가 커다랗고 지극히 평범한 식당으로 간다. 수프 한 그릇과 빵 한 조각씩을 받는다. 맛있다! 정말 맛이 기가 막히다! 수프도 서너 그릇은 비울 수 있고 빵도 반 덩어리는 먹을 수 있을 것 같다. 혹시 더 먹는 사람이 없는지 주위를 천천히 둘러본다. 불행히도 모두 받은 것만 먹고 자리를 뜬다. 같은 탁자에 앉은 순례자는 네덜란드에서 온 사람이다. 그는 아내와 함께 2인용 자전거를 타고 순례 중이다. 그들은 아마도 간선도로를 따라서 왔을 것이다. 그들이 오늘 산길을 넘어서 왔을 리는 만무하다.

위층으로 다시 올라가 침낭 속에 들어간다. 잠들기 전에 오늘 산꼭대기에서 본 기념비에 얽힌 생각들을 정리하려고 한다. 스페인 사람들은 성 야고보를 새롭게 '창작' 했을 뿐 아니라 두 가지 유형의 인물로 만들어냈다. 그 둘은 완전히 별개의 인물일까? 아니면 서로 합쳐질 수 있는 인물일까? 어떤 사람들은 거룩한 전사로서 성 야고보의 모습은 오직 12세기 무렵에만 나타났다고 주장한다. 클라비호, 코임브라 전투에 성 야고보가 나타났다고 하는 기록은 분명히 『성 야고보의 서』에 처음으로 등장했고 그때가 12세기 무렵이었다. 그러나 순례자들은 이러한 저작물들이 씌어지기 이백 년 전부터 벌써 콤포스텔라로 향하고 있었다. 나중에, 특히 15세기 들어 어떤 조건들이 조성되면서 콤포스텔라로 가는 성지 순례와 십자군 원정을 떠나는 것이 사람들에게 똑같은 영적 교감을 주면서 결국 서로 합성된 모습으로 진화한 것이라고 볼 수 있다.

분명한 것은 많은 스페인 사람들이 자신들의 욕망과 환상을 충족시키기 위해 성 야고보를 형상화함으로써 결국 성 야고보를 이용했다는 사실이다. 아리스토텔레스가 우정의 범주를 분류한 것으로 본다면, 스페인 사람들의 우정은 매우 이해관계가 분명한 실리적인 목적의 우정에 가깝다. 그러나 이것으로 윤리적 판단을 내리는 것은 아니다. 오히려 나는 오늘날 성 야고보의 진리가 무엇인지 알고 싶다. 그것이 지금 내게 무엇을 의미하는지 말이다. 과거 역사를 되돌아보며 지금 내가 사는 세상에 어울리는 성 야고보의 모습을 찾고 싶다. 성 야고보를 내 욕망의 투사체로 만들고 싶어서가 아니라 내가 어떻게 해야 성 야고보의 진리에 도달할 수 있는지 알고 싶기 때문이다. 비록 과거의 역사를 통해 성 야고보의 진리와 대면한다고 해도, 내 기준으로 그것을 판단해서는 그 진리를 깨우칠 수 없으며, 오히려 배우려는 자세로 그것을 바라볼 때 비로소 그 진리에 도달할 수 있을 것이다.

13
아주 훌륭한 환대의 도시에서
산 후안 데 오르테가에서 부르고스까지

쌀쌀하지만 햇살이 밝게 비치는 일요일, 걷기 좋은 날이다. 아침 일찍 일어나 길을 나서는 데 아무 문제가 없다. 마을 거리가 미로처럼 복잡하게 얽혀있지 않기 때문이다. 노란색 화살표가 선명하고 이른 아침 발걸음에 흠칫 놀라는 상쾌한 시골의 정적만이 있을 뿐이다. 부르고스에서 약 10킬로미터쯤 떨어진 산꼭대기에 오른다. 저 멀리 보이는 부르고스가 손에 잡힐 듯하다. 산 아래로 내려가서 구불구불한 길과 도로를 돌아 작은 마을을 몇 개 지났지만 아직까지도 부르고스의 모습은 보이지 않는다. 하지만 연이어 나타나는 들판과 집들의 다양한 모습은 부르고스 외곽에 다다를 때까지 시선을 떼지 못하게 만든다.

읍내 중심가로 가는 길목에 공중전화 박스가 늘어서 있다. 한쪽 면은 모두 성년聖年을 기념하는 순례자 마스코트가 그려진 커다란 포스터를 붙여놓았다. 포스터는 한 인물을 모델로 해서 여섯 가지 종류가 있었는데 순례자가 걸어가는 모습을 상징하는 것 같다. 간결한 선과 밝은 원색들을 써서 그린 그림들은 지나는 사람들의 눈을 확 끌어당긴다. 하지만 유명한 미키마우스 그림을 흉내 내고 거기에 포스트모더니즘 기법을 가미하여 그린 것 같은 느낌이 든다. 성년을 기념하는 공식 포스터라고 하기에는 너무 어울리지 않는 작품이다. 적어도 내 느낌에는 그렇다.

부르고스에 알베르게가 있는지, 있다면 상태가 어떤지 제대로 아는 것이 없다. 그래서 대성당에 도착하면 알베르게에 대해 물어보기로 했다. 산타 마리아 라 마이오르 성당은 스페인 고딕 건축 양식을 대표하는 건축물 가운데 하나로 알려져 있다. 근처에 우편엽서와 기념품을 파는 수많은 가게들은 이곳이 관광객들이 몰리는 장소라는 것을 보여준다. 안으로 들어가다 복도를 따라 걷고 있는 신부를 보고 알베르게가 어딘지 물었다. 잘은 모르지만 신축 중인 것으로 알고 있는데 옛날 것은 신학교 안에 있다고 한다. 이곳 신부라면 그런 것은 더 잘 알아야 하지 않을까? 신부는 여기서 몇 블록 더 가면 신학교가 나온다고 덧붙인다.

그곳을 찾는 일은 어렵지 않았다. 언덕 위에 커다란 회색 건물이 한 채 버티고 서 있다. 지은 지 20년에서 30년은 넘지 않은 것 같은데 그 세월에 비해 너무 음울하고 단조롭다. 에스테야에서 본 아파트 주택들과 매우 흡사하다. 스페인 사람들이 어떻게 이런 추한 건물들을 설계하고 지을 수 있었을까? 나는 이 신학교가 예술을 후원하는 곳으로서 명성이 높다고 알고 있었다. 이 건축물이 내세우는 유일한 특징은 건물의 규모다. 하지만 그것도 건물 규모를 처음부터 잘못 계산한 것 같다. 모든 창문들은 (아마도 방마다 하나씩 있는 듯하다) 꼭꼭 닫혀있고 덧문은 벽 쪽으로 밀어서 내리게 되어 있다. 여기서 생활하는 신학생들은 거의 없는 듯하다.

　거대한 현관 안으로 들어서자 한쪽 옆에 있는 방에 안내원이 보인다. 알베르게가 여기에 있는지 물었다. 그는 잠시 머뭇거리더니 어째 좀 말하는 게 자신이 없고 미안해하는 모습이 역력하다. 어쨌든 알베르게 시설을 보여주겠다고 한다. 우리는 현관 아래 지하실로 내려갔다. 안내원이 문을 여니 방 안은 커다란 체육관 같다. 어둡고 텅 비어 있다. 거기서 현관을 따라 조금 더 가니 욕실이 있는데 변기 하나와 싱크대 두 개가 있고 샤워기는 없다. 안내원에게 고맙다고 하자 그는 왔던 길로 되돌아간다.

　무엇보다 먼저 빨래를 해야 한다. 어제는 아무 것도 빨 수 없었기 때문이다. 오늘은 햇볕도 좋다. 싱크대는 빨래하기에 좋았다. 뜨거운 물이 없어도 괜찮다. 체육관 같은 방으로 돌아와 창문 하나를 열고 밖을 내다볼 수 있었다. 다른 창문들은 모두 녹이 슨 채 꼭 닫혀 있다. 오랫동안 열리지 않은 채로 있었던 게 분명하다. 창 밖으로 커다란 안마당이 이 거대한 건물 양쪽으로 펼쳐져 있다. 보이는 모든 창문은 덧문이 굳게 닫혀 있다. 방들은 대부분 사용하지 않는 듯하다. 높은 창문 밑에 의자를 놓고 그 위에 올라가 손으로 창문턱을 잡고 기어오를 수 있다. 의자를 들어 창밖으로 내려놓고 나도 밖으로 나간다. 창문의 덧문과 안마당에 있는 쇠기둥 사이에 빨랫줄을 연결한다. 밝은 오후 햇살을 받으며 세탁한 옷가지들을 걸면서 빨래 일은 끝났다.

　이제 방에 불을 켜고 주위를 둘러본다. 한쪽 구석에 매트리스들이 쌓여있고 의자들도 몇 개 보인다. 매트리스를 덮은 침대보는 기름때가 절어서 지저분하다. 하지만 침낭이 있으니 상관없다. 이제야 아까 그 안내원이 왜 그렇게 행동했는지 이해할 수 있겠다. 그는 아마도 외국인에게 이런 누추한 장소를 제공한다는 것 때문에 무척 당황했던 것 같다.

먹을거리를 찾아 밖으로 나가다 말고 안내원에게 가서 고맙다고 인사를 하고 모든 것이 다 잘 정돈되어 있으며(그것은 사실이다) 필요한 것은 모두 다 있다고 말했다. 그리고 어디서 순례자 증명서에 도장을 찍어주는지 물었다. 주임 신부가 찍어주게 되어 있는데 지금은 나가서 늦게야 돌아올 거라고 한다. 먹을거리를 살 수 있는 곳은 어디냐고 묻자 근처에 있는 간이주점을 추천하면서 그곳에서 싸게 먹을 수 있다고 귀띔한다. 시장은 일요일이라 문을 열지 않는다.

간이주점은 여기서 두세 블록밖에 떨어져 있지 않다. 점심 식단도 괜찮고 값도 적당하다. 밥이 나오기를 기다리는 동안 콤포스텔라에 대한 기사가 나온 오늘자 신문이 눈에 들어온다. 식사를 하면서 그 기사를 읽는다. 유네스코 사무총장이 콤포스텔라 대학에서 명예 박사학위를 받았다. 그는 수락 연설에서 카미노가 인류의 문화유산으로(그것이 무엇을 의미하든) 선포될 수 있을 거라고 한다. 1987년 10월 27일에 벌써 카미노는 유럽 제일의 문화 탐방지 — 역사와 문화, 음악, 예술적 유산으로 선정되었다. 그 기사는 높은 차원에서 콤포스텔라에 대한 논의가 이루어지고 있음을 암시하는 것처럼 들린다. 그러나 사무총장은 아직 그러한 논의가 끝났다고 자유롭게 말할 처지가 아니었다. 그는 이어서 카미노가 자연 보존과 관련이 있다고 주장한다. 그러나 그 말에는 힘이 들어가 있지 않다. 기사를 쓴 기자는 프랑스 정부가 전체 카미노 구간 가운데 자기 나라 영토에 속하는 부분도 선언에 포함되는지 유네스코에 질의했다고 전한다. 프랑스 정부의 속셈은 결국 카미노는 국경을 초월한 자연문화유산이므로 자기네 영토 구간도 속해야 한다고 주장하려는 것이다.

카미노에 이런 현대판 블레셋 사람들과 같은 속물들이 끼어드는 것에 깊은 비애감을 느꼈다. 그런 속물들 가운데 얼마나 많은 사람들이 카미노의 산들을 넘었던가? 또 그들 가운데 얼마나 많은 사람들이 우아한 사교모임이 아니라 깊은 고독 속에서 카미노를 걸으며 그 속에 담긴 비밀을 깨달으려고 애썼을까? 비에 젖어 추위에 떨면서 통증과 피곤함으로 기진맥진한 채 알베르게에 도착했지만 거기에 있다는 것만으로, 그리고 그 먼 길을 옛 선조 순례자들과 함께 했다는 것, 자연을 관통하여 아니, 그 너머까지 카미노의 어둠 속을 걸었다는 것만으로 기뻐할 사람이 그들 가운데 과연 몇이나 있겠는가? 카미노에 대한 학문적, 정치적 관심은 점점 늘어나고 있는 것처럼 보인다.

어쩌면 앞으로 언젠가 카미노는 유럽의 생태계를 구원할 구세주라는 글을 읽게 될지도 모른다. 그래서 지난날 카미노가 스페인의 종교적, 사회적, 정치적 구세주 역할을 했던 것과 같은 구실을 감당하게 될지도 모른다. 올해 성년을 기념하는 공식 마스코트로 스페인 전역에 등장했을 새로운 미키마우스 순례자의 모습이 갑자기 머리 속에 떠올랐다. 그 마스코트는 그동안 성 야고보를 찾아 나섰던 그 많은 사람들의 희망과 또 그 순진무구한 순례자들을 약탈하려고 애썼던 그런 사람들의 희망을 모두 아주 보잘것없는 것으로 만드는 건 아닐까.

통속적인 이야기는 접어두고 15세기에 한 순례자가 이곳 부르고스에 있는 한 선술집 주인을 어떻게 속였는지 재미난 이야기가 있다. 순례자는 안으로 들어오면서 카운터 뒤에 있는 여인에게 "저기, 포도주 한 잔 주시겠어요? 문 밖에서 말을 지키고 있는 동료에게 갖다 주게요. 그리고 제 지팡이를 좀 봐주시겠어요?"라고 말하면서 곧 돌아온다는 것을 약속하는 표시로 자기 지팡이를 카운터에 기대놓고 나갔다. 술집의 은컵에 포도주를 한 잔 가득 담아 문 밖으로 나간 순례자는 다시 나타나지 않았다! 순례자들을 가장 후하게 대접하기로 널리 알려진 부르고스에서 이런 이야기가 나왔다는 사실은 매우 역설적이다.

대성당까지 한두 블록을 걷는다. 오늘 열리는 미사를 도울 작정이다. 카미노를 벗어나서 드리는 오늘의 로사리오 기도는 로사리오의 신비들을 조용히 탐구하면서 더 깊은 신심을 구하고 그것을 단단히 움켜잡는 것이었다.

햇볕이 따스하게 비치는 오후다. 오래된 석조 아치를 지나자 읍내 중심가까지 길게 뻗어나간 듯한 산책로가 나온다. 그 길을 따라 걷고 싶은 마음이 굴뚝같지만 시간이 너무 많이 걸릴 것 같다. 그 길은 여러 가지 모양으로 다듬어진 덤불과 나무, 꽃, 풀들로 가득했고 폭도 꽤 넓었다. 부르고스 사람들은 도시를 관통하는 이런 아름다운 곳이 있음을 자랑스럽게 생각할 것이다. 내가 꿈꿨던 그런 노천카페가 길가에 있다. 커피값은 200페스타인데 점심은 배부르게 먹고도 500페스타만 내면 된다. 이렇게 좋은 자리에 있는 멋진 카페에서 그 정도의 값은 치를 준비는 되어 있다. 잘 차려입은 주민들이 끊임없이 이리 저리 한가롭게 거닐면서 따뜻한 봄날을 즐기고 있다.

　옆 탁자에 앉은 젊은이 둘이 내게 인사를 한다. 그렇게 이야기를 나누기 시작했다. 그 중 한 친구는 최근에 사제 서품을 받았고 지금까지 회원이 6,7명뿐인 새로운 신도단의 일원이다. 어쨌든 얘기가 현대 기술에 대한 토론으로 이어졌다. 그 청년은 그것을 매우 열렬히 옹호했고 나는 회의적이고 비판적으로 말했다. 나는 깊은 생각에 빠진다 …… 로욜라의 성 이냐시오도 처음에는 아주 소수의 사람들과 시작했다. 이 청년과 새로운 신도단도 과연 이냐시오의 웅대한 전통을 따를 수 있을까?

　두 청년은 자리를 뜨고 나는 다시 부르고스를 생각한다. 부르고스는 여기서 볼 때 가장 매력적이다. 이 도시는 884년쯤 건설되었는데 옛날부터 카미노의 중심 도시로 알려졌다. 이런 명성은 사실 별로 중요하지 않은 여러 가지 이유들에서 비롯되었지만(예를 들면, 프랑스에 카미노로 연결된 길이 두 갈래인데 그 길들이 여기서 만난다. 하나는 내가 지금 걷고 있는 길이고 다른 하나는 바욘에서 여기로 연결된 길이다.) 정말 중요한 이유는 순례자들을 환대하는 부르고스의 전통 덕분이다. 카미노가 널리 알려지기 시작하던 초기에 이곳에 있는 궁궐에서 생활하던 카스티야 왕국의 왕들은 순례자들을 위해 오스피탈들을 짓고 무상으로 숙박을 제공했다. 수세기에 걸쳐 지은 이런 오스피탈들 가운데 가장 유명한 것은 알폰소 8세가 1195년 지은 오스피탈 델 레이였다. 그곳은 유럽 전역에 널리 알려져 있다. 그곳은 건축물 구조나 수입, 거기에 붙여진 최고의 명성, 그리고 순례자들을 위한 물질적, 정신적 서비스들이 뛰어난 까닭에 순례자들이 묵어가기에 가장 좋은 장소로 알려졌다. 16세기에 그곳에는 모든 유럽 말을 할 줄 아는 고해 신부들이 있었다. 그곳에서 여행자들에게 제공했던 음식의 품질과 양이 얼마나 좋았는지를 증명하는 기록들이 많이 있다. 이러한 역할은 19세기까지 계속되었다. 지금은 법학 대학원이 건물 안에 들어와 있고 여러 모로 많이 바뀌었지만 아직도 여전히 남아 있다.

그 밖에 여러 왕들과 개인, 종교 지도자들이 오스피탈을 지었다. 15세기, 독일인 순례자 헤르만 퀴니그 본 바흐는 독일인들을 위한 안내서에서 자신이 부르고스에서만 머문 곳이 서른두 곳이었다고 기록했다. 하지만 그곳들이 모두 크지는 않았을 것이다. 그렇다고 하더라도 당시 이 도시의 인구는 기껏해야 만 명밖에 되지 않았다. 그래서 많은 안내서들이 이곳을 아주 훌륭한 환대의 도시라고 기록하고 있는 것이다. 이제야 비로소 나를 그 어둡고 삭막한 체육관 같은 방으로 데리고 간 불쌍한 안내원이 얼마나 억울했을지 더욱 분명하게 이해가 간다.

순례자들을 부르고스로 잡아당기는 가장 큰 매력은 성 아우구스티누스 교단에 속한 성당과 수도원의 한 부속 예배당에 달려있는 그리스도의 십자가 El Santo Cristo 라고 말하는 사람들이 있다. 그 십자가는 신약성서에 나오는 니고데모가 만들었다는 이야기가 있다. 중세 말, 한 상인이 바다에 떠다니는 상자 안에서 그 십자가를 발견하고는 그것을 이 수도원에 기증했다고 하기도 한다. 17세기에 그 십자가를 보러 이곳에 들른 프랑스 여성 순례자 돌노이는 100개가 넘는 금과 은으로 만든 촛대에서 타오르는 등불이 십자가상이 보관된 예배당을 환하게 비추고 있었다고 썼다. 은촛대는 60개가 있었는데 높이가 키 큰 사람보다 더 커서 그것을 옮기려면 두세 명의 장정이 힘을 써야 할 정도로 무거웠다고 한다. 예배당에는 또 다른 여러 가지 봉헌물들로 가득했다. 테두리를 모두 진주와 보석들로 엮은 커튼 세 장이 둘러싼 제단 위에는 실물 크기의 십자가상이 있었다. 돌노이가 보기에 그 성체는 진짜 육신의 모습 같았다. 수사들은 그녀에게 매주 금요일마다 그 성체에서 피가 스며 나온다고 말했다. 17세기에 라피도 이곳을 방문했는데 이 십자가상은 그에게 강한 감동을 주었다. "비록 돌들이라도 감정이 있다면 이 성상을 보고 연민의 정을 느끼지 않을 수 없을 것이다."

18세기에 매우 회의적인 프랑스인 순례자 한 사람이 이곳을 방문했다. 그는 이곳의 수사들을 도미니크회 수도사라고 부르는데 그것은 명백한 실수다. 다른 기록에서는 모두 이 수도원을 아우구스티누스 교단이 세웠다고 분명히 언급하고 있다. 이것만 뺀다면 그의 설명은 약 25년 전 이곳을 먼저 방문했으며, 자기보다 신앙심이 돈독한 같은 나라의 여성 순례자 돌노이가 본 것과 비슷하다. 스페인 사람들은 그 성상이 많은 기적을 일으킨다고 믿지만 그 프랑스인 순례자에게 가장 큰 기적은 이 수도원의 재산이었다. 그는 이곳에 대한 자기 느낌을 밝히면서 이 수도원 수사들의 몸집이 매우 크고 뚱뚱하며 매우 무식하다고 말한다. 라틴어를 아는 수사들이 한 명도 없었기 때문이다.

18세기에 또 다른 프랑스인 순례자 기르모 마니에는 그리스도의 십자가상을 본 뒤 수사들이 자신에게 한 말을 이렇게 기록한다. 성체에서는 피가 스며 나오며, 자신들은 일주일에 한

번씩 성체의 수염을 깎아야 하고 때로는 손톱과 발톱을 깎기도 한다고. 그 순례자는 갈리시아에 있는 또 다른 유명한 십자가도 사정이 이것과 다르지 않다고 말한다.

이런 기록들을 읽는 현대인들은 그 프랑스 순례자가 밝힌 내용들을 아주 적절하고 양식 있는 지적이라고 받아들이기 쉬울 것이다. 진주와 보석으로 테두리를 두른 커튼과 피를 흘리는 성체를 비교하고, 한밤중에 사람의 눈을 피해 희미하게 불 밝힌 예배당으로 예수를 찾아온 니고데모의 행동과 "나는 세상의 빛입니다"(요한복음 8 : 12)라고 한 예수의 말을 대비하는 것에서 근대 이후의 대중들은 호기심어린 눈으로 여러 가지 상상할 수 있을 것이다. 그러나 사람들이 이곳에 있는 십자가상과 그것에 대한 이야기들에서 깨달아야 하는 진리는 바로 성육신이 지금 우리에게 의미하는 것이 무엇인지 아는 것이 아닐까. 그들이 만일 하느님이 인간의 육신을 입었다는 것을 믿는다면, 그들이 이곳에서 만난 성육신의 실체는 궁극적으로 그들이 하느님과 영원한 행복으로 가는, 말하자면 그들을 구원으로 인도하는 유일한 카미노(길)이다. 그리고 우리가 인간의 연약함과 게으른 천성, 어려운 일을 회피하려는 어리석은 모습들을 솔직하게 인정한다면, 인간을 불쌍히 여기시는 하느님이 자신의 사랑을 그들에게 아주 특이하지만 확실히 느낄 수 있게 보여주시는 것보다 더 적절한 것이 무엇이 있겠는가? 내가 본 설명들은 '초자연적인' 환상이 아니라 신앙에 대한 하느님의 가르침들이었다.

앞에서 말한 두 명의 프랑스인 순례자는 성체가 피를 흘리고 수염을 깎아줘야 한다는 이야기를 '들었다고' 한다. 그들은 자신들이 직접 그것을 보았다고 주장하지 않는다. 그들은 어쩌면 그것을 그냥 순수하게 신앙으로 받아들였을지도 모른다. 이사벨라 여왕이 그 예배당을 방문했을 때 십자가에 박혀있는 못들 가운데 하나를 갖고 싶다고 말했다. 여왕은 거룩한 성물이 탐났던 것이다.(유럽에는 실제로 예수 그리스도가 십자가에 매달릴 때 박혔던 못을 가지고 있다고 주장하는 곳들이 여러 군데 있다) 여왕의 요청을 거부할 수는 없는 노릇. 그러나 못을 십자가에서 빼자 십자가에 박힌 예수의 팔이 마치 진짜 사람의 팔처럼 아래로 툭 떨어지는 것을 보았다. 여왕은 기절하고 말았다. 코르도바의 곤살로 페르난데스 장군은 여왕을 회복시킨 뒤 두려움에 떨며 뒤로 한 발짝 물러서서 엉겁결에 말했다. "우리는 하느님을 시험하고자 하는 것이 아닙니다." 사람들은 지금 십자가상에 박힌 못이 그때 그 못이라고 생각하지 않는다. 이러한 십자가에 달린 예수의 실재에서 사람들이 느꼈던 경외감을 기록한 것들이 많이 있다. 그 자체가 바로 카미노를 상징하는 것이라고 볼 수 있다. 신성한 물건이 해변에서 발견된다 …… 누군가 그것이 진짜임을 증명한다 …… 여러 종류의 개인들이나 집단들이 순례단을 조직한다 …… 일부 종교를 빙자한 사기꾼들이 늘어나고 파렴치한 장사꾼들이 배를 불린다 …… 그러나 그러한 전설의 진위나 장사꾼들의 계획적인 사기와는 별도로, 오직 신앙으로만 이해할 수 있는 진실이 거기에 있다. 하느님의 순진무구함과 같은 순수한 신앙의 신비는 오직 다양성과 복잡성을 통해서만 접근할 수 있다. 그러나 거기에 인간 욕심이 더해지면 그 신비는 진실과 거짓이 뒤섞인 모습으로 변질된다.

오후 늦게 신학교로 다시 돌아왔다. 주임 신부가 어머니를 만나러가서 내일 아침에나 돌아온다고 한다. 경험으로 비추어 볼 때 내일 아침까지 주임 신부를 기다리지 말고 다른 데서 순례자 증명서 확인을 받는 편이 나을 것 같다. 다행히도 대성당이 여기서 서너 블록밖에 떨어져 있지 않아 그곳으로 다시 간다.

도장을 찍어주는 신부가 지금 특별한 모임을 위해 이곳을 방문해서 미사를 주재하고 있는 일부 고위성직자를 보좌하고 있다고 한다. 앉아서 기다릴 수밖에 없다. 가는 곳마다 순례자 증명서에 도장을 받으려고 그렇게 안달할 것은 없다고 생각한다. 그러나 지금 나는 순례자 증명서의 모든 빈 칸에 도장 받는 것을 하나의 게임이나 퍼즐 맞추기로 생각하고 있다. 내가 실제로 잠을 잔 곳에서만 도장을 받기로 했다. 그래야 정확한 기록을 남길 수 있기 때문이다. 가는 곳마다 도장을 찍는 방법도 다르지만 각자 자기 나름의 독특한 무늬를 가진 고무도장들은 그것들만으로도 아주 재미있는 이야기를 만든다. 적어도 내게는 그렇다.

알베르게로 다시 돌아왔다. 내일 떠날 것을 생각해서 아침 몇 시에 문을 여는지 확인한다. 그리고 마른 빨래들을 거둔다. 아까 안내원이 화장실에 와서 두루마리 휴지를 여섯 개쯤 두고 갔다. 안내원은 우리를 편히 쉬게 하기 위해서 자신이 할 수 있는 최선을 다하고 있다. 나중에 그에게 고마움을 표시할 수 있는 기회가 오기를 바란다. 그는 오늘밤 필요한 것을 모두 준비해주었다. 오늘 아주 훌륭한 점심밥을 먹고 느긋하게 여유를 즐기며 커피를 음미함으로써 이 도시에서의 내 육체적, 심미적 욕구는 모두 만족스럽게 충족되었다.

숙소의 문 앞에는 커다란 안내판이 하나 있다. 순례자들은 1층에만 머물고 위층으로 올라가지 말라는 경고문이다. 위에는 방이 모두 찼기 때문이라고 한다. 위층 방에는 무엇들이 있지? 오늘 여기서 본 바로는 청년 서너 명밖에 없었다. 그리고 사람들이 쓰는 방을 표시하는 창문이 열린 방도 몇 개 안 되었다. 체육관 같은 방 안으로 들어서며 이제 막 도착한 사람들과 잠을 자려고 자리를 정리하는 서너 명의 순례자들과 인사를 나눈다. 길을 잃을지도 모를 정도로 사람 수에 비해서 방이 너무 크다.

독일을 떠나기 전에는 카미노에 대해서 정확히 알지 못했기 때문에 대개 잠은 마루바닥 위에서 잘 거라고 생각했다. 그러나 그런 일이 일어난 것은 이곳이 처음이다. 그것도 손님들을 아주 훌륭하게 맞이하는 환대의 도시에서!

침낭 속으로 몸을 비집고 들어갔을 때 어디선가 노랫소리가 들려온다. 남자들의 목소리다. 찬송가에 이어서 기도문을 따라 읽는 소리가 들린다. 아마도 시편인 듯하다. 이게 뭐지? 어디서 들려오는 거지? 이것은 남자들끼리 저녁기도를 영창하고 있는 소리가 분명하다. 바로 위층에서 나는 소리다. 신학생들이 위층에서 예배를 드리고 있나 보다. 한 공동체가 하느님에게 바치는 강하고도 부드러운 기도 소리, 하루를 마감하는 기쁘지만 애절한 찬양의 소리들을 간신히 들을 수 있다. 이 얼마나 웅장한 장면인가! …… 하지만 그 장면은 내게 너무 멀리 떨어져 있다. 우리와 그들 사이를 두꺼운 천장이 가로막고 있다. 아무도 우리를 초대하지 않았다 …… 이상한 사람들이다. 미래의 스페인 신부들의 모습이 바로 이런 것일까?

브르고스 성당 ▷

14
나는 지금 이 고독을 소중하게 생각한다
부르고스에서 그란하 데 삼볼까지

부르고스를 어렵지 않게 빠져 나간다. 얼마 안 있어 거대한 지평선이 둥그렇게 퍼져있는 확 트인 시골의 전원 풍경이 나타난다. 이제 목적지를 향해 발길을 옮기자 주변 세상도 따라서 움직이기 시작한다. 처음에는 날씨가 쌀쌀하고 맑더니 점점 검은 구름이 하늘을 덮기 시작한다. 시선이 땅에서 하늘로, 다시 하늘에서 땅으로 왔다 갔다 하기를 반복한다. 그러나 이 두 가지 행동이 내게 끼치는 영향은 매우 다르다. 이를테면 땅에서는 날카로운 돌을 피하기 위해 발 디딜 곳을 고를 수 있지만 하늘에서 일어나는 일에 대해서는 내가 할 수 있는 일이 아무 것도 없다. 그런데도 마치 그 두 방향의 시선이 내 행동에 똑같이 영향을 줄 것처럼 흥미롭게 바라보기를 계속한다. 하지만 하늘은 언제나 그랬던 것처럼 끊임없이 바뀌면서 멋진 천개天蓋를 만들고 나는 그냥 그 아래를 지나갈 뿐이다.

산꼭대기처럼 고지대에 있는 편평한 메사 지역을 몇 킬로미터 가로질러 걷는다. 마치 다른 행성의 지표면을 횡단하고 있는 것처럼 다른 세상에 있는 느낌이다. 지평선의 모습도 '저 아래 땅 위'에서 본 것과 다르다. 이것을 어떻게 '설명'해야 할까? …… 지금 내딛고 있는 땅이 모두 새롭고 기묘하기만 하다. 지금까지 한번도 산악지대를 걸어본 적이 없었다. 그런데도 전혀 느껴보지 못한 이 물리적 공간에 대한 경험이 갑자기 매우 친숙하게 느껴지기 시작한다. 몇 년 전에 이런 일을 한 번 겪은 적이 있었다.

1960년대 볼리비아에 있었을 때 한 친구를 만나러 갔던 적이 있다. 그때 친구는 지프차에 나를 태우고 라파스에서 코차밤바까지 갔다. 그 여행은 코차밤바의 기름진 농지가 있는 저지대에 닿을 때까지 안데스 산맥 고원의 황량한 알티플라노 분지를 지나는 꽤 먼 거리를 달려야 했다. 나는 당시 차를 타고 가면서 그저 눈에 익어 보이는 꺼림칙하고 어두운 풍경 속에서 아무 것도 볼 수 없었다. 도대체 무슨 생각을 하고 있는지 알 수 없는 짙은 눈으로 지나가는 우리를 응시하는 기묘한 복장의 사람들. 그들과 어떻게 마주 앉아서 농담을 나누고 학문을 토론할 수 있을지 의문이었다. 라틴아메리카에서 성직자로 살면서 일하고 있던 나와 미국인 친구는 둘 다 스스로 사회적으로나 종교적으로 자기 과신의 오만에서 벗어나 이곳 사람들에게 복음과 사회경제적 '발전'을 가져다줄 수 있을 거라고 믿었다. 그건 너무 순진한 생각이 아니었을까? 오히려 어리석거나 헛된 생각은 아니었을까? 확실히 그런 것들이 이것저것 섞였던 것 같다. 얼마 안 있어 나는 그 갈등에서 벗어났다. 결혼을 하고 학자의 길로 삶의 방향을 바꿨기 때문이다.

평탄한 길이 끝나고 길게 뻗은 나지막한 내리막길을 따라 걷기 시작한다. 그 순간, 바로 앞에서 대여섯 마리쯤 되는 큰 새들이 하늘 높이 천천히 선회하고 있는 모습이 보인다. 고개만 약간 들면 그 새들을 볼 수 있다. 길을 내려가면서 하늘을 다시 쳐다보니 새들은 마치 커다란 원 안을 둥둥 떠다니는 것처럼 여전히 거기에 있다. 그때 갑자기 생각나는 것이 있었다. 전에 그 새들을 본 적이 있었다. 그 새들은 대머리수리들이다! 맞아. 그놈들이야. 날 기다리고 있었던 건가? 웃음이 절로 나온다 ……
"너희들 너무 빨리 나온 거 아냐?" 잠을 잘 자고 난 뒤처럼 상쾌하고 기분이 좋다. 날 기다리고 있는 것이 아니라면 뭔가 자기들만 아는 꿍꿍이가 있나 보다.

더욱 선명하고 자연스럽고 이 세계와 잘 어울리는 또 다른 지평선이 시야에 들어온다. 높은 곳에서 바라보는 메사 지역의 지평선은 완전히 다른 세계처럼 보인다. 멀리 있는 지평선을 바라보고 있노라면 때로는 영원히 닿을 수 없는 거리에 있는 것처럼 느껴질 때가 있다. 저 끝에 보이지는 않지만 내가 가야 할 목적지가 있기나 한 것일까. 마치 지금 보이는 만큼만 볼 수 있고 그 뒤로는 아무 것도 없는 것이 아닐까. 끊임없이 바뀌는 풍경과 다양한 모습의 벌판들, 오르막들, 그리고 가끔씩 산이 나오고 대개는 마을들이 길 좌우로, 정면으로 펼쳐질 뿐이다. 뒤를 돌아다봐도 비슷한 광경들이다. 내가 떠났던 그 큰 도시가 몇 시간 전 거기에 있었다는 사실이 믿기지 않는다. 부르고스를 떠난 지 몇 분밖에 지나지 않았지만 그것의 흔적을 찾을 수 없었다. 지평선이 그 도시를 삼키고 말았다.

이렇게 걸으면서 보는 세계는 정말 세상에서 하나밖에 없는 고유한 모습이다. 걷는 속도와 시간, 그것들과 어우러진 공간에 대응하는 신체의 반응은 이런 방식으로 세상을 경험하는 것이 근본적으로 매우 중요하다는 것을 깨닫게 한다. 세상에서 발견할 수 있는 어떤 경험들보다도 가장 기본이 되는 것이라는 말이다. 여기에 있다는 것 자체가 말 그대로 바로 세상 경험을 위한 준비다.

실제로 멀리 떨어져 있는 지평선을 바라보면 거기에 내가 가야 할 어떤 곳이 있다는 것을 믿기 어렵다. 여기서 아주 먼 곳까지 볼 수 있지만 마을은 하나도 보이지 않는다. 이 공간을 절대로 가로질러 갈 수 없을 것 같은 느낌이다. 오른쪽이나 왼쪽으로 한 5~10킬로미터쯤 떨어진 곳에 마을이 하나 보이면 그곳을 향해 걷고 싶어진다. 마을이 거기에 있다는 것을 알기 때문이다. 또 그만큼 걸으면 거기에 닿을 수 있다는 것을 알기 때문이다. 카미노는 그것을 이겨내는 경험을 하는 곳이다. 화살표가 가리키는 방향으로 아득한 지평선 말고는 아무 것도 없다.

하지만 나는 날마다 목적지에 도착한다. 어떤 때는 5분 전만 해도 그날 묵을 알베르게가 아직도 멀었는가 하고 실망하다가 언덕 꼭대기에서 아래를 내려다보면 갑자기 그것이 바로 발아래 보이는 경우도 있다. 내 신앙도 목적지가 내 육체적 한계 안에 있을 거라고 믿는 것과 같다. 이러한 한계를 경험하는 것은 특히 오늘날처럼 많은 사람들이 한계의 실재를 중요하게 생각하지 않는 시대에 매우 유익하다. 아마도 이러한 인간의 끔찍한 자만심도 사람들이 그런 한계를 경험하지 못하기 때문에 나오는 것일 게다. 지친 몸을 이겨내고 불구가 된 감각을 깨우며 비현실적인 세상을 탐험하고 끊임없이 나태해지는 것에서 벗어날 수 있는 방법은 여러 가지가 있다. 날마다 길을 떠나는 장소는 유쾌하고 구체적이다. 그 공간을 통과해서 걸으며 끊임없이 변화하는 모든 것을 직접 느낄 수 있다. 반면에 하루를 마무리하며 목적지에 도착할 때면 인간의 힘이 얼마나 무력한지 그 한계를 느끼게 된다. 비록 출발한 곳에서 20~30킬로미터 정도 떨어진 곳에 도착하지만 그곳은 언제나 정말 새로운 곳이다. 구체적으로 실재하는 어떤 공간에 온 것이다.

이러한 느낌은 도착한 마을이나 읍마다 알베르게들이 다 다르다는 사실에서 더욱 확실해진다. 물론 지나쳐온 카미노의 풍경들도 이런 느낌을 더욱 강하게 느끼게 한다. 지금까지 "이런 곳이 '전형적인' 스페인의 공간이다"라고 부를 만한 곳을 보지 못했다.

전에는 이런 종류의 공간에 있어본 적이 전혀 없다. 오늘날 서로 차별성이 없는 현대적 공간들은 인간의 감각을 무디게 만든다. 현대적 공간은 인간이 만든다. 그것은 이른바 '진보'라는 미명으로 약간의 다양성을 가미하지만 누구에게나 늘 익숙한 모습이다. 올해 보는 상점가, 자동차, 계획도시들은 언제나 그렇고 그렇지만 작년보다는 더 새로운 모습을 띤다. 적어도 내가 방문한 적이 있는 세계 여러 도시의 현대적 공간들은 늘 비슷한 공간 구성을 하고 있다. 그것은 다른 도시에 있는 똑같은 기능들을 서로 복사하기 때문에 생기는 현상이다. 그러나 이곳 카미노는 언제나 그 차별성이 위협받지 않는다. 오히려 늘 흥미진진하고 때로는 활기찬 모습을 보여주기도 한다. 간선도로나 몇몇 도시의 거리들을 빼고 카미노의 모든 공간은 인간의 계획에 따르기보다는 자기 고유의 모습을 간직한 채 성장하는 것처럼 보인다. 모든 것은 그 밖의 다른 것이 아니라 자기 자체로 존재하고 어떤 것도 복사하지 않는다. 똑같은 것 때문에 헷갈리는 경우는 없다.

오늘 길을 가다 비에 흠뻑 젖을지 아니면 뜨거운 햇살을 만날지, 새로운 산을 기어올라야 할지 또는 기묘한 모양을 한 경작지를 따라 구불구불 걸어야 할지, 한 사람을 만날지 아니면 여러 사람을 만날지 또는 아무도 못 만날지, 날마다 과연 어떤 종류의 공간을 통과할지 알지 못하는 이런 경험은 전에는 전혀 알지 못했던 새로운 것이다. 처음에는 이런 경험이 두렵고 걱정이 되었다. 그러나 실제로는 그와 반대로 매일 아침마다 미지의 새로운 세계를 향해 걸어간다는 생각에 늘 가슴이 두근거린다. 도대체 내게 무슨 일이 일어난 걸까? 어쩌면 나는 지금 명확한 한계 안에서 풍요로운 모험의 가능성들에 대해 무엇인가를 배우고 있는지도 모른다.

정오를 막 지나서 부르고스에서 20킬로미터쯤 떨어진 호르닐로스 델 카미노라는 마을에 도착했다. 지도에는 이곳에 알베르게가 있다고 나와 있다. 집들과 건물들이 카미노를 따라서 늘어서 있다. 마을의 유일한 거리인 라 칼레 레알은 그 자체가 카미노 구간이다. 주택가가 끝나는 곳에 알베르게가 있고 근처에 맛있는 물이 샘솟는 공동 샘터가 있다. 작은 성당도 한 채 보인다. 그 성당은 새로 예쁘게 복원된 듯한데 문이 잠겨 있어서 밖에서만 볼 수 있다. 길 건너 알베르게로 간다. 방 하나짜리 아주 작은 건물로 창문도 없다. 출입구에는 문이 없고 그냥 뻥 뚫려 있다. 바닥은 마른 진흙으로 얇게 덮여 있다. 한쪽 구석에는 잠잘 수 있도록 오래된 짚이 많이 쌓여 있다. 그게 다다. 지금까지 내가 본 것 중에 가장 작은 알베르게다.

이곳은 아마도 갑작스런 비를 피하기 위해 임시로 만들어 놓은 듯싶다. 아직 날이 밝다. 부르고스에서 한 순례자가 자기 지도를 보면서 여기서 5~6킬로미터쯤 더 가면 샘터 근처에 새로 짓고 있는 알베르게가 있을 거라고 알려주었다. 그 순례자가 가지고 있는 지도는 내 것보다 더 새것이다. 아마도 이 마을 사람들이 지금 이곳의 알베르게를 대신할 장소로 그곳을 짓고 있는 것 같았다. 어쩌면 지금쯤 공사가 다 끝났을지도 모른다. 마을에서 길을 물어볼 사람을 만나지 못했지만 그냥 가기로 했다. 어제 신문에 나온 일기예보로는 오늘 비가 온다고 했다. 하늘은 먹구름으로 덮여 있다. 하지만 기분은 좋다. 오늘은 좀더 걸을 수 있을 것 같다.

다시 시골 전원 풍경이 나타나자 차가운 바람이 귓전을 때리며 불어와 몸이 으슬으슬 춥다. 낡은 면셔츠와 얇은 방풍점퍼, 판초를 빼고는 여벌옷이 없다. 해마다 이맘때 스페인은 지금보다는 더 따뜻했다. 하지만 문제는 없다. 스웨터가 아직 젖지 않았고 기분 좋게 걷고 있으니 다른 불편이 없다. 또 오늘은 언덕들도 그리 가파르지 않다. 충분히 보폭을 잘 유지할 수 있다.

마을이 시야에서 사라진 지 몇 분 뒤 비가 내리기 시작한다. 그런데 오늘 비는 좀 심하다. 강한 비바람이 얼굴을 정면으로 때린다. 하지만 다행히도 비가 내리기 전에 판초를 입을 수 있어서 그냥 계속해서 길을 가기로 한다. 남은 거리는 기껏해야 5~6킬로미터뿐이다. 그 정도는 걸을 수 있다 …… 대머리수리들은 몇 시간 전에 사라졌다. 그 새들이 어떤 중요한 상징성이나 힘을 지녔다는 따위는 믿지 않는다.

17세기에 라피도 이 길을 따라가다 메뚜기 떼를 만나 곤욕을 치렀다. 메뚜기들은 구름같이 몰려와서 하늘을 완전히 뒤덮고 사람들을 매우 괴롭혔다. 나도 여러 종류의 메뚜기 떼들에 대해 얘기를 듣고 보기도 했지만 하늘을 뒤덮을 정도는 아니었다. 그 메뚜기들은 농지를 어떻게 만들었을까? 아마도 이번 여행에서는 그것을 알아내지 못할 것이다.

아직 길에서 한 사람도 만나지 못했다. 꽤 오랜 시간이 지난 뒤 자그마한 표지판 하나가 보인다. 왼쪽으로 화살표가 그려진 표지판에는 '알베르게-100미터'라고 씌어 있다. 사거리에 다다라서 바로 왼쪽으로 길을 꺾는다. 아무 것도 보이지 않고 시야가 흐릿하다. 멀리까지 잘 보이지 않는다. 나지막한 둔덕을 오른 뒤 오른쪽으로 폐허 같은 것이 보인다. 돌담 잔해였다. 이 지역을 표시하는 폐허로 지도에 나와 있다. 하지만 알베르게는 보이지 않는다. 몇 미터 더 가자 왼쪽에 건물 같은 것이 보인다. 더 가까이 가서 보니 정면으로 커다란 창문이 달린 석조 건축물이다. 건물 근처에 이르러서야 창가에 누군가 서 있는 모습을 볼 수 있었다. 알베르게가 틀림없다!

그 건물 안으로 들어서니 지붕이 있는 현관이 나오고 그 옆에 철제문이 있다. 문을 열고 안으로 들어간다. 내 나이 또래로 보이는 스페인인 순례자 네 사람이 환호성을 지르며 비를 맞고 들어온 나를 환영한다. 그들은 점심을 막 끝낸 것 같다. 그들 가운데 두 명은 다른 알베르게에서 낯이 익은 사람들이다. 그들은 먹고 남은 음식들을 내게 준다. 고기를 짓이겨 만든 파테 한 깡통과 정어리 두 마리, 치즈 한 조각, 오렌지 두 알이다. 밖에 아주 맛있는 샘물도 있다고 알려준다.

그들은 다음 읍으로 이동할 준비를 하고 있다. 나도 함께 가자고 강하게 재촉한다. 그들이 어디선가 들은 소식에 따르면 대서양에서 불어오는 매우 강력한 태풍이 이쪽으로 이동하고 있다고 한다. 그들이 생각하기에 스페인의 한가운데에 있는 이곳에 혼자 머무는 것은 무모한 행동이라는 것이다. 그들은 내가 그렇게 젊지 않다는 것을 살며시 웃으며 일깨워주려고 한다. 난 지금 옷이 젖은 데다 몸이 더 추워지면 폐렴에 걸릴 수도 있다. 그렇게 되면 도움을 구할 데도 없다. 지금 당장 옷을 말릴 수도 없고 몸도 금방 따뜻해질 수 없으니 그들과 함께 가기는 힘들다.

하늘 높이 원을 그리며 나를 기다리고 있을 대머리수리들이 눈앞에 선하지만 이곳은 이미 내게 어떤 매력적인 인상을 남겼다. 뭔가 마음을 사로잡는 것이 있다. 갑자기 피곤함이 몰려온다. 오늘은 충분히 비를 맞았다. 대머리수리가 있건 없건, 폭풍우가 몰려오든 안 오든, 그냥 이곳에 머무르며 쉬기로 했다. 지금 여기는 비가 내리고 있지 않다 …… 내일 무슨 일이 일어날지 누가 알겠는가?

스페인인 순례자들의 우의에 고마움을 표시하고 나는 오늘

밤을 여기서 보낼 거라고 얘기한다. 비에 젖지 않은 침낭도 있고 하니 따뜻하게 잘 수 있다. 그리고 밤 동안 젖은 옷도 마를 것이다. 내일 아침에 먹을 빵과 오렌지, 치즈 조각도 있다. 여기서 잘 지낼 것이니 걱정마라고 한다.

이렇게 얘기가 오가는 동안 그들 가운데 두 명은 밖으로 나가 마른 짚과 장작들을 들고 와서는 나를 위해 불을 피기 시작한다. 고마운 사람들이다. 그들은 배낭을 메고 내게 행운을 빌어준 뒤 빗속으로 걸어 나갔다. 그들 중 한 사람은 바지 위로 그림 그릴 때 입는 각반 같은 것을 걸쳐 입었다. 비를 막을 수 있는 얼마나 훌륭한 방수복인가 …… 비를 맞으면 언제나 흠뻑 젖는 부분이 바로 바지 아래 부분이다.

밤 동안 알베르게를 둘러본다. 소박하게 돌로 지은 건물, 방이 두 개고 최근에 완공되었다. 이 방은 사오 미터 정도의 사각형 모양이고 이것보다 좀더 큰 직사각형 방과 툭 터져 있다. 돌로 만든 의자가 벽 삼면에 둘러쳐져 있다. 방 중앙에는 지름이 1미터쯤 되는 돌대가 세워져 있다. 아까 두 사람이 불을 피운 곳이 바로 여기다. 돌대의 중앙에 있는 원뿔 모양의 구멍을 통해 연기가 올라온다. 연기가 구멍으로 빠져나갈 수 있도록 환기구를 약간 열어 공기의 유입을 늘린다. 이 방 안에는 돌과 회반죽으로 쌓은 벽과 큰 창문 몇 개, 그리고 문 빼고는 아무 것도 없다. 극도로 간소한 설계지만 비례와 자재는 아주 훌륭하다. 밖에서 불어대는 바람소리를 들으며 매우 근엄한 건축 공간 속으로 편안하게 빠져든다.

불 가까이에 젖은 신발과 양말을 말리며 침묵과 고독 속에서 평화로운 저녁을 즐길 준비를 한다. 다른 사람이 나타나지 않는다면 오늘밤은 새로 지은 알베르게에서 완벽하게 혼자 지내는 첫날이 될 것이다. 전에 이곳에 어떤 사람들이 머물렀다는 표시는 아무 데도 없다. 어쩌면 내가 이곳의 첫 번째 손님일지도 모른다. 폭풍우가 몰아치는 한가운데서 몸을 말리고 따뜻하게 몸을 녹일 수 있는 장작불과 함께 이렇게 수수하지만 우아한 방 안에 있을 수 있다는 것이 얼마나 큰 행운인가. 이런 안락한 기분은 기존의 전통적인 알베르게들 어디에서도 맛볼 수 없는 것이다.

비가 좀 잦아졌다. 밖을 나가 한바퀴 둘러본다. 건물 뒤편에 작은 나무 덤불이 있고 철제 공원벤치, 야외용 탁자와 화덕이 있다. 그리고 그 옆에 장작들을 담아놓은 커다란 상자가 보인다. 아까 그 사람들이 짚과 마른 장작들을 꺼낸 곳이 바로 여기다. 이곳을 지은 사람들이 나 같은 사람들을 위해 남겨둔 것이다. 하지만 건축자재로 목재를 쓴 흔적이 보이지 않는데 어떻게 이런 목재가 생겼을까 궁금하다. 목재 조각들을 집어보니 아직 마르지 않았다. 덤불 근처에는 샘물을 연결한 샘터가 만들어져 있다. 땅바닥에 마른 회반죽 덩어리가 떨어져 있는 것으로 보아 이 건물이 지은 지 정말 얼마 안 되었다는 것을 알 수 있다. 날이 맑으면 전체를 더 잘 둘러볼 수 있을 텐데, 오늘은 날이 어둡고 축축하고 음울하다. 따뜻한 불을 찾아서 안으로 다시 들어가자.

불꽃들이 춤추는 듯한 이미지는 얼마나 멋지고 매혹적인가. 사람들은 몇 시간 동안이고 앉아서 불빛이 끊임없이 일렁이며 바뀌는 모습을 지켜볼 수 있다. 그러나 나는 이전까지는 한 번도 실제로 그렇게 해본 적이 없다. 오래전 어린 아들 녀석이 집에 있는 야외 화덕 앞에서 긴 시간 동안 조용히 앉아 있는 것을 보고는 그 아이가 무엇을 하고 있는지 궁금했다. 녀석이 시간을 그냥 허비하고 있는 건 아닐까? 그 당시 나는 대학 종신교수직을 포기하고 자립적인 삶을 살려고 하고 있었다. 스스로 집도 짓고 먹을 것도 기르며 기존의 경제적 환상과 현실들을 떠나서 때로는 '비생산적인' 활동들을 불신의 눈으로 바라보기도 했다. 우리 부부는 그것이 좀더 존귀한 삶의 형태를 복원하는 것이라고 믿고 있었다. 옛날 고대인들은 세상을 구성하는 네 가지 기본 요소가 있다고 생각했다. 흙, 공기, 물, 불이 그것이다. 적어도 서양에서는 그 요소 안에 어떤 중요한 진리가 담겨 있다는 전통이 오랫동안 전해져 왔다. 당시 아홉 살짜리 어린 아들도 본능적으로 그 진리를 알고 있었던 것이다. 그리고 오늘밤 그 불꽃은 나를 사로잡고 매혹시킨다. 이제야 비로소 나는 오래전 어린 아들 녀석이 말로 표현하지는 못했지만 내게 알려주려고 했던 것을 경험하기 시작한 것이다.

어쩌면 오늘밤 나는 만물의 근원인 그 기본 요소들을 처음으로 경험하는 새로운 단계를 완성하고 있는지도 모른다. 나는 카미노를 걸으며 흙, 공기, 물과 매우 친근해졌다. 흙은 발걸음을 옮길 때마다 내 안에 강한 자국을 남긴다. 공기는 숨쉴 때마다 신선한 생명으로 허파를 채운다. 샘에서 솟아나는 맑고 깨끗한 물은 끊임없이 영혼을 되살린다. 이제 나는 나머지 형제인 불을 새롭게 알게 되었다. 이제 불꽃의 매혹적인 모양과 색깔이 내

내면에 다양하게 아로새겨질 때까지 오랜 시간을 그 앞에 앉아 있을 것이다. 새로운 것들과 사람들, 시각들에 대한 끊임없는 갈망을 잠재우는 이 기묘하고 파괴적인 방법들 …… 참 오묘하다. 밖에서는 사나운 바람이 휘몰아치는데도 밝게 요동치는 불꽃을 바라보며 고요하게 홀로 앉아 있을 수 있다니 신기할 뿐이다.

한 번은 많은 지인들이 한 친구 집에 모여 토론을 했던 적이 있었는데 토론이 저녁까지 이어졌다. 방이 어두워지자 친구가 촛불을 주위에 둘러서 켰다. 전등은 하나도 켜지 않았다. 그때 나는 촛불이 우리가 대화하는 말투나 성격에 매우 특별한 영향을 끼친다고 느꼈다. 그날 밤 거기서 일어난 매우 특별한 느낌은 아무리 효과적으로 조명시설을 한다고 하더라도 전등 빛에서 일어날 수 있는 것과는 아주 다른 느낌이었다.

태평양을 배를 타고 건너며 배운 것은 거기서는 아무리 서둘러봐야 소용없다는 것이다. 시간이 필요할 뿐이다. 샌디에이고에서 출발해서 중간에 하와이와 괌, 필리핀, 상하이를 경유하여 중국 북부지방까지 30일 동안 군함을 타고 항해했다. 배를 타고 가는 동안 책을 읽고 그저 바다를 바라보는 것 말고는 할 일이 아무 것도 없었다. 날씨에 상관없이 틈만 나면 바다를 응시하며 난간에 서 있곤 했다. 한적하지만 조심스럽게 바다를 바라보고 있노라면 피곤함을 느낄 새도 없었다. 실제로 배는 생각보다 빨리 종착지에 도착했다. 마음이 산란하고 바쁜 사람들처럼 그냥 흘긋 봐서는 만물의 근원인 네 가지 기본 요소들의 비밀을 볼 수 없다.

카미노를 걸으며 날마다 새로운 흙을 밟고 새로운 공기를 마시는 새로운 경험을 한다. 오랜 시간 걷다보면 발생하는 피곤함과 통증은 우리 몸의 신경을 통해 발아래 있는 흙의 기운을 온몸으로 전달한다. 이제 흙과 인간의 몸을 연결하는 관계의 힘이 무엇인지 알아가고 있다. 또 중간에 어떤 것도 매개되지 않은 순수한 공기와 직접 몸을 맞대고 있음이 느껴진다. 카미노를 걷다보면 마치 공기와 내가 한 몸인 것 같다. 공기가 차가운지 따뜻한지, 건조한지 습한지 언제나 온몸으로 느낀다. 공기는 당신에게 무엇이든 가져다줄 수 있다고 한 마하트마 간디의 말은 맞는 말이다. 하지만 벌거벗은 채 공기를 맞이한다면 훨씬 더 많은 것을 느낄 수 있을 것이다. 이것은 그런 경험을 위해서 어떤 날씨가 좋다는 것을 말하는 게 아니다!

때로는 내가 지금 카미노를 걷고 있는 것은 전에 인도에서 간디를 알게 된 덕분이 아닌가 생각할 때도 있다. 간디의 삶과 저작들을 조명하기 위한 한 경제학 국제회의에 초대받고 인도의 와르다에서 간디를 추종하는 일부 원로들과 함께 생활한 적이 있었다. 와르다는 간디가 힌두교 수행자들의 공동체인 아슈람을 세운 곳이다. 한 달 동안 원로들, 일부 젊은 여성들과 함께 돗자리에 앉아 있었는데 그들은 날마다 하루도 빠짐없이 기도문을 따라 읽었다. 우리는 아슈람에 있는 동안 일주일을 간디가 생전에 쓰던 오두막에서 매일 아침 일찍 두 시간씩 침묵 속에서 앉아 있었다. 그렇게 명상을 하고 있노라면 오두막 안 어디선가 이상한 목소리들이 들렸다. 나는 이 경험을 통해 내 선조들의 목소리에도 귀를 기울일 필요가 있다는 것을 절실하게 깨달았다. 내가 거기서 들은 것은 외국인이 알아듣기에는 매우 이질적인 내용이었다. 따라서 내 조상, 내 뿌리가 되는 사람들을 대상으로 그런 명상에 들어가는 것이 필요하다고 느꼈다.

그런데 그들은 무엇보다도 모두 신앙인들이었다. 내 부모님을 비롯해서 오늘 나와 동행하는 전혀 알지 못하는 옛 선조들의 혼령들까지, 내가 힌두교도가 아니라는 것 때문이 아니라 나도 간디를 좋아하며 하나의 신앙 전통에 속한다는 것에 대해서 오직 감사함을 느낄 수 있을 뿐이다. 또한 이런 신앙 전통 속에서 내가 지닌 힘과 방향과 품성을 찾아낼 수 있다. 내가 그 사람들을 만나고 그들에게 깨달음을 얻은 곳은 바로 이곳 카미노 위에서였다.

나는 지금의 이 고독을 소중하게 생각한다. 하지만 이 불꽃의 온기와 타오름을 다른 사람들과 함께 나누고 싶은 마음 또한 간절하다. 지금 나는 혼자서 너무 많은 장작들을 소비하고 있다. 이제 오늘밤 더 많은 장작을 쓰지 않아도 될 만큼 몸이 다 말랐다. 다음에 춥고 젖은 몸으로 이곳에 찾아올 다른 순례자들을 위해 조금이나마 장작을 남겨 놓을 수 있을 것 같다. 신발은 다 마른 것 같고 아직 타다 남은 불은 내일 아침이 오기 전에 다 꺼질 것이다. 이제 몸을 따뜻하게 감싸줄 침낭 속으로 들어갈 차례다. 밖에는 바람이 아우성치듯 불어대고 빗방울은 창문들을 세차게 두드린다. 어쩌면 대서양에서 불어온 폭풍우가 정말 이곳에 도착했는지도 모른다.

나는 지금 24시간 전에 있었던 곳과는 전혀 다른 곳에 있다! 그때 거기서 따뜻한 햇살을 받으며 온갖 꽃들이 길게 늘어선 길가에 앉아 일요일의 여유로운 거리를 거니는 사람들을 바라보면서 맛있는 커피를 맘껏 즐겼다면, 지금은 어둠 속에 감추어져 잘 보이지도 않는 산허리 중턱의 외딴 곳에서 소박하게 쌓아올린 정갈한 돌들에 둘러싸인 채 바깥에서 격렬하게 몰아치는 폭풍우를 피하고 있다. 오늘과 같이 정말 멋진 하루는 평생 잊지 못할 것이다.

15
내 몸의 감각들이 진정으로 생명을 느낀다
그란하 데 삼볼에서 카스트로헤리스까지

어젯밤은 알베르게에 전등이 하나도 없어서 일찌감치 침낭 속으로 기어들어갔다. 이른 새벽 아직 어두컴컴할 때 잠에서 깼다. 신기하게도 평소처럼 기분이 편안하다. 침낭 밑에 얇은 비닐 깔개를 깔지 않은 것은 이번이 처음이다. 어제는 돌로 된 평상 위에 침낭을 펴고 그냥 잤다. 그동안 비닐 깔개는 편안하게 잠자리를 위한 매트리스 구실을 했다. 밤마다 나는 스웨터를 돌돌 말아서 베개로 썼다. 가지고 다니기 편한 작은 스폰지 베개를 하나 가지고 왔으면 좋았을 것을.

손전등을 켜고 아침을 먹고 짐을 쌌다. 길에 깔린 날카로운 돌들을 피하고 화살표 표시를 볼 수 있을 정도로 날이 밝자마자 바로 출발한다. 아직도 비가 내리고 있지만 바람은 다른 벌판이나 산을 찾아 떠났는지 좀 잦아들었다.

작은 마을들을 몇 군데 지난다. 한 곳에서는 어느 노파 한 사람이 "오늘 오후에 비가 더 많이 올 거래요"라고 알려준다.(그 순간 바로 비가 그쳤다!) 또 다른 마을에서도 농부 한 사람이 오늘 늦게 비가 많이 내릴 거라고 귀띔한다. 그들은 모두 비가 내리기 전에 미리 준비하라고 내게 일러준 것이다.

자그마한 산이라고 할 정도로 큰 언덕길을 내려가서 모퉁이를 돌아서니 갑자기 정면으로 1킬로미터쯤 떨어진 낮은 곳에 마을이 하나 나타난다. 길은 마을의 공동 쓰레기장까지 곧게 뻗어 있는데 주위의 아름다운 평지와 어울리지 않는다. 거기서 아래를 내려다보면 집들과 건물들이 보인다. 쓰레기장이 있는 곳은 집을 짓기에 아주 알맞은 장소처럼 보인다. 하지만 지금 그곳에는 낡은 난로, 농기구, 여러 가지 건축 자재들과 같은 거대한 폐기물이나 망가진 물건들이 어지럽게 쌓여 있다. 그곳에 버려진 물건들을 돌아보다가 대여섯 대의 나무로 만든 농가 수레를 보고는 깜짝 놀랐다. 모두 아직도 쓸 만한 상태였지만 부서진 플라스틱 선반들과 욕조들과 함께 버려져 있었다. 가장자리에 얇은 철판을 두른 바퀴 두 개가 달린 이 수레들은 황소나 당나귀, 말 같은 동물 한 마리가 끌게 되어 있는데 내게는 이미 친숙한 것들이다. 카미노를 따라 걷는 동안 만난 여러 농장에서 그것과 똑같이 생긴 수레들을 여러 번 봤다. 서로 멀리 떨어진 지역들에 그 수레들이 있는 것으로 봐서 중앙에 있는 어느 한 공장에서 생산한 것 같지는 않고 아마도 여러 지역에 사는 사람들이 그 수레의 우수성을 확인한 뒤 각 지역의 수공업자들에게 수레 제작을 맡겼을 것 같다는 생각이 든다.

그러나 지금까지 그 수레를 사용하고 있는 모습을 보지는 못했다. 모두 농장 건물 근처에 세워져 있었다. 그리고 그것을 가까이서 본 것은 쓰레기 더미에 버려진 이곳이 처음이다. 여기에 버려진 농기구들을 볼 때 스페인 농부들이 황소나 말을 이용한 농사에서 트랙터를 이용한 산업 농법으로 급격하게 전환을 했다는 인상을 깊이 받는다. 벨로라도에서 옛 시절 수공장인인 구둣방 주인을 만난 것은 큰 행운이었다. 그러나 이곳에서 바로 그 옛날 세계를 대표하는 최고의 작품 가운데 하나가 이렇게 버려진 모습을 보니 가슴이 아프다. 이렇게 튼튼한 수레를 만든 장인들은 아마도 모두 지금 이 세상에 없을 것이다. 그들의 세계도 그들과 함께 운명을 다한 것은 물론이다. 누군가 뜻있는 기업가가 나서서 옛 선인들이 만든 훌륭한 수공업제품들을 마을의 쓰레기장에서 거두어 자신이 운영하는 음식점 안뜰을 우아하게 꾸민다면 그곳을 찾는 많은 사람들이 옛 장인들의 뛰어난 솜씨를 잊지 않고 기억할 수 있지 않을까. 그런데 이 농부들은 어떻게 이런 훌륭한 예술작품들을 아무 생각도 없이 흉측한 플라스틱과 녹슨 철제 쓰레기들 사이에 던져버릴 수 있었을까? 그들이 마침내 이곳으로 수레를 끌고 왔을 때 무슨 생각을 했을지 궁금하다. 그들이 오늘 쓰레기장에 버려진 수레들을 본다면 옛날 기억을 떠올리며 괴로워할까? 그들이 사는 곳에 수레를 써서 일하던 사람들과 이웃들이 있었다는 것을 그리워할까? 그들은 버려지는 수레들과 함께 무엇이 사라지는지 생각이나 했을까?

　1987년 밀 수확이 한창이던 때 카미노를 걸었던 한 순례자는 자신이 본 현대식 농기구들에 대해서 매우 감탄하는 글을 쓴다. 모든 것이 매우 효율적이고 발전한 모습으로 보인다. 그 순례자는 시골의 전략 거점에 기계수리공들을 상주시켜서 기계들이 한시도 쉬지 않고 돌아갈 수 있도록 하는 것을 상상한다. 그가 관심 있는 것은 오로지 기계와 관련된 것들뿐이다. 농촌공동체에 대해서는 아무런 관심이 없다. 기계가 농촌공동체에 어떤 영향을 끼칠지는 생각지도 않는다.

1차선 아스팔트 도로를 따라 2~3킬로미터를 걷고 있다. 지금까지 간선도로를 걸으면서 한 번도 본 적이 없는 새로운 표지판들 가운데 하나를 통과한다. '카미노 데 산티아고(산티아고로 가는 길)' 이렇게 쓰인 표지판이 나올 때마다 지팡이로 그 표지판을 거칠게 두드리며 "안돼! 안돼! 카미노는 자동차를 타고 가는 길이 아니라고" 하면서 큰 소리로 외친다. 아무도 지금 내 소리를 못 듣겠지만 그래도 속에서 치밀어 오르는 분노를 밖으로 분출시키지 않을 수 없다. 자동차를 탄 사람들은 대부분 콤포스텔라가 아닌 다른 목적지로 갈 것이다. 그러나 이 표지판들은 그들이 카미노를 달리고 있다고 알려준다. 그들은 실제로 카미노를 달리고 있는 것이 아니다. 카미노는 실제로 자기 발로 땅을 밟고 가는 사람들만이 접근할 수 있다. 카미노를 경험하고 싶은 사람이라면 차에서 내려 신발에 진흙을 묻히며 온몸에 땀을 흠뻑 뒤집어쓰기도 하고 비에 젖어 추위를 느끼며 걷기도 해야 한다. 그리고 지친 몸으로 알베르게에 도착해야 한다. 그래야 비로소 카미노의 기쁨을 느낄 수 있다.

라피는 17세기에 이 길을 따라 오면서 땅바닥에 '저주받을 메뚜기 떼'들이 들끓는 것을 보았다. 카미노 옆으로 한 불쌍한 프랑스인 순례자가 누워서 죽어가고 있었고 그 위에 벌레들이 가득했다.

이 불쌍한 영혼이 죽기 전에 고해성사를 끝마칠 수 있도록 도와주라고 하느님께서 우리를 여기로 인도한 것 같았다. 그 탐욕스런 작은 야수들은 이미 그를 맘껏 포식하기 시작했다.

오늘날 전염병과 죽음은 매우 여러 가지 형태로 다가온다. 라피가 어디서 몸이 아팠는지 지금으로서는 짐작으로밖에 알 수 없는데 그곳은 간선도로와 카미노가 통과하는 지점에 있으며 커다란 아치가 있는 것으로 널리 알려진 좀 장엄하면서도 기묘한 형태의 폐허 자리로 추정된다. 안토니네 오스피탈러스 Antonine Hospitallers라는 병원 겸 수도원의 잔해가 바로 그곳이다. 이 건물은 1095년 프랑스 비엔 출신 귀족인 가스통 도핀이 세웠는데 그 건축 양식은 금방 유럽 전역으로 널리 퍼졌다. 게일렝(또는 조셸링)은 1070년과 1095년 사이에 이집트의 성 안토니우스의 성물을 콘스탄티노플에서 비엔으로 가져왔다. 성 안토니우스(250~356년)는 357년 아타나시우스가 쓴 일대기로 유럽 전역에 널리 알려졌는데 수도원 제도를 만든 사람 가운데 한 명으로 특히 은둔 생활을 강조했다.

성 안토니우스는 맥각중독(麥角中毒맥각곰팡이에 감염된 보리나 밀을 먹어서 생기는 병으로 구토, 설사, 안면이 창백해지는 증상이 나타나며 심하면 죽는다. 만성의 경우 팔다리가 썩고 경련을 일으킴 - 옮긴이)이라는 질병을 치료하는 데 특별한 능력이 있다고 알려졌다. 그래서 사람들은 그 병을 '성 안토니의 열'이라고 불렀다. 이 병원들은 바로 맥각중독으로 고통받는 사람들을 치료하기 위해 세워졌다. 스페인에는 이런 병원이 서른 군데나 세워졌다.

이곳의 우아한 아치 아래를 지나면서 비록 건물은 폐허가 되었지만 뭉그러진 몸뚱이로 고통 받는 사람들을 위해 깊은 연민으로 가득했던 그들의 고결한 정신은 내 가슴 속에 영원히 남기를 기도한다.

오늘은 아침 일찍 길을 나선 덕분에 벌써 10킬로미터 가까이를 걸어 아침 10시에 카스트로헤리스에 다다랐다. 읍내가 내려다보이는 언덕 위에 허물어진 성곽 잔해가 있다. 이 성곽은 본디 9세기에 매우 중요한 방어진지로 세워졌다. 이슬람 세력들은 882년에 카스트로헤리스를 침략하고 정복했다. 그들은 이곳을 차지한 뒤 바로 떠났다. 1년 뒤 다시 기독교 세력들이 이곳을 탈환하고는 성곽을 쌓고 방어를 강화했다. 무어족은 래지어(습격)라고 부르는 전투 형식을 즐겼던 것 같다. 그것은 사람의 몸값을 노리거나 노예로 삼는 것 같은 노획물을 얻기 위한 목적으로 성벽을 쌓은 요새나 도시를 갑자기 공격하는 것이었다.

711년 최초로 스페인을 침입한 무어족은 본디 한차례 래지어를 감행했다가 곧바로 북아프리카로 되돌아갈 계획이었다. 무어족의 지도자들은 이슬람교로 개종한 북아프리카 베르베르족에게 나타나는 무절제한 광신적 행동을 어떻게 만족시키면서 통제할지 그 방법을 찾는 데 골몰했다. 따라서 래지어의 목적은 처음부터 다른 나라의 영토를 정복하거나 이슬람 종교를 확산시키기 위한 것이 아니었다. 그러나 북아프리카에는 전쟁에 투입할 수 있는 인력도 풍부하고 그들을 군사로 '선발'하는 것도 쉬워서 당시 최고의 아랍 지도자였던 타리프Tarif와 무사Musa는 베르베르족의 전사들을 자신들의 군대로 만들었다. 타리프의 두 번째 스페인 원정에서(지브롤터는 그의 이름에서 연유되었다)타고온 배가 불탔다. 그래서 원정에 따라온 북아프리카 베르베르족들은 할 수 없이 타리프를 따라 이베리아 반도로 들어갈 수밖에 없었을 것이라는 이야기가 있다. 이 이야기는 거의 정확하게 700년 뒤에 멕시코의 베라크루스에서 스페인사람들이 저질렀던 똑같은 사건을 떠올리게 만든다. 몇 년 뒤 타리프와 무사가 다마스쿠스에 돌아왔을 때 북아프리카의 이슬람 지도자는 그들을 냉대했지만 그들은 그 냉대와 멸시를 이겨내고 이후 300년 동안 유럽에서 가장 발전된 나라 가운데 하나를 만들어나가기 시작했다.

알폰소 7세는 1131년 아라곤이 지배하고 있던 카스트로헤리스 성을 탈환했다. 당대의 기록에는 "그리스도가 죄인들을 지옥에서 구한 것처럼" 알폰소 7세가 "카스트로헤리스 성을 아라곤의 속박에서 구원했다"고 나온다.

카스트로헤리스에 좋은 알베르게가 있다는 소문을 들어 알고 있기에 오늘은 거기서 묵을 예정이다. 며칠 동안 몸을 씻지 못한 데다 앞으로도 날씨가 나쁠 거라는 일기예보 때문에 좀 씻어야 할 것 같았다. 1495년 헤르만 퀴니그 수도사는 독일인 순례자들을 안내하면서 이곳에 있는 오스피탈 네 곳에 대해 기록했다. 19세기에 세워져 지금까지 운영되고 있는 오스피탈이 아직도 일곱 군데나 있었다. 읍내로 들어서자마자 길을 묻기 시작했다. 거리가 다른 곳보다 매우 복잡했기 때문이다. 여러 차례 사람들에게 길을 물은 뒤 일종의 호스텔로 개축된 오래된 건물에 있는 알베르게 한 곳을 발견했다. 다행히도 문이 열려 있다. 안으로 들어가자 햇살이 실내를 환히 비춘다.

1층에는 한쪽에 창문이 난 복도가 있고 그 복도를 따라 수도원의 독방처럼 생긴 방들이 늘어서 있다. 2층에는 커다란 방이 하나 있다. 그런데 따뜻한 물은 나오지 않는다. 건물 뒤쪽으로는 빨랫줄이 걸린 안뜰이 보인다. 침낭을 꺼내 밖으로 나가 빨랫줄에 건다. 침낭에서 연기 냄새가 나기 때문이다. 따뜻한 햇살이 있는 동안 말리기 위해 서둘러 빨래를 마친다. 젖은 신발도 오늘 말릴 것이다.

저 멀리 먹구름이 잔뜩 끼었다. 계속 지켜볼 작정이다. 잘못하면 침낭이 젖을 수 있기 때문이다. 아마도 아까 비가 내릴 거라고 알려주던 사람들이 있던 마을들에는 지금쯤 비가 내리고 있을지도 모른다. 하지만 이곳은 아직까지 따뜻한 해가 밝게 비치고 있다. 지금 이곳에서 내 유일한 '적'은 끊임없이 오락가락하는 비인 것 같다. 그러나 오히려 지금까지는 이 적과 잘 지냈다. 비에 젖으면 언제나 다시 말리기 위해 애썼고 비에 젖는 것 때문에 악영향을 받은 것은 하나도 없었다.

이곳에 묵는 순례자들에게 주위를 청결하게 유지해달라고 부탁하는 표지판이 보인다. 하지만 앞서 묵은 사람들은 그렇게 하지 않은 것 같다. 일찍 온 죄로 주위를 깨끗이 청소하고 닦는다. 몸을 씻은 뒤 먹을 것을 찾으러 밖에 나간다. 주방에는 작은 난로 하나와 주방용구들이 있어서 음식을 데워 먹을 수 있다. 여러 차례 길을 물은 뒤에 가까스로 식료품 가게를 찾았는데 거기에는 신선한 상추밖에 없었다. 가게를 나와 슈퍼마켓 같은 곳을 들어갔는데 개업한 지 얼마 되지 않아서인지 치약과 화장실 휴지 같은 것밖에 팔지 않는다. 몇 블록 더 가니 막 따온 양배추를 파는데 혼자서 한 통을 다 먹을 수는 없다. 길을 물어 제대로 찾아간 정육점을 두 번이나 그냥 지나쳤다. 정육점 창문에 붙은 간판이 너무 작아서 그것이 거기에 있는지 몰랐다. 또 생선 파는 곳도 두 군데를 그냥 지나쳤는데 생선 요리에는 자신이 없기 때문이었다. 다음에는 빵집에 들러 통밀빵을 샀는데 다른 어느 곳보다 값이 쌌다. 마침내 저녁거리를 모두 장만하고는 읍내를 어슬렁거리다 매우 멋져 보이는 레스토랑을 두 곳 지나쳤는데 다행히도 거기에 들어가고 싶은 마음이 없었다.

　이런 마을은 확실히 나 같은 뜨내기 방문객들을 위해 편의를 제공하지 않는다. 그러나 기념품들은 언제나 사람들의 주의를 끌고 이곳처럼 화려한 레스토랑이 있다면 언제나 눈에 뜨이는 자리에 있게 마련이다. 여기 사는 사람들은 어디서 무엇을 팔고 어느 가게 주인이 어떤 특징이 있는지 정확하게 안다. 마을 주민들과 마을은 함께 성장했다. 읍내에서 만나는 사람마다 모두 친절하기 때문에 몇 번 더 묻고 더 걷는다면 알고 싶은 것을 모두 알아낼 수 있다. 길이 복잡할수록 그 지역 사람들과 더 친근하게 대화를 나누는 것이 좋다. '상업 지구'를 알리는 표지판을 두고 따로 지역을 구분해놓는다면 이렇게 주민들과 만날 수 있는 좋은 기회는 다 놓쳐버리고 말 것이다!

　저녁을 요리해서 먹은 뒤 몸을 최대한 따뜻하게 하기 위해 티셔츠, 긴팔 셔츠, 운동복, 얇은 바람막이 옷을 입고 순례자들이 보통 착용하는 검은색 펠트 모자를 쓴다. 커피 마실 곳을 찾아 다시 밖으로 나설 참이다. 해는 아직도 하늘 위에 떠 있고 햇살이 온몸을 감싼다. 아주 포근한 기분이다. 아까 신선한 상추를 팔던 가게 건너편 아래로 커피점이 보인다. 평소처럼 커피 맛이 정말 좋다. 그런데 갑자기 …… 다시 마음이 찔린다 …… 너무 커피에 탐닉하는 것은 아닐까? 나는 지금 순례 중이다. 커피는 순례에 어울리지 않는 음식이 아닌가. 가장 기본적인 음식만을 먹겠다는 결심을 지키기 위해서는 생우유 1리터와 인스턴트커피를 조금만 사면 될 텐데. 그렇게 하면 저녁에 큰 컵으로 커피를 한 잔 마시고 남은 우유는 가지고 갈 수 없으니 다음날 아침에 다시 커피와 함께 마실 수 있을 것이다. 그러나 그것은 우유를 파는 가게가 있고 알베르게에 난로가 있는 경우에만 가능한 일일 게다. 아무튼 생각해볼 만한 일이기는 하지만 …… 내가 지금 너무 과민반응을 하고 있는 건 아닌지 모르겠다.

여러 읍에서 커다란 'I' 자가 관청사무소나 작은 건물들 위에 붙어있는 것을 보았다. 간선도로에서 마을로 진입하는 관광객들에게 그 표시가 붙은 건물이 성년을 세속적으로 부르는 '아뇨 하코베오 Año Jacobeo', 영어발음으로는 이상하게 들리지만 '성 야고보의 해'에 대한 정보를 제공하는 공식 안내소라는 것을 알린다. 카스트로헤리스는 비록 작은 읍이지만 이런 안내소가 하나 있기에 안에 무엇이 있는지 알아보기 위해 들어갔다. 가장 눈에 띄는 물건은 대형 비디오기기다. 원하는 정보를 얻으려면 비디오기기의 해당 버튼을 누르기만 하면 된다. 그러면 형형색색의 정보가 화면에 나타나면서 안내 방송을 한다.

또 여기에는 방문객들의 질문에 대답하기 위해 젊은 여성이 한 명 대기하고 있다. 그녀는 정부의 홍보 내용을 알리는 여러 가지 포스터와 안내 책자, 팸플릿들을 가지고 있다. 아마도 모두 산티아고 데 콤포스텔라와 카미노에 대한 내용들일 것이다. 달마다 치러지는 전국 단위의 특별한 행사들을 따로 따로 열거해 놓은 '산티아고로 가는 길의 문화 행사'라는 팸플릿이 눈에 띈다. 여기에는 미술전시회, 음악회, 연극 공연, 강연회, 원탁 토론회 같은 행사들이 포함되어 있다. 이번 달 음악, 미술, 공연 행사들을 살펴보니 성 야고보와 관련된 것은 하나도 없었다. 강연회들은 제목으로 미루어 볼 때 카미노의 문화적 측면만을 가볍게 다루고 있을 뿐 무엇인가 심각한 문제를 제기하는 내용들은 없었다. 그러나 스페인 역사와 카미노를 순례하는 사람들의 마음 속은 성 야고보의 존재에 대해 누군가 진지하게 설명을 해주기를 바라는 여러 가지 질문들로 가득 차 있다.

전국 단위의 국가적 행사는 모두 스페인 문화부의 지휘 아래 있다. 가끔씩 관광 안내소에도 들어가 본다. 거기서 본 모든 안내 그림들은 최고의 품질을 자랑한다. 안내 책자들도 여러 가지 다양한 것들이 많다. 독일에 있는 친구들이 신문의 여행 꼭지에서 산티아고로 가는 길에 사는 사람들과 올해의 특별 행사들을 알리는 내용들을 추려서 내게 보냈다. 하지만 그 가운데 하나는 고개를 갸우뚱하게 하는 내용이었다. 독일의 대표 주간지 가운데 하나인 《디 차이트》에 실린 기사인데 콤포스텔라까지 순례를 다 마친 순례자가 확인도장을 다 찍은 순례자 증명서를 제출하면 옛날의 순례자들이 누렸던 특권을 요청할 수 있다는 내용이다. 국영 호텔에서 3일 동안 공짜로 묵을 수 있다는 것이다. 그러나 콤포스텔라에 있는 국영 호텔은 내가 알기로 레이에스 카톨리코스Reyes Católicos(가톨릭 부부왕이라는 뜻 - 옮긴이)뿐이다. 이 호텔은 페르디난드 왕과 이사벨라 여왕이 순례자들을 위해 지은 오스피탈로 지금은 4성급인가 5성급 호텔로 바뀌었다. 며칠 전 산토 도밍고 데 라 칼사다에 있는 국영 호텔에서 겪은 것처럼 나는 그런 장소에 어울리는 복장이 못 된다. 다른 한편으로 그 호텔에서 제공할 식사가 무엇일지 상상해본다.

도대체 그런 홍보 행사를 무엇 때문에 하는지 정말 알 길이 없다. 관광객을 더 늘리자는 속셈 말고 더 큰 무슨 의미가 있는 걸까? 모든 것이 관광객들을 광범위하게 끌어 모으기 위해 계획된 것처럼 보이지만 실제로 나를 사로잡고 유인할 만한 카미노에 대한 내용은 거기서 하나도 볼 수 없었다. 실제로 다양한 현장을 돌아다니며 자기 믿음을 점검해 볼 수 있는 신앙과 연관된 문제의식들은 정부의 홍보 행사 내용에 전혀 없었다. 따라서 순례자를 돕거나 돌보기 위한 어떤 스페인 정부의 노력은 눈을 씻고 봐도 찾을 수 없다. 적어도 내가 아는 한, 길에 어린 묘목들을 심은 것을 빼고는 카미노에 정부의 돈이 들어가지 않았다는 사실을 아는 것으로 만족한다. 만일 스페인 정부가 순례자들의 길을 인도하는 노란색 화살표를 그리는 데 돈을 썼다면 그것은 정말 고마운 일이다. 앞서 말한 것처럼 카미노의 곳곳에 알베르게를 짓고 관리하기 위해서는 돈이 좀 들어간다. 그란하데 삼볼에 새로 지은 알베르게는 비록 규모는 작지만 건축비가 꽤 많이 들어갔다. 지금까지 한 알베르게에서 다른 알베르게로 이동하는 동안에 중간에 관광 안내소가 있는 것을 본 적이 없다. 스페인 정부가 세금을 어디에 어떻게 쓰는지는 알다가도 모를 일이다.

　오후 늦게 엄숙한 표정을 한 남자가 숙박부와 인주를 가지고 들어와서 알베르게에 숙박하는 사람들을 확인하고 순례자 증명서에 도장을 찍어준다. 그 남자는 앞서 다른 알베르게에서 보았던 사람들처럼 알베르게의 운영과 관리를 돕기 위해 자기 시간을 바쳐서 일하는 자원봉사자인 듯하다. 스페인에는 이런 사람들이 많이 있다고 한다. 그들은 순례자들에게 산뜻한 잠자리와 따뜻한 물, 가스난로 같은 편의를 제공하기 위해 자기 시간과 돈을 바친다.

　오늘 로사리오 기도가 다시 내게 신앙에 대한 질문들을 던진다. 환희의 신비에서 고통의 신비를 거쳐 영광의 신비에 이르기까지 15단의 신비 하나하나는 내 신앙의 시작이며 중심이고 끝이기도 한 성육신에 대해서 중요한 무언가를 드러낸다. 그러나 궁금한 게 있다. 성육신을 믿기 위해서는 육신의 삶을 살아야 하는가? 즉, 신앙을 위해 감각적이고 육체적인 삶을 살아야 한다는 말인가? 오늘날 도시의 삶을 생각할 때 그 질문을 어떻게 이해해야 할까? 어떤 이는 오늘날 많은 현대인들이 자연을 다양하게 접촉하고 느끼며 사는 감각적인 삶을 거의 또는 전혀 경험하지 못한다고 주장한다. 또 어떤 이는 눈과 귀, 코, 혀, 피부의 오감을 향상시키도록 고안된 모든 기술적 매개 '감각촉진제'들 때문에 인간의 감각들은 점점 더 자연에서 멀어지고 따라서 인간은 기술이 생산해낸 자기중심적인 껍데기 안에 더욱 더 고립되어 흥분제 같은 마약을 통해 현실을 도피하거나 가상의 세계로 날아가려고 발버둥치게 된다고 심각하게 주장한다.

카미노를 걸으면 걸을수록 감각들은 더욱 더 예민해지는 것 같다. 내 몸의 감각들은 자연과 실제로 순간순간 직접 부딪치면서 진정으로 생명을 느낀다. 이러한 육체의 감각적 경험은 '헬스'클럽의 운동기구를 통해서 또는 규칙적으로 가볍게 뛰거나 다양한 미용체조 같은 양생법 아래서 느끼는 것과는 전혀 다르다. 대학에서 학생들을 가르치고 있을 때 격주에 한 번씩 한 친구와 핸드볼 운동을 하는 날을 간절히 기다렸던 적이 있다. 그러나 스스로 먹을 것을 지어먹기 위해 마련한 농장에 가서 일을 할 때면 때로는 일하기 버겁기도 하고 너무 많은 시간이 걸리기도 했지만 핸드볼 운동을 할 때와는 다른 육체적으로 매우 새롭고 더욱 복합적이고 만족스러운 느낌이 들었다. 나는 이런 육체적 노동을 여러 해 하면서 내 몸이 세련되고 '과학적'으로 잘 짜여진 운동보다는 오래전부터 우리 조상들이 해왔던 몸의 움직임에 더 잘 맞는다는 사실을 알았다. 칼 폴라니가 주장했지만 내가 내 땅에 대해 거꾸로 적용하려고 했던 '분리'(disembedding 폴라니는 사회 체제에서 경제가 정치 영역에서 분리됨으로써 자기 스스로 움직이는 시장이 마침내 인간사회를 지배하는 시장경제체제가 완성되었다고 주장함 - 옮긴이)는 경제보다는 오히려 다른 영역에 여러 가지 해악을 끼쳤다.

　카미노에서 내 육신은 확실히 훨씬 더 직접적이고 구체적으로 내게 다가온다. 순례 첫날부터 왼쪽 다리에 문제가 있었다. 무릎 통증은 끔찍할 정도로 몹시 아팠다. 한번은 왼쪽 발에 물집이 생겼다. 때로는 발뒤꿈치가 견디기 힘들 정도로 아팠던 적도 있다. 또 어떤 날은 정강이뼈가 아파서 소리를 지르기도 했다. 그러나 오른쪽 다리는 언제나 아무렇지도 않다. 아무리 힘들게 걸은 날이라도 다음날이면 금방 회복된다. 아침이면 두 다리는 언제나 다시 걸을 준비가 되어 있다. 이제 왼쪽 다리도 튼튼해진 게 분명하다. 그것은 내가 살과 피로 구성된 육신이라는 것을 가르쳐준다. 그래서 마침내 로사리오의 신비, 즉 내 신앙의 실체를 내게 보여줄지도 모른다.

고통은 사람이 살아 있다는 표시라는 말을 어디선가 읽은 적이 있다. 고통은 누구나 겪는 것이다. 사람들은 모두 언제고 어떤 형태로든 고통을 맛본다. 어쩌면 고통은 자기 육신의 실재, 자기 육신의 연약함을 깨닫게 하는 신호 역할을 하는지도 모른다. 따라서 자기 육신을 잘 보살피게 만든다.

이것은 육신이 기술이라는 세이렌(현대적 복장을 한)에 의해 점점 쇠약해지고 침체되고 좀먹고 썩어가는 것에서 해방된다 것을 의미한다. 따라서 카미노에서 자주 느끼는 고통은 좋은 것이다. 이것은 일부러 고통을 찾거나 즐기라는 것이 아니다. 자기 육신의 문을 활짝 열고 육신의 선함에 대한 건강한 믿음을 얻기 위해서 고통이 필요하다는 뜻이다. 그 믿음은 중간에 어느 것도 매개되지 않은 채 스스로 직접 느끼고 겪을 때에만 비로소 도달할 수 있다.

우리는 대개 성탄절에는 구유 속에 있는 어린 예수상을 보고, 수난 주간 동안에는 십자가상을 본다. 이제 스스로에게 묻는다. 나는 그때 무엇을 보는가? 합성수지로 만든 예수를 보는가 아니면 육신의 몸으로 오신 예수를 보는가? 부르고스에 있는 십자가상을 본 사람들 가운데 일부는 그것이 진짜 사람의 몸같이 보인다고 주장했다. 나는 과연 그들처럼 볼 수 있을까? 그들처럼 카미노에서 몸이 정화되고 믿음이 돈독해진다면 내 감각도 그런 능력에 도달할 수 있을까?

16
홀로 걷는 자의 고독과 침묵
카스트로헤리스에서 프로미스타까지

어제 늦게 몇몇 순례자들이 알베르게에 도착했다. 그 가운데 캐나다 청년 두 명은 걸어서 순례 중이었지만 나머지 사람들은 모두 자전거를 타고 이동하고 있었다. 숙소에 걷는 사람들과 자전거를 타고 가는 사람들이 함께 있을 때면 언제나 공통되는 것이 있다. 도보 순례자들은 대부분 내 나이 또래라는 사실이다. 이 두 청년은 정말 예외적인 경우다. 자전거를 타고 순례를 하는 사람들은 대개 스페인 사람들인데 나이가 한참 젊은 층들이다. 내가 지금까지 카미노에서 만난 도보로 순례하는 스페인 청년은 기껏해야 한 명 아니면 두 명뿐이었다. 그것은 아마도 학교 방학과 관련이 있는 것 같았다. 더 어린 학생들은 다음 달이나 되어야 방학을 맞아 이곳에 올 수 있을 것이다. 하지만 자전거를 탄 사람들은 그런 학생들보다는 약간 나이가 더 많은 젊은이들이다. 자전거를 탄 젊은이들이 걸어서 순례하는 사람들만큼이나 숫자가 많다는 것이 인상적이다. 이것이 황소와 트랙터의 비교처럼 어떤 역사적 균열을 보여주는 증표가 아닌지 모르겠다. 나이든 사람들은 여전히 발로 걷지만 젊은 사람들은 기계에 의존한다. 나이든 세대는 다른 것의 도움을 받지 않고 여전히 자기 발로 걷는 자유를 즐긴다. 그러나 젊은 세대는 오늘날 점점 더 기계로 만든 발에 열광하고 기대며 자기 진짜 발을 쓸 줄 모른다.

자전거를 타고 이곳에 온 사람들은 자전거와 옷, 야외활동 장비가 모두 최신 제품들인 것 같다. 값비싼 옷을 입은 그들은 그냥 '평상' 복이나 일할 때 입는 옷을 차려입은 듯한 나같이 나이든 순례자들과 아주 극명하게 비교가 된다. 그 젊은이들이 보고 행동하는 것을 보니 전후 미국에서 태어나 대도시 근교에 사는 부유한 젊은 엘리트층인 여피족yuppies이 불현듯 생각난다. 그러나 나는 산 후안 데 오르테가에서 자전거로 순례 중인 네덜란드 사람을 제외하고는 다른 자전거 순례자들과 대화를 나눈 적이 없다. 그 네덜란드 사람은 스페인의 자전거 순례자들과 매우 달라 보였다.

오늘 아침도 여전히 춥다. 있는 옷을 다 껴입고는 구름으로 덮인 하늘 아래로 용감하게 나선다. 옷과 장비들이 모두 말랐고 괜찮기 때문에 날씨가 좀 나빠도 걱정이 안 된다. 예견된 폭풍우는 날씨에 대해서 떠들기를 좋아하는 호사가들의 또 다른 상상이었던 것 같다. 아니면 그 폭풍우가 내가 가는 길을 피해 다른 곳으로 방향을 돌렸는지도 모를 일이다.

곡식들이 무르익는 들판을 몇 군데 지나자 정면에 산 하나가 보인다. 지금까지 상상하거나 본 적이 없는 그런 산이다. 마치 견고한 장벽처럼 땅에서 벌떡 일어선 것처럼 앞을 가로막고 서 있다. 가는 길 방향으로 일직선으로 지평선을 따라 깎아지른 듯이 수직으로 내리달린다. 지나가는 것을 허락하지 않는 것처럼 보인다. 기어 올라가야 한다. 그래. 처음 순례를 시작할 때보다 지금 난 훨씬 더 건강하다. 하지만 어떻게 내가 그 꼭대기까지 올라갈 수 있단 말인가. 여기서 적어도 3~4킬로미터는 되는데 높은 사다리가 있어도 오르기 힘들 것 같다.

가던 길을 따라 가보니 오른쪽에 산으로 오르는 길이 있다. 바닥이 돌들로 쌓인 곳에 도착하자 구불구불한 산길이 약간 가파른 곳도 있지만 산 정면을 따라 꼭대기까지 연결되어 있다. 지팡이를 단단히 쥐고 산을 오르기 시작한다. 어렵지 않게 오른다. 처음보다 많이 건강해졌다.

산 정상에 오르자 편평한 메사 지형이 나온다. 또 다른 세상에 온 느낌이다. 이 길이 카미노임을 알리는 작은 돌비석까지 단숨에 갔다. 아마도 이 꼭대기까지 무사히 온 것을 축하하는 의미에서 돌비석을 세웠나 보다. 이 메사 길은 그렇게 넓지 않다. 바로 반대편 내리막길을 따라 평지와 들판이 있는 곳으로 내려간다. 그러나 얼마 지나지 않아서 또 다른 산이 앞을 가로막는다. 이번 것은 방금 넘어온 산보다 더 높지만 가파르지는 않다. 또 다시 정상에 오르니 신선한 물이 뿜어져 나오는 샘물이 있다. 아주 최근에 판 샘인 듯하다. 샘 둘레 지역에는 바닥에 돌들이 깔려있고 근처에 새로 만든 야외용 탁자들이 놓여 있다. 그리고 그 주위를 어린 나무들을 심은 작은 숲으로 아름답게 꾸며놓았다. 이곳으로 여러 갈래의 자갈길들이 연결되어 있다. 여러 마을에서 이곳으로 소풍을 오는가 보다. 오늘은 사람들이 온 흔적이 없다. 오직 멀리 지평선까지 이어진 거대한 공허함만이 있을 뿐.

 언덕길을 내려오면서 빗방울이 조금씩 떨어지는 것을 느낀다. 비가 계속 쏟아질 것 같아 가던 길을 멈추고 판초를 꺼낸다. 판초는 배낭까지 함께 덮게 되어 있어서 그것을 입고 걸으면 흉측한 괴물처럼 보인다. 그러나 이번에는 판초를 배낭 위로 제대로 덮지 못했다. 판초를 목에 완전히 끼운 뒤 등 아래로 쉽게 떨어질 수 있도록 잘 접고 나서 머리 위로 톡 쳐서 배낭 뒤로 완전히 넘겨야 한다. 그런데 판초가 배낭을 충분히 덮을 정도로 내려가지 않는다. 판초가 배낭 꼭대기에 걸린 것이다. 배낭 꼭대기에 돌돌 말아 매어둔 비닐 매트 때문이다. 매트가 양쪽으로 너무 길게 뻗어서 판초가 배낭을 완전히 덮을 수 없다. 비닐 매트를 배낭에 수직으로 다시 묶어야 한다. 그러면 판초가 배낭을 덮을 수 있는 여유 공간이 생길 것이다.

 갑자기 비가 더 많이 쏟아지고 있다. 몸은 점점 더 많이 젖고 비를 피할만한 곳도 보이지 않는다. 배낭을 벗고 비닐 매트를 다시 맬 수 있는 시간적 여유도 없다. 점점 더 어찌할 바를 모르겠다. 모든 동작을 천천히 조심스럽게 다시 시도한다. 마침내 판초가 뒤로 완전히 넘어갔다. 뒤로 넘어간 판초를 양 다리 사이로 잡아당겨 무릎 높이에서 판초 앞면과 꽉 묶는다. 이 정도면 아무리 머리 위로 바람이 세차게 불어도 판초가 벗겨지지 않고 견뎌낼 수 있다. 판초를 입어도 몸은 젖지만 배낭이 젖는 것은 막을 수 있다.

 판초를 걸치기까지 갖은 애를 먹였던 바람은 점점 더 거세지고 굵은 빗줄기는 얼굴을 마구 때린다. 진흙길은 완전히 진창으로 바뀌어 신발이 땅바닥에 붙어 잘 떨어지지 않을 정도다. 다리가 땅에 붙은 듯 발걸음은 점점 더 무거워진다. 신발에 묻은 진흙덩어리를 지팡이로 털기 위해 몇 걸음 안 가서 서다 가다를 반복한다…… 전에는 군인들이 이런 장비를 하고 어떻게 행군을 할 수 있는지 이해할 수 없었다…… 그러나 지금 나는 여기서 아직까지 한번도 느껴보지 못한 흙과의 아주 색다른 교감을 느낀다. 흙은 내게 아주 새로운 방식으로 자기의 존재, 자기의 '권리'를 효과적으로 보여준다. 흙은 자기 위를 아스팔트로 포장하거나 사람들이 자신을 잊어서는 안 된다고 주장하는 것 같다. 흙은 나로 하여금 지금 매우 긴급하고 쓸모 있는 행동을 하지 않으면 안 되게 만든다. 온 마음과 힘을 다해서 발걸음을 떼는 행동은 마침내 거센 비바람의 추위를 잊어버리게 만든다. 있는 힘을 다해 애쓴 덕분에 살갗에서 뼛속까지 온몸이 따뜻해진다.

계획한 목적지 근처에 있는 마을인 듯한 곳에 다다르니 마을 입구에 순례자들을 환영하는 처음 보는 커다란 표지판이 보인다. 피곤에 지친 순례자들이 편히 쉴 수 있는 이 마을의 알베르게 양식과 탁월함을 자랑하는 내용인데 그것을 보고 거기에 가보지 않을 사람은 없을 것이다. 이런 방식으로 알베르게를 선전하는 것은 여기서 처음 보았다. 이런 후한 인심을 피할 수 없어 비도 피할 겸 잠시 들러보기로 했다. 그 표지판 뒤에 과연 어떤 환대가 있을지 궁금하다.

노란색 화살표를 따라 가는데 길은 전혀 포장이 되어 있지 않다. 마을길도 숲길만큼이나 진흙탕길이라 신발에 진흙이 잔뜩 달라붙는다. 길 주변의 주택들은 보통의 시골 마을 '거리'처럼 수수하고 꾸밈이 없다. 이런 마을 주민들이 운영하는 알베르게는 과연 어떤 모습일지 점점 더 궁금해진다. 얼마 걷지 않았는데 이제 집들이 보이지 않는다. 앞에는 다시 확 트인 전원 풍경이 나타나고 바람은 여전히 세차게 분다. 잠시 어리둥절한 채 걸음을 멈추고 주위를 둘러본다. 화살표가 마을을 곧바로 관통하지 않고 빙 둘러서 표시되어 있었다. 찾고 있던 알베르게를 그냥 지나친 게다. 하지만 마을이 작아서 그 알베르게를 찾는데 오래 걸리지 않을 것이다. 마을로 난 것처럼 보이는 거리로 발길을 돌린다. 그런데 10미터도 못 가서 무시무시하게 생긴 커다란 잡종개 세 마리가 앞을 떡하니 가로막고 더는 가까이 다가서지 말라는 듯이 으르렁거리며 짖는다.

  길을 가다 거리에서 개를 만난 것은 이번이 처음이 아니다. 카미노에서도 여러 차례를 개를 만났다. 그러나 대개는 튼튼한 쇠사슬에 묶여 있거나 커다란 울타리 뒤에 갇혀 있는 경우가 많았다. 개들은 마치 나를 공격하는 것이 자신들의 유일한 희망인 것처럼 볼 때마다 짖는다. 나는 개들을 마주칠 때면 언제나 지팡이를 단단히 쥐고 똑바로 쳐다본다. 개들이 사슬을 풀고 덤벼들면 언제라도 지팡이를 휘두를 자세를 갖춘다. 하지만 한 번도 개들을 지팡이로 내리친 적이 없으므로 내 의도는 언제나 공허하고 앞뒤가 안 맞는다. 1987년 한 순례자는 순례 도중에 만난 사나운 개들 때문에 얼마나 많이 위협받고 깜짝 놀랐는지 마주친 개들의 수를 기록하고 그 개들의 포악성을 여러 차례 언급했다. 그 순례자는 카미노에서 자신에게 덤벼들고 이빨을 드러내고 으르렁거린 개들의 수가 400마리 가까이 된다고 했다. 그는 끝으로 옛 속담 하나를 바꿔야 한다고 결론짓는다. "개는 사람의 가장 친근한 벗이다"를 "개는 자기 주인에게만 가장 친근한 벗이 될 수 있다"로 바꿔야 한다고 주장한다. 지금 내 앞에 있는 개들은 사슬에 묶여있지도 않고 극도로 흥분된 상태로 단호한 자세를 취하고 있다. 순간 나는 그냥 원래 목적지인 프로미스타로 가기로 했다. 발길을 돌려 다시 바람과 진흙과의 싸움을 시작한다.

　짐작한 대로 오늘 가야 할 목적지까지는 몇 킬로미터밖에 남지 않았다. 진흙탕 길에서 예닐곱 시간 정도 분투한 끝에 프로미스타 외곽 지역에 도착했다. 바로 그 순간에 그렇게 쏟아 붓던 비가 그치고 햇살이 비치기 시작한다. 찬란하고 눈부시게! 그러나 땀 때문이 아니라 비를 맞아 젖은 상태라 몸이 으슬으슬하다. 여러 차례 길을 물은 뒤 읍내 한가운데에 사는 한 여인이 이곳에 있는 알베르게의 열쇠를 가지고 있다는 것을 알았다. 그 여인의 집으로 가자 그 여인은 상냥하게 알베르게의 열쇠를 건네주면서 알베르게 위치를 알려주고 순례자 증명서에 도장을 찍어준다.

　알베르게는 여기서 두 블록쯤 떨어진 곳에 있다. 여러 개의 침대가 있고 따뜻한 물이 나오는 쾌적한 건물이다. 하지만 부엌 시설이 없다. 양말을 빨아서 신발과 함께 햇볕에 말리기 위해 밖에 걸어두고 먹을 것을 찾아 읍내로 나간다. 길 건너편에 있는 빵집에서 빵을 산다. 빵집 주인이 여기서 한두 블록 더 가면 식료품 가게가 있다고 귀띔한다. 식료품 가게서 신선한 햄 한 조각과 냉동 채소, 바나나, 달콤해 보이는 딸기, 요구르트를 조금씩 산다. 그리고 나중에 도착할 다른 순례자들에게 포도주를 대접할 생각으로 포도주를 얹어 놓은 선반을 살핀다. 가게가 작아서인지 남아 있는 포도주는 여섯 병밖에 없다. 하지만 모두 값이 만만치 않다. 계산대에 있는 젊은 여성에게 값이 싼 일반 포도주는 없는지 묻는다. 그녀는 있다고 하면서 내가 지금까지 본 적이 없었던 것을 가리킨다. 그 포도주는 우유처럼 1리터짜리 종이상자에 담겨 있다. 처음 보는 포도주다. 포장이 좀 수상쩍지만 하나를 집어 "맛은 어때요?" 하고 묻자 그 여성은 어깨를 으쓱하며 "보통이에요." 하고 간단하게 대답한다. 마치 "당신이 바라는 게 그거 아닌가요?" 하는 투다.

알베르게 앞에 약 20평방미터 크기의 광장이 있는데 넓게 잔디가 깔려 있고 여러 종류의 작은 나무들이 심어져 있다. 그리고 타일이 깔린 광장 구석에는 공원 의자가 네다섯 개 놓여져 있다. 다행히도 의자 하나는 햇살이 비친다. 점심을 먹고 쉬기에 좋은 장소다. 이런 곳에서 함께 여유를 즐길 사람이 지금 한 사람도 없다니 얼마나 딱한 일인가! 중심가에서 한 블록밖에 떨어져 있지 않고 차도 드문드문 다닐 뿐이다. 주위에 지나다니는 사람도 없다. 이곳의 모든 매력과 온기를 내 안에 가득 채우리라. 여기에 있지 않은 사람들 몫까지 모두. 아마도 지금 이 시간은 마을 주민들이 모두 점심을 먹기 위해 자기 집에 간 것 같다.

어린 소녀 둘이 동생뻘 되는 사내아이와 함께 이곳으로 와서 논다. 그들은 둥글게 고리 모양으로 매듭을 지은 고무줄을 의자의 한쪽 끝에 묶고 다른 쪽 끝은 한 아이가 고리 안에 들어가 허리에 두르고 당긴다. 그러면 한 소녀가 그 고리 안을 아주 다양한 동작으로 팔짝팔짝 뛰어서 들어갔다 나왔다 한다. 다음에는 다른 소녀가 이런 동작을 하는데 서로 번갈아가면서 논다. 처음에 한 아이가 훨씬 더 잘한다. 이 놀이는 긴 고무줄 하나면 충분한데 두 아이가 다양한 뜀 동작 기술들을 개발하면서 몇 시간이고 정신없이 놀 수 있다. 보는 사람도 몇 시간이고 그것을 지켜볼 수 있을 것이다! 아이들의 정교한 재주와 우아한 동작을 보고 있노라면 완전히 정신을 빼앗기고 만다. 그런데 같이 온 꼬마 사내아이는 거기 왜 있을까? 그 꼬마는 자기도 놀게 해달라고 조르지 않는다. 우두커니 지켜만 볼 뿐이다. 어떻게 하는 건지 몰라서일까? 이 놀이는 여자아이들만 하는 놀이인가? 아니면 오늘은 여자아이 둘만 노는 건가? 아이들에게 궁금한 것을 묻고 싶지만 갑자기 모르는 사람이 말을 걸어 깜짝 놀라게 할까봐 그만 둔다. 한 시간쯤 지나자 길 건너편에서 어른 하나가 아이들에게 집으로 오라고 부른다. 이 놀이는 아이들에게 아주 좋은 놀이인 것 같다. 내가 아는 '줄넘기' 놀이보다 훨씬 더 정교하고 흥미롭다. 함께 놀 아이 한 명과 고무줄만 있으면 아무 때나 놀 수 있다.

길가에는 야자나무들이 여러 그루 보인다. 이곳은 겨울에도 추위가 심하지 않은가 보다. 겨울에 카미노를 걸으면 어떨까? 옷만 제대로 챙겨 입는다면 봄에 걷는 것보다 훨씬 더 흥미진진한 모험이 되지 않을까? 비록 공기는 더 차갑겠지만 햇살이 비치는 시간은 봄보다 겨울이 더 많을 것이다. 하지만 높은 산을 넘는 것은 좀 힘들 것 같다. 온통 눈으로 뒤덮인 카미노를 사진으로 본 적이 있다. 아이고, 이제 환상에서 깨어나시라. 아직 콤포스텔라까지 반도 안 왔는데 카미노를 다시 순례할 꿈을 꾸다니!

　이곳은 로마네스크 건축 양식의 대표적인 건물인 성 마르틴 성당으로 유명하다. 이 건물은 카스티야 왕국의 백작부인이며 나바르 왕국의 산초 3세 대왕의 미망인인 도냐 왕비가 1066년 세운 수도원이었다. 그 당시에 널리 퍼진 건축 양식의 한 사례인 이 건물을 해석하거나 이해하는 것은 그리 쉬운 일이 아니다. 우리는 대부분 당시에 세속의 지배자들이 교회조직과 수도원의 개혁을 위해 이 건물을 짓는 데 앞장섰다고 알고 있다. 그들은 물론 오늘날 우리가 이해하는 그런 세속의 권력은 아니었다. 하지만 프로미스타의 이 수도원은 10세기에 무어족에게서 탈환하고 방어한 지역에 다시 사람들을 이주시키기 위한 왕실의 노력 가운데 일부이기도 했다.

　성당에서 멀지 않은 이곳에 앉아서 기이하고 중요한 의미를 지닌 역사의 발전과정에 대해 생각한다. 하느님이 본디 선택한 장소는 팔레스타인 땅이다. 그곳은 하느님의 말씀(예수)이 이 땅에 내려와서 머물기에 아주 적합한 장소였다. 식민지 지배의 핍박을 받으며 사는 사람들과 함께 할 수 있는 곳이었다. 따라서 그곳은 예수가 승천한 뒤 남긴 자취들을 직접 만나볼 수 있는 성지가 되었다. 신앙심이 깊은 사람들이 먼저 그곳을 여행하기 시작했고 이어서 기독교인들의 가장 중요한 순례지가 되었다.

　기독교 공동체의 전도자들은 모든 사람들에게 복음을 전하기 위해 그곳에서 멀리 떨어진 곳까지 여행했다. 이 희망의 말씀은 어떤 특정한 민족이나 배타적인 집단에만 한정된 것이 아니었다. 기독교 지도자들은 곧바로 로마를 새로운 단일 중심지로 세우려고 했다. 로마는 지중해 세계에 흩어져 있는 개별 신앙 공동체들을 지배하는 권위의 상징이 되었다. 가장 중요한 사도인 베드로와 바울의 무덤이 로마에 있었다. 사람들은 많은 사건들과 복잡한 과정을 거쳐 로마가 바로 이 땅위에 영원히 존재하는 말씀을 온 세상으로 전파하는 특별한 장소라고 믿었다. 따라서 순례자들은 로마를 하느님의 권능이 살아있는 장소로 인정했다. 로마는 기독교인이라면 누구나 반드시 돌아봐야 할 순례지가 되었다. 그러나 이 신앙의 중심지는 파란만장한 고비들을 넘겼는데 그 가운데 한 가지 중요한 사건이 1054년 동방 교회들과 갈라선 것이다. 이러한 분열은 오늘날까지 계속되고 있다. 이런 상황은 몇 가지 문제들을 제기한다. 분열 이후 기독교 공동체의 중심지는 과연 무엇을 의미하는가? 기독교 공동체는 신앙의 중심지에 대해서 서로 다르게 생각할 수 있는가? 기독교 공동체가 성육신에 대한 믿음으로 시작되었다고 할 때 그 신앙의 중심지에 대해서 이런 문제들이 제기되는 근본 원인은 무엇인가?

그 질문들에 대답한 사람들은 로마와 갈라선 사람들의 집단이나 새로운 기독교 지도자들이 아니라 지중해 서쪽 끝에 있는 두 나라 사람들로 당시에는 동서로 나눠지기 전이었다. 이슬람 국가인 알-안달루시아와 대서양 사이를 가르는 긴 리본 모양의 산악 지대에 사는 평범한 기독교인들이 순례 행렬을 통해 콤포스텔라를 기독교의 새로운 중심지로 창조해낸 것이다. 갈리시아에서 성 야고보의 무덤이 발견되었다고 믿는 수많은 사람들이 그 실재를 확인하기 위해 유럽 전역에서 이 대륙의 끝으로, 하느님의 계시가 나타난 또 다른 곳을 향해 걸어왔다. 하느님에 대한 믿음을 표현하는 새로운 역사의 장이 활짝 열린 것이다. 모든 사회 계층을 불문하고 수많은 사람들이 카미노를 걸으면서 겪는 온갖 시련과 장애물에 당당히 맞섰으며 거기서 묵묵히 자신들이 지닌 신앙의 본질이 무엇인지 분명히 목도했다. 서양 세계만 두고 보았을 때 그들은 새로운 신앙의 중심지를 창조했으며 그럼으로써 새로운 눈을 뜨게 하는 길을 만들어냈다.

나도 이제 카미노를 걸으면서 새로운 눈으로 신앙을 바라볼 수 있는 통찰력이 생겼다. 생장피드포르를 떠난 뒤로 여러 차례 기록했던 것처럼 오늘날 정통 교회의 건축물들은 폐허 상태이거나 비어 있다. 카미노에는 이제 더 이상 성스러운 종교 건축물이 존재하지 않는다. 이곳 프로미스타의 수도원처럼 이미 사라지고 없다. 그러나 사람들은 지금도 여전히 카미노를 걷는다. 이러한 사실은 성지라고 하는 곳들을 역사적으로 이해할 필요가 있음을 말한다. 이런 관점으로 볼 때 사람들은 팔레스타인 땅에 있는 그리스도의 실재가 사실은 빈 무덤뿐이라는 사실을 새롭게 인식할 수 있다. 로마에 대한 찬미는 휘황찬란한 교회의 기념비들에 있는 것이 아니라 선택받은 백성이라고 하는 유대인들이 거기서 박해받지 않았다는 사실에 있다. 성 야고보의 무덤은 결국 그곳을 찾아 걸어가는 사람들의 신앙 속에서 살아있는 것이다. 이러한 비어있음과 연약함과 어두움은 껍데기뿐인 종교에게 어떤 자리도 내주지 않는다. 순례자들이 이렇게 새로운 눈으로 성지를 바라볼 때 비로소 그곳이 바로 자신들이 간절히 바라던 곳임을 깨달을 수 있다. 이 문제는 중세 초기에 이런 식으로 표현되었다. "벌거벗은 그리스도를 있는 그대로의 모습으로 따르라." 이제는 이 진리가 전하고자 하는 의미를 더 잘 알 수 있다.

카미노는 성 야고보에게 인도하는 길이 아니라 그리스도에게 이르는 길이다. 그 길을 걷는 방법을 깨달을 수 있다면 말이다. 홀로 길을 걸으며 음미하는 고독과 침묵은 오늘날 벌거벗음의 의미를 깨닫게 할 것이다. 이것이 바로 카미노가 숨기고 있는 진실의 실체다. 이것은 스스로 발가벗는다는 것이 무엇을 뜻하는지 그 기본적인 진리들을 가르치는 하나의 입문 의례다. 이런 방식으로 더 나아가면 갈수록 자기 신앙에 감춰진 비밀, 즉 자기 신앙의 비어있음과 연약함과 어두움은 더욱 더 명백하게 드러날 것이다. 그럴 때 비로소 신앙은 종교에서 해방된다.

다른 순례자 두세 사람이 새로 알베르게에 도착하면서 생각이 끊겼다. 그들 가운데 한 사람은 며칠 전에 만난 동종요법 치료를 받는 사람이었다. 그는 포도주를 마시지 않아서 나머지 사람들과 조금씩 나눠 마신다. 자라면서 집에서 포도주를 자주 먹지 않았기 때문에 포도주에 대해서 아는 것이 없다. 그러나 포도주 맛이 좋은지 나쁜지는 안다. 지금 마시는 포도주보다 더 좋은 포도주가 무엇인지 구별할 줄 안다는 말이다. 스페인에서 마셔본 포도주는 모두 맛이 좋았다. 본디 이곳 포도주들이 다른 데보다 맛이 좋은 건가?

아래쪽 거리에 있는 한 성당의 탑에 시선이 계속 간다. 탑 꼭대기에는 황새들이 둥지를 틀어놓았다. 둥지는 매우 커 보이는데 좀 어설프게 지었는지 탑에 위태롭게 붙어 있다. 새끼들을 키우기에 안전한 장소 같지는 않다. 그래도 때때로 깃털이 보송보송한 새끼 황새 한 마리가 둥지 위로 머리를 내밀고 작은 날개를 길게 뻗는 모습으로 봐서 둥지가 지어진 지 꽤 되었다는 것을 알 수 있다. 새끼 황새가 온갖 폭우와 바람을 이겨내고 알에서 깨어나기까지 적어도 한 달은 걸린다. 황새 부부 가운데 한 마리는 둥지를 들락날락하고 다른 한 마리는 새끼들과 함께 둥지에 남아 있다. 그들은 둥지를 짓고 알 품는 일을 함께 했다. 지금은 새끼들을 먹이고 보살피는 일을 서로 도와가며 하고 있다. 벨로라도에서 황새를 처음 본 뒤로 이제 황새들에게서 눈을 뗄 수가 없다. 유럽의 전설에 자주 등장하는 황새에 대한 이미지가 신비스럽게 다가오면서 더욱 더 묘한 관심과 매력을 느끼는 것 같다.

황새를 보고 매우 강한 매력을 느끼면서 그 새에 대한 중요한 것을 알았다. 어떤 사람들에게 황새는 신성한 새지만 모두에게 행운을 가져다주는 새라는 것은 누구나 인정한다. 황새들이 엄마에게 아기를 전달한다는 것은 널리 알려진 이야기다. 어떤 곳에서는 자기 집에 행운을 가져다주기를 바라는 마음으로 지붕 위에 황새들이 둥지를 짓도록 편평한 장소를 만들었다. 사람들은 자기 집 굴뚝이나 지붕 위에 낡은 마차 바퀴를 얹어 놓기도 한다.

유럽에서는 처녀가 봄에 처음 보는 황새의 모습이 어떠냐에 따라 그해 자신이 어떤 종류의 사람이 될지를 정해진다는 전설이 있다. 만일 날고 있는 황새를 본다면 부지런한 사람이 될 것이고, 부리로 달가닥거리는 소리를 내는 모습을 본다면 접시를 여러 개 떨어뜨리거나 깨뜨릴 것이며, 아무 동작 없이 가만히 있는 모습을 본다면 게으름뱅이가 될 것이다. 독일 북부 지역에서는 고대 그리스와 비슷하게 황새를 멀리 있는 친척, 사람으로 생각한다. 황새 둥지에서 새끼를 훔치려하거나 황새를 죽이려는 사람은 누구나 반드시 불행해진다.

카미노를 걷는 동안 스페인의 성당 첨탑 위에 황새가 있는 것을 보리라고는 꿈에도 생각하지 못했다. 이 얼마나 경이롭고 즐거운 일인가. 그러나 한편으로 걱정이 된다. 이 성당은 전자식 차임벨이 있어서 25분마다 종소리를 울린다. 여기 황새들은 거기다 둥지를 튼 걸로 봐서 그것을 받아들이는 것 같다. 그러나 누가 알리오? 이 지역에서 조용한 첨탑을 발견하지 못해서 그런 것인지. 그런 첨탑들이 조금이라도 남아있기를 바란다. 황새들이 둥지를 틀고 먹이를 구할 수 있는 곳이 점점 사라지면서 황새들의 수도 크게 줄었다는 이야기를 들은 적이 있다. 황새들은 앞으로 이런 인공 차임벨처럼 얼마나 많은 간섭과 쓰레기 같은 것들을 참고 견뎌야 할까? 황새들도 결국 구둣방 주인이나 짐마차처럼 이 세상에서 사라질 것인가?

17
성모 마리아의 노래
프로미스타에서 카리온 데 로스 콘데스까지

 오늘 마치 무슨 놀라운 일이 일어나기나 할 것처럼 언제나 부푼 기대와 흥분을 안고서 아침 일찍 일어난다. 평소처럼 맨 먼저 알베르게를 나와서 길을 걷는다. 어서 그곳에 가고 싶은 마음에 발걸음이 바쁘다. 카미노는 언제나 나를 들뜨게 만든다. 조용한 거리를 내려가면서 지팡이를 들어 성당 첨탑 위에 있는 황새들에게 작별 인사를 보낸다. 새끼들을 잘 키우고 좋은 보금자리를 찾기를, 그리고 내게 카미노의 행운을 가져다주기를 기원하면서. 이제 내년 봄이면 그 새끼 황새들은 이 카미노를 지키는 새가 될 것이다.
 간선도로가 끝나고 산길이 몇 킬로미터를 이어진다. '산티아고로 가는 길'이라고 쓰어진 커다란 새 표지판이 보인다. 그 아래에는 '유럽의 문화 탐방로'라고 쓰어 있다. 카미노가 유럽 최초의 여행길이라고 하는 글을 어디선가 본 적이 있다. 이 말은 카미노가 유럽 전체의 문화 자산이라는 것이다. 그렇다면 그것은 무엇을 의미하는가? 우나무노처럼 유려한 문학적 재능을 지닌 사람은 그 의미를 "사람들은 산티아고의 카미노(성 야고보의 길)를 순례자들의 가슴 속에 담긴 소망으로 인도하는 은하수라고 부른다. 그 별무리가 동방박사 세 사람을 아기 예수에게 인도했던 것처럼"이라고 표현할 줄 안다. 더 나아가 스페인을 잘 알고 싶고 "옛날부터 전해 내려오는 스페인 전통의 삶을 숨쉬고" 싶은 사람은 "산티아고로 가는 경건한 예술로의 여행을 피할 수 없다." 콤포스텔라는 "유럽의 중심에서 온 신앙심이 깊은 순례자들"을 사로잡아 "갈리시아의 전설과 기록, 이야기와 노래들을 유럽에 널리 퍼뜨렸다. 따라서 그들의 순례는 당대의 유럽 문화를 전파하는 전달수단 가운데 하나였다"고 말한다.

그런데 이 '문화'란 무엇을 말하는가? 우나무노와 같은 사람들은 이 용어를 어떻게 쓰는가? 그것은 여행자들이면 누구나 아는 이야기와 노래들, 사람들의 빈번한 이동에 따른 상거래의 발전, 경건한 신앙심을 불러일으키는 건축적 표현양식들에 대한 막연한 표현이나 그럴듯한 해석 말고 또 무슨 뜻이 있는가? 지금까지 그런 종류의 이야기와 노래들도 조금 읽었고 여러 개의 석조 기념비들도 보았지만 오히려 그것들은 나를 더 헷갈리게 만든다. 도대체 그것들이 의미하는 것이 무엇이란 말인가. 스페인의 뛰어난 문학사가 가운데 한 사람인 곤살로 토렌테 바예스테르는 카미노와 관련된 문화적 측면은 모두 종교적 감수성, 깊은 신앙심에서 비롯되었다고 말한다. 그가 종교적 신앙이라고 표현하는 것들은 맨 먼저 로마네스크 예술과 건축양식에서 발견되고 그 다음으로 고딕 예술과 건축양식에서 발견된다.

그러면서 토렌테 바예스테르는 로마네스크와 고딕 양식이 둘 다 북유럽에서 온 것이라고 지적한다. 그것들은 피렌체 산맥을 넘어 스페인을 가로질렀다. 하지만 종교와 신앙이 그렇게 쉽게 결합할 수 있을까? 그 둘 사이에는 오히려 커다란 간극이 있지 않았을까? 그 진행과정에서 처음에 여행자들은 종교를 표현하는 물리적 양식들에 먼저 사로잡혔을 것이다. 그 다음에 사람들을 하나로 묶는 신앙과 행동 양식들이 등장하고 이어서 그 신앙이 종교적인 형태를 띠고 나타나는, 일반적으로 우상 숭배 같은 것이 등장했다가 마침내 앞서 말한 신앙과 종교가 결합하는 상태가 되었을 것이다. 내면의 자아는 죽고 외부의 형식적인 틀에 맹목적으로 충성하고 절대적인 신뢰를 보내는 그런 신앙으로 발전한 것이다.

일부 사람들은 조만간 하나의 유럽 공동체가 탄생될 것이며 (유럽연합은 1993년 11월 마스트리히트 조약이 발효됨으로써 유로화라는 단일통화를 발행하고 의회를 구성하는 하나의 정치, 경제공동체로 발전했음 - 옮긴이) 그 탄생의 원동력은 카미노에서 찾아볼 수 있다고 주장한다. 카미노를 통한 문화 교류의 역사는 오늘날 유럽을 하나의 공동 경제 시장으로 만드는 정점을 향해 치닫고 있다. 이런 일련의 생각은 유럽인들이 스페인으로 여행을 오는 이유가 스페인에 있는 문화유산들이 유럽인 모두의 자랑스러운 유산이라고 믿는 데서 나온 것처럼 보인다. 아무튼 그것은 산티아고에서 시작된다고 믿었다. 그러나 산티아고의 진실은 매우 다양한 영역에 흩어져 있다. 우선 카미노는 죄인들과 성인들을 가리지 않고 모두 스페인으로 끌어들이는 강력한 흡인력을 보여주었다. 12세기부터 카미노에는 거짓 순례자와 이상한 성직자, 온갖 잡상인, 걸인, 마술사, 부랑자, 사기꾼, 탈영병, 떠돌이, 모험가, 방탕한 여인, 도망자, 죄수, 그리고 법원이나 교회에서 (순례를 하도록) 선고를 받은 사람들로 넘쳐났다는 사실은 여러 기록들에서 확인된다. 이렇게 지극히 상스러운 인간들로 가득 찬 카미노에서 그 길을 걷는 또 다른 순례자들의 숭고한 모습을 함께 발견할 때 우리는 비로소 카미노를 바라보는 사회적, 역사적 현상의 범주를 뛰어넘어 또 다른 진실을 깨달을 수 있다. 카미노는 정치적, 경제적 통합이나 훌륭한 관광지로서의 의미가 아니라 그것과는 매우 다른 방향에서 신성한 영감을 주는 곳이다.

비얄카사르 데 시르가 마을을 지나간다. 이 마을에 있는 성당은 성모 마리아 상을 모시고 있는데 13세기에 명성이 매우 높았다고 한다. 콤포스텔라를 오가는 순례자들은 이 성당에 들러서 성모 마리아에게 기도를 했다. 이곳은 (이 세상 너머에 존재한다는 뜻의) 마스 아야의 권능을 믿는 거대한 현실 공간이었고 사람들의 마음에 영감을 주는 여러 가지 이야기와 기록, 전설, 노래들이 발견됨으로써 마침내 자신을 외부에 드러냈다. 그 가운데 가장 널리 알려진 작품은 엘 사비오(현명한 사람)라고 부르는 레온-카스티야의 왕, 알폰소 10세(1252~84)의 것이다. 그가 쓴 『칸티가스 데 산타 마리아(성모 마리아의 노래)』는 360가지가 넘는 이야기들과 관련된 시들이 들어 있다. 그 시들은 성모 마리아의 자비심을 찬양한다. 참배객들은 이 성당에 있는 유명한 성모 마리아 석상인 라 비르헨 블랑카를 직접 손으로 만질 수 있었다. 많은 사람들은 이 권능의 장소에 대해서 잘 모를 것이다. 그들은 콤포스텔라를 가다가 우연히 잠깐 들른 사람들이 대부분일 테니까. 그러나 모든 이야기들 속에는 성 야고보에 대한 내용이 아주 조금밖에 없다. 이것들은 대개 흥미롭고 교훈적이다.

『칸티가스』에 나오는 한 이야기는 어떤 순례자가 콤포스텔라로 가는 길에 일어난 일이다. 성 야고보 모습으로 변신한 사탄이 그 순례자에게 나타나 네가 순례를 떠나기 전에 간음죄를 저질렀으니 거세를 하고 자살하라고 음모에 빠뜨린다. 그러나 그때 성모 마리아가 나타나 그 순례자를 구하고 생명을 되살린다.

또 다른 노래는 부당하게 교수형에 처한 청년에게 일어난 기적을 찬양한다. 여기에 나오는 이야기의 배경은 산토 도밍고 데 라 칼사다가 아니라 프랑스 툴루즈이며 청년의 가족도 그리스에서 온 것이 아니라 독일에서 왔다. 또 청년을 구한 사람도 성 야고보가 아니라 성모 마리아다.

이것과 다른 이야기는 소아마비에 걸린 독일인 상인이 나온다. 그와 친구들은 다리를 고치기 위해 콤포스텔라로 순례를 떠난다. 그러나 그 여행은 성공하지 못했다. 그 상인은 독일로 돌아오는 길에 눈이 멀었고 친구들은 그를 비얄카사르 데 사르 근처에 남겨두고 떠났다. 그는 성모 마리아에게 간절하게 기도했고 마침내 다리와 눈을 고치고 건강을 완전히 회복했다.

『성 야고보의 서』에도 캔터베리 대주교인 성 안셀무스가 쓴 스스로 거세한 청년의 이야기가 나온다. 그 청년의 이름은 제럴드며 리옹 출신이다. 그는 혼자 사시는 어머니를 도와서 가죽과 모피 수공 일을 한다. 그는 총각으로 동정을 지키며 산다. 그러나 그는 콤포스텔라를 떠나기로 예정된 바로 전날 밤에 그만 '육신의 쾌락'을 이기지 못하고 한 젊은 여인과 간음을 한다. 그 기록에는 나와 있지 않지만 청춘 남녀의 서로를 원하는 간절한 마음과 순례를 떠나서 못 돌아올지도 모른다는 두려운 생각이 서로 강렬하게 부딪치면서(실제로 고향으로 돌아오지 못한 순례자들도 일부 있었다)미지의 세계에 대한 두려움과 위기감을 잊어버릴 수 있는 욕정의 세계로 숨어버린 한 청년의 '도피' 행각을 상상할 수 있다.

제럴드가 스스로 거세를 하고 자살을 한 뒤 사탄은 한 무리의 악마 떼들을 이끌고 그를 지옥으로 끌고 가기 위해 온다. 흥미롭게도 그들은 로마의 길을 따라 여행한다. 성 야고보는 로마 근처에서 사탄의 무리들을 만나서 제럴드를 '내 순례자'라고 주장하면서 구해냈다. 성 야고보와 제럴드는 로마로 갔다. 성 베드로 성당 근처에 있는 풀밭에는 성모 마리아가 주재하는 성인들의 하늘 법정이 마련되어 있었다. 성 야고보는 자신을 순례하러 콤포스텔라까지 찾아온 제럴드를 변호했다. 성모 마리아는 제럴드가 '나의 하느님과 아들 예수, 그리고 성 야고보'의 진정한 순례자임을 인정하고 그를 다시 살리도록 명령했다.

『칸티가스』에 나오는 이러한 이야기들이 의미하는 것은 매우 분명하다. 콤포스텔라는 병을 고치거나 용서받기 위해 가는 곳이 아니라는 것이다. 비얄카사르 데 시르가의 성모 마리아는 강인할 뿐 아니라 사려가 깊고 애정이 많다. 알폰소 10세는 『칸티가스』에서 당시에 잘 알려진 이야기들을 골라서 자기가 관심을 가지고 있는 내용으로 바꾸었다. 알폰소 10세의 관심은 멀리 있는 갈리시아가 아니라 자기 왕국이었다. 중세에는 순례지들 사이에 경쟁이 심했다. 또한 산티아고와 경쟁관계에 있는 성지들도 많았다. 예를 들면, 카탈로니아에 있는 몬세라트 산은 로욜라의 성 이냐시오가 순례를 간 곳이다. 알폰소 10세가 남긴 긴 시에서 우리는 이러한 갈등을 분명하게 볼 수 있다. 당시 기독교 신자들에게 성지로서 명성을 얻고 헌신을 이끌어내기 위한 싸움은 이렇듯 치열했다.

토렌테 바예스테르가 말했듯이 기독교 신앙은 카미노를 만들어낸 사람들의 신앙에서 시작해야 한다. 그러나 우나무노가 말한 콤포스텔라까지 '경건한 예술로의 여행'은 오히려 그러한 판단을 흐리게 만들 수도 있다. 관광 수입을 목적으로 화려한 문화적 수사로 포장된 스페인 정부의 (우나무노를 이용한) 콤포스텔라 홍보 행사는 관광객들에게 화창한 스페인에서 즐거웠던 몇 가지 일들을 빼고는 아무 것도 기억에 남지 않게 할 것이다.

갑자기 누가복음 18장 8절의 "인자(人子 사람의 아들 예수를 지칭함 - 옮긴이)가 올 때 땅 위에서라면 믿음을 찾아볼 수 있겠습니까?"라는 구절이 생각난다.

정오 바로 못 미쳐서 카리온 강이 흐르는 카리온 데 로스 콘데스에 도착했다. 중세 초, 이 마을 이름은 본디 산타 마리아 데 카리온이었다. 그러나 백작(스페인어로 콘데스는 백작임 - 옮긴이)이었던 이 지역 제후의 명성을 기리기 위해 마을 이름을 카리온 데 로스 콘데스로 바꿨다. 고메스 디아스 백작과 그의 아내 테레사는 11세기에 이곳에 세인트 존 침례교 수도원을 지었다. 그들의 아들 페르난도는 당시 이곳을 지배하고 있던 이슬람 지배자를 도와서 다른 이슬람 국가들과 싸우기 위해 코르도바로 출정했다. 기사 작위를 받은 페르난도는 그 출정의 대가로 금과 은을 받게 되자 자신은 그것보다 옛날 로마의 기독교 박해 시절 순교한 산 소일로San Zoilo의 시신을 원한다고 말했다. 그 젊은 기사는 코르도바에 갔을 때 소일로의 시신이 산 펠릭스의 작은 성당에 봉헌되어 있다는 것을 알았다. 페르난도는 소일로의 시신을 인도받아 자기 부모님이 세운 수도원에 안치하고 수도원의 이름을 산 소일로 수도원으로 바꿨다. 산 소일로 수도원은 여러 가지 이적을 일으킨 곳으로 유명해졌다. 테레사 백작부인 무덤에 있는 비문에 따르면 그녀는 매우 자애로워서 "순례자들을 위해 성당과 다리를 세우고 최고의 알베르게를 지었으며 자신의 재산을 가난한 사람들에게 많이 나누어주었다"고 씌어 있다.

이 역사적 사실은 11세기에 카미노와 연관이 있는 사람들의 삶 속에서 신앙이 어떻게 작용했는지를 보여주는 아주 적절한 사례다. 특권층이었던 테레사는 어려서부터 신앙심이 깊은 사람들과 꾸준하게 어울렸으며 특히 그녀가 사는 마을은 순례자들이 콤포스텔라로 가기 위해 들려야 하는 길목에 있었다. 그녀는 순례자들을 물질적, 영적으로 도와주기 위해 많은 일을 했다. 더 나아가 자기 아들이 중세 기사 또는 전사로서 본분을 다하되 아주 특이한 방식으로 수행할 수 있도록 키웠다. 아들은 부모의 신앙에 순종하면서 그 신앙의 세계에 있는 권능의 힘이 무엇인지 알았다. 페르난도는 기회가 오자 부모보다는 그 권능을 선택했다. 그는 권능이 또 다른 세계인 마스 알라(Más Allá 저승, 하늘나라를 뜻함 - 옮긴이)에서 오며, 만일 이미 그 세상으로 떠난 사람들이 남긴 흔적들을 직접 접촉한다면 그 세상에 좀더 쉽게 도달할 수 있을 거라고 믿었다.

알베르게로 가면서 거대한 클라리사 수녀원 옆을 지나친다. 지금은 박물관으로 사용되고 있다고 알리는 안내판이 비어 있는 유적지 앞에 서 있다. 안에 들어가지 않으련다. 그 옛날 일부 순례자들처럼 성물들을 직접 접촉하면서 이 수녀원에 살았을 사람들의 신앙과 살아 있는 만남을 이룰 수 있는 시대는 이제 끝났는지도 모른다. 우리는 지금 시대에 알맞은 신앙의 형태들을 찾아야 한다. 그리고 카미노와 관련해서 이런 신앙의 형태들은 저기 높은 산에서, 외롭게 텅 빈 들판에서, 이러한 웅장하지만 죽어 있는 돌덩어리에 불과한 중세 건축물과는 거리가 먼 참된 고독 속에서나 발견될 수 있을 것이다. 여기 있는 돌들은 (이게 '문화'란 말인가?) 정부의 노력으로 관광객을 유치하기 위한 하나의 수단으로 변질된다. 아마도 이것이 바로 내가 이러한 돌들 속에 스며 있을 고대의 찬미의 노래들을 본능적으로 무시하는 까닭일지도 모른다. 그곳에서는 찬미의 노래들이 더 이상 울려 퍼지지 않는다. 그 노랫소리들은 더 이상 들리지 않는다. 이제 천사들과 잊혀진 이름 없는 순례자들의 목소리는 저기 밖의 숲과 산 속에서만 들을 수 있다.

알베르게로 가면서 제발 문이 열려있기를 기도한다. 때맞춰 이곳에 도착했지만 몸상태가 더 걸을 수 없을 것 같다. 약한 왼쪽 다리에서 시작한 통증이 전신으로 퍼지고 있다. 오늘은 오른쪽 다리와 발도 통증이 심했다. 순례를 시작한 이후 처음으로 내가 정말 콤포스텔라까지 무사히 갈 수 있을지 의문이 들었다. 너무 늙고 약해서 콤포스텔라까지 가지 못할지도 모른다. 어쨌든 지금은 배낭을 내려놓고 쉬어야 한다.

성당으로 연결된 집처럼 생긴 사무소 같은 곳에서 한 친절한 여성이 문을 열고 나온다. 알베르게가 어디냐고 묻자 바로 옆이라고 가리켜주며 문을 열어준다. 다행히도 이곳에는 오후 4시에 문을 연다는 규정 같은 것은 없다.

배낭을 내려놓고 잠시 동안 누웠다가 일어나 우체국을 찾아 밖으로 나간다. 이곳에서는 우체국들이 대개 오전에만 문을 여는 데 늦어도 오후 1시에는 문을 닫는다. 독일을 떠나기 전 가족들에게 이 마을의 이름을 알려주고 내가 언제쯤 이곳에 도착할지 말했다. 독일을 떠난 뒤로 아무한테도 소식을 듣지 못했기 때문에 오늘 어떤 편지가 우체국에 와있을까 마음이 들떴다. 나는 지금까지 아무하고도 연락을 하지 않았다. 그래서 사람들은 내가 지금쯤 스페인의 어느 산길을 걷고 있을 거라는 것 말고는 내가 어디에 있는지 전혀 몰랐다. 나는 이 마을이 콤포스텔라까지 가는 길의 중간이라는 사실 때문에 이곳을 연락장소로 정했다. 이 마을의 크기로 보아 커다란 우체국이 있을 거라고 생각했는데 실제로 우체국 건물은 쉽게 찾지 못할 정도로 규모가 크지 않았다.

우체국이 어디에 있다고 설명들은 대로 찾아왔지만 다시 한

번 지나가는 여인에게 길을 물어야 했다. 그녀는 길을 가리켜주다가 다시 잘 생각해보고는 거리를 한 바퀴 둘러보더니 설명하는 것이 오히려 복잡하다고 느꼈는지 자기를 따라오라고 한다. 여느 스페인 마을처럼 좁다란 거리를 몇 번 돌아서 5분 정도 그 여인을 따라가니 우체국이 나온다. 그녀에게 고맙다고 인사를 하고 걱정 반, 기대 반으로 건물 안에 들어간다. 안내하는 사람에게 다가가 순례자라고 말하고 혹시 내게 온 편지가 없는지 물었다. 그는 우편물 분류함을 뒤지더니 우편봉투 몇 개를 가지고 온다. 가족과 친구들에게서 온 편지들이다! 마치 착한 요정을 만난 어린아이가 된 기분이다. 그 편지들을 소중하게 간직한 채 알베르게로 돌아온다.

알베르게 뒤에는 커다란 정원에 빨랫줄이 길게 걸려있고 옷을 문질러 빨 수 있는 훌륭한 세탁 싱크대가 하나 있다. 빨래와 샤워가 끝나자 내일 아침에 다시 출발해도 되겠다는 낙관적인 생각이 든다. 이제 밥을 먹을 시간이다.

이 알베르게는 부엌이 없다. 알베르게 문을 열어준 그 여인은 길 건너에 있는 식당을 강력하게 추천했다. 그곳은 단돈 700페세타로 아주 풍성한 식사를 제공한다고 한다. 길 건너에 있는 두 집 가운데 한 곳에 들어선 뒤 내가 제대로 찾아왔는지 궁금했다. 단정하게 제복을 차려입은 남자 종업원에게 알베르게 옆집 아주머니가 이 집을 추천해서 왔는데 맞느냐고 물었다. 그는 그렇다고 대답하고는 그런데 좀 문제가 있다고 말한다. 오늘 예약 손님이 많다고 설명한다. 그는 주저주저 하더니 …… 자기를 따라오라고 한다. 벽 쪽으로 붙은 자리로 안내하고는 식단표를 내놓는다. 거기서 몇 가지 음식을 시켰다.

모든 식탁마다 하얀 식탁보가 깔려 있고 하얀 냅킨이 놓여 있다. 종업원들의 옷들도 하얗다. 지금까지 이런 고급스런 식당에는 들어가지 않았다. 처음에 식당 종업원들의 복장과 식탁들을 보았을 때 혹시 길을 건너다 식당을 잘못 찾은 건 아닌지 …… 당황스러웠다.

동종요법 치료를 받고 있는 순례자와 그 친구 한 사람이 식당으로 들어온다. 그들에게 손을 흔들고 함께 합석했다. 스페인에서 먹은 음식 가운데 정말 최고의 식사였다. 식사하는 동안에 우리 나이 또래의 관광객인 듯한 사람들이 몰려들어와 식사를 한다. 그들 모두가 앉을 자리는 충분해 보였다. 우리를 여기에 앉게 한 종업원이 당황할 필요가 없다는 게 다행이다.

알베르게로 돌아와서 공책을 꺼내고 펜을 찾는다. 그런데 펜이 보이지 않는다. 침대를 구석구석 찾고 배낭 속을 샅샅이 뒤졌지만 펜은 나오지 않았다. 나는 침대가 아닌 곳에서는 배낭에서 아무 것도 꺼내지 않았다. 아무 것도 잃어버리지 않기 위해서였다. 아무 곳에서나 짐을 싸고 풀다가는 물건을 잃어버리기 십상이다. 나는 곧잘 물건들을 여기 저기 나뒀다가 잊어버리곤 했다. 지금까지는 아무 것도 잃어버리지 않고 잘 했는데.

침대에 앉아서 그동안 펜으로 무엇을 했는지 더듬어 생각한다. 그런데 방 중앙에 있는 탁자에서 아까 저녁을 함께 먹은 순례자 한 사람이 뭔가를 쓰고 있는 모습이 보인다. 그가 쓰고 있는 펜이 내 것과 비슷하다! 내 펜은 독일제라서 쉽게 눈에 띈다. 내 것이 맞는 것 같다. 하지만 그 사람이 어떻게 내 펜을 갖게 되었을까? 그 펜이 내 침대 위에 있었다면 아무 말도 안 하고 그가 가져갔을 리는 없을 테고. 어떻게 하지? 어떻게 물어봐야 할지 당황스럽다. 그래도 확인할 건 확인해야지. 그 펜은 점점 내 것이 확실하다는 생각이 든다. 마침내 용기를 내서 지금 당신이 쓰고 있는 펜과 꼭 닮은 펜을 잃어버렸다고 말하면서 조심스럽게 묻는다.

그는 상냥하게 웃는다. 그 펜은 오늘 아침에 발견했다고 한다! 친구와 함께 카미노를 걷다가 앉아서 쉴 곳을 찾아 앉았는데 땅바닥에 펜이 하나 놓여 있더란다. 살펴보니 아직도 쓸 만하기에 날마다 일지를 쓰는 친구에게 주었다고 한다.

기억을 더듬어보니 오늘 아침 일찍 그곳에 도착했을 때 햇볕을 받으며 좀 쉬고 싶었기 때문에 잠시 가던 길을 멈추기로 했다. 하지만 하늘은 여전히 어스름하고 쌀쌀했다. 꽤 걷는 동안 길 가에서 의자 같은 것을 발견할 수 없었다. 그런 의자들은 무거운 배낭을 기대고 쉴 수 있어 좋다. 그곳에서 10미터쯤 떨어진 곳에 커다란 통나무 하나가 길바닥에 누워 있었다. 쉬기 좋은 장소라고 생각했다. 발을 좀 편안하게 하기 위해 신발을 벗은 것은 기억나지만 배낭을 연 것은 전혀 기억이 나지 않는다. 나는 언제나 펜을 배낭 속 주머니 가운데 한 곳에 꽂아둔다. 그게 어떻게 밖으로 빠져 나왔을까? 이 두 사람은 왜 내가 쉬었던 바로 그 장소에서 쉬었을까? 그리고 펜은 어떻게 그 사람들 눈에 띄었을까? 또 나는 어떻게 지금 그 펜을 쓰고 있는 그 사람을 발견할 수 있었을까? 모든 게 신기할 뿐이다.

(이제 막 친구가 되려 하고 있는) 데이비드는 이런 일은 카미

노에서 전혀 특별한 일이 아니라고 한다. 이 같은 일은 언제나 일어나며 이것이 바로 카미노의 본질이라고 한다. 그도 어느 날 자기가 가장 좋아하는 모자를 배낭에서 떨어뜨렸다. 나중에 따라오던 순례자가 벌판에서 그 모자를 발견하고는 그냥 그것을 주웠다. 그 순례자는 길에서 주운 모자를 쓰고 다음 알베르게에 도착했고 먼저 와 있던 데이비드는 그 모자를 보고 자신이 잃어버린 것이라고 설명했다.

유쾌하고 친절한 수사가 방으로 들어와 얘기를 건네며 순례자 증명서에 도장을 찍어준다. 그는 이 알베르게를 운영하는 성당의 사제인 것 같다. 오늘 저녁 8시 30분에 옆 성당에서 미사가 있으니 모두 참석하라고 초대한다. 저녁 9시에 잠자리에 들어야 하기 때문에 금방 갔다 와야 하지만 미사에 참석하기로 했다. 그 수사의 초대는 아주 따스한 온기가 있으며 인간적인 호소력이 진하게 묻어난다. 그러한 초대라면 당연히 응해야 하는 게 맞지 않을까.

성당에 도착했을 때 그 수사는 로사리오 기도를 이끌고 있었다. 그 뒤 몇몇 성인들의 기도를 따라하고 여러 기도문들이 이어진다. 카미노를 걸으면서 그런 기도들을 자주 한 까닭에 그 기도들이 마치 이 성당에 어울리지 않는 것 같은 이상한 느낌이 든다.

미사를 시작할 때쯤 되니 사람들이 성당에 가득하다. 평일 목요일 저녁인데도 성당에 이렇게 사람이 많다는 게 신기하다. 대부분이 여자들이다. 스페인에서 성당을 다녀본 적이 없지만 라틴아메리카에서 30년 넘게 성당 생활을 했기 때문에 성당에는 대개 여자들이 남자보다 많으며 어떤 때는 대다수가 여자인 경우도 있다는 것을 잘 안다. 며칠 전 한 간이주점에서 이곳의 여인들은 어디서 모일까? 하고 자문한 적이 있는데 이것이 그 대답의 일부가 될 수 있을까? 여인네들은 이곳에서 친구들도 만날까? 또 다른 장소에서도 만날까? 여인들이 모이는 더 많은 장소들이 있을까? 복음서에 보면 여인들에 대한 이야기들이 많이 나온다. 갈보리 언덕까지 예수를 따라간 사람들은 여인들뿐이라고 공관복음서는 말한다. 예수가 부활한 뒤 빈 무덤을 발견한 이들도 바로 여인들이다. 복음서에는 예수와 여인네들이 개별적으로 만나는 장면이 여러 차례 등장한다. 내 생각에 그런 친근함은 남자들과 만남에서는 어울릴 것 같지 않다. 그것을 이해하기 위해서는 사회학을 연구할 것이 아니라 성서를 명상해야 한다는 것이 바로 오늘밤 이 스페인 성당에서 깨달은 진리가 아닐까?

18
고독이 깊어지면 질수록 그들이 함께한다
카리온 데 로스 콘데스에서 사아군까지

아침에 길을 나서려고 하니 아직 여명이 가시지 않았다. 문을 열고 밖에 나가다가 어젯밤에 도착한 캐나다인들 가운데 한 사람을 만나고는 깜짝 놀랐다. 어제 잠들기 전에 그 사람이 배낭을 챙겨 밖으로 나가는 것을 보았기 때문에 밤새도록 어디에 있었는지 궁금해서 물었다. 우리 방은 꽉 차서 잘 수 없었기 때문에 2층 방으로 올라갔다고 한다. 그런데 늦게 도착한 사람들 가운데 일부가 예의 없는 행동을 했다고 씁쓸하게 말했다. 비록 이런 소음들에 익숙하기는 하지만 나도 사실은 어젯밤에 잠을 잘 못잤다. 자전거를 타고 순례하는 사람들이 어제 저녁 사이에 도착했는데 그 바람에 조그마한 알베르게가 사람들로 북적였다. 그들은 밤늦도록 큰 소리로 떠들어서 다른 사람들이 잠을 잘 수 없게 만들었다. 그 젊은이들은 보이는 그대로 행동했다. 그들은 언제나 남을 배려하지 않고 무례하며 시끄럽다. 그러나 도보로 순례하는 사람들에게서는 그런 행태들을 전혀 볼 수 없다. 이런 커다란 차이는 왜 생기는 걸까? 나이만으로는 설명할 수 없는 또 다른 까닭이 있을 게다……

걸은 지 몇 시간 지나서 이제 콤포스텔라까지 절반을 왔다는 표시가 나온다. 지도에 표시된 거리로 대강 계산해보아도 맞다. 만일 그렇다면 이 표시는 지금까지 내가 만난 이정표들 가운데 가장 중요한 것인 셈이다. 처음으로 콤포스텔라까지 무사히 갈 수 있을 거라는 자신감을 준 이정표이기 때문이다. 어제의 깊은 회의와 낙담은 악한 천사들이 만들어냈다. 그들은 분명히 나를 자포자기의 절망에 빠지게 하려고 했던 것이다. 이 순례를 끝까지 완수하려는 내 결심을 무너뜨리기 위해 막바지 안간힘이었을 것이다. 내 몸은 마침내 그들의 마지막 방해공작을 넘어섰다. 두 다리는 다시 가벼워졌고 발걸음은 생기를 되찾았다. 날은 화창하고 평소보다 더 따뜻하다…… 오늘은 티셔츠만 입었는데 괜찮다.

카미노를 걷다보면 정말 놀라울 정도로 길의 모양이 다양하다. 때로는 단단한 흙에 자갈이나 작은 돌들이 박혀있는 길을 걷기도 하는데 그럴 때면 그 돌들 하나하나가 두터운 발바닥을 뚫고 그 안까지 콕콕 찌르며 다리까지 그 날카로운 감촉을 전달한다. 그 돌들을 보면 그것들이 어떻게 그렇게 강력하게 내 발바닥을 콕콕 찌를 수 있는지 믿기 어렵다. 또 걷다보면 부드러운 풀밭 길도 나온다. 돌들과 풀밭이 어우러진 길을 만나면 내 발은 자연스럽게 산길의 풀밭이나 돌이 없는 지점을 찾아 발걸음을 옮긴다. 또 때로는 단단하게 굳은 진흙 길을 걷는데 젖은 길보다는 마른 길이 더 낫다. 일직선으로 뻗은 아스팔트길을 만나기도 하지만 불평할 정도로 그렇게 많지는 않다. 땅에 닿는, 실제로 발 아래로 닿는 흙을 느끼는 이런 새로운 경험들은 끊임없이 나를 사로잡는다. 진정한 지식은 접촉하는 것에서 얻어진다는 말이 있다. 성모 마리아가 즉석에서 대답했던 "나는 남자를 몰라요"라는 말은 본디 "어떤 남자도 나를 건드리지 않았어요"라는 의미다. 아퀴나스는 인간의 모든 감각은 촉감 위에서 만들어진다고 주장한다. 촉감은 가장 기본이 되는 감각이다. 오늘날 섹스의 쾌감이라고 하는 가장 크고 강력한 감각적 경험은 촉감을 통해서 이루어진다. 아퀴나스는 그런 열락의 쾌감을 이겨내도록 이성을 작동시키고 그 목적대로 감각을 통제하는 미덕을 순결이라고 부른다. 순결의 극단적이고 근본적인 형태인 동정녀는 자신이 결혼한 사람보다 더 순결하기 때문이 아니라 사람들이 자유롭게 명상할 수 있도록, 즉 하느님, 신성한 진리에 대해서 아무런 속박도 받지 않고 생각할 수 있도록 포용하고 실행하기 때문에 더 뛰어난 것이다. 하지만 카미노는 거꾸로 내 촉감과 아주 강력하게 교감함으로써 동정녀가 성취하고자 하는 것과 반대의 방식으로 하늘 위에 있는 것들을 향해 내 정신이 깨어나게 하는지도 모르겠다. 다시 말하면, 동정녀는 자신의 궁극적인 육체적 즐거움을 희생함으로써 신성한 빛으로 축복받기를 기도하지만 나는 끊임없이 수시로 통증을 느끼는 촉감에도 불구하고 (덕분에?) 오히려 신앙의 진리에 흠뻑 빠지는 것을 알 수 있다. 그 통증은 전혀 혼돈 상태가 아니라는 것을 깨닫고는 무척 놀랐다.

　카미노에서 나는 전혀 새롭고 다른 촉감의 세계 속을 걷는다. 거기에는 어떤 공식 지도도 없고 정해긴 길도 없다. 끊임없이 카미노를 가까이 접촉할 뿐이다. 그 세계는 오직 느끼고 만지는 것으로만 알 수 있다. 어느 알베르게에서 한 순례자가 자기의 여행 안내서를 자랑스럽게 보여주었다. 지금까지 나온 안내서들 가운데 가장 최근 것이며 완벽한 내용을 담고 있다고 했다. 몇 쪽을 훑어보았다. 도보여행자들이 방문할 만한 '흥미로운' 장소들에 대한 안내 글과 사진, 경치 그림들이 자세하게 담겨있었다. 그것을 보면서 리처드 버튼이 처음으로 나일 강을 거슬러 알렉산드리아에서 카이로를 거쳐 메카에 이르는 순례인 하지 hajj를 하면서 썼던 말이 갑자기 떠올랐다. 그는 배를 타고 지나치는 풍경에는 전혀 관심이 없다고 불평했다. 이미 피라미드 그림에서 그것을 모두 보았기 때문이다. 그때가 1853년이므로 사진들이 널리 활용되기 전이었다. 어떻게 놀라는 기쁨을 맛보지 않고 카미노에 올 수 있으며 카미노를 알 수 있겠는가?

만일 카미노를 사진으로 본 적이 없는 사람이라면 그곳에는 볼거리가 참으로 많다. 모든 감각을 동원해서 카미노를 느끼는 것은 온몸을 감각 기관으로 만든다. 이런 접촉을 통해 내가 걷는 공간을 알고 그것을 느끼고 마침내 그것에 익숙해진다. 이 말은 카미노가 내 뒤와 앞에 있는 다른 한정된 공간들과 얼마나 다른지 알게 된다는 것을 의미한다. 지평선을 끊임없이 바라보면 내가 지평선과 함께 사는 것이 무엇을 의미하는지 알게 된다. 그것은 대다수 현대인들이 잃어버린 경험이다.

몇 년 전부터 한계에 대한 느낌을 갖기 시작했음을 요즘 더욱 절실히 깨닫고 있다. 스스로 농사를 짓고 살면서 날마다 변화가 없는 고정된 지평선 안에서만 생활하다보니 나도 모르는 사이에 내 영혼을 특정한 곳에 가두는 습관이 생겼고 따라서 날마다 보는 지평선은 어떤 규범적인 특성을 띠었다. 내게 무슨 일이 일어나고 있는지 완전하게 알지 못하더라도 습관적으로 제한된 범위 안에서만 산다면 잘 살 수 있다는 사실을 알았다. 독일 북부지방에서 프랑스와 스페인 국경지대로 전차를 타고 오면서 지평선을 서둘러 넘을 때 느꼈던 그 고통은 처음 겪는 것이 아니었다. 농장을 떠나면서부터 나는 종종 이런 고통을 겪었다. 날마다 보는 농장의 지평선은 나를 어떤 특정한 존재 형태로 길들였다. 그러나 카미노에서는 전혀 나 자신을 구속할 필요가 없다. 거기서는 모든 것을 버리고 행동할 수 있다. 이곳은 농장을 떠난 이후로 고통 없이 자유롭게 이동할 수 있는 첫 번째 장소다. 왜냐하면 이곳에서는 어떤 제약도 뛰어넘지 않기 때문이다. 세상에 그 어디가 이곳처럼 어느 것에도 속박 받지 않고 자유로움을 즐길 수 있단 말인가? 자신을 구속하는 지평선은 언제나 저 멀리 '저 밖에' 있는 것처럼 보이지만 실제로 그것은 가까이에 있다. 나는 그 안에 편안하게 안겨 있다. 하루가 가기 전에 그 지평선을 느낄 것이다.

　내가 이미 이 세상에 없는 옛 순례자들과 그렇게 친근하게 지내고 그들을 그렇게 가까이서 느끼는 것은 아마도 카미노와 끊임없이 접촉하기 때문일 것이다. 오직 이 카미노의 흙을 온몸으로 느끼고 겸손하게 밟을 때 비로소 나보다 먼저 이 길을 걸었던 사람들(그들 가운데 일부의 유해들은 지금 내 발 아래 있다)과 허물없이 함께 이동할 수 있을 것이다. 나는 어떤 직접적이고 분명한 방식으로 그들이 겪었던 것을 함께 나눈다. 그들의 세계로 들어갈 수도 있다. 혼자 걸으면 다른 것에 방해를 받지 않는다. 따라서 그들이 지금 나와 함께 한다는 것을 깨달을 수 있다. 고독이 깊어지면 질수록 그들이 함께하고 있음을 더욱 더 잘 느낄 수 있다.

작은 마을을 몇 군데 지난다. 그 중 한 마을에 들러 이른 아침 커피를 한 잔 마시기로 했다. 잠시 휴식을 취하고 일상에 변화를 줄 수 있는 아주 좋은 방법이다. 나는 일상에서 일어나는 모든 놀라움을 맛보고 싶다. 또 다른 마을에서는 한 작은 식료품 가게에 들러 먹을거리를 좀 사고 배낭에 챙겨 넣는다. 먹을거리는 언제나 신경을 써야 한다. 때때로 어느 곳에서는 먹을거리를 사기 힘들거나 아예 살 수 없는 경우도 있다. 오늘 목적지인 사아군에서는 그런 일이 일어나지 않을 것이다.

길 오른쪽으로 정상이 눈으로 덮인 산들이 가지런히 서 있다. 저 산들은 피코 드 유로파(유럽의 봉우리라는 뜻 - 옮긴이)임에 틀림없다. 그 너머로 대서양이 있을 것이다. 저 산들은 산책이나 등산을 하기에 좋은 곳으로 알려져 있지만 지금 있는 것보다 더 가까이 갈 수는 없을 것이다. 카미노가 그곳으로 연결되어 있지 않고 평행선을 이루며 달리고 있기 때문에 그저 보는 것만으로 만족해야 할 듯하다.

이런 장관을 즐기는 기쁨도 잠시뿐, 사아군에 도착했다. 오늘의 순례는 내가 카미노에서 이룬 첫 번째 '기적'임에 틀림없다. 9시간 동안 40킬로미터를 걸었다. 지금까지 걸은 것 중에 가장 먼 길이다. 기분이 좋다. 몸 어디도 아픈 구석이 없다. 어제만 해도 계속해서 걸을 수 있을지 의문이었다. 오늘은 선한 천사들이 도와준 것이 분명하다. 지금 내 몸의 상태보다 더 분명하고 확실한 증거가 어디에 있겠는가.

사아군의 중세 역사는 수도원의 역사라고 말하는 사람들이 있다. 이곳은 처음에 디오클레티안 시대(284~305년)에 순교한 수많은 사람들이 묻힌 신성한 장소로 지정되었다. 그러다 이슬람 세력이 이베리아 반도를 침략한 뒤, 883년에 한 차례 습격을 받고 10세기 말에 다시 한번 알만소르 왕의 공격을 받았다. 투르핀 주교가 쓴 것으로 알려진 샤를마뉴 대제에 대한 이야기들 가운데 하나가 『성 야고보의 서』에 실려 있는데 샤를마뉴 대제가 무어족을 격퇴한 것을 기리기 위해 사아군에 수도원을 세웠다고 한다. 에메릭 비코는 여기서 다시 한번 카미노를 프랑스와 연관시키려고 애쓴다. 비코는 그 상상 속의 전투를 자세하게 묘사하지만 사실은 이곳은 그가 그렇게 자세하게 기술하려고 했던 장소가 아니었다. 그가 보기에 사아군과 콤포스텔라 사이에는 실제로 사람들의 기억에 남을 만한 이야깃거리가 없었기 때문이다.

비코가 이 이야기를 쓴 것은 12세기 전반기인데 그 중심 내용은 8세기 말에 일어난 전투들이었다. 나중에 스페인 사람들은 종교적 애국심과 극단적인 전쟁이 서로 뒤범벅이 된 이 역사적 사건을 무어족에게서 이베리아 반도를 회복한 사건이라고 해서 국토회복운동이라고 불렀다. 스페인 사람들은 이 사건이 718년 아스투리아스 지방에 있는 코바돈가를 무어족의 공격에서 막아낸 뒤 신화적 인물로 성장한 돈 펠라요에서 비롯되었다고 생각한다. 교회사가인 가르시아 비요스라다는 펠라요가 승리로 이끈 이 전투를 이렇게 묘사한다.

> 자신들보다 천 배나 더 우세한 적들에 둘러싸인 사람들이 그럼에도 불구하고 이전에는 전혀 볼 수 없었던 불굴의 힘으로 완강하게 저항하는 경이로운 광경은 바로 자신들의 싸움을 기독교를 지키기 위한 십자군의 성전으로 생각하게 만든 종교적 이상에서 고취되었다. 지금의 스페인을 만든 것은 바로 이러한 십자군 정신이다.

여러 역사가들이 이 특정한 형태의 종교적 열정을 만들어낸 근본 원인이 무엇인지 설명하려고 했다. 예를 들면 아메리코 카스트로는 그 열정이 유대인들과 무어인들에게서 왔다고 생각한다. 유대인들의 경우, 기독교 신자들은 종교적 원칙에서 벗어나지 않는 비타협적인 태도를 발전시켰다. 무어인들 가운데 기독교 신자들은 종교적인 이유로 전쟁이 일어나는 것은 불가피하다고 생각했다. 따라서 국토회복운동은 배타주의자의 감성으로 점화된 신성한 종교전쟁의 형태를 띨 수밖에 없었다. 또 우리는 어쩌면 이데올로기라는 개념을 이용해서 이러한 종교적 열정의 성격을 어느 정도 이해할 수 있을지도 모른다. 지금까지 본 것처럼 우리는 여기서 신앙에 대한 매우 잘못된 왜곡을 만난다.

유대인들은 '성스러운' 전쟁에 기대지 않고도 자신들의 신앙을 지킬 수 있다는 것을 보여주었다. 그러나 사실은 매우 극심한 박해를 받던 시절에 일부 유대인들은 신앙을 버렸다. 스페인에 있는 유대인들은 자신들도 스페인 국민의 한 사람으로서 자신들의 신앙을 기반으로 하는 사회군사적 목적의 이데올로기를 따로 개발하지 않았다. 이런 의미에서 좋은 기독교인이 되기 위해 신성한 피의 전쟁을 순순히 받아들이도록 권해지던 때에 좋은 유대인이 되는 것은 순수한 신앙을 지키며 사는 것이었다.

역사학자 비센테 칸타리노는 국토회복운동과 그 뒤를 이어서 스페인 사람들의 여러 삶의 영역에 스며든 믿음과 생활양식들이 매우 공격적이고 금욕적인 특성을 띤 것은 카스트로가 주장한 것처럼 세 '계급'(기독교인, 유대인, 이슬람인)이 서로 작용해서 스페인만의 고유한 특성을 만들어냈기 때문이 아니라 프랑스에 있는 클뤼니 수도원의 영향력 때문이라고 주장한다. 클뤼니는 부르군디에 있는 베네딕토회 수도원 이름이며 그 수도원에서 시작해서 유럽 전역으로 확산된 수도원 개혁운동을 일컫기도 한다. 알폰소 6세(1072~1109년)는 부르고스에서 클뤼니 운동의 지도자 가운데 한 사람인 산 유고를 만나 사아군에 있는 수도원을 클뤼니의 이상과 실천에 따라 개혁할 수 있는 수도사들을 몇 사람 보내달라고 요청했다. 1079년, 이 목적을 위해 로베르토와 마르셀리노 수사 두 명이 사아군 수도원에 왔다. 마침내 사아군 수도원은 스페인에서 가장 중요한 클뤼니 운동의 중심지가 되어 그 산하에 50개가 넘는 크고 작은 수도원들을 두었다.

스페인 전역에 있는 여러 세속의 왕들은 각자 자기 영토 안에 있는 수도원들을 개혁하기 위해 클뤼니 수사들을 초빙했다. 카스트로는 클뤼니 수사들이 카미노를 개발하고 활용하는 데 도움을 줄 거라고 생각했기 때문에 여러 왕국에서 그들을 초빙한 것이라고 주장한다. 그러나 다른 역사가들은 이런 해석을 전혀 인정하지 않는다. 하지만 산체스 알보르노스는 프랑스의 수사들이 카미노를 클뤼니 수도원들과 연결된 길로 만들었다고 주장한다. 레이몽 우셀은 클뤼니 운동에 대한 기록과 전기들을 모두 찾아볼 필요도 없이 단순히 카미노를 따라 클뤼니 수도원들이 있는 위치들을 확인하기만 하면 그러한 주장이 얼마나 터무니없는 것인지 금방 알 수 있다고 말한다. 그런 사소한 것을 알기 위해 스페인 역사 문헌들까지 뒤져볼 필요는 없는 일이다.

스페인의 왕들이 클뤼니 수도원에 정기적으로 헌금을 보내고(알폰소 6세가 가장 많은 돈을 보냈다)자신들의 독특한 신앙 형태인 열정적인 신앙의 영향을 받아 클뤼니의 교회개혁운동을 적극 지지했다는 사실은 매우 인상적이다. 스페인의 왕들은 자신의 영혼이 구원받기를 원했다. 권력을 가진 사람이라고 해서 다른 사람들보다 더 좋거나 더 나쁘지 않았다. 사람들은 대개 주어진 가능성의 한계에 맞춰 자신들의 열정과 야망을 충족시키려고 애썼다. 그러나 '현재 있는 것'을 인식하는 것은 신앙에 이르는 길이다. 비트겐슈타인은 그것을 분명히 이해했다.

기독교는 하나의 교리가 아니다. 과거에 인간의 영혼에 일어났고 앞으로 일어날 것에 대한 이론이 아니라 현재 인간의 삶 속에서 실제로 일어나는 어떤 것을 기술한 것이라는 말이다. 왜냐하면 '원죄 의식'은 실제 사건이며 신앙을 통한 절망과 구원도 마찬가지이기 때문이다. 그러한 것들에 대해 말하는 사람들은

…… 아무리 그럴 듯하게 꾸며서 말하고 싶을지라도 그것은 단순히 자신들에게 일어난 일들을 말하고 있는 것일 뿐이다.

스페인 왕들은 그런 선물들과 조치들을 베풀고 그 대가를 요구했으며 받았다. 그들은 돈과 땅을 수도원에 제공하고 수도원의 수사들은 그들의 영혼을 구제해달라는 기도를 했다. 스페인의 왕들은 '교회개혁운동을 하는 수사'가 다른 수사들보다 더 신성하며 그런 수사가 있는 수도원은 다른 수도원들보다 하느님 앞에서 더 큰 중재 권한을 지니고 있다고 믿었다.

이런 종류의 열정적인 신앙심은 심각한 문제를 일으킨다. 수사들에게 지불할 수 있는 돈이 없는 사람들은 어떻게 구원받을 수 있는가? 그 대답은 경박하지만 분명하다. 순결을 통해서다. 이제 우리는 이중 잣대라는 문제에 직면할 수밖에 없다.

사아군은 또한 오스피탈로도 유명하다. 알폰소 6세 때, 사아군의 수도원은 순례자들을 위한 숙박소를 지었는데 침대가 70개나 되었고 매우 대접을 잘 해주기로 소문이 나 있었다. 15세기에 퀴니그는 이 읍에 순례자들을 위한 오스피탈이 네 곳이나 있었다고 기록한다. 그 가운데 한 곳이 아직도 있다고 들었지만 실제로 보기 전에는 좀 미심쩍다. 그곳은 2층짜리 아파트를 개조해서 만든 작은 알베르게처럼 보인다. 주방이 있기는 한데 좀 이상하다. 알베르게 관리자는 부엌을 쓸 수 없다고 한다. 그러나 나중에 알게 되었지만 그 관리자에게 따로 약간의 돈을 주면 난로를 쓸 수 있게 해준다고 한다. 알베르게에 딸린 작은 식당에서 찬 음식을 그냥 먹기로 했다.

이 마을은 유명한 프란체스코회 수도사인 프라이 베르나르디노 데 사아군(1499~1590년), 대개는 그냥 사아군이라고 부르는 이가 태어난 곳이기도 하다. 16세기에 프라이 베르나르디노는 대담하게도 멕시코 아즈텍 문명의 관습과 지식, 지혜들이 모두 잊혀지고 소멸되거나 광신적인 기독교 성직자들이나 종교재판관들에 의해 파괴되기 전에 그것들을 연구하고 기록하는 작업을 했다. 그의 역작 『신新스페인 풍물의 역사 Historia general de las cosas de Nueva España』는 아즈텍인들의 문명을 기술하고 있다. 모두 12권으로 되어 있는데 스페인어와 아즈텍 원주민들의 언어인 나우아뜰어로 씌어졌다. 종교재판소는 사아군이 무슨 일을 하고 있는지 알고는 그 작업을 매우 위험한 행위로 판단하고 사아군이 쓴 책들을 모두 압수했다. 그러나 다행히 그 책들은 불태워지지 않았다. 오히려 특수하게 제작된 기록보관소에 넣어져 300년 동안 잊혀진 채로 있었다. 오늘날 이 귀중한 책들은 아즈텍 문명을 확인하는 보고가 되었다. 그래서 어떤 이들은 사아군을 근대 인류학의 아버지라고 부른다.

알베르게에서 몇 블록 떨어진 곳에 우편엽서와 우표를 파는 가게가 있다. 우편엽서들은 이곳에 여러 가지 기념비와 역사적 건물들과 함께 커다란 사아군 상이 있다는 것을 알려준다. 그러나 오늘 카미노에서 일어난 일들을 반추하면서 쉬기 위해 그런 것들을 보러가지 않기로 했다.

로사리오 기도는 강력한 충격을 느끼지만 그 실체를 분명하게 알 수 없는 곳들로 나를 데려갔다. 오늘따라 하느님의 말씀에서 의미를 찾기가 어렵다 …… 내게 관련이 있을 수 있는 말씀은 상반된다기보다는 부적절하다는 의미에서 불분명하거나 믿음이 안 가고 심지어 거짓되어 보이기까지 한다. 로사리오의 신비들은 모두 아버지 하느님의 사랑을 보여준다. 만일 이러한 인간의 기도가 진리를 담고 있다면 우리는 하느님 아버지로서 아버지가 무엇보다도 아들을 사랑한다고 말해야 한다. 아들은 아버지의 뜻을 이루기 위해 이곳에 왔다고 말한다. 신학적으로 이것은 예수가 팔레스타인 민중들 사이에서 한 일들에 대해서 가장 정확하게 표현한 말이다. 아버지의 뜻은 아들이 인간들 사이에서 발견하게 될 배신과 증오, 잔인함을 그대로 받아들이는 것이다. 아버지는 신비하게도 그런 고통과 인내가 모든 인간들의 죄를 구속하는 데 필요하기 때문에 아들에게 자기희생을 요구한다. 이러한 신앙의 신비 속으로 걸어 들어간다면 그것은 놀라운 사랑의 세계로 들어가는 것이다. 여기서 나는 우리 아이들에 대해서 생각하지 않을 수 없다. 나는 그들에게 무엇을 요구했던가? 그리고 앞으로 무엇을 요구할 것인가? 그러나 감히 이 두 세계를 그렇게 가까이 둘 수 있을까? 그 두 세계가 서로 어떤 관련이 있다고 감히 생각할 수 있을까?

어쨌든 오늘 카미노에서 나는 우리 아이들에 대한 사랑을 새롭게 생각해야 하는 곳으로 인도되었다. 그곳에서 사랑은 그동안 상상했던 그런 것이 아니라는 것을 알았다. 사랑하는 사람들에게 스스로 고통을 이겨내도록 요구할 줄도 알아야 한다. 이런 깜짝 놀랄 만한 상황은 우리들로 하여금 "이 무고한 사람이 왜 그런 고통을 겪어야 하느냐?"고 의문을 제기하게 하기보다는 오히려 이 로사리오의 신비를 묵상하고 겸허하게 깨달음에 이르기를 바라는 마음에 이르게 한다. 충분히 나 자신을 비운다면 알기 위해 필요한 모든 것, 사랑하기 위해 필요한 모든 것을 이해하게 될 것이다.

19
그들은 지금 자신들의 기계에 너무 얽매여 있다
사아군에서 만시야 데 라스 물라스까지

　사아군의 자그마한 알베르게는 지난밤 순례자들로 꽉 찼다. 아침밥을 먹으러 식당에 들어섰을 때 한 순례자가 탁자 위에서 잠을 자고 있었다. 건물 앞 현관은 밥을 먹고 오늘 걷기를 위해 짐을 꾸리기 좋은 장소다.
　사아군을 떠나면서 지금까지 내가 알았던 카미노와는 전혀 다른 완전히 새로운 카미노를 발견한다. 1991년, 카스티야와 레온 지방정부의 농업 담당부처는 (사아군에서 몇 킬로미터 떨어진) 칼사다 델 코토에서 만시야 데 라스 물라스까지 32킬로미터의 카미노 구간을 정비하기로 결정했다. 이 구간은 폭을 3미터로 늘리고 경사를 완만하게 해서 직선으로 지평선까지 달리게 개선했다. 경사가 거의 없고 모래를 길 위에 뿌려서 자전거를 타고 가기에 아주 완벽한 길이다! 추상적으로 개념화되고 기계를 이용해서 만든 길이다. 그 길은 정확하게 8미터 또는 10미터마다 나무를 차례로 심었다. 나무들의 키도 모두 정확하게 똑같다. 또 길을 따라서 일정한 간격을 두고 의자가 놓여있고 가끔은 나무 덤불 안에 야외용 탁자가 있다. 전부터 있던 나무들 사이로 새로 심은 나무들도 보인다. 마을마다 근처에 있는 의자나 탁자, 석조 표지판은 모두 콘크리트를 써서 돌 모양으로 모형을 떠서 만들었다. 모든 것이 하나같이 단조롭고 생기가 없으며 인공적이다. 깊은 분노와 비애가 속에서 치밀어 오른다. 아마도 카미노를 위해서 뭔가 좋은 일을 하려고 했던 사람들의 모든 노력과 돈, 희생들이 엉터리 초현실주의 미술가의 작품에나 나옴직한 자연 풍광을 가로질러 물결치는 이런 무의미한 장식 띠들을 만드는 데 쓰이다니 한심한 노릇이다. 실망한 마음에 정신은 어둠 속에 갇히고 숨을 쉬지 못한다. 이것이 바로 현대 기술이 사람들의 상상력과 희망을 타락시키는 방식이다. 단조롭고 황량한 길과 그 길을 따라 싸구려 광택을 반짝이며 놓여진 의자들은 마음을 질리게 만들 뿐이다.

카미노의 이러한 단면은 하나의 기술 계획으로 바뀌었다. 심지어 어쩌면 자크 엘륄이 말한 '환경 기술milieu technique'을 완성하는 계획이 되었는지도 모른다. 이것은 기술에 대한 수요와 필요성이 만들어낸 환경이다. 모든 것은 기술적 표준으로만 개념화되고 그것에 따라 완성된다. 예를 들면 효율성이라는 추상적 개념은 보도 폭이 정확하게 3미터여야 하며 경사각은 수학 계산에 따라 결정되며 그 길에 있는 물건들은 모두 똑같은 재질이어야 함을 요구한다. 그 규칙성을 망가뜨릴 수 있는 어떤 인간적인 개별적 접촉도 허용되지 않는다. 어떠한 자연스러운 우아함도 드러나서는 안 된다. 나무의 종류도, 크기도, 그리고 나무 사이의 거리도 모두 '합리적' 기준에 맞춰서 무조건 따라야 한다.

여기서 합리적이란 데카르트가 말한 생각하는 자아와 어떤 물질적 계획의 결합(오늘날 쓰는 용어로 상호접속)을 의미한다. 합리적이라는 말은 이런 종류의 계획되고 설계된 환경에 대한 한 인간(나 자신)의 반응에서 분명하게 드러나듯이 현실 속의 인간들의 실제 모습과 너무 동떨어진 개념이다. 금방 싫증이 난다. 처음으로 카미노에 대해서 우울한 기분이 들고 흥미가 없어진다. 마치 숨 막힐 듯한 공간에 갇힌 기분이다. 날카로운 돌 때문에 비틀거리거나, 진흙탕에 빠져 허우적거리거나, 가축 떼가 지나는 길에 막혀서 허둥대는 일이 일어나지 않도록 하기 위해 얇고 가벼운 무중력 옷을 입고 밀폐된 캡슐 안에 들어가 있는 느낌이다. 오늘은 놀랄 일이 하나도 없다. 길을 잃을 래야 잃을 수가 없다. 조잡하게 칠해진 노란색 화살표도 애써 찾을 필요가 없다. 카미노는 효율적인 거리 계산으로 건설된 평탄한 간선도로로 연결되었고 하나의 볼품없는 산업도로로 변형, 축소되고 말았다.

이 새로운 카미노는 이제 내 키보다 더 크고 매우 낯선 곡식들이 자라는 들판들을 통과하거나 지나치며 달린다. 이것이 새로운 한 해의 증거임을 명심해야 한다. 이 곡식들은 땅의 결실을 보증하는 것이다. 하늘을 쳐다보면 지금까지 내내 보아왔던 것과 똑같은 하늘을 볼 수 있을 거라고 생각한다. 그러나 정말 그럴 수 있을까?

비가 내리기 시작한다. 이런 경우는 흔히 있는 일이지 않은가? 음. 그렇지. 그것은 아스팔트 도로 위로 떨어지는 빗방울 같은 것이다. 그러나 여기 길바닥은 그렇게 딱딱하지 않다. 경사도 완만해서 빗물이 길 양옆으로 흘러내린다. 아마도 여행자의 편의를 위해 공학적 기준에 따라 설계되었을 것이다. 이 모든 것을 설계한 공학자에게 고맙다고 해야 할 것이다. 또 그런 길을 건설할 수 있는 기계들을 만들고 판 사람들, 그 기계를 써서 일한 건설노동자들에게도 고마움을 전해야 한다. 나는 빠른 걸음으로 똑바로 길을 갈 수 있다. 신발이 웅덩이에 빠질까봐 또는 길 가의 돌멩이에 걸려 발목이 삘까봐 걸음을 조심하지 않아도 된다. 그러나 나는 지금 정말 걷고 있는 걸까? 이렇게 인간의 손으로 가공된 도로는 나를 땅에서 분리시키고 그것을 대체하는 공간으로 집어삼키는 건 아닐까? 이제 이 길에서 길을 잃고 헤매지는 않겠지만 내가 처음에 알았고 두려움과 기쁨이 뒤섞인 채 가슴에 품었던 그 카미노는 확실하게 잃어버렸다.

자크 엘륄은 그 기술 계획은 너무도 교묘하고 완벽하며 포괄적이어서 그 안에 갇힌 사람들이 갈피를 못 잡고 눈치 채지 못하게 만든다고 주장한다. 모든 사람들은 아니지만 대부분의 사람들이 오늘날 현대 기술의 세계에 사로잡혀 있다. 이러한 음모는 그 계획이 창조한 환경을 배경으로 하는 여러 가지 오락들에 의해 가려지거나 약화된다. 그 기술 계획 자체가 만들어낸 여러 가지 마약이나 게임, 호화로운 구경거리, '문화적' 행위, 기계 장치, 장난감들, 즉 인간의 눈을 다른 데로 돌리기 위해 만들어진 모든 것들(대다수 사람들은 그것을 '즐겁다'고 말하고 지식인입네 하는 사람들은 그것을 '흥미롭다'고 말한다)이 바로 그런 오락들이다. 엘륄은 '환경 기술'에 사로잡히도록 설계한 인공적 이미지들에 둘러싸인 세상에 사는 사람들이 점점 늘어나고 있다는 점을 주목하면서 그들은 이미지와 현실을 구분할 줄 모른다고 주장한다. 이를테면 그들은 인공적 망상이 현실이라고 생각하게 된다. 오늘 나는 여기 이렇게 인공적으로 건설한 길 위를, 아니 오히려 여기저기 작은 구멍이 난 새장 같은 곳을 벗어나 여전히 걷고 있으며, 아직도 카미노 위에 있다고 믿고 싶다. 며칠 동안 진정한 카미노에서 겪은 일들이 너무도 선명하고 강렬한 까닭에 오늘 나는 알면서도 스스로 속이고 싶은 것이다.

우리는 인간을 유혹하려는 그 기술 계획의 촉수를 감지하기 위해 의식적으로 모든 감각을 깨끗하게 정화하는 일을 멈추지 말아야 하지 않을까? 그것 말고도 다른 어떤 것들이 더 필요하진 않을까? 그것을 위해서 오랜 세월의 수양이 필요한 것은 아닐까? 세상을 새롭게 바라볼 수 있는 시각, 어떤 근본적인 전환으로 이끄는 금욕적인 훈련이 요구되는 것은 아닐까? 이런 생각들은 카미노를 다녀왔다고 하는 사람들 가운데, 지금 내가 이렇게 발걸음을 재촉하며 빨리 벗어나고 싶어 하는 이 공간을 두고 '장엄한 사업' 이니, '편안하고 편리한 도로' 니, '탄탄대로 위로 난 아름다운 길' 이니 하면서 격찬하는 사람들이 있음을 보면서 떠오른 의문들이다. 그 모든 찬사가 바로 여기를 지칭한다 …… 그러나 나는 그것을 아주 다르게 본다 …… 만일 내 판단이 틀렸다면 그것은 신선한 공기와 태양, 비, 피로감이 내 판단력을 흐리게 만들어 스스로를 기만한 것이 아니고 그 무엇이랴?

지금 내가 알고 있는 것은 아주 강력하고도 명백한 경험의 소산이다. 그것은 인간이 어떤 전통 속에서 살고 있다는 사실과 그 전통을 삶에 반영할 줄 안다는 두 가지 조건이 만나지 않고는 절대로 일어날 수 없었을 것이다. 그러나 나는 그 조건들을 잘 이해하지 못했을 수도 있다. 나는 내 부모와 수많은 옛 순례자들의 전통 속에서 이렇게 면면히 이어온 신앙의 기원을 찾아야 한다고 생각했다. 오직 신앙을 통해서만 진실로 그 전통의 일부가 될 수 있다고 믿었다. 하지만 그것은 너무 섣부르고 피상적인 생각이었다. 어쩌면 나는 16세기 또 다른 위대한 스페인 사람, 십자가의 성 요한(Saint John of the Cross 1542~1591)의 모범과 가르침에서 더 큰 영향을 받았는지도 모른다. 만일 이 신비스런 인물이 어떻게 살았고 무엇을 가르쳤는지 이해한다면 카미노로 나서기 전에 먼저 스스로 모든 것을 던져버리고, 진부하고 규격화된 생각들, 틀에 박힌 감정, '무기력한' 열정과 희망에서 벗어났어야 했다. 이런 이해를 바탕으로 내 모든 소유물들을 완전히 포기함으로써 비로소 그 신앙의 전통을 이어받을 수 있었을 것이다. 우리는 이 방식을 통해서만 기술이라는 바이러스의 감염을 효과적으로 치료할 수 있다. 서양의 신앙 전통을 이해하기 위해서는 데카르트가 말한 자아, 즉 이 자아가 표현하는 현실과 유리된 합리성이 참된 신앙인이 되고 한 인간이 되는 것과 깊은 관련이 있다는 생각에서 진실로 벗어나야 한다. '모든 것'을 벗어던질 때 비로소 우리는 기술이라는 감옥에서 나와 자유롭게 카미노의 진흙길을 터벅터벅 걸으며 진정한 신앙으로 가는 길을 찾을 수 있을 것이다.

엘륄은 오늘날 현대 사회에 사는 사람들은 '환경 기술'에 붙들려 있기 때문에 곰곰이 뒤를 돌아볼 줄 모른다고 믿는다. 그는 이것이 현대 세계가 지닌 특별한 문화적, 지적 비극이라고 생각한다. 이런 세계에 갇혀 사는 사람들은 그들 자신과 세상을 일정한 거리를 두고 그 참된 모습을 조용하고 투명하게 뒤돌아볼 줄 모른다. 지금까지 서양에서 행해졌던 이런 행태의 특징은 이른바 델포이의 금언인 '너 자신을 알라'에 아주 잘 표현되었다. 이 말을 처음 한 사람은 고대 그리스의 철학자 크세노폰(기원전 434~355년 무렵)이다. 기독교 사상가들은 특히 12세기에 이 금언의 실천을 강조했다. 엘륄은 고대 그리스나 나중에 기독교 사상이 이해했던 것처럼 200년이 넘는 동안 이 전통에 따라 스스로를 뒤돌아보고 자기 인식을 갖지 않는 인간의 삶은 있을 수 없다는 사실에 주목했다.

내가 지금까지 카미노에서 발견한 것은 내 스스로 카미노에 깊이 빠져들었다는 점에서 내가 뒤를 돌아보면서 살 줄 안다는 사실이다. 뒤를 돌아본다는 의미는 은혜와 은총, 잦은 실수와 이기주의, 피조물로서 진정한 일생에 대해서 회고하는 묵상이라는 말로 가장 잘 표현될 수 있을 것이다. 이 묵상은 이 축복받고 은혜로운 세상에서 하루하루 살아가는 의미를 깨닫게 해주었다. 그런 의미에서 나는 카미노를 걷는 동안, 진실로 공간과 공간 사이를 이동하는 동안 내 삶을 뒤돌아보는 것 말고는 한 것이 아무 것도 없는 셈이다. 카미노에서 내가 겪은 일들은 바로 엘륄의 명제를 확인한 것임에 다름없다. 카미노에서 나는 아직까지 '환경 기술'이 놓은 덫에 걸려들지 않았다. 기술이라는 악몽이 감추고 있는, 눈을 멀게 하는 나쁜 기운에서 자유로울 수 있는 장소를 발견했기 때문이다.

오늘 나는 두 곳에서 몇 마리 안 되는 양떼를 모는 목동을 보았다. 이 광경은 옛날과 비교할 때 엄청나게 큰 변화다. 중세 초, 스페인의 이 지역에서는 농사를 짓지 못할 정도로 엄청나게 많은 양떼들이 여기저기 무리지어 있었다. 스페인은 이곳에서 생산한 양모를 플랑드르 지방으로 수출했다. 어떤 사람들은 심지어 스페인이 이 양모 때문에 굶어 죽을 판이었다고 주장한다. 왜냐하면 사람들이 먹을 식량을 재배할 땅이 부족했기 때문이다. 하지만 지금 들판에 보이는 농부들의 모습은 양치기 목동들보다 훨씬 많다. 내가 본 두 무리의 양떼들은 규모가 작았다. 그리고 목동들이 주로 하는 일은 양들이 곡물을 재배하고 있는 경작지로 들어가는 것을 막는 일 같았다. 따라서 그들은 올해 곡식을 심지 않은 밭이나 도랑, 들판들을 여기저기 찾아다녀야 했다.

목동들은 주로 나이가 많은 노인들이었다. 몇 주 동안 그들과 함께 다니며 그들의 이야기를 들어보는 것은 어떨까? 아마도 오랜 세월 동안 이 들판에서 양떼들과 함께 하면서 느꼈을 고독은 내게는 아주 낯설겠지만 특별한 하늘의 소리를 그들에게 들려주지는 않았을까? 목동들은 그것을 내게 보여줄까? 나는 과연 그 소리를 들을 수 있을까? 나는 전에 만난 그 구둣방 주인을 이해했다고 생각한다. 그렇다면 목동을 이해하지 못할 까닭은 없지 않을까? 그러나 벨로라도에서 구둣방 문을 열고 들어간 것처럼 지금 당장 저기 있는 목동에게 걸어갈 수는 없을 것 같다. 우리가 서로 친해지기까지는 훨씬 더 많은 시간이 걸릴 것이다. 그러나 그것이 주는 가르침은 얼마나 크겠는가!

17세기에 라피는 내가 본 양치기 목동과 비슷한 사람을 만났다. 하지만 그는 그것을 훨씬 더 극적인 장면으로 기록한다. 라피와 동료는 부르고 라네로에 도착하기에 앞서 이곳으로 들렀다가 죽은 순례자의 시신 한 구를 발견했다. 그 시신은 카미노 위에 있었다. 마침 늑대 두 마리가 그 시신을 실컷 뜯어 먹고 있었다. 라피는 늑대들을 멀리 쫓아버리고 그 시신 위에 돌들을 쌓았다. 그리고 부르고 라네로에 도착해서는 그 시신을 기독교식으로 장례를 치러줄 사제를 찾았다.

당시에 이 지역에는 라피 같은 순례자들이 머물 수 있는 시설들이 많지 않았던 것 같다. 하지만 여러 기록들에 따르면 이 지역 사람들은 늑대들이 자신들이 기르는 양떼를 잡아먹는 것을 막기 위해 많은 애를 썼다고 한다. 이것은 앞으로 그들이 어떻게 바뀌게 될지를 충분히 보여준다. 오늘날 이곳 사람들은 자기들이 사는 지역을 지나는 순례자들을 위해 무엇인가를 하기를 원한다. 그래서 그들은 카미노를 순례자들에게 매력적이고 편안한 곳으로 만들기 위해 많은 시간을 쓰며 노력한다. 그러나 내가 보기에 그들이 기울이는 모든 선의와 노력은 단호하게 말해서 기술과 기계와 수학의 원리로 만들어졌다. 그 결과는 그들이 의도했던 것과는 정반대의 모습이다. 나는 깊은 슬픔에 잠긴다. '환경 기술'은 너무도 강력하고 광범위하며 현혹적이어서 이 선한 사람들을 모두 함정에 빠뜨릴 수 있다. 기술이 지배하는 원리의 보호를 받으면서 '선한 일을 하는' 기괴함이라니!

사아군을 떠난 뒤 8시간 정도가 지나고 나서 만시야 데 라스 물라스에 도착했다. 아마도 40킬로미터쯤 걸은 것 같다. 기분이 상쾌하다. 한 곳에 들러 잠시 쉬면서 커피를 한 잔 마신다. 한두 번 길을 묻고 쉽게 알베르게를 찾았다. 읍내 한 가운데 있는 낡은 건물이다. 건물을 새 단장하는 중이었지만 수리가 끝난 곳이 많았고 특히 완공된 방들은 매우 멋지게 단장되었다.

거기서 지난번에 내 펜을 찾아준 데이비드를 발견하고는 그에게 곧바로 갔다. 데이비드는 크게 반기며 이곳 알베르게의 관리인에게 내 '평판'에 대해서 과장된 소개를 늘어놓는다. 그리고는 이 방에서 가장 좋은 침대를 내게 주라고 부탁한다. 데이비드와 그의 친구는 오늘 목적지가 이곳이 아닌 까닭에 다음 행선지를 가기 위해 방을 나서고 있었다.

침대와 매트리스는 모두 새 것이다. 관리인은 레이스가 달린 커튼으로 장식한 창 가 옆에 있는 침대를 배정한다. 이런 것은 전에 다른 알베르게에서 본 적이 없었다. 침대 위에 배낭을 얹어 놓고 부엌이 어디 있는지 살핀다. 부엌에는 스페인 순례자 세 쌍이 있었는데 나보다 몇 살 아래인 것 같다. 막 점심을 먹고 마치려는 중이었다. 그들은 반갑게 인사를 하고 와서 앉으라고 하면서 자신들이 먹던 음식을 나누어준다. 저녁까지 멋진 식사를 할 수 있을 정도로 많다. 그들 가운데 한 여인이 카미노를 걷다가 버섯을 채취해서 그것으로 요리를 했다. 그들은 또 내게 신선하고 맛있는 샐러드와 빵, 과일, 포도주를 주었다. 커피를 마시고 나자 또 한 남성이 납작한 술병을 꺼내더니 한 잔 하겠냐고 물었다. 라틴아메리카에 오랫동안 살았으므로 그런 술은 자주 먹어 보았다. 지역마다 자기 지역에서 많이 나는 과일로 브랜디 같은 술을 담근다. 아주 조금씩 나눠 마실 것을 알기 때문에 기꺼이 한 잔을 받았다. 친절하고 선량한 사람들과 어울려 천천히 마시는 약간의 독한 술 한 잔은 즐거운 자리를 만드는 아주 좋은 방법인 것 같았다. 아마도 그 브랜디는 집에서 담근 술 같았는데 그들이 나를 매우 특별히 대접하고 있다는 느낌을 받았기 때문이다.

내일 아침 식사준비를 하기 위해 밖으로 나와 거리를 걷는데 텔레비전이 있는 작은 휴게실이 보인다. 휴게실 안뜰 구석에는 현대적 편리함의 상징인 자동세탁기도 한 대 있다. 그러나 오래된 건물에 배치도 제멋대로 되어 있는 모습이 어떤 순수한 매력을 여전히 간직하고 있는 듯하다.

두 블록쯤 지나 시장과 빵집을 발견하고 거기서 내일 아침거리를 빨리 사서 알베르게로 돌아오니 캐나다에서 온 순례자 두 사람이 부엌에서 음식 준비가 한창이다. 그들이 밥을 먹고 있는데 한 여행객이 부엌으로 들어오더니 자기도 밥을 해먹을 수 있게 그들이 사용한 그릇을 닦아 놓으라고 명령조로 말한다! 입고 있는 옷을 보니 자전거 여행객임을 금방 알아볼 수 있다. 비록 스페인어를 할 줄 모르는 사람이라도 그 친구가 하는 말과 태도가 얼마나 거만하고 방자한지 금방 알 수 있었다. 나는 그런 무례한 모습에 울컥했지만 마음을 가라앉히고 자전거 여행객에게 그들이 밥을 다 먹고 나서 설거지를 해놓을 거라고 조용하게 타일렀다. 그리고 지금 몹시 급하다면 찬장에 또 다른 깨끗한 그릇들이 있다고 알려주었다.

카미노에서 만난 스페인 사람들 가운데 매우 다른 모습을 한 두 종류의 사람들에 대한 아주 분명하고 놀라운 예가 또 있다. '중류층 이하 소시민 계층'의 사람들은 대개가 개방적이고 친절하며 품성이 착하고 남을 배려할 줄 안다. 그러나 '상류층'이나 '상류층을 지향하는 계층' 사람들은 대부분 오만하고 불손하며 이기적이다. 나는 이 청년의 태도에 큰 충격을 받아서 자제와 평정심을 유지하기가 무척 어려웠다. 이 같은 청년들이 앞으로 스페인을 운영하고 다스릴 사람들을 대표할 사람들이 아닌가? 이들보다 더 나이 먹은 사람들은 앞으로 사라지고 죽어 없어질 세대이며 '환경 기술'에 완벽하게 통합될 수 없는 사람들이다. 이 청년들을 이렇게 무례하고 혐오스런 사람들로 만든 것이 바로 정신을 어지럽히고 즐거움을 빼앗아갈 뿐인 터무니없는 '쾌락의 정원', 과학적 경이, 매혹적인 유행으로 짜 맞춰진 이 인위적이고 포괄적인 합리성이란 말인가? 어쩌면 나는 '환경 기술'의 힘, 그것이 만들어낼 수 있는 것이 무엇인지 그 청년을 통해 분명하게 알게 된 건지도 모른다. 그 청년은 자기 자신의 중요성을 과신한 나머지 인간으로서 갖춰야 할 기본예절이 없는 까닭에 자기를 불편하게 하는 사람들을 모두 함부로 대하는 일그러진 품성을 지녔다. 생각만 해도 몸서리가 난다. 어떤 사람들은 2차 세계대전이 중요한 문제를 해결했다고 믿었다. 그러나 사실은 국가사회주의나 스탈린주의, 폴포트 정권이 육성해낸 변종들보다 전통적으로 문명화된 세계에서 훨씬 더 심각하게 기본예절이 부족한 새로운 종류의 인간이 '환경 기술'을 바탕으로 배출되고 있다. 그 청년과 같은 젊은이들이 타는 그러한 첨단의 자전거 장비와 최신 유행하는 '운동복' 아래서 과연 그들 청년이 고결한 사람으로 태어나고 성장할 수 있는 인간 정신의 불꽃이 그들 마음 속에 지펴질 수 있을까?

  이제 내게 카미노는 옛 전통에 깊숙하게 빠진 어떤 사람이 자기 자신을 비우고 진정으로 자신을 되돌아보는, 자신을 전체적으로 살펴보고 기술 문명이 만들어낸 수많은 장애물과 편견들을 깨뜨리고 관통할 수 있도록 묵상하고 느낄 수 있는 자유를 누리게 하는 가장 이상적인 장소로 다가선다. 그러나 그 청년들이 이런 카미노를 절대로 겪어보지 못할 것 같은 불길한 생각이 드는 건 왜일까? 그들은 이 카미노를 절대로 알지 못할 것이다. 그들은 지금 입고 있는 옷을 너무 꽉 끼게 입었고 자신들의 기계에 너무 얽매여 있다. 우리의 앞날을 생각할 때 그들을 잃어버린 세대라고 부른다고 해서 그렇게 심한 말은 아닐 것이다. 그렇다면 그 다음 세상은?

20
훌륭한 노동은 사물을 아름답게 만든다
만시야 데 라스 물라스에서 레온까지

　　1142년, 알폰소 7세와 도냐 베렌겔라 왕비는 돈 폰세 데 미네르바 백작과 그의 부인 도냐 에스테파니아에게 만시야에서 몇 킬로미터 떨어진 곳에 있는 땅을 하사했다. 돈 폰세 백작은 무어인들과 벌어진 한 전투에서 사로잡히자마자 모로코로 이송되었다. 백작 부인 도냐 에스테파니아는 남편의 생사에 대해 아무 것도 알지 못한 채 오르비고 강이 흐르는 카리소에 수도원을 지어 콤포스텔라로 오고 가는 순례자들을 위한 오스피탈로 제공하고 그곳에서 그녀 자신이 직접 순례자들의 시중을 들었다. 돈 포세 백작은 마침내 석방되었고 무어인들에게 잡혀있는 동안 맹세했던 순례 약속을 지키기 위해 콤포스텔라로 떠났다. 백작은 어느 날 밤 카리소에 도착했다. 그리스도가 한 것처럼 (요한복음 13: 1~17) 순례자들의 발을 씻어주는 것이 오스피탈들의 관례였던 때가 있었다. 그날 밤 평소처럼 도냐 에스테파니아는 한 순례자의 발을 씻어주었지만 그 사람이 자기 남편이라는 사실은 까맣게 몰랐다. 남편이 잡혀간 지 너무 오랜 세월이 흘러 남편의 모습이 많이 변했기 때문이었다. 돈 폰세 백작은 자기에게 이런 사랑을 베푸는 여인의 손을 보고 그 감촉을 느끼고는 그 여인이 자기 아내라는 사실을 알았다! 두 사람은 마침내 서로 금욕을 맹세했고 백작은 아내를 따라서 근처에 산도발 수도원을 세웠다고 한다.

이 이야기가 말하고자 하는 의미는 놀랍게도 내가 카미노에서 생각했던 것들, 어떤 말로도 정확하게 표현할 수 없을 것 같은 생각들과 딱 맞아 떨어진다. 오늘 다시 걷는 것이 힘들었다. 역사적으로 처음부터 언제나 거기에 있었고, 마지막까지 언제나 거기에 있을 …… 고통의 실체를 내게 다시 일깨워주기에 충분히 힘이 드는 걸음이었다. 그 고통을 보살펴주고 치료하고 효과적으로 진정시켜줄 수 있는 것은 아무 것도 없다. 그러나 "이 어린 예수는 왜 그렇게 끔찍한 고통을 겪어야 하는가? 아무 죄 없는 예수가 그런 박해를 받는가?"라는 그 모든 고뇌의 질문들, 실제로 겪은 고통들은 '대답'이 있었다. 하느님의 아들 예수는 사랑 때문에 끔찍한 죽음을 순순히 받아들였다. 하느님의 사랑은 그러한 복종을 무조건 '강요'하고 요구했다. 이 하느님의 사랑은 물론 12세기에 레온에서 두 사람이 서로 나누었을 사랑을 초월하지만 그 두 사람이 알았던 사랑, 그들이 함께 나누었던 사랑이나 고통과 서로 다르지도 않으며 무관한 것도 아니다.

내가 지금까지 들었던 그 모든 것이 얼마나 어리석게만 들리는지! 하느님이 최고의 선이며 전지전능하다면, 그리고 이러한 가정이 의미하는 바가 있다면, 왜 아무 죄 없는 예수가 고통을 받는가? 그렇다. 섬세한 감정을 가진 사람이라면, 남을 사랑할 줄 알고 사랑받아 본 사람이라면 누구나 그런 의문이 생겨야 하며 그것 때문에 괴로워해야 마땅하다. 오늘 카미노를 따라 가며 성육신의 신비를 깊이 묵상하지 않고는 어떤 해답도 구할 수 없을 것 같다는 생각이 든다. 얼마나 깊이 묵상하느냐가 얼마나 사랑을 잘 이해하고 스스로 얼마나 많은 고통을 받아들이며 얼마나 열정적으로 사랑할 것인지를 결정할 것이다. 성경의 말씀들이 잘 떠오르지 않는다. 지금 떠오르는 말씀들은 지금 내게 보잘것없고 도움이 안 된다. 그러나 이 경험은 궁극적으로 진리로 이끌 것이다. 오늘 보는 카미노의 단순함은(주변 경치도 특별한 것이 없고 내적으로도 마음을 비우고 추상적인 생각을 버린)성육신의 신비를 묵상하며 기도에 깊이 침잠할 수 있게 한다. 이러한 신비 속으로 침잠할 수 있는 것은 책을 읽거나 학문적 연구를 통해서가 아니라 이처럼 침묵과 고독 속에 빠짐으로써, 그리고 서로 사랑을 베풀었던 옛 선인들의 인생 이야기들을 오랜 시간 묵상함으로써 가능하다는 사실을 그 어느 때보다 더 분명하게 깨닫는다.

콤포스텔라까지 절반이 넘는 길을 걷는 동안 카미노에서 마지막으로 만나는 대도시 레온은 순례자들과 아주 관계가 깊은 도시다. 9세기 말, 알폰소 3세가 레온 왕국의 왕으로 있었을 때 레온은 기독교 국가인 스페인에서 가장 중요한 도시였다. 왕궁이 오비에도에 있었던 알폰소 2세(789~842년)는 성 야고보 사도를 기리기 위해 그의 무덤이 최근에 발견된 콤포스텔라에 처음으로 성당을 지었다. 알폰소 2세는 또한 오비에도에 유럽에서 가장 큰 성물함 가운데 하나를 두려고 많은 노력을 기울였다. 그 뒤를 이어 알폰소 3세도 877년 콤포스텔라에 두 번째 성당을 짓고 899년에 그곳을 신성화하는 작업을 했다. 처음에 지은 성당은 너무 작았다. 그래서 알폰소 3세는 910년 왕궁을 오비에도에서 레온으로 옮겼다. 그해 그는 레온에서 죽었다. 10세기 말(988년) 레온은 위대한 이슬람 전사 알만소르의 공격을 받았지만 잘 막아냈다. 1002년 알만소르가 죽자 많은 기독교 국가의 도시들은 안도의 한숨을 놓았다.

1036년, 아마도 스페인에서 가장 유명한 성인이며 위대한 백과사전 편집자인 성 이시도로(570~636년)의 성물들이 당시 이슬람 국가의 지배 아래 있던 세비야에서 레온으로 옮겨졌다. 이것은 페르난도 1세와 도냐 산차 왕비가 주요 도시들의 성당에 있는 유명한 성인들의 성물을 수집하는 일을 즐겨한 덕분에 이루어졌다. 이시도로에게 기도한 사람들한테 수많은 기적이 일어났다는 기록이 전해진다. 따라서 레온은 순례자들이 많이 모여들었고 비코가 스페인에서 산토 도밍고 데 라 칼사다, 사아군, 콤포스텔라를 비롯해서 초창기 성인들의 성물이 있는 파쿤도, 프리미티보와 더불어 한번 가볼 만하다고 기록한 성물 보관 장소들 가운데 한 곳이다. 성 이시도로 성물이 보관된 성당은 카미노에서 가장 훌륭한 로마네스크 양식 건축물 가운데 하나라고 한다.

에메릭 비코는 12세기 『성 야고보의 서』에서 그 도시가 온갖 즐거움으로 넘쳐 났다고 썼다. 비코는 본디 프랑스 순례자들을 위해 이 책을 썼는데 레온에 좋은 오스피탈이 많이 있으며 당시 스페인의 어느 도시보다도 성당과 수도원이 많다는 사실을 주목한다. 순례자들이 이런 책을 본다면 당연히 그곳은 방문해야 할 중요한 곳으로 생각했을 것이다.

이제 머리를 좀 쉬어야겠다. 만시야 데 라스 물라스에 있는 게시판에서 홍보하던 새로 문을 연 알베르게를 찾아볼 생각이다. 시내로 곧장 걸어가다 도심 한 가운데서 오른쪽에 있는 그곳을 아주 쉽게 찾았다. 그 알베르게는 프랑코 총통 시절에 세워진 괴물 같은 건물들 가운데 한 곳에 있다. 이 건물은 마치 지난번에 부르고스에서 머물렀던 신학교와 함께 주위 풍경을 망쳐버린 바로 그 사람들이 설계하고 지은 것처럼 보인다. 이 알베르게는 처음에 철도노동자들의 고아들을 위해 세워졌다. 천 명이 넘는 어린이들도 수용할 수 있을 듯하다. 건물 양쪽으로 공원 같은 곳이 있는데 밖에서 이 건물로 들어오는 사람은 한 명도 보이지 않는다. 이 장소는 현재 고아원이 아니라 매우 다양한 목적으로 쓰이는 것 같은데 3층 한쪽 날개만이 순례자들의 숙소로 쓰이고 있다. 이곳은 날마다 아침 9시부터 정오까지만 빼고는 언제나 문이 열려 있다. 그 시간 동안은 두 여인이 이곳을 청소한다. 모두 91개의 침대가 있는데 오늘 당직인 젊은 관리인에게 배정 받은 방에는 침대가 4개 있었다. 이 알베르게는 마치 호텔처럼 날마다 24시간 관리하는 사람이 있다. 하지만 모든 이용이 공짜이며 기부금을 내는 상자도 보이지 않는다. 이 알베르게는 레온 시에서 운영하는데 옛날부터 전해 내려온 순례자를 환대하는 전통을 이어가고 있다.

1층에는 그동안 못 보던 새로운 것이 보인다. 음료수와 커피,

막대사탕을 파는 자동판매기들이 몇 대 있다. 2층에는 식당이 있다. 하지만 부엌은 보이지 않는다. 오늘이 일요일이기 때문에 먹을 것을 좀 사려면 급히 서둘러야 한다. 아직까지 문을 열어놓고 있는 작은 가게에 들렀다. 알베르게에서 간단하게 점심을 먹을 수 있을 게다. 어떤 곳은 일요일에도 식료품 가게가 문을 열지만 오후 늦게까지는 안 한다.

알베르게로 돌아오는 길에 제과점을 지나치는데 창가에 진열된 맛있어 보이는 여러 종류의 빵들이 눈길을 사로잡는다. 자축하는 의미에서 한 턱 내면 어때? 콤포스텔라까지 절반이 넘는 길을 무사히 왔다. 그리고 오늘은 일요일이다. 그 유혹을 견딜 수 없어 안으로 들어가 줄을 선다. 내 차례가 오자 갑자기 방금 전의 용기와 흥분은 온데간데없이 다 사라졌다. 밖에서 보았던 먹음직스런 케이크들은 포기하고 힘없는 목소리로 창유리 뒤에 있는 매우 평범하고 작은 도넛을 몇 개 주문한다. 그 한 순간에 왜 갑자기 마음이 변했을까? 쾌락이라는 감각의 굴레에 빠지지 않도록 카미노의 성령이 지켜보았기 때문인가?

알베르게로 돌아와서 빨래를 하고 몸을 씻는다. 욕실이 매우 크다. 그런 다음 점심을 먹고 자판기에서 뽑은 커피와 함께 후식으로 도넛을 두 개 먹는다. 이곳에서는 한 사람이 이틀을 머물 수 있다고 안내판에 씌어 있다. 다른 알베르게들은 대부분 한 사람이 하루만 머무는 것이 규칙이었다. 하지만 그곳들도 발이 아프거나 근육통이 심하면 허가를 받아 하루를 더 쉴 수 있다.

알베르게를 관리하는 청년이 카미노를 여섯 번째 걷고 있던 퇴역장교 출신 프랑스인 한 사람이 지난 주 이곳을 지나갔다고 말한다. 그는 하루에 평균 40킬로미터를 걷는다고 한다. 그 말을 듣자 몇 주나 몇 달 동안 어느 알베르게 한 곳에 머물면서 카미노를 방문한 사람들의 이야기를 듣고 싶다는 생각이 문득 떠오른다. 유럽뿐 아니라 북미와 남미의 여러 나라에서 카미노를 찾아온다는 이야기를 들었다. 그리고 일본에 갔을 때 일본인 순례자들을 위한 여행안내 책자를 본 적도 있다. 순례 여행을 떠나는 사람마다 각자 자기 사연이 있고 서로 다른 꿈과 희망이 있을 것이다. 그 희망과 꿈을 스페인어로는 '일루시오네스 ilusiones'라고 하는데 다른 나라 말로는 그 느낌을 잘 전달하기 어렵다. 이곳을 찾는 사람들이 처음에 카미노에 대해서 어떻게 들었는지 참 궁금한 때가 종종 있다. 오래전부터 이어져온 질문 하나. "무엇이 그들을 콤포스텔라로 이끄는가?"

오늘 레온에서도 그 질문을 던진다. 이곳의 대성당은 매우 유명하다. 그리고 볼 만한 수도원과 성당 건물들도 많이 있다. 하지만 그것은 무엇을 의미하는가? 오늘 오후에 이 모든 곳들을 돌아다니며 구경한다고 해서 과연 무엇을 볼 수 있을까? 잘 모르겠다. 본다는 것은 그렇게 간단하지 않다. 밖에 나가 그 모든 '흥미로운' 건축물들 안에 들어가면 그것이 바로 보는 것일까? 오히려 그것은 단순히 하나의 거대한 소비 행위에 불과한 것이 아닐까? 그것은 새로운 기계장치를 조작하고 새로운 요리를 먹는 것과 마찬가지로 바로 새로운 '시각'이라는 상품을 소비하는 것인지도 모른다.

그러나 무엇보다도 맨 먼저 성 이시도로 대성당 …… 나는 성

이시도로에 대한 신앙심이 전혀 없다. 그에 대해 아는 것이 아무 것도 없다. 성 이시도로가 쓴 유명한 『어원학 Etimologías』을 몇 쪽 읽어봤을 뿐이다. 성 이시도로의 무덤을 그저 멍하니 바라볼 때 거기서 김빠진 호기심 이상의 무엇을 기대할 수 있겠는가? 중세 스콜라 철학자들에 따르면 그것은 고결한 행동이 아니다!

오늘 아침 길을 걷다 땅바닥에 달팽이들이 여러 마리 기어가는 것을 보고는 눈이 동그래졌다. 내 시각이 자극을 받아 작동했기 때문에 내가 그것들을 보았다는 것을 아는 것이다. 달팽이들을 밟지 않으려고 매우 조심스레 걸었다. 그 땅은 나보다 달팽이들에게 더 소중하다. 따라서 그렇게 조심하며 걷는 것은 그러한 진실을 존중하는 행위였다.

이곳에는 볼 만한 훌륭한 건축물들이 매우 많다. 내가 본 것은 수천 개 가운데 극히 일부분일 뿐이다. 그러나 그것으로 내가 얼마나 당황스럽고 무지한지 확실히 알게 되었다⋯⋯ 그것만으로도 몇 가지 의문들을 제기하기에 충분하다. 비록 지금까지 본 것보다 더 많이 본다고 해도 그것은 오직 허망한 호기심만 유발할 뿐이며 그저 기억에 남을 광경들을 소비하는 행위일 뿐이다. 그리고 적절한 문제의식을 형성할 수 있는 능력을 무디게 하고 왜곡시킬 뿐이다.

이 종교적인 구조물들을 세우는 행위 뒤에는 과연 무엇이 놓여 있는가? 그 구조물들은 스페인의 역사에서 무엇을 의미하는가? 이 질문들을 어떻게 접근해 들어가야 할지 분명한 것처럼 보인다. 로사리오 기도의 신비들과 내가 지금 보고 있는 이 건축물들을 구성하는 돌들 사이는 무슨 연관성이 있는가?

로사리오 기도의 신비들은 나를 신약성서로 데려간다. 거기서 예수는 유대인들의 관습을 완벽하게 존중했다. 유대인들은 역사적으로 돌로 건물을 지었다. 유대인들이 자랑스럽게 생각하는 예루살렘 성전과 유대인들이 성서를 연구하고 기도했던 여러 도시의 유대 교회들이 모두 돌로 지어졌다. 예수는 이 건물들을 절대로 거부하지 않았다. 성서 기록에 따르면 예수는 그의 생애에서 딱 한 번 폭력을 행사하는데 성전에서 물건을 사고파는 사람들을 모두 쫓아낸다.

> 예수께서 성전으로 들어가시어, 성전에서 팔고 사고 하는 자들을 모두 쫓아내며 환전상들의 상과 비둘기 파는 자들의 의자를 둘러엎고 말씀하셨다. "성서에 '내 집은 기도의 집이라 불릴 것이다'라고 쓰어 있거늘, 당신네는 '강도의 소굴'로 만들고 있소."(마태복음 21: 12~13)

예수는 분명히 거기서 성전의 영광스러운 권위를 지키려고 열심이었다. 그러나 다른 곳에서는 또 이렇게 말했다. "기도할 때는 골방에 들어가 문을 닫은 다음, 숨어계신 아버지께 기도하시오. 그러면 숨은 일도 보시는 아버지께서 갚아 주실 겁니다."(마태복음 6: 6) 하느님을 숭배하는 데 건물이 필요한 것은 아니다.

많은 교회의 기념물들과 성당 건축물들은 모두 우리 인간들을 위해 있다. 하느님은 그것들을 요구하지 않는다. 그 건축물들은 하느님을 위해 아무 것도 할 수 없다. 그렇다면 남는 것은 "그것들은 우리 인간을 위해서 무엇을 할 수 있을까?"라는 질문뿐이다. 우리는 그 건물들을 짓고 관리하고 사용함으로써 하느님을 찬양할 수 있는 기회를 맞이하고 하느님께로 좀더 가까이 다가갈 수 있다. 하지만 그 건물들은 또한 우리 인간의 교만함과 자만심을 부추기고 키울 수도 있다. 이 문제는 좀더 곰곰이 생각해볼 필요가 있다.

나보다 앞서 카미노를 순례한 옛 선인들이 실재하는 공간으로 들어가 그들과 함께 하기 위해서는 내가 직접 만질 수 있고 느낄 수 있는 것에서 시작해야 한다. 돈 폰세 백작과 그의 아내 도냐 에스테파니아의 이야기에서 감동적으로 보여준 것처럼 인식은 감각을 통해 생긴다. 이곳 스페인에서 내가 지금까지 본 모든 건축물, 모든 건물들은 두 계층 가운데 한 계층에 속한다. 오늘 레온에 들어오면서 보았던 넓은 잔디밭 주위로 울타리를 친 현대식 건물도 그 중 하나다. 그 건물은 시내와 거리가 좀 떨어져 있다. 은행 건물 같아 보이는 카하 에스파냐라는 사무실 건물에서 시내로 가는 길 사이에 조경을 잘 꾸며놓은 녹색 부지가 있고 그 안에는 공중으로 물을 높이 뿜어 올리는 분수대가 하나 있었다.

그 건물은 전체적으로 네 부류의 사람들이 협력해서 만들었다. 자금에 대한 의사결정을 내리는 상층부 사람들, 건물의 전체 설계를 그리는 건축가들과 공학기술자들, 건축자재를 공급하는 사람들, 현장에서 공사를 하는 노동자들이다. 그 건축물을 완제품이라는 관점으로 볼 때 노동자들은 건축자재들을 조립하는 기계의 한 부속품에 불과했다. 거기서 어떤 흠이라도 발견되지 않는다면 완성된 작품의 어디서도 노동자들이 만들었다는 흔적을 찾을 수 없다. 그것이 인간이 만들어낸 창작물이라는 것을 알려주는 것은 오직 전반적인 설계 속에서, 즉 공간과 형태, 자재들을 어떻게 구성하고 사용할 것인가에 대한 추상적 개념에서만 파악될 수 있다. 그 건물이 지금도 건재하고 있고 잔디밭에 잡초들이 없다는 사실은 그 계획의 배후에 누군가가 있었으며 인간의 사고가 작동했음을 보여준다. 그러나 지금 어느 누구도 그 건물 또는 그 건물 마당의 어디도 건드렸다는 증거는 보이지 않는다.

카미노를 따라 걸으면서 농장 가축을 위한 작은 축사나 건물, 여러 돌다리와 예배당, 또는 매우 수수한 성당과 같은 서로 다른 종류의 건축물들을 많이 보았다. 이 건축물들을 볼 때마다 돌들이 각각 제 자리에 잘 놓여져 있음을 볼 수 있다. 그 돌들은 공장에서 똑같은 모양으로 생산되어 어디든 잘 들어맞게 마련된 것이 아니었다. 그것은 한 사람이 직접 현장에서 눈으로 보면서 망치와 정을 가지고 돌 하나하나를 건물에 맞춰가며 만든 것이다. 그 건축물 하나하나는 바로 인간이 정성들여 만들어낸 작품이며 진정한 예술가의 혼이 깃든 창조물이다. 이러한 옛 건축물들은 당장 수많은 숙련된 장인들을 필요로 했다. 반면에 현대의 건축물들은 많은 건설 장비들이 그들을 대신한다. 옛날 방식은 건축 행위 자체에서 희열을 느끼며 사용 가치를 최대한으로 끌어올렸다.

그러나 오늘날 방식은 노동자들이 임금을 받고 자신의 노동력을 파는 교환 가치만을 허용한다. 오늘날 노동자들은 다른 사람들이 설계하고 공사 감독한 것들을 단순하게 조립하는 일만 한다. 작은 다리를 건설하는 데서도 그 차이는 분명하게 드러난다. 옛날 다리들은 돌들을 하나하나 쌓아서 아름다운 아치 모양을 만들지만 오늘날 다리들은 으스스한 철제 자재로 만들어져 곧 녹슬고 아스팔트로 지저분하게 덧씌워진다. 이곳저곳 자주 파손되는 데가 많다는 것은 유지보수도 잘 되고 있지 않다는 것을 반영한다. 그런 다리를 후손들에게 물려주고 싶은 걸까? 다리를 물려주는 것은 텔레비전을 물려주는 것과는 다른 것이다.

일찍이 성직자들과 종교적 영감은 많은 사람들로 하여금 하느님과 인간을 모두 공경하는 훌륭한 일, 멋진 인간의 작품을 만들 수 있게 했다. 오늘날 부르고스의 대성당에 있는 정교한 석조 작품이나 재질이 무엇인지는 모르지만 나헤라의 수도원에 있는 예술품들을 보고 놀라움을 금할 수 없는 것은 바로 그런 이유가 있기 때문이다. 그 작품들은 거기서 개인들이 직접 하나하나 아름답게 창조해낸 것들이었다. 그 장소들은 세상에 알려지지 않은 무명의 예술가들이 자기들의 타고난 기량과 훈련된 솜씨들을 드러낸 감동의 고백 현장이다.

하지만 지금까지 카미노를 걸으며 오늘날도 그런 작업들이 이루어지고 있는 모습은 한번도 보지 못했다. 현대 사회가 할 수 있는 최고의 능력은 아마도 옛날에 이루어 놓은 성과물들을 고치고 복원하는 일일 게다. 오늘날 이러한 놀라운 예술품들을 보지 못하는 것은 모든 것이 옛날하고는 다르게 이루어지기 때문이다. 예술품(노동)과 그것을 만든 장인(노동자)들을 가르는 생각이 바로 그 원인이다. 최고의 대우를 받는 신분은 극히 일부 장인에게만 주어지고 나머지 대다수 장인들에게는 천한 하층민이라는 신분이 부여된다. 현대의 기술은 그러한 분리를 반영하고 부추긴다. 오늘날 컴퓨터는 새로운 기계들과 그것들이 만들어내는 사회 구성을 정확하게 대변한다. 기술의 진보는 인간이 힘의 원천들을 점점 더 잘 이해하지 못하거나 통제하지 못함을 의미한다. 점점 더 많은 것들이 깜짝 놀랄 일들로 분류되거나 사회적 지위를 잃게 되는 것이다. 그런 건축 방식은 하느님을 찬양하거나 인간을 공경할 수 없다. 아무도 그것을 필요로 하지 않는다! 하나의 건축방식에서 다른 건축방식으로 도약하는 것은 우마차에서 트랙터로 바뀌는 것이며 유기적인 우아함에서 건축도면의 냉정함으로 건너뛰는 것과 같다. 이러한 역사적 단절은 돌이키기 어려운 커다란 결과를 가져온다. 그 사실을 더 잘 이해하기 위해 더 많은 건축물들을 볼 필요는 없다. 더 많이 본다는 것은 더 많은 소비와 더 심한 소화불량, 더 아픈 가슴앓이만을 의미할 뿐이다.

종교적 건축물을 짓는 궁극의 목적은 우리 인간들이 최초로 특별한 돌무더기를 쌓았을 때부터(그것은 하느님이 아니라 우리들이 필요해서 쌓은 것이다) 지금까지 변하지 않았다. 시간이 흐르면서 돌무더기를 쌓는 방식은 점점 더 정교하게 발전해왔다. 그렇다면 오래된 건축물들을 모두 없애버리면 어떨까? 그것들을 모두 정부에게 넘기고 문화관광부처에서 그들이 하고 싶은 대로 하게 내버려두면. 오늘날 기도와 경배를 위한 물질적 기반으로서 필요한 것은 훌륭한 노동이다. 관광객들이 이런 옛 성당들을 보고 경탄하는 아름다움을 구성하는 필수 요소 가운데 하나는 그것들을 만들어낸 노동이다. 훌륭한 노동은 사물을 아름답게 만든다. 오늘날 종교적인 심성을 가진 사람들이 경배를 위한 인위적 장치로서 아름다움을 원한다면 그에 알맞은 노동력을 가진 사람들을 키워야 한다.

결혼을 한 남녀든 혼자 사는 남녀든 그들 가운데 한 무리가 새로운 종교 질서를 세우고 오늘날 신앙인들을 위한 새로운 경배 장소를 짓는 것은 어떨까? 그들은 돌이든 아니면 그 지역에서 많이 나는 자재들을 써서 간단한 도구들로 신앙공동체 사람들을 위한 작은 건물들을 지을 수 있을 것이다. 그 지역 주민들은 그들이 그 건물들을 짓는 동안 진심으로 환대하면서 그들을 먹이고 재울 수 있을 것이다. 그들은 소박하고 자애로운 분위기 속에서 부자가 되기 위해서가 아니라 아름다움을 표현하기 위해서 진정한 예술가로서의 본분을 다할 것이다. 오늘날 이 모든 재능은 스페인에서 역사 속으로 사라져 버렸다.

그러나 사람들은 아직도 영감을 불러일으키는 공간들을 생각하고 그 형태들을 깎고 다듬을 줄 아는 능력을 지니고 있다. 기계들은 이 나라를 망치고 있다. 이따금씩 옛 장인들의 손때가 묻은 이러한 건축물들 가운데 하나로 그 황량함을 잠시 날려 보낼 뿐인 불모지만 남겨둔 채. 그러나 옛날에 교회는 아름다움을 널리 퍼뜨리는 구실을 했다. 오늘날에도 마찬가지로 그런 역할을 할 의무가 있다. 사람들은 그것을 요구하며 애타게 갈망하고 있다. 13세기 초 "내 교회를 고쳐라(개혁하라)"고 하느님이 성 프란체스코에게 내린 지상명령을 다시 한번 되새길 역사적 시점이 온 것 같다. 우리는 한때 사람들이 하느님과 인간을 모두 공경하는 건물들을 세웠던 것을 기억한다. 오늘날 기계들은 인간의 손으로 직접 만들고 접촉했던 아름다움의 모든 표현을 불가능하게 만들었다. 교회는 이 위대한 역사적 기회를 꼭 붙잡고 놓치지 말아야 한다.

이 땅에 사는 모든 사람들은 광적인 종교적 열정이 진정한 신앙을 질식시키려고 하는 유혹을 끊임없이 떨쳐내려고 애써야 한다. 스페인의 종교적 오만의 역사는 다른 나라 집단들과 매우 다르며 독특하다. 신앙은 대개 종교에서 시작한다. 그러나 그 다음에는? 어떻게 하면 종교의 진흙탕에 빠져 허우적거리지 않고 신앙을 굳건히 지켜낼 수 있을까? 신앙공동체가 종교의 틀을 넘어 초월의 세계를 향해 문을 활짝 열게 하기 위해서는 무엇을 해야 할까? 우리가 기계가 아닌 인간의 힘과 재능을 써서 돌을 가지고 일할 줄 알고 그래서 예술가 한 사람 한 사람이 설계와 실제 작업에서 모두 자신의 족적을 남길 수 있다면 인간은 종교를 초월해서 진정한 신앙에 도달할 수 있을 것이다. 우리는 자신이 직접 이해하고 만지고 다듬은 것을 기반으로 할 때 비로소 천국에 오른다.

캐나다인 순례자 두 사람이 방금 도착해서 내가 있는 방으로 들어온다. 두 사람은 매우 지쳐 보였다. 그들은 이곳의 규칙을 이용해서 이틀을 묵을 예정이다. 내일 하루는 푹 쉬고 다음날은 잠시 관광을 할 계획이라고 한다. 몇 세기 전에도 순례자들이 알베르게를 이용할 때 지켜야 할 규칙들이 있었다. 라피는 자신이 이곳 레온에 있는 한 오스피탈에 도착해서 평소에 먹던 분량의 식사를 요구하자, 나중에 또 달라고 하지 못하게 사람들이 자신의 순례자 지팡이에 표시를 했다고 기록했다. 또 어떤 시기에는 거지들이 순례자인 체하고 알베르게에서 먹고 자고 했다고 한다. 오늘날에도 순례자들은 자신이 독실한 기독교 신자이며 콤포스텔라까지 가려고 하는 순례자임을 증명하기 위해 자기가 속한 교구에서 주는 신임장을 알베르게에 내야 하는 규칙이 남아 있다. 따라서 나는 론세스바예스에서 순례자 증명서를 발급받기 전에 그런 신임장을 제출했어야 했다. 그러나 내게는 그런 신임장이 없었고 아무도 그것을 요구하지 않았다. 또 어느 누구도 내게 그런 얘기를 해준 사람은 없었다. 하지만 18세기에 알바니는 이탈리아에 있는 자기 소속 교구에서 발급한 서류들을 들고 이곳에 왔다.

21
자동차를 타고 자연의 굴레에서 탈출하는 사람들
레온에서 비야당고스 델 파라모까지

평소처럼 이른 아침에 알베르게를 나와 텅 빈 거리를 걷고 있다. 지금 내 귀에 들리는 유일한 소리는 포장된 도로 위를 톡톡 두드리는 지팡이 소리뿐이다. 빵집에 다 왔다. 몇몇 일꾼들이 오늘 갓 구운 신선한 빵을 배달하는 트럭에 짐을 실으면서 아침의 정적을 깨트린다. 모퉁이를 돌아서다 막 집에서 나오는 한 여인과 마주치는 바람에 깜짝 놀랐다. 그 여인은 집에 커피나 우유가 떨어져서 길 건너 이웃에게 좀 얻으러 가는 길이었던 모양이다. 등에는 커다란 배낭을 메고 한 손에는 긴 지팡이를 들고 거리 한 가운데로 내려오고 있는 나를 보고 깜짝 놀란 그 여인은 잠시 멈춰 살펴보더니 함박웃음을 띠며 "일찍 일어나시나 봐요!"라고 큰 소리로 인사한다. 나도 걸음을 멈추지 않고 웃으며 화답한다.

몇 분 지나지 않아서 비가 마구 쏟아지기 시작한다. 시내를 벗어나자 간선도로가 나온다. 이곳에서는 사람들이 차량 속도를 높이고 달리고 있다. 오늘은 월요일이라 통근버스나 화물 운송차량들이 일찌감치 하루를 시작한 것 같다. 아스팔트길이라 걷는 속도가 빠르다. 얼마 안 가서 라 비르헨 델 카미노라는 마을 표시판이 나온다.

전해 내려오는 전설에 따르면 16세기 초 알바르 시몬이라는 목동 앞에 성모 마리아가 나타났다. 성모 마리아는 알바르에게 레온의 주교를 찾아가서 이곳에 성모상이 있는 성당을 하나 지으라고 전하라는 말을 했다. 알바르는 주교가 자신의 말을 전혀 믿지 않을지도 모른다는 생각에 성모 마리아에게 자신이 그 주교를 설득할 수 있도록 어떤 징표를 달라고 간청했다. 성모 마리아는 알바르의 새총에 작은 돌멩이를 넣고 쏘아 그들이 서있는 곳에서 600걸음 정도 떨어진 곳에 떨어뜨렸다. 그런 다음 알바르와 동료들이 주교와 함께 돌아오면 그 돌멩이가 엄청나게 커졌을 것이니 그것을 보고 성당을 지을 자리를 금방 알게 될 것이라고 설명했다. 그리고 그것은 나중에 실제로 그렇게 되었다.

오늘날 그 자리에 세워진 성당은 1961년에 새로 개축한 것이다. 이 성당은 레온의 수호성인인 라 비르헨 델 카미노에게 바쳐졌다. 건물 외관에 예수의 열두 제자들과 성모 마리아의 기념비적인 조각상이 있는 매우 현대적인 건축물인 이 성당은 당대 종교적 건축물들의 생명력을 대표하는 역작으로 알려져 있다. 건물 전체의 형태는 어떤 상상력이 뛰어난 건축가(포르투갈 출신의 프레이 프란시스코 코엘료)가 이 성당을 설계했을 거라는 것을 금방 느끼게 한다. 모든 동상들을 6미터 높이로 동일하게 맞춘 것으로 보아 틀림없이 한 명의 조각가(호세 마리아 수비

라체스)가 혼자서 제작한 것이었다. 그러나 건물 자체는 거기에 들어간 자재나 그것을 사용한 방식을 봤을 때 기계들을 써서 건설한 게 분명하다. 엘 부르고 라네로스에 도착하기 전, 도로변 의자에 앉아서 바라본 그 건물의 외양은 인공 석재가 내뿜는 매끄러운 광택을 뽐내고 있었다.

　이 건물에 자신들의 족적을 남기고 지금까지도 자신들이 이루어놓은 것으로 기억되고 존경받는 사람들은 건축가와 조각가 두 사람뿐이다. 이 건물을 짓는 데 기여했던 나머지 다른 일꾼들의 흔적은 어디에서도 찾아볼 수 없다. 이 건축물의 개념은 정확하게 당시 사회의 편견을 그대로 따른다. 예술가와 일반 일꾼을 근본적으로 분리한 것이다. 한 사람은 '시연할 수 있는' 자유를 만끽하는 사회의 명사가 되고 다른 한 사람은 그냥 무시되거나 기계로 대체된다. 여기서 정직하고 진실한 노동을 기대할 수 없다는 것은 자명한 사실이다. 예술가의 노동으로 만들어진 작품은 점점 더 값만 비싸질 뿐 진실이 담기지 않게 된다. 사회는 점점 더 단조롭고 조잡한 쓰레기들로 넘쳐나기 시작한다. 지금 내리는 비가 인간의 상상력을 모두 깨끗하게 정화하기를!

　이 마을에 좋은 알베르게가 있다는 소문을 듣기는 했는데 이제 출발한 지 5킬로미터밖에 안 왔다. 비가 좀 심하게 내린다고 오늘 여기서 멈출 수는 없다. 몇 미터 더 가니 간이주점 겸 식당이 있다는 표지판이 보인다. 때마침 비바람이 더욱 심해졌다. 레온에서 이 가게를 광고하는 전단을 게시판에서 본 듯하다. 이곳에 순례자들을 위한 특별 점심 식단이 있다는 말을 들었다.

우선 커피 한 잔을 마시러 가게에 들어가기로 했다. 어쩌면 커피를 마시는 동안 폭풍우가 좀 잠잠해질지도 모른다. 판초를 벗어 지팡이 위에 걸고 배낭을 벽에 기댄 다음 자리에 앉아 한 개 남아 있던 작은 도넛과 함께 따뜻한 커피를 마신다.

창 밖을 내다보다 시계를 본다. 비는 아직도 잦아들 기미를 보이지 않는다. 그렇다고 이곳의 특별 점심을 먹기에는 아직 시간이 너무 이르다. 어쩔 수 없이 배낭을 다시 메고 판초를 단단히 차려입은 다음, 지팡이를 잡고 문 밖으로 나선다. 이제 비로 엉망이 된 진흙탕 길은 불평의 대상이 아니었다. 자동차와 트럭들이 쌩쌩 달리는 비가 내리는 아스팔트 도로는 불쾌하고 위험하기까지 하다. 그렇다고 성모 마리아에게 지켜달라고 기도하는 것은 정말 어리석은 일일 것이다. 비록 그렇게 한다고 해도 이 불안한 마음은 흙탕물을 튀기며 내 곁을 끊임없이 질주하는 그 모든 차량들에 대한 분노만 쌓이게 만들 것이다.

거의 3주 동안 다른 운송수단은 이용하지 않은 채 내 발로 땅을 밟으며 걸어만 왔다. 오늘처럼 가끔씩 자동차들 때문에 모욕감을 느끼는 때가 있다. 그것들은 걸어가는 사람을 조롱하고 힐난한다. 심지어 그것들이 상상의 산물이 아닌 진정한 기쁨과 경이의 세계, 자동차를 타고는 갈 수 없는 세계 속으로 묵묵히 걸어가기를 고집하는 완고한 도보 여행자인 나를 이 세상에서 없애버리고 싶어 하는 것은 아닐까 하는 생각이 들기도 한다. 그러나 내가 살아온 환경은 다른 사람들과 다르다. 나는 자동차가 없다. 그리고 자동차가 필요한 환경에서 다시는 살지 않을 것이다. 현재 가진 것만으로도 나는 큰 특혜를 누리고 사는 것이다.

내가 있었던 나라마다 자동차를 소유한 사람들은 너무나 광적으로 그것들에 집착하며 산다. 아직 자동차를 소유하지 못한 사람들은 경제적 사정이 나아져서 빨리 그 부의 상징을 소유할 수 있는 날이 오기를 손꼽아 기다린다. 인간의 상상력과 희망을 지배하는 이 기계장치의 힘은 단순히 그 기계의 실용주의적 목적을 훨씬 뛰어넘는다. 한번은 멕시코 친구와 함께 멕시코시티에 사는 사람들이 제대로 숨쉬고 살 수 있도록 하기 위해 그곳의 자동차 수를 줄일 수 있을지를 토론하다가 "그건 미친 짓이야. 그렇게 하려고 하면 아마 그들은 너를 죽일지도 몰라"라는 말을 들었다.

내가 아는 한, 세계 다른 나라 사람들과 마찬가지로 스페인 사람들에게도 자동차는 모든 나라가 동경하는 현대의 발전된 기술 사회를 대표하는 완벽한 상징이 되었다. 자동차를 가진 사람은 자유가 자기 손 안에 있다고 착각한다. 그것은 아마도 현대 사회가 보여주는 가장 큰 환상일지도 모른다. 자동차 운전대를 잡았을 때 오는 느낌, 가속페달을 살짝만 밟아도 순간적으로 바로 반응하고 순식간에 몇 킬로미터가 휙 지나가버릴 때 느끼는 희열은 대다수 무기력하고 경제라는 무자비한 마수에 붙잡혀 있는 사람들을 무슨 대단한 능력이나 있는 것처럼 착각하게 만드는 무서운 망상의 덫에 빠지게 한다. 사람들은 이 요상한 상징물을 가지고 자신의 신분을 결정하거나 상승시키기도 한다. 자동차의 형태나 크기로 자신의 가치를 증명하고 싶은 것이다.

왜 사람들은 자동차에 그렇게 열광할까? 자동차를 타는 것은 그것의 실용성과는 거의 관련이 없다는 사실을 보여주는 연구들이 많이 있다. 나는 지금 비를 맞으며 걸어가면서, 빗속에서 내가 정말로 존재한다는 것을 느낀다. 나는 비를 피하지 않는다. 비를 맞고 걷는 것도 이 순례의 목적을 이루기 위한 하나의 과정이기 때문이다. 하지만 자동차를 타고 내 곁을 쌩하고 지나가는 사람들을 바라보면 그들이 어디론가 탈출하려고 하고 있다는 생각을 지울 수 없다. 그들은 어떤 장소로 가고 있는 것이 아니다. 그들은 어떤 것을 떠나려고 시도하고 있는 것이다. 그게 무엇일까?

카미노라는 공간의 관점에서 보면 엄청난 기술적 진보를 이룩한 경이로운 세상은 너무나도 인공적이며 사악하게 날조된 세상이라는 느낌이 든다. 그 세상은 특별하게 만들어진 하나의 인공물이다. 예를 들면 자동차에 탄 모든 사람들은 완벽한 차체 안에 갇혀 있다. 새로 구입한 차가(차들은 모두 새 것처럼 보인다) 지붕이 새서 비가 들이친다면 사람들은 당장 자동차 판매상에게 달려가서 당연히 불평을 할 것이다. 이런 종류의 덮개는 (계약서에 따라)궂은 날씨, 자연에서 그들을 보호한다. 자동차는 이렇게 자연을 멋지게 통제할 뿐 아니라 현대 경제가 '작동하는' 곳이라면 어디서든 누구나 이용할 수 있으며 돈만 있다면 당장이라도 탈 수 있다. 그리고는 그 자동차를 타고 자연의 굴레에서 탈출한다. 마침내 인간은 단순한 피조물 이상의 무엇이 되는 것이다.

중세 시대에, 인간을 제약하는 조건을 이해하려고 했던 사람들은 경전에 나오는 '대낮의 악마 the noonday devil'에 대한 언급을 보고 곤혹스러워했다. 그들은 이것을 '아세디아acedia'라고 이름 붙였는데 진리를 찾아 헤매다 지친 나머지 영적으로 게으름과 무관심에 빠진 상태를 이른다. 사람들은 도덕적, 지적 수양에 매진하다 지치게 되면 마음이 산만해지고 기분 전환을 위한 오락거리를 찾게 마련이다. 사람들의 얼굴을 들여다보고 그들이 무엇에 관심이 있는지 살피다 보면 거기서 현대의 아세디아를 발견하는 경우가 많다. 특히 기술이 지배하는 세상에서 더 높은 지위에 있는 사람들에게 더욱 그런 모습이 광범위하게 퍼져 있다. 우리는 그것을 권태라고 부른다. 권태가 부유한 사람들 사이에서 널리 퍼져감에 따라 그들이 벌이는 가면무도회의 가식과 화려함도 점점 커져간다. 그들은 자신들의 무뎌진 감각을 다시 자극하기 위해서 끊임없이 새로운 재미들을 찾아 나선다. 오늘날 그 새로운 재미들 가운데 아주 독특한 위치를 차지하고 있는 것이 바로 자동차다.

   자동차가 지닌 파괴성과 광기를 아는 사람들은 발로 걷는 것보다 더 빨리 이동하기를 바라는 사람들을 위해서 자전거를 추천한다. 이곳 카미노에서 자전거를 타고 순례하는 사람들과 부딪치면서 겪은 일을 되돌아보면서 그 생각이 났다. 그동안 거쳐 온 스페인의 작은 도시나 읍에도 어디를 갈 때 자전거를 타는 사람이 있다고 들었다. 사실 자동차가 다니는 시내 도로나 거리에서는 자전거를 타고 다니면 매우 위험하다. 내가 실제로 자전거를 타고 밖에 나온 사람을 본 것은 시골마을에서다. 때때로 구식 자전거를 탄 노인네가 옆을 지나갈 때도 있다. 그러나 어느 간이주점에 가든 있는 텔레비전에서 자전거 경주가 이곳 사람들에게 매우 인기 있는 종목이라는 사실을 알았다. 추측컨대 오늘날 자전거 경주는 최첨단의 매우 전문화된 프로경기로 발전한 듯하다. 농부들이 우마차에서 트랙터로 옮겨 탔듯이 도시 사람들은 걷는 것에서 자동차로 건너뛰었다.

자동차를 타고 내 옆을 순식간에 지나치는 사람들과 나 사이에는 얼마나 큰 간격이 벌어져 있는가! 우리가 함께 만날 수 있는 공통된 기반은 있기나 한 걸까? 그들이 빠르게 지나치면서 가까이서 내 손에 매달린 로사리오 묵주를 본다면 무슨 생각을 할까? 1928년에 마드리드에서 콤포스텔라까지 순례했던 학생들은 카미노를 걸으면서 로사리오 기도를 했다. 지나가는 사람들은 그들이 기도하는 모습을 보고 깜짝 놀랐다고 한다. 오늘날 자동차를 타고 가는 사람들은 그 모습을 보고 어떻게 생각할까? 신기한 내 모습은 그들로 하여금 자신들이 지금 어디에 있는지 깨닫게 할까? 아니면 "저 친구 정말 세상 변한 줄 모르네!"라고 하릴없이 경멸이나 하지 않을까?

레온에서 출발해서 정오가 되기 전에 벌써 20킬로미터나 걸어 비야당고스 델 파라모의 외곽에 도착했다. 길에서 만난 첫 번째 사람에게 알베르게가 어디 있는지 묻는다. 이 비를 맞고 더는 걷고 싶은 생각이 없다. 지금 있는 곳에서 몇 발짝 더 가니 바로 나온다. 도로를 가로질러 얼마 전에 신축된 듯한 새 건물이 있는 곳으로 간다. 여기저기 흙들이 그대로 드러나 있고 한쪽 구석에는 외발 손수레가 여러 대 진흙 속에 파묻혀 서 있다. 돌멩이와 널빤지들이 다리처럼 이어져 있어서 그것들을 밟고 문이 있는 곳까지 간다. 문이 열려 있다! 안으로 바로 들어간다.

안에는 아무도 없다. 내가 오늘 첫 손님인가 보다.

내부 구조는 새로 지은 알베르게답게 매우 색다르게 설계되었고 흥미로운 구석들도 있다. 침실은 보통 하는 식으로 크게 하나로 만들지 않고 작은 방을 여러 개 만들고 그 안에 침대를 두 개씩 배치했다. 방마다 문은 달지 않았다. 건물 중앙에는 사람들이 함께 모여서 얘기하고 식사를 할 수 있도록 멋진 난로와 커다란 탁자 하나가 놓여 있다. 한쪽 벽 뒤에는 동전을 넣어서 사용하는 전기난로를 갖춘 현대식 주방이 있다. 그리고 벽에는 내가 좋아하는 창문들이 많이 나있는데 이렇게 어두운 오후에도 실내 분위기를 상쾌하게 해준다. 창문이 거의 없는 오래된 건물들은 구름이 많이 끼거나 비가 내리는 날에는 실내를 더욱 침울하게 만든다. 전체적으로 기계를 써서 지은 것이 분명하지만 실내 한 가운데 매우 독특한 솜씨로 공들여 제작된 돌로 쌓은 난로는 여기 기계를 쓰지 않는 또 다른 건축 방식도 있다고 소리치는 듯하다. 여기 한 장인의 예술적 재능이 듬뿍 묻어난 매혹의 손길은 건물의 다른 건축물들과 큰 대조를 보인다. 이 건물을 지은 건축가가 알베르게를 완성한 뒤에 바로 이 근본적인 차이를 알았는지 궁금하다. 그 건축가가 처음부터 이런 식으로 설계한 걸까? 자신이 무엇을 하고 있는지 알기는 했을까? 서로 매우 다른 두 가지 작업 방식은 서로 닮은 점이 전혀 없는 두 가지 결과물을 만들어냈다. 불을 필 수 있는 장작이 없다니 안타깝다! 어두운 밤 이글거리며 타오르는 불은 이 장소를 경이롭게 바꾸어줄 것이다.

양말들을 빨고 나서 어제 레온에서 세탁하고 아직 안 마른 옷가지들을 배낭에서 꺼내 함께 빨랫줄에 걸어 말린다. 게시판에 붙은 이곳 알베르게 규칙을 보니 순례자들은 읍내에서 약국을 하는 여성 읍장에게 순례자 증명서 도장을 받을 수 있다. 여성 읍장은 평소 업무 시간 중에는 약사 일을 한다. 그녀가 점심밥을 먹으러 가기 위해 약국 문을 닫기 전에 가서 도장을 받을 수 있을 것 같다. 판초를 걸쳐 입고 밖으로 나가 여성 읍장이 운영하는 약국과 먹을 것을 살 수 있는 곳이 어딘지 가리켜줄 사람이 없나 주위를 두리번거린다. 트럭 뒤에 빈 음료수 병이 든 상자들을 바삐 싣고 있는 나이든 남자에게 다가가 길을 묻는다. 그는 매우 공손하게 내가 가야 할 곳을 자세히 알려주고 어디서 왔냐고 묻는다. 그리고는 내가 지금 어디로 가려는지 금방 알아맞힌 뒤 아주 자연스럽고 꾸밈없이 콤포스텔라에 도착하면 성 야고보에게 자기의 입맞춤을 전해달라고 부탁한다. 나는 그 부탁이 무엇을 말하는지 안다. 콤포스텔라의 대성당 안 중앙에 있는 제단 위에 커다란 성 야고보 상이 있다는 말을 들었다. 그 제단 뒤에 성 야고보 상 위로 올라가는 계단이 있는데 순례자들은 성 야고보 상의 머리까지 올라가 거기에 입맞춤을 하는 것이 관습이다. 오늘 이 사건은 지금까지 카미노를 걸으면서 우연히 마주친 사람들과 자연스럽게 나눈 우정의 또 다른 한 예다.

가는 길에 대해서 자세히 들었지만 그 약국을 찾기가 만만치 않다. 작은 마을인데도 길이 구불구불하고 복잡하다. 마침내 찾은 약국에서 여자 읍장은 순례자 증명서에 도장을 찍어주고 나서 음식점에서 식사를 하려고 한다면 알베르게 건너편에 좋은 곳 하나 있다고 알려준다. 고맙다고 인사를 하고 빵집과 시장을 찾아 나간다. 빵집은 금방 찾아서 빵을 샀는데 자그마한 시장에 도착했을 때는 벌써 가게들이 문을 닫았다. 특별한 이유도 없이 일찍 문을 닫은 것이다. 주위를 둘러보니 더 길을 물어볼 사람이 아무도 눈에 띄지 않는다. 이 시장 말고 또 다른 가게가 있을 정도로 큰 마을이 아니다. 비가 계속해서 조금씩 내리고 있다. 할 수 없이 음식점에 가기로 했다. 만시야 데 라스 물라스에서 신선한 버섯요리를 먹은 뒤로 따뜻한 음식을 먹어보지 못했다.

점심식사는 읍장이 말한 대로 아주 괜찮다. 시중드는 젊은 여종업원도 매우 상냥하다. 알베르게로 돌아오다가 휴게실 구석에 있는 비디오기기 하나가 눈에 들어온다. 전에 그것과 똑같은 기기를 여행안내소에서 본 적이 있다. 어디서 봤더라? 카스트로헤리스, 거긴 것 같다. 이 얼마나 어리석은 짓인가! 지금 카미노를 걷고 있는 사람들 가운데 카미노에 대한 비디오를 보고 싶은 사람이 누가 있겠는가? 여행안내소에서는 그래도 그 기기에 실제로 무슨 내용이 들어있는지 조금이나마 알고 싶었지만 지금은 그런 생각도 없다.

조금 있다가 한 어린 소년이 다가오더니 자기가 뭐 도와줄 일이 없는지 묻는다. 자기 엄마도 순례자 증명서에 도장을 찍어주는데 알베르게 뒤쪽에 산다고 한다. 하루 중 언제라도 도장을 찍을 수 있지만 그 집에 가려면 여러 차례 거리를 건너가야 한다. 그 아이에게 알려줘서 고맙다고 하고 지금 나는 정말로 다른 도움을 받을 게 없다고 설명한다. 순례자들을 위해 무엇이든 배려하려고 하는 이 마을 사람들의 정성스런 마음을 다시 한번 느낀다. 그 아이는 한동안 그 비디오기기를 가지고 놀더니 휴게실을 나간다.

이 마을의 기묘한 역사는 '전통적인' 스페인 사람들의 종교적 광기를 매우 강하게 보여준다. 1111년, 비야당고스 델 파라모는 도냐 우라카 왕비의 군대와 그녀의 남편이자 아라곤 왕국의 왕인 알폰소 6세, 엘 바타야도르의 군대가 서로 처절한 살육전을 벌인 곳이었다. 이 마을 교구 성당은 성 야고보에게 봉헌되었고 유럽에서 가장 유명한 성 야고보의 조각상 가운데 하나가 이 성당의 중앙 제단 위에 있다. 여기서 성 야고보는 백마를 타고 한 손에는 칼을 들고 있는 마타모로스로 그려져 있으며 그가 탄 백마의 앞말발굽은 위로 솟구친 채 그 아래서 한 무어인이 죽어간다. 성 야고보와 백마는 그 앞에 모여 있는 사람들을 향해서 펄쩍 뛰어오르는 모습을 하고 있다. 참 기이한 곳, 카미노여! 비야당고스는 마타모로스의 정신이 아니라 페레그리노(순례자)의 정신을 이어받은 후예라고 볼 수 있다. 그런데 그들이 성당에 들어가서 피에 굶주린 전사의 모습을 보고 무슨 생각을 할 수 있겠는가?

아직도 알베르게에는 나 혼자다. 우연히 창밖을 흘낏 내다보다 지난번에 내게 버섯을 주었던 스페인 순례자들 가운데 한 사람을 보았다. 그는 비 때문에 머리를 구부린 채 이 건물은 보지도 않고 도로에서 약간 떨어져서 오른쪽 옆으로 걸어가고 있다. 이 건물이 알베르게라는 것을 전혀 모르고 있는 듯하다. 나는 문 쪽으로 달려가서 큰 소리로 불렀다. 그는 뒤돌아서더니 나를 보고 깜짝 놀란 표정으로 그대로 서 있다가 잰걸음으로 돌아온다. 서로 반갑게 인사를 나누고 나서 그는 나머지 일행들을 기다리느라 도로를 주시한다. 모든 일행이 도착하자 적막했던 알베르게가 축제 분위기처럼 활기를 띤다. 난로에서 타오르는 불길은 여기에 모인 좋은 사람들의 즐거운 기분이 무르익으면서 완벽하게 조화를 이룬다. 그들은 점심을 일찍 먹어서 전기난로(돈을 넣어야 작동하는!)에 약간의 수프를 데워 먹는다. 내게도 좀 먹으라고 준다. 숙박부를 보니 어떤 여성 순례자가 100페세타를 냈는데 불을 사용하지 못했다고 불평하는 말을 써놓았다.

일행들 가운데 한 사람이 이런 무인 알베르게들을 관리하는 일을 도와줄 사람들 모임을 만드는 게 어떠냐고 제안한다. 시설이 부실한 곳이 있으며 그 모임에서 비품들을 제공해 줄 수도 있을 것이다. 또 노동력이 필요한 곳은 직접 가서 일을 할 수도 있고 특별한 기술이 있는 사람은 자원봉사를 할 수도 있다. 나는 그에게 그런 여러 가지 목적을 위해 결성된 단체들이 많이 있다고 알려주었다. 스페인에도 여러 모임이 있고 프랑스나 벨기에, 영국에도 있다고 들었다. 그 밖에 독일 같은 곳에도 그런 모임들이 있을 것이다. 그는 이미 그런 사실들을 알고 있었는지도 모른다. 하지만 기존의 노력들은 평소에 그런 일에 관심을 가진 사람들만 더 힘쓰게 했다. 순례를 끝마치기도 전에 벌써 자기가 카미노에서 받은 은혜를 되돌려주고자 생각하는 사람을 만난 것은 행운이었다. 얘기를 나누면서 이 알베르게에 대해서 더 많이 알고 싶어졌다. 이 알베르게를 지으려면 돈이 꽤 들어갔을 것이다. 자발적인 기부금만으로는 그 큰 비용을 감당할 수는 없었을 것이다.

'엘 리브로 데 페레그리노스(순례자 방명록)'라고 부르는 숙박부를 훑어보다보면 "카미노는 믿음과 땀, 희망이다"라고 씌어진 글을 자주 본다. 맞는 말이다. 아주 몇 마디 안 되는 말이지만 카미노를 그것보다 더 잘 표현하기는 어려울 것이다.

어제 제과점에서 겪었던 기이한 경험은 나를 깜짝 놀라게 했다. 굳이 의식적으로 극기를 생각하거나 꾀하지 않는데도 어쩌다 하루에 카페오레 한 잔을 마시는 것을 빼고는 그 밖에 특별히 맛있는 다른 것을 찾거나 감각적 즐거움을 누리려고 하지 않는다는 것을 알았기 때문이다. 카미노에서는 그렇게 하는 것이 옳다고 어렴풋하게나마 생각했다. 깨끗하게 빨아서 말린 양말을 신을 수만 있다면 그것만으로 내 마음은 행복하다. 집에서 가져온 양말은 두 켤레밖에 없다. 순례를 시작한 첫날, 콤포스텔라까지 가는데 고통을 견뎌낼 수 있을 만큼만 최소한의 모습으로 이 정도면 충분하다고 기도했던 게 기억난다. 그러나 어쩌면 나는 지금까지 그렇게 심한 육체적 고통을 충분히 겪지 않았는지도 모른다. 내게는 튼튼한 신발과 좋은 침낭, 잘 만들어진 배낭, 방수용 판초가 있지 않은가. 옛날에 그런 장비를 갖추고 편안하게 순례길에 오른 사람은 특별히 왕족이나 귀족들을 빼고는 아무도 없었다. 알바니는 여러 번 순례를 하면서 언제나 빈대들이(알바니가 말한 벌레가 바로 빈대가 아니었을까 추측한다) 들끓는 매트리스 위에서 잠을 잤다고 했다. 아침에 다시 카미노로 나오면 그는 옷을 모두 벗고 햇살 아래서 그 작은 벌레들을 한 마리씩 잡아 죽였다. 알바니는 이 벌레들 때문에 생기는 고통에 대해서 꽤 많은 시간을 할애해서 쓴다. 나도 비록 지저분하고 기름때가 묻은 매트리스에 누운 적이 있지만 깨끗한 침낭 속에서 얼마나 편하게 잘 잤던가. 옛날 순례자들이 겪었던 불편함을 생각하면 나는 정말 아무 것도 아니다. 그 옛날 순례자들과 함께 하기에, 그리고 카미노의 진리를 알기에 지금 나는 너무 편안한 게 아닐까?

22
어떤 사람이 나이를 물었다
비야당고스 델 파라모에서 아스토르가까지

알베르게 문 밖으로 나서자 하늘은 구름이 잔뜩 끼어 한밤중인 양 깜깜하다. 하지만 시계는 오전 7시를 가리킨다. 스페인으로 떠나기 전에 나는 이렇게 말했던 것 같다. "오, 기나긴 하루의 순례를 시작하는 이 비참한 아침이여! 내일로 순례를 연기할 순 없을까?" 그러나 이제 나는 날마다 상쾌한 아침 공기를 마시며 새로운 장소를 향한 열망으로 하루를 시작한다. 오늘도 또 좋은 하루가 될 것임을 안다. 지금까지 매일 그랬기 때문이다.

두 시간 정도 우르릉대더니 마침내 하늘이 뻥 뚫리며 비가 쏟아지기 시작한다. 몇 시간째 간선도로 위를 앞뒤로 부대끼며 걷고 있다. 먼저 한 방향에서 비바람이 한바탕 휘몰아치면서 앞에서 차 한 대가 달려오고 또 뒤에서는 자동차나 트럭이 쌩하고 지나가면서 반대 방향에서 비바람이 몰아친다. 이렇게 자꾸 차들이 앞뒤로 지나가다 보면 동시에 여러 방향에서 몰아치는 비바람 때문에 정신이 하나도 없다. 약 1미터쯤 떨어진 곳에서 편안하고 안전한 차에 탄 운전사와 승객들이 라디오를 들으며 달려오고 있다. 라디오에서는 자신들을 더 좋은 세상을 데려다 달라는 내용의 노래가 흘러나오는 것 같다. 그들은 하나같이 무표정한 얼굴들이지만 각자 목적지까지 흥겹게 데려다줄 다 큰 사람들의 장난감들에 지극히 만족한 듯하다.

하지만 그들은 어디로 가는 걸까? 그들은 지금 유리와 플라스틱, 쇠붙이로 멋지게 꾸며진 것들에 안전하게 둘러싸여 있다. 하지만 그곳은 오직 출발점일 뿐이다. 멋진 장식품으로 조각된 몸 위로 편안함과 안전을 보장하는 층이 겹겹이 연결되어 있다. 고용, 다양한 복지 제도, 재산과 생명을 보호하는 보험, 사회적 의무와 혜택의 그물망, 복잡하게 얽혀있는 정보와 오락 체계, 그리고 여기에 언제나 붙어 다니는 각종 청구서와 채무들. 하지만 그 표면을 긁어내면 거기에는 언제나 두려움이 있다. 모든 지원과 보장 뒤에서 경제는 끊임없이 문제를 일으킬 것처럼 보인다. 매주 또는 매달, 이 분야 저 분야에서, 이 나라 저 나라에서 어떤 새로운 위기들이 끊임없이 분출한다. 최근에 유럽공동체는 다시 스페인 정부에 페세타의 환율을 내리라고 '압력'을 넣었다. 이 경이로운 기계인 자동차를 계속해서 살 돈이 없다면 어떻게 될까? 경제가 정말로 악화된다면 무슨 일이 벌어질까?

메르세데스 한 대가 콤포스텔라로 가는 카미노에서 구식 가죽신을 신은 사람과 만난다. 우리는 과연 같은 우주에 존재하고 있는 걸까? 메르세데스에 탄 사람들은 나를 보고 무슨 생각을 할까? "저 사람, 바보 아니면 건달일 거야"라고 설명할 수 없는 별난 사람 취급을 할지도 모른다. 간선도로를 달리는 데 방해가 되는 사람 정도로 생각할 수도 있다. 자신들의 영토, 자신들의 세계에 불법으로 침입한 사람으로 여길지도 모른다. 전속력으로 달리는 트럭 때문에 찻길 밖으로 떠밀리거나 자동차 길로 빨려들어가지 않기 위해 고군분투를 하면서 만일 카미노가 매우 질퍽한 진흙길로 이어졌다면 좋았을 텐데 하는 생각을 한다.

내 바람에 응답이라도 하는 듯이 얼마 안 있어 카미노의 또 다른 길로 접어든다. 흙길을 따라 내려가고 있다. 찻길을 따라 곧장 가면 오늘 가고자 하는 아스토르가에 바로 도착할 수 있지만 이렇게 돌아가는 길이 아무리 더 멀고 험하다 해도 비에 젖은 시골의 흙을 밟으며 걷기로 했다. 이제 행운이라는 것이 길이 더 좋다거나 더 나쁘다는 것과는 아무 상관이 없음을 알았다. '운이 있다' 거나 '더 좋다' 는 말은 이제 아무 의미가 없다. 언제나 공손하고 조심하는 자세로 생각해야 하며 현재 모습을 그대로 투명하게 드러내야 한다. "하느님은 무슨 일이든 당신을 사랑하는 사람들의 선을 위해서 일하신다." (로마서 8: 28) 라는 성 바울의 말씀이 여기에 딱 맞는 말이다.

카미노의 역사에서 중요하면서 또한 복잡한 이야기들이 많은 작은 마을, 오스피탈 데 오르비고에 다 와간다. 이 지역에 얽힌 복잡한 사정을 이해하기 위해서는 역사를 거슬러 올라가야 한다. 1434년 이 근처에서 한 달 동안 진행된 기사들의 마상 시합 축제는 오랜 도보여행에 지친 순례자들에게 중세의 장엄한 용맹과 허상, 기사들의 뛰어난 마상 솜씨와 궁정의 기사도식 연애, 종교적 광기들이 뒤범벅된 기이한 장관을 연출했다. 이 축제는 이미 100년 전에 일어난 한 사건을 통해 카미노와 아주 밀접한 관련성을 가졌다. 1332년, 알폰소 11세는 부르고스에서 콤포스텔라까지 순례를 떠났다. 왕은 오늘날 '엘 몬테 데 고소(기쁨의 산 - 옮긴이)'라고 부르는 곳에서 콤포스텔라까지 마지막 몇 킬로미터를 맨발로 걸었다. 그는 대성당에 도착하자 높은 제단 위에 자기가 지닌 갑옷과 무기들을 올려놓고 밤새도록 무릎 꿇고 기도했다. 후안 데 리미아 대주교는 아침 미사를 거행하면서 그 무기들에 축복을 내렸다. 그리고는 그것들을 알폰소 왕에게 돌려주었다. 알폰소 왕은 이제 비로소 기독교를 수호하는 기사가 된 것이다. 알폰소 왕은 자리에서 일어나 성 야고보 상이 있는 곳으로 올라가서 여느 순례자들처럼 그 머리에 입맞춤을 했다. 이 장면은 유럽에 있는 모든 기독교 국가의 기사들이 성 야고보를 아주 특별한 성인, 즉 자신들을 위해 무어인들을 물리치는 전사로서 거룩한 십자군의 모습으로 성육신한 기사들의 수호성인으로 생각했다는 것을 보여준다. 그들은 그리스도의 제자 가운데 한 사람을 마타모로스, 이슬람 세력을 무찌르는 무적의 투사, 국토회복운동을 이끄는 스페인의 기사, 그리고 십자군 정신을 실천하는 유럽의 기사 모습으로 바꿔버렸다.

부르고스에 있는 알폰소 왕실의 귀족들이 콤포스텔라로 순례를 가는 기사들을 초대해서 마상 시합을 하면서 충분히 쉬게 한 다음 다시 순례를 떠나보내는 것은 당시 그곳의 관습이었다.

그러나 우리는 이보다 더 옛날로 거슬러 올라가야 한다. 어떤 사람들은 전사들이 거닐었던 위대한 길, 카미노에서 역사가 씌어졌다고 믿는다. 중세 시대 스페인은 여러 갈래의 카미노 가운데 세 군데 길을 자랑스럽게 생각했다. 샤를마뉴 구간과 알만소르 구간, 그리고 『시드의 노래 Poema del Cid』(1140년)에 나오는 위대한 역사적 인물이며 전설적인 영웅인 미오 시드(로드리고 디아스 데 비바르) 구간이 그곳이다. 세 명의 위대한 지도자들의 이름이 새겨진 이 길들은 모두 콤포스텔라로 이어져 있다. 한 전설에 따르면 꿈속에서 성 야고보를 본 샤를마뉴 대제가 은하수를 따라 갈리시아로 가서 성 야고보의 무덤을 무어인들에게서 탈환하고 프랑스와 유럽의 다른 나라 사람들이 카미노를 통해 순례를 할 수 있도록 만들었다고 한다. 알만소르 왕은 997년에 실제로 콤포스텔라를 공격해서 그곳에 성당을 파괴했지만 성 야고보의 무덤은 건드리지 않았다. 하지만 성당에 있던 종들을 코르도바로 가지고 가서 이슬람 사원의 등으로 바꾸었다. 포로로 잡힌 기독교인들은 종들을 코르도바까지 날라야 했다.

엘 시드는 11세기 말 기독교 국가였던 스페인을 대표하는 인물로서 두려움을 모르는 전사였다. 엘 시드는 1064년 자신이 거느린 기사들과 함께 콤포스텔라로 순례를 떠났다. 가는 도중에 길 가에 있는 늪지대에서 처절하게 울부짖는 소리가 들렸다. 가까이 다가가서 보니 한 나병환자가 하느님과 성모 마리아의 사랑으로 자기를 구원해달라고 기도하고 있었다. 엘 시드는 그를 오라고 해서 자기 앞자리 말안장에 앉혔다. 그들은 한 여관에 도착해서 하룻밤을 묵기로 했다. 엘 시드는 자기 그릇에 있는 음식을 나병환자와 함께 먹었다. 그 불쌍한 나병환자에 대한 너무 지나친 엘 시드의 배려 때문에 함께 온 기사들은 매우 화가 났다. 그러나 그 걸출한 영웅 엘 시드는 그들을 그냥 무시하고 오히려 자기 침대에서 나병환자와 함께 잠을 잤다.

나병환자가 "로드리고, 자나요?" 하고 물었다.

엘 시드는 "잠을 잘 수 없어요. 당신이 누군지 얘기해 주시오. 당신에게서 나는 그 밝은 빛은 무엇인가요?" 하고 되물었다.

"로드리고, 난 성 나사로요 …… 당신이 하느님의 사랑으로 이렇게 잘 보살펴준 나병환자 나사로지요."

콤포스텔라로 가는 세 길은 모두 장엄한 업적들로 차고 넘치지만 또 한편으로는 …… 수많은 사람들의 피로 얼룩진 곳이기도 하다. 이 전설은 이베리아 반도를 둘러싼 하나의 역사다. 그러나 또한 사람들은 이 길들을 따라서 평소 자신들이 바라던 소원, 이루고 싶었던 목표, 꿈꿨던 이상들을 만들어냈다. 이러한 스페인 사람들의 열정적인 감수성을 보고 좀더 냉정한 정서를 지닌 문화권에 사는 사람들은 '스페인에 성을 짓는 것'을 비난했다. 지금은 20세기 중반의 풍족함과 함께 여기서 멀리 떨어진 유럽이나 다른 나라 사람들도 영원히 또는 휴가 동안만이라도 스페인에 있는 성에서 지내고 싶어 한다. 그러나 진정한 카미노를 찾고자 하는 사람들은 그따위 헛된 꿈을 버리고 옛날 스페인 사람들이 단단히 잡고 놓지 않았던 맑고 순수한 희망을 추구해야 한다. 그 희망은 여유를 가지고 이루어질 수 없는 꿈을 믿는 용기다. 돈키호테가 풍차와 싸운다고 해서, 또는 수호천사가 있음을 믿는다고 해서 부끄러워할 까닭은 전혀 없다.

성 야고보가 여러 전투에서 자신들을 구해주었거나 또는 무어인들에게 붙잡혔다가 풀려난 것에 보답하기 위해서 콤포스텔라 순례에 오른 기사들의 기록들이 많이 있다. 또 가는 도중에 마상 시합이나 모험을 즐기기 위해 콤포스텔라 순례를 이용한듯한 기사들 이야기도 있다. 그들을 순례자라고 불러야 할지 잘 모르겠지만 그런 순례자들 중 가장 널리 알려진 한 사람이 1480년에 콤포스텔라에 간(오늘날 폴란드에 속한) 브레슬라우 지방 출신 니콜라스 본 파프라우다. 그의 창은 너무 무겁고 커서 그것을 나르기 위해서 특별히 개조한 수레가 필요했다. 그 창을 들고 마상 대회에 나갈 수 있는 사람은 니콜라스밖에 없었다고 한다. 기록에 따르면 그의 외모는 매우 험악했지만 성지에 도착했을 때는 마치 유순한 순례자처럼 행동했다고 전한다.

1434년 7월 10일, 푸엔테 데 오르비고(오르비고의 다리 - 옮긴이)에서 시작한 마상 시합을 기록한 사람은 당시에 그곳에서 시합을 관전했던 공증인, 페로 로드리게스 데 레나였다. 그는 마상 시합이 열렸던 다리와 근처 마을을 마상 시합 역사에서 가장 유명한 장소로 만든 장본인이다. 레온 출신의 '위대한 기사' 수에로 데 키뇨네스가 '파소 온로소Passo Honroso'라는 마상 시합을 열었다. 이 시합은 여행자들이 많이 다니는 길목에서 벌어졌다. 이곳을 지나가려는, 즉 콤포스텔라로 순례를 계속하려는 기사들은 누구든 이 길목을 지키고 있던 기사나 기사 집단(여기서는 수에로 데 키뇨네스와 8명의 기사들)과 반드시 마상 시합을 겨뤄야 했다. 독일, 발렌시아, 프랑스, 이탈리아, 아라곤, 브르타뉴, 영국, 카스티야, 포르투갈과 '그 밖의 다른 곳'에서 온 68명의 기사들이 이들과 마상 솜씨를 겨뤘다. 7월말까지 한 달이 안 되는 동안 727회의 마상 시합이 벌어졌고 166개의 창이 부러졌다. 그들은 이 행사를 성 야고보 축제일인 7월 25일에 딱 하루만 중지했다. 그 해는 7월 25일이 일요일과 맞아 떨어지는 특별한 성년이었다. 따라서 예년보다 많은 순례자들이 콤포스텔라로 향했으며 그들이 이 시합을 볼 것은 당연한 일이었다. 역사가는 수에르 데 키뇨네스 기사단이 그날 하루를 쉰 것은 또 다른 이유가 있어서라고 말한다. 그들의 동료 가운데(아라곤 왕국 출신) 한 사람이 시합을 하다 죽었기 때문이다.

수에르 데 키뇨네스를 비롯한 많은 기사들은 시합을 끝낸 뒤 모두 콤포스텔라로 갔다. 거기서 수에르는 성 야고보 상 앞에 엎드려 많은 마상 시합에서 뛰어난 기술과 용기로 많은 승리와 성공을 이룰 수 있게 해준 것에 감사했다. 한편 수에르가 한 아름다운 기혼 여성에 반해서 뜨거운 사랑의 노예가 되었음을 호소한 이야기가 있다. 그는 결국 수많은 창들을 부러뜨려 사랑의 족쇄에서 벗어날 것을 성 야고보를 두고 맹세했다.

17세기에 라피도 이곳 오스피탈 데 오르비고에서 하룻밤을 묵었다. 라피의 책을 보면 그가 언제나 잠자기 좋은 숙소를 찾았다는 것을 알 수 있다. 라피는 순례자들을 위해 지어놓은 오스피탈에 묵은 적이 거의 없었으며 돈을 내더라도 더 좋은 숙박시설을 찾았다. 오스피탈 데 오르비고에서 그가 발견할 수 있었던 가장 좋은 숙소는 맨바닥에서 자야 하는 작은 오두막이었다. 라피는 이 마을의 가난에 대해 얘기하면서 이 마을 사람들은 너무도 궁핍해서 이런 최소한의 숙박시설을 제공받고도 돈을 지불하지 않을 수 없었다고 기록한다. 라피의 책은 유럽에서 발간되자마자 '최고로 많이 팔리는 책'이 되었는데 그는 거기서 성 야고보를 14~15세기의 기사들 못지않게 사람들의 상상력을 자극하고 사로잡는 힘을 가진 신화적 인물로 신비화했다.

20세기 오스피탈 데 오르비고의 모습은 첫 인상이 그냥 다른 마을처럼 잘 사는 작은 마을 같아 보인다. 그런데 그때 놀랍게도 민간에 전해 내려오는 탄생의 신비와 관련된 장면이 눈에 들어온다. 다섯 개의 황새 둥지―그 안에 황새들이 있다! 네 개는 네모진 성당 탑 위에, 나머지 하나는 옆에 있는 건물 지붕 위에서 하나의 집단 거류지를 이루고 있다. 이 마을은 그 전설의 동물들이 가져다준 축복을 받는 어떤 신비한 마력을 지닌 것처럼 보인다. 하느님의 자식들을 위해 조용히 기도하는 수녀들처럼 이 황새들은 마을을 조용히 굽어보고 있다.

이제 돌을 하나하나 쌓아올려 우아한 아치를 그리며 건설한 다리에 왔다. 중세 시대, 수에르가 마상 시합을 벌였던 역사적인 푸엔테 데 오르비고가 분명하다. 이 다리는 정말로 위대한 예술 작품이다. 다리의 균형은 경이로울 정도로 정확하며 조화롭다. 이 다리를 완성한 장인들의 빛나는 솜씨는 정말 인간 사회를 아름답게 꾸미고 그들을 위해 유용한 건축물을 탄생시켰다. 이것은 다름 아닌 황새들의 둥지 자리를 마련하는 것처럼 자연을 보완하려는 인간의 노력 가운데 하나이며, 벨로라도의 구둣방에서 보았던 신발들처럼 영감을 불러일으키는 작품이다.

이곳에 매우 좋은 알베르게가 있다는 소문도 있고 비도 계속해서 내리고 해서 이곳에서 하루 묵고 싶은 생각이 들지만 아직 걸음을 멈추기에는 너무 이른 시간이다. 멋진 광경들을 보고 나니 마음도 상쾌해지고 몸도 가뿐해져서 계속 걷고 싶다. 또 다음에 무슨 멋진 광경들이 기다리고 있을까 은근히 기대되기도 한다. 잠시 후, 매우 비싸 보이는 작은 호텔 앞에 도착했다. 관광객들을 위한 호텔인 것 같다. 들어가서 커피 한 잔 하고 갈까? 이런 궂은 날씨에다 너무 이른 시간에 종업원들을 당황하게 만들지도 모를 일이다. 덥수룩하고 지저분한 모습의 손님 때문에 종업원들이 난처해지는 것을 보고 싶지 않다. 내 모습을 직접 볼 수 없으니 남들에게 얼마나 끔찍하게 보일지 알 수 없다. 진흙투성이의 낡은 신발, 헤진 바지, 무릎까지 뒤집어쓴 흙탕물, 손에 들린 오래되고 못생긴 순례자 지팡이, 비닐 매트를 돌돌 말아 위에다 묶은 뚱뚱한 배낭, 배낭까지 감싼 커다란 판초, 보기 흉한 검정색 펠트 모자, 그리고 판초 안에 입은 낡은 회색 셔츠. 배낭 안에는 좀 괜찮은 짧은 팔 셔츠 한 벌을 빼고는 나를 좀더 낫게 보일 수 있는 것이 하나도 없다.

하지만 그것을 지금 꺼내 입기에는 너무 추운 날씨다. 지팡이를 벽에 기대놓고 안으로 들어간다. 판초와 배낭, 모자를 차례로 벗는다. 호텔 안에는 손님이 나 혼자다. 호텔 바 뒤에는 젊은 종업원 한 사람만 있다. 좋군. 주위를 돌아보니 꽤 근사하다. 오늘 나 같은 사람에게는 오히려 좀 과분해 보인다. 어쨌든 아침 이맘때 손님이 있는 것도 나쁘진 않을 것이다. 비가 내리는 날 손님이 찾아오는 것을 싫어할 가게는 없을 것이다.

이제 다시 출발하려고 일어서자 빗줄기가 약해지더니 곧 멈춘다. 감미롭고 신선한 봄 햇살이 길을 환히 비추고 모든 것이 상쾌해 보인다. 들판을 지나며 이따금씩 농촌의 작은 마을이 나타나고 언덕배기 산허리를 오르기도 하며 나무들이 짙게 우거진 숲을 통과하기도 한다. 멋진 광경들을 여러 차례 지나쳤는데도 아직도 해는 중천에 뜨지 않았다. 자갈길을 오랫동안 가로지른다. 이 길은 농부들이 트랙터를 타고 밭으로 가거나 가축들을 끌고 꼴을 먹이러 갈 때 좋을 것이다. 여기 깔린 자갈들은 신발 밑창을 통해 하나하나 그 감촉을 느낄 수 있을 만큼 자잘하다. 따라서 어떤 사람은 걷기가 힘든 길이라고 생각할 수도 있다. 하지만 이 울퉁불퉁한 불편함은 오히려 카미노의 특징을 더욱 잘 느낄 수 있게 해준다. 카미노는 전혀 평범하거나 불분명하거나 똑같지 않고 오히려 언제나 특별나고 색다르며 민감하다.

여섯 시간 정도 걷고 나니 아스토르가가 앞에 보인다. 사방이 언덕배기와 그들 사이로 여기저기 우뚝 솟은 건물들이 서로 뒤섞여 묘한 느낌을 준다. 톨레도의 엘 그레코 (El Greco 17세기 스페인 고전주의의 대표적 종교, 인물화가로 회색빛 명암과 색채, 비정상적으로 길쭉하고 뒤틀린 인체 묘사로 유명하며 이후 세잔 등 독일 표현주의의 등장에 기여함 - 옮긴이)가 그린 그림들이 생각난다. 하지만 지금 내 앞에 펼쳐진 광경은 그 그림들보다는 훨씬 더 밝고 유쾌하다. 거기에는 불길한 앞날을 나타내는 전조나 어둠을 배회하는 흔적들이 보이지 않는다. 내게도 확실히 좋은 일이 일어날 것 같은 느낌이 든다. 중세 때는 부르고스를 빼고는 카미노를 따라서 어느 도시에도 순례자들을 위한 오스피탈이 있는 곳은 없었다. 1928년에 이곳을 지나간 세 명의 학생들은 시내 거리를 걸으면서 본 젊은 여인들의 아름다운 모습에 깊은 인상을 받았다고 한다. 또 이곳에 가우디가 지은 환상적인 건축물이 있다고 들은 적이 있다. 하지만 그의 위대한 상상력이 만들어낸 그 기괴하고 혁신적인 세상에 들어가 보려면 시간이 많이 걸릴 것이다. 예술적 감각이 뒤처지는 눈으로 바라본 그 건물 사진들은 부르고스에서 본 침울한 신학교 건물과는 꽤 거리가 먼 것처럼 보인다.

　마을 한 모퉁이에서 만난 한 여인은 알베르게로 가는 길이 두 갈래라고 알려준다. 그 여인이 일러준 길 가운데 좀 멀기는 해도 덜 복잡한 길로 가기로 했다. 그 길은 시내를 통과해서 가우디가 지은 유명한 건물 가운데 하나인 주교의 대저택 근처를 지나간다. 신호등이 빨간불로 바뀌어 건널목에 서 있는 동안 몇 사람에게 알베르게로 가는 길을 물었다. 그러자 몇 사람이 내 주위로 모여들면서 친근하게 얘기를 건다. 그들은 어디서 왔냐고 일상적인 질문을 하면서 순례자인 내게 관심을 보인다. 어떤 사람이 나이를 묻는다. 예순다섯 살이라고 말하자 모두 놀라워한다. 그들은 그 나이에 혼자서 순례를 하는 것이 무척 걱정스러운가 보다. 한바탕 웃고는 다시 내리막길을 걸어 내려간다. 건물들이 여러 개 모여 있는 큰 학교 같은 곳이 알베르게가 있는 장소다. 이 알베르게는 에르마노스 올란데세스(네덜란드의 형제들 - 옮긴이)이라는 모임에서 운영하고 있다고 들었다.

　그 여러 채의 건물들 가운데 한 건물 끝에 있는 작은 방으로 안내되었다. 아마도 순례자들 숙소인 듯하다. 방에는 여섯에서 여덟 개의 침대가 있고 샤워기가 달린 화장실이 있다. 따뜻한 물도 나온다. 방 밖에는 커다란 현관에 빨랫줄이 걸려있어서 거기에 빨래를 내다 걸 수 있다. 부엌이 없어서 아까 지나쳐온 읍내 시장으로 서둘러 가 먹을 것을 산다. 조리를 못할 경우 평소에 그냥 먹는 햄 한 조각, 여러 가지 채소가 든 깡통 하나, 빵, 치즈, 요구르트, 종이상자에 든 싸지만 맛이 괜찮은 와인 하나를 산다.

　알베르게 옆에는 가로세로 10미터 가량의 울타리가 쳐진 정원이 하나 있는데 여러 종류의 꽃들과 관목들, 자그마한 나무 한 쌍이 있다. 빛나는 햇살을 받으며 점심을 먹기에 좋은 장소다. 그늘 밑에서는 오히려 쌀쌀한 기운마저 감도는 날씨다. 스페인에서 앞으로 햇볕이 뜨겁게 내리쬐는 날을 경험할 수 있을지 모르겠다. 하지만 오늘은 내가 바랄 수 있는 모든 것을 보여준다. 멀리 산 위에 떠 있는 화난 모습을 한 먹구름은 하늘 위에서 아주 여러 가지 모습을 연출하며 이쪽으로 다가오고 있다.

때때로 나는 동료 순례자들을 더 잘 알기 위해 좀더 노력해야 한다고 생각한다. 며칠 전 한 알베르게에서 프랑스인 여자 순례자 세 사람을 만났다. 지지난밤 그들 가운데 한 사람이 비야당고스에 혼자 도착했다. 나머지 두 사람은 뒤에 처졌다고 한다. 오늘 이곳에도 뒤에 처진 동료들이 어떻게 되었는지 여전히 모른 채 혼자서 왔다. 그녀는 적어도 지난 이틀 동안 스페인 말을 하나도 할 줄 모르면서도 혼자서 걸어왔다는 얘기다. 지난번에 산토 도밍고 데 라 칼사다에서 만난 젊은 미국인처럼 카미노를 혼자 걷고 있는 또 한 사람의 여자 순례자를 만나다니 얼마나 멋진 일인가! 혼자 걷는 것을 두려워하지 않고 더군다나 여자가 그렇게 하는 것을 보니 여간 반가운 일이 아니다. 그녀의 용기와 독립심에 찬사를 보낸다. 그녀는 여러 번 내 뒤를 따라서 몇 시간 뒤에 알베르게에 도착했지만 언제나 같은 거리를 걸었다.

콤포스텔라까지 갔다가 되돌아오던 프랑스 청년이 알베르게에 도착했다. 청년은 포르투갈에 있는 성모 마리아의 성소인 파티마와 프랑스 남부의 성지인 루르드에도 갔다 왔다고 한다. 그는 많은 도장이 찍힌 순례자 증명서 묶음을 보여준다. 정말 많은 곳을 들렀구나! 청년의 모자에는 전통적으로 콤포스텔라 순례자임을 상징하는 조개껍질이 프랑스 국기를 표시하는 핀과 함께 달려 있다. 그는 또한 스스로 순례자임을 표시하는 커다란 판지를 들고 다니는데 거기에다 자신이 방문한 중요한 순례 장소들을 열거해놓고 잘은 못하지만 자원봉사를 할 수 있는 곳을 찾는다는 문구를 써놓았다. 카미노에 이런 훌륭한 알베르게들이 없다면 사람들은 매일 숙박을 위해 많은 돈을 써야 할 것이다. 지금까지 나는 밤마다 아주 값싼 알베르게를 쉽게 찾았고 때로는 공짜로 묵기도 했다. 또 더 걷고 싶을 때 그냥 지나친 알베르게들도 많았다. 필요할 때 쉴 곳을 못 찾은 적은 한 번도 없었다.

오후 늦게 다른 두 명의 프랑스인 여자 순례자들이 도착하고 그들은 서로 반갑게 인사를 나눈다. 그들이 다시 만난 것이 내가 보기에도 얼마나 반갑던지. 그들은 모두 함께 여행을 잘하고 있는 듯하다. 한 사람은 걸음이 빨라서 먼저 가고 나머지 두 사람은 가끔씩 앞선 친구를 따라 잡는다. 그들은 프랑스에서 온 또 한 사람의 청년과는 별말을 하지 않았는데 좀 이상해 보인다. 그 청년의 외모나 행동이 좀 평범해 보이지는 않은 것은 사실이다. 하지만 내가 그 청년에 대해 어떤 말을 하기에는 프랑스 말이 그다지 유창하지 못하다. 지금까지 내 경험으로 볼 때 내 프랑스어, 스페인어, 영어 실력은 거의 모든 순례자들과 말을 나누기에 어렵지 않았다. 그들도 대부분 영어를 할 줄 알기 때문이다. 하지만 프랑스 말을 좀더 유창하게 했으면 좋겠다. 프랑스인들이 무슨 말을 하는지 다 이해할 수는 있지만 그들과 정말로 격식 있는 대화를 나누기에는 아직은 부족한 점이 많다.

23
산꼭대기 한 가운데서 완전히 길을 잃었다
아스토르가에서 폰세바돈까지

생각해보니 어제 (저자가 다음날 전날 일을 회상하면서 이 글을 썼기 때문에 어제라고 표현했음 - 옮긴이) 수요일은 정말 지금까지 카미노를 걸으면서 가장 특별하고 짜릿한 날이었다. 아스토르가를 일찍 출발해서 꽤 한적한 간선도로를 따라 몇 킬로미터 가니 마을이 나왔다. 노란색 화살표는 이 도로를 따라서 카미노가 계속 이어진다는 것을 알려주었다. 그러나 길은 이 작은 마을을 관통해서 간선도로가 뚫린 방향으로 계속 달렸고 주택가를 벗어나자 흙길로 바뀌었다. 길에서 만난 농부들에게 지도에 알베르게가 있는 곳으로 표시된 라바날 델 카미노로 가는 길인데, 간선도로가 아니라 흙길을 따라 가려면 어떻게 가야 하는지 물었다. 그들은 모두 그 흙길을 따라 그냥 쭉 가면 된다고 했다. 간선도로를 피해 가는 것이 좀 걱정되기는 하지만 산길을 따라 자연 속을 걷기로 했다.

길은 나무들과 들판을 따라 구불구불 돌며 올라갔다 내려갔다 했지만 중간에 나뉘는 지점 없이 한 길로 이어져 있었다. 점점 길이 오르막으로 바뀌더니 마침내 산등성이에 오르니 능선을 따라 우거진 숲이 나왔다. 길은 다시 도로로 바뀌었지만 지금은 사용하지 않는 일종의 임도林道 같았다. 이곳 경치나 분위기로 봐서는 국립공원 숲이 아닐까 생각되었다. 몇 시간이 지난 뒤, 라바날 델 카미노로 가는 분기점을 그냥 지나쳐서 다른 방향으로 가고 있다는 사실을 깨달았다. 그렇다면 지금 간선도로를 따라서 평행하게 난 길을 걷고 있는 셈이었다. 지도에는 이 길을 따라 계속 가면 폰세바돈이라는 다른 마을이 나온다고 표시되어 있었다.

이 도로는 삼림 감시원들을 빼고는 아무도 다니지 않은 길이며 그들도 오랫동안 여기에 오지 않았다는 게 점점 더 분명해졌다. 이곳에서 다리를 다치면 아무한테도 도움을 받지 못할 거라는 생각에 조심조심 걸었다. 높은 곳에 오르거나 숲을 잠시 벗어나 툭 터진 곳이 나올 때마다 보이는 것은 더 많은 나무들밖에 없었다. 들판은 전혀 보이지 않았고 따라서 사람들도 볼 수 없었다. 물론 마을들도 보이지 않았다.

길을 가는 도중에 여러 차례 갈림길이 나왔다. 갈림길이 나올 때마다 아무 정보나 지식 없이 선택을 해야 했기 때문에 언제나 마음이 불안했다. 하늘이 숲으로 가려있었기 때문에 해를 보고 방향을 알 수 없었다. 하지만 어느 정도 똑바로 길을 가고 있다는 느낌은 있었다. 갈림길이 나올 때마다 직선에 더 가까운 쪽 길을 택했다. 하지만 어느 방향이고 숲이 끝날 기미는 보이지 않았다. 예전에 어디선가 세계의 숲이 점점 사라지고 있다는 글을 본 적이 있었다. 이곳 숲은 점점 무성해지고 늘어나고 있었다. 잠시 생각이 헷갈렸다. 한편으로는 어쨌든 이곳을 빨리 벗어나고 싶다는 생각이 들었고 다른 한편으로는 스페인 사람들이 자기 나라 산들을 무성한 숲으로 만들고 있다는 생각에 기뻤다. 길을 잃은 상태에서 기분이 뒤죽박죽이었다. 비가 간간히 내리기 시작했지만 되돌아갈 수는 없는 노릇이었다. 어두워지기 전에 반드시 이곳을 벗어날 수 있을 게다.

또 다른 갈림길. 이번에는 왼쪽으로 길을 틀었다. 내 예상으로는 그 쪽이 간선도로와 만나 폰세바돈에 이르는 길이었다. 그 길이 맞을지는 운에 맡기기로 했다. 만일 아니라면 숲을 벗어나지 못하고 제 자리에서 계속해서 빙빙 돌고 있는 것인지도 모를 일이었다. 하지만 이번에 방향을 바꾼 것은 잘한 것이라는 느낌이 들었다. 몇 시간이 지나자 두 개의 바퀴자국에 물이 괸 길이 나왔다. 그 양쪽으로는 덤불들이 가득 찼다. 어쩌면 막다른 길일지도 몰랐다!

정말로 길을 잃은 것은 이번이 처음이다. 지금까지 경험해보지 못했던 또 다른 경험이지만 …… 어쩌면 내게 큰 도움이 될지도 모를 좋은 경험이다. 소로우는 이렇게 썼다.

우리는 버려지고 나서야 비로소, 다른 말로 말하면 세상을 잃고 나서야 비로소 우리 자신을 찾기 시작하고 우리가 지금 어디에 있는지, 우리의 관계가 얼마나 영원한 것인지 깨닫기 시작한다.

소로우가 말한 의미는 오늘 내가 처한 상황까지 확장될 수 있다. 바로 순례 첫날, 나는 지금 이곳에 나와 함께 있는 사람이 누군지, 내가 이 순례를 성공하기를 바라는 사람이 누군지 깨달았다. 잃어버리는 것이 많으면 많을수록 그것들에 더 가까이 갈 수 있다. 절망의 순간에서 더 깊은 평안을 느낄 수 있고 심지어 더 큰 기쁨도 누릴 수 있다.

하지만 불현듯 이런 생각이 든다……지금 나는 위험에 빠져 두려움에 떨고 있는 것은 아닐까? 비록 두려움을 불러일으키는 위험과 원인들이 있다고 하더라도 오늘 여행은 더욱 가슴 뛰고 흥미진진하다. 아무 소리도 들리지 않는 고요한 적막과 세상에 혼자라는 처절한 고독감은 내 모든 감각에 생기를 불어넣고 내 정신을 깨어있게 만든다. 이 환상적인 고립 속에서 축축한 공기와 회색빛 하늘을 빼고는 나를 자극하는 것은 아무 것도 없다. 나는 옛날부터 카미노의 가파르고 험한 산들 가운데 하나인 몬테 이라고로 가는 어느 산꼭대기 한 가운데서 완전히 길을 잃었다. 18세기 기록에 따르면 이 주변의 땅은 매우 험하고 비와 눈, 진눈깨비가 끊임없이 내리며 9월 초부터 다음 해 5월 말까지 길이 폐쇄된다고 한다……바로 지금 이맘때다! 따라서 이 지역에 살았던 사람들은 순례자들을 보면 집으로 데려가거나 길을 안내했을 것이다. 하지만 나는 아스토르가를 떠난 뒤로 지금은 거의 사람들이 다니지 않는 도로를 빼고는 사람의 흔적을 하나도 보지 못했다.

사방을 샅샅이 살피고 나무들 사이로 통로가 없는지 보았다. 방향을 알리는 어떤 표시나 조짐이 나타나기를 바라며 온 정신을 집중해서 구석구석 살폈다. 앞이 이렇게 막막한 적은 태어나서 이번이 처음이었다. 모든 것이 의식을 얼마나 집중하느냐에 달린 것처럼 열심히 길을 찾았다. 그러나 주변에 숲 말고는 아무 것도 보이지 않았다. 그런데 자세히 보니 산길이 아직 끝나지 않았다. 분명히 그랬다. 깊은 실의에 빠졌을 때 저 멀리 산등성이에 안개비가 내리는 가운데 지붕들이 희미하게 보이는 것 같았다. 내가 정말 집들을 본 걸까? 아니면 빗물이 만들어낸 명암 때문에 헷갈린 건 아닐까? 거기에 집들이 있다고 해도 여기서 거기까지 갈 수는 있을까? 다른 산으로 갈 수 있는 골짜기들을 둘러보았지만 여기서 거기로 갈 수 있는 길은 없었다. 비록 그쪽으로 '넘어갈' 수 있는 길이 있다고 하더라도 그렇게 하지 않을 것이다. 비에 젖어 미끄러운 땅을 무거운 배낭을 지고 갈 수 없을뿐더러 도중에 방향 감각을 잃고 다시 숲 속을 헤맬 수도 있기 때문이다. 그러나 발아래 산길은 아직 눈으로 볼 수 있고 내가 보았다고 생각하는 것이 있는 곳으로 이어져 있었다. 비에 젖은 덤불들은 아직 그렇게 무성하지 않아서 앞으로 나아가는 것을 막을 정도는 아니었다.

덤불을 치우며 앞으로 조금씩 나아가자 산길이 점점 넓어지기 시작했다. 곧이어 석조 건축물 하나가 앞에 나타났다. 가까이 가보니 그것은 폐허가 된 성당이었다. 이렇다할 아무런 근거도 없었지만 그것은 좋은 징조 같았다. 산길은 계속해서 이어졌고 이제 도로 같은 길이 나오더니 마침내 좁다란 1차선 아스팔트 도로가 되었다. 이 도로는 폰세바돈으로 가는 길이 분명했다. 그 생각은 맞았다. 마침내 집들이 보이기 시작했다! 이제 길을 찾은 것이다! "울어야 하는 거야, 웃어야 하는 거야?"라는 표현을 많이 들었지만 언제나 참 진부한 표현이라고 생각했다.

그러나 지금은 정말 어떻게 해야 할지 헷갈리는 기분이었다. 지금까지 오면서 갈림길마다 제대로 방향을 잡은 게 분명했다. 그리고 마지막 갈림길에서 선택한 길은 나를 정확하게 이곳으로 데려다 주었다. 그때 다른 길을 선택했다면 아직도 숲 속 어딘가를 헤매고 있었을 것이다. 오늘 그곳에서 나와 함께 있었던 이는 누구였을까? 나처럼 길을 잃고 방황하는 다른 순례자들이었을까? 아니면 내 수호천사? 나는 아무 도움도 '감지' 하지 못했지만 끊임없이 내가 제대로 방향을 잡아 가고 있다는 '느낌' 이 있었다. 아무 확실한 근거도 없이. 그러나 그 느낌은 거기 있었고 조금도 흔들림이 없었다. 나는 우연의 세계에 살지 않으며 그것을 운이라고도 생각하지 않았다.

신기하게도 니콜라 알바니 또한 18세기에 아스토르가를 출발해서 혼자 걷다가 산에서 길을 잃었다고 한다. 바로 여기 어디가 아닌지 모르겠다. 다행히 도중에 사냥꾼을 만났는데 그가 길을 가리켜주었다고 한다. 알바니는 콤포스텔라로 계속 가다가 그날 밤 밀짚을 쌓아놓는 창고에서 잠을 잤다. 하지만 나는 지금 마을로 가고 있기 때문에 그보다는 훨씬 더 좋은 데서 잘 수 있을 것이다.

오르막길을 걸어 올라가는데 주변에 아무 것도 눈에 띄지 않는다. 집들은 모두 단정하고 안에는 사람들이 사는 흔적이 보인다. 마을에 들어왔는데 거리에서 사람들을 한명도 못 본 것은 이번이 처음이 아니다. 물 한 잔을 마시기 위해 마을 샘에 멈추니 근처에서 무슨 소리가 들린다. 그쪽으로 가자 남자 둘이 철책을 두르고 있다. 그들에게 인사를 하고 여기가 어디냐고 물었다. 그러고 나서 여기서 폰세바돈까지 갈 수 있는지도 물었다. 그렇단다. 지금 가면 어두워지기 전에 그곳에 도착할 수 있다고 한다. 한 사람은 일을 멈추고 종이와 연필을 꺼내 약도를 그려준다. 아직도 산 몇 개를 가로질러야 하지만 그 산들은 그다지 높지 않고 거리도 멀지 않다고 알려준다. 조심한다면 절대로 길을 잃지 않을 것이라고 한다. 그는 산길에서 갈라지는 지점이 어딘지를 알려주며 거기서 어느 길로 가야 할지도 가리켜 주었다. 그들의 친절에 감사하고 물을 병에 담아 다시 길을 재촉한다. 새로운 사람이 또 다른 새로운 모험을 찾아 떠나는 기분이다. 아직도 수요일이다! 신의 섭리는 너무도 분명하고 시의적절하다.

몇 집을 지나자 '간이주점'이라는 작은 표지판이 보인다. 그것은 '커피'를 뜻한다! 생환을 축하하자! 시간 여유도 있다. 표지판 방향을 따라 가니 간이주점이 분명해 보이는 곳이 나온다. 여느 다른 주택들과 다르지 않다. 그런데 간이주점임을 알리는 표시가 전혀 없다. 하지만 분명히 간이주점 같다는 느낌이 든다. 문을 열어보려고 했지만 닫혔다. 문을 두드리고 기다린다. 잠시 후, 문 안쪽에서 한 여인이 기척을 한다. "여기, 간이주점이 맞나요?"라고 묻자 그렇다고 한다. 문이 열리고 안으로 들어간다. 왜 문이 잠겼는지 굳이 묻고 싶지 않다. 작은 마을이라 아는 손님만 몇 사람 가끔씩 오는가 보다. 판초와 배낭을 벗고 커피의 따뜻한 향기와 맛을 즐긴다.

한 남자가 가게로 들어온다. 가게 주인과 그 남자에게 폰세바돈으로 가는 길을 물었다. 그들은 아까 밖에서 만난 일꾼들과 똑같은 말을 하고는 갈림길에서 어느 쪽으로 가야 할지 좀더 자세하게 알려준다. 그것은 나중에 큰 도움이 되었다. 이 사람들도 그렇고 아까 만났던 일꾼들도 그렇고 나를 보고 놀라는 기색이 없었다. 등산객들이나 순례자들 가운데 이 마을로 오다가 혹시 길을 잃은 사람들은 없었는지 묻는다는 걸 깜빡했다. 묻지 않아도 이곳은 마을로 이어지는 그 좁은 도로들과 다른 쪽으로 나 있는 작은 길들을 볼 때 산에서 여기로 오는 동안 길을 잃기 십상이다. 하지만 이 마을은 정말로 살기 좋은 곳이다.

얼마 안 지나 살기등등한 개들 옆을 지나서 그 작은 마을을 벗어났다. 모래와 흙이 뒤섞인 도로와 산길은 걷기에 좋지만 낯익지는 않다. 진흙이 없어 진창에 빠지지 않으니 산길을 빠르게 걸어갈 수 있다. 도로는 오르락내리락 한다. 작은 산을 몇 개 돌아가기도 하고 넘기도 한다. 때로는 깊은 계곡을 따라 가기도 하고 한 쪽으로 구불구불 올라갔다가 다시 반대편으로 구불구불 내려오기도 한다. 계곡의 한 편에서 보면 반대편에 있는 도로가 아주 가까이 있는 것처럼 보이지만 실제로 거기까지 가려면 꽤 시간이 걸린다. 계곡 아래로 내려가서 건너편 도로로 건너갈 수는 없다. 반드시 길을 따라 산허리를 돌아서 가야 한다. 또 가끔씩 옆에 있는 산 높은 곳에 길 같은 것이 보이기도 한다. 또 다른 길이 분명하다. 하지만 여기서 그 꼭대기까지 갈 수는 없다. 지금 가는 길로 그냥 가자! 여기는 나무들은 많지 않고 키작은 관목들만 우거져 있다. 갑자기 공간이 넓게 트이고 수많은 산들이 펼쳐지면서 꽤 많이 걸었다는 느낌이 든다. 아까 만난 사람들에게 실제로 거리가 얼마나 되고 시간은 얼마나 걸리는

지 묻는 것을 까먹었다. 어쨌든 폰세바돈까지 갈 수 있다고 했으니 그들이 가리켜 준 길을 따라 갈 수밖에. 이 산은 옛날에 순례자들이 그렇게 두려워했던 그 유명한 몬테 이라고가 분명하다.

비바람이 다시 휘몰아치기 시작한다. 예전에 산을 타 본 적이 전혀 없는 까닭에 이렇게 휘몰아치는 바람과 변덕스러운 날씨에 어떻게 대처해야 할지 전혀 모른다. 하지만 조심해서 균형을 잡고 걷는다면 넘어지지는 않을 것이다.

지금까지 몇 시간을 걸은 걸까. 마을 사람들에게 구간마다 시간이 얼마나 걸릴지 물어봤어야 했는데. 혹시 길을 잘못 가리켜 준 건 아닐까 …… 아니면 내가 그 사람들 말을 잘못 알아들은 건 아닐까 …… 길을 잘못 들어선 건 아닐까 …… 오랫동안 혼자서 이렇게 저렇게 생각하다가 …… 마침내 결론 내렸다. 마을 사람들은 누구보다 이곳을 잘 안다. 그들이 가리켜 준 길은 분명히 맞다. 그들은 나를 도와주고 싶어 하는 정직한 사람들이다. 그들의 말과 행동거지는 분명했다. 나중에 확인됐지만 그들이 설명했던 경계표는 모두 그들이 말한 대로 정확하게 그 자리에 있었다. 그들이 일러준 대로 따라가니 갈림길에서도 전혀 헷갈릴 일이 없었다. 아직 어두워지지 않았다. 모든 게 잘 되고 있다! 힘을 내자고 스스로 기운을 북돋운다. 이제 삼림지대에 왔다. 마을 사람들이 얘기한 대로 길이 산등성이를 따라 달린다. 이제 더 자신감이 생긴다. 하지만 그때 갑자기 세찬 바람이 불더니 무릎 아래쪽에 비에 젖지 않도록 판초 아랫부분을 앞뒤로 묶었던 매듭이 풀어졌다. 나머지 매듭 부분은 그대로 있어서 판초가 머리 위로 날아가지는 않았다. 적어도 허리 위로는 비에 젖지 않을 듯하다.

이제 조금씩 피곤해지기 시작한다. 하루 종일 잘 걸었지만 너무 먼 길을 왔다. 도중에 커피를 마시기 위해 한 번 쉬었을 뿐 지금까지 내내 산길을 걸었다. 이 산길은 간선도로와 만나게 되어 있다. 그러면 폰세바돈이 나타날 것이다. 처음에 가려고 했던 라바날 델 카미노는 그 간선도로에서 약간 뒤쪽으로 떨어져 있을 것이다. 폰세바돈에 도착한다면 당초 계획했던 목적지를 한참 지나온 셈이다. 거기도 알베르게가 있다.

이제 더 갈 수 없을 것 같은 생각이 들 때쯤 간선도로가 보이기 시작한다! 길을 제대로 잡은 것이다. 마을 사람들이 얘기한 대로 간선도로 반대편에 폰세바돈으로 가는 도로가 있다. 옆길로 들어서자 갑자기 새로운 힘이 솟구치는 것 같다. 폰세바돈으로 가는 길은 풀들이 무성하게 자라고 여기저기에 돌멩이들이 박힌 진흙탕이다. 확실히 사람들이 많이 다닌 길이 아닌 것 같다. 잠시 후, 돌로 지은 집이 나온다. 초가지붕은 무너져 내렸다. 버려진 집이 분명하다. 거리는 이제 완전히 진창길이 되었다. 빗물이 땅바닥과 바위들 위를 흘러내린다. 또 한 집이 보이는데 그것도 빈 집이다. 가는 곳마다 사람이 안 살거나 최근까지 가축우리로 사용했던 흔적들만 남아 있다. 어떤 집은 사람이 살았던 것처럼 보이는데 문에 자물쇠가 채워져 있다. 주위에 사람의 그림자는 전혀 보이지 않는다. 조금 더 가자 다시 확 트인 풍경이다. 날은 점점 어두워지고 있는데 온 마을을 다 다녀 봐도 사람이 없는 게 분명하다. 멀리서 산으로 구불구불 올라가는 간선도로가 보인다. 이곳은 먹을 것을 사거나 소박한 여관에서 방을 잡아 쉴 수 있는 그런 마을이 아니다! 지금은 사람이 살지 않는 작은 폐촌이다…… 스페인에서 이런 마을은 처음 본다. 땅바닥에 떨어진 지 얼마 안 되는 소똥 말고는 생명의 흔적이 전혀 없었다.

1988년 나와 똑같이 이 마을을 지나 길을 걸었던 한 순례자는 "올가미가 내 목을 꽉 죄었고 보이지 않는 차가운 손이 내 심장을 움켜잡았다"라고 썼다. 그는 무너져 내린 돌들을 보면서, 산에서 몰아치는 등골이 오싹한 침묵의 바람 소리를 들으며 "그 어느 구석을 가도 사탄을 만날 것 같은 완전한 폐허의 땅"이라고 결론지었다.

이곳에서 성당을 한 군데도 보지 못했는데 지도에는 분명히 한 곳이 있다고 나와 있다. 하지만 이 비바람 속에서 계속 갈 수도 없고 그곳이 여기서 얼마나 떨어져 있는지도 모른다. 간선도로가 있는 곳으로 다시 나가서 라바날 델 카미노로 가기에는 너무 늦은 시간이다. 주위를 돌아보니 축사로 보이는 집들 가운데 하나는 지붕이 덮여 있다. 그 정도면 하룻밤 묵기에 충분하다. 다시 마을 쪽으로 걸어가다 성당을 보았다. 날이 점점 어두워지는 탓에 성당을 못보고 그냥 지나친 것이다. 성당은 사거리를 마주보며 한쪽 구석에 자리 잡고 있었다. 그쪽은 이 거리에서 잘 보이지 않는다. 안으로 들어가니 아직 지붕이 남아 있는 곳이 보인다. 하지만 바닥이 온통 소똥으로 뒤덮여 있다. 여기도 축사로 쓰였나 보다. 밖으로 나가자 성당 옆에 붙은 방이 보이는데 한쪽 벽은 구멍이 크게 뚫렸다. 그 방은 삼면이 벽으로

막혀 있고 가로세로 3~4미터 크기의 지붕이 덮여 있다. 안쪽을 잘 살펴보니 바닥에는 꽤 깨끗한 마른 짚들이 깔려 있다. 바람은 벽 옆에서 불어오기 때문에 방 뒤쪽은 바람이 들이치지 않고 비도 들이치지도 않는다. 이만하면 됐다.

판초를 벗어 지팡이 위에 걸어 말리고 배낭을 벗는다. 비닐 매트를 바닥에 깔고 침낭을 그 위에 편다. 젖은 옷은 벗어 마른 짚 위에 펼쳐놓고 몸을 따뜻하게 녹이기 위해 침낭 속으로 들어간다. 아침밥을 먹은 뒤로 아무 것도 먹지 못했지만 그다지 배고프지 않다. 작은 복숭아 세 알과 치즈 한 조각이 남아 있지만 내일 아침을 위해 남겨둘 작정이다. 바람은 폐허가 된 성당의 허물어진 틈새를 통해 날카롭게 울부짖고 비는 지붕을 세차게 때리지만 젖은 몸은 금방 마르고 따뜻해진다.

그때 갑자기 이상한 소리가 들린다. 자동차 문을 쾅하고 닫는 소리 같다. 어찌된 일이지? 움직이지 않고 그대로 조용히 있기로 한다. 다시 옷을 입고 밖으로 나갈 수 없기 때문이다. 눈을 크게 뜨고 바깥 거리와 수직으로 나있는 내 '방'의 뚫린 벽을 통해 내다보니 옆으로 걸어가는 한 사내가 보인다. 어딘가로 가고 있는 듯하다. 내가 먼저 불러 사정을 얘기하기보다는 그 사내가 나를 발견할 때까지 기다리기로 했다.

천천히 긴장을 풀고 있는데 갑자기 뚫린 벽 앞에 나타난 커다란 개 한 마리를 보고 깜짝 놀랐다. 스페인에서 본 개들은 모두 사람들에게 몹시 사나왔다. 그 개들은 며칠 전 작은 마을에서 마주쳤던 세 마리 개들처럼 언제나 으르렁거리며 나를 위협했다. 그러나 대개는 사슬에 묶여 있거나 지팡이가 있어서 몸을 보호할 수 있었다. 지금 그 지팡이는 판초 아래 있고 몸은 침낭 안에 누워 있다. 완전히 무방비 상태다! 어떻게 몸을 보호해야 할지 정신을 집중하고 있는데 그 개는 아무 소리도 내지 않고 물끄러미 바라보고만 있다. 우리는 서로를 뚫어지게 바라본다 …… 마침내 그 개는 돌아서 가버린다. 이걸 어떻게 설명하지? 또 다른 카미노의 신비라고 해야 하나? 숲 속에서 길을 찾은 것처럼? 아니면 끔찍한 폭풍우 속에서 이렇게 마른 보금자리를 찾은 것처럼? 일생 동안 이처럼 큰 도움을 받은 적도 없지만 또 한편으로 이런 기이한 환경과 공간에 있어본 적도 없었다.

참 다행이라고 생각하는 사이에 밖으로 통하는 열린 공간에서 어떤 움직임이 있는 듯하다. 머리를 들어보니 또 다른 개 한 마리가 있다. 매우 마른 체구에 성질이 무척 사나워 보이는 잡종개다. 이런 종류의 개들은 매우 잔인해서 외모에서도 그런 성격이 그대로 드러난다. 이 개들은 자신들을 잡종으로 만든 인간들에게 보복을 하려는 것처럼 보인다. 내가 유일하게 몸을 보호할 수 있는 수단은 배낭이다. 배낭을 손에 넣을 수 있을까? 그걸 들어올릴 수 있을까? 어떻게 개와 나 사이에 배낭을 밀쳐 넣지? 아무 행동도 취하지 못한 채 온몸의 근육만 바짝 긴장되어 있다. 우리는 내내 침묵 속에서 서로를 뚫어지게 바라만 본다. 이 개도 마찬가지로 아무 소리도 내지 않는다. 몇 분이 지나자 돌아서 나가버린다.

팽팽하게 긴장된 신경이 풀리면서 몸이 떨린다. 옛날 사람들은 산길에서 늑대들을 마주쳤다고 한다. 실제로 늑대를 만나면 어떨지 한번도 상상해본 적이 없다. 하지만 이렇게 여기서 개와 마주치고 보니 그것이 어땠을까 상상이 간다. 그 개들은 왜 나를 공격하지 않았을까? 적어도 왜 으르렁거리거나 짖지 않았을까? 스페인에서 우연히 마주친 개들 가운데 짖지 않는 개들을 만난 것은 이번이 처음이다. 그리고 한 녀석은 정말로 의심의 눈초리로 위협하는 것처럼 보였다. 그 개들은 내게서 무엇을 보았을까? 분명히 나를 보고 냄새도 맡았을 수 있다. 내가 이곳에 늘 있는 사람이 아니라는 것을 '알았을' 것이다. 그 개들은 내 눈을 똑바로 바라보았다. 내가 만난 다른 개들이 마구 짖고 뛰어오르고 으르렁거렸던 모습은 모두 실없는 위협이나 헛된 시늉이었나?

이제 떨리지 않는다. 몸이 따뜻해지고 맥이 빠진다. 이제 잠을 자야 할 것 같다. 오늘 하루 걱정도 많고 공포에 떨기도 했지만 얼마나 고마운가. 카미노에서 순식간에 실종자 신세가 되고 불법침입자로 오인 받아 잡종개들의 위협을 받는 이런 위험한 상황을 겪으리라고는 전혀 생각하지 못했다. 어쩌면 이 경험을 통해서 중세 시대 순례자들이 겪은 것들 가운데 내가 미처 깨닫지 못했던 더 많은 것을 느끼게 되었는지도 모른다.

한밤중 몇 시쯤인지는 모르지만 소 방울 소리에 잠이 깬다. 여기 산에 있는 소나 양들은 대개 목에 방울을 달고 있는데 적어도 그들 무리 가운데 한 마리의 목에는 반드시 방울이 달려 있다. 아마도 농부가 가축들을 방목할 때 그들이 어디에 있는지 쉽게 알기 위해서 그렇게 한 것 같다. 방울 소리가 점점 더 가까워진다. 암소 한 마리가 터진 벽을 가로질러 성당으로 걸어 들어간다. 이번에는 황소 한 마리가 그 뒤를 따른다. 그들은 잠시 동안 성당 안을 어슬렁거리다 한 마리가 밖으로 나오더니 내 쪽을 힐끗 보고는 비바람이 몰아치는 밖을 응시한다. 한 숨이 절로 나온다. 다음에 무슨 일이 벌어질지 긴장을 늦추지 않는다. 이쪽으로 소가 오면 어떻게 할까? 이곳은 소와 내가 함께 있기에는 비좁다. 여기로 온다고 하더라도 다시 밖으로 나갈 수밖에 없을 것이다. 하지만 와서 배낭을 쓰러뜨리거나 밟아 뭉개거나 판초를 찢거나 하면 어떻게 하지.

성당에서 나온 황소는 천천히 움직이더니 폭풍우 속으로 어슬렁거리며 나간다. 한 마리는 갔다! 몇 분 있다 다른 암소 한 마리가 성당의 부서진 벽 밖으로 천천히 고개를 든다. 그러더니 서두르지 않고 한두 걸음을 떼면서 내 쪽으로 고개를 돌려 나를 바라본다. 아니, 바닥에 깔린 짚을 바라보는지도 모른다. 암소는 여유로운 때 하는 것처럼 내 쪽으로 한 발 두 발 걸어온다. 무얼 '하려는' 걸까? 뭔가 조치를 취해야 할 때다. 지금은 아까 개와 마주쳤을 때와는 아주 다른 상황이다. 두려움이나 걱정 같은 것은 없다. 소들은 언제나 '친근하다'고 생각하지만 지금은 방해가 되는 존재다. 저리 가라고! 나 혼자 있게 해줘! 소들에게 이 생각을 전해야 한다. 어떻게 알아듣게 만들 수 있을까? 일어나 앉아서 팔을 휘두르며 소리를 지른다. 손전등이 있기는 하지만 그게 어떤 영향을 끼칠지 모를 일이다. 암소가 어떻게 하는지 지켜본다. 그 자리에 멈춰 서 있다. 나를 보고 있는 걸까? 그냥 왜 저러나 하고 생각할까? 다시 발걸음을 떼기 시작한다. 내게 오는 걸까, 밖으로 나가는 걸까? 이 커다란 피조물들은 얼마나 동작이 느린지. 다행히 암소가 밖으로 나갈 것 같다.

다시 팔을 휘두르고 소리를 지른다. 그것으로 충분했다. 이렇게 난린데 어떻게 여기에 호감을 느낄 수 있겠는가? 암소는 자신을 반기지 않는다는 것을 알아차린 듯하다. 하지만 암소는 아주 느릿느릿 움직인다 …… 이제 자고 싶다.

오랫동안 일종의 서먹한 분위기가 지속되더니 드디어 암소는 느릿느릿 몸을 움직여 폭풍우 속으로, 마구 몰아치는 비바람 속으로, 웅장한 산 속으로, 폰세바돈을 향해 밖으로 나간다.

이제 정말 안심해도 될까? …… 잠을 자야 해 …… 한 마리는 방울이 달렸다 …… 어쩌면 아까 그 소들은 밤마다 성당을 살펴보는 일을 하고 간 건지도 모른다 …… 너무 피곤해서 더 이상 생각할 수 없다 …… 모든 게 잘 되었다 …… 더는 두려워하지 않아도 돼 …… 이제 푹 잘 수 있다 ……

24
이제 나자신에게 묻지 않을 수 없다
폰세바돈에서 폰페라다까지

 마른 짚, 비바람, 경이로운 어둠, 따뜻한 침낭, 이 모든 것들 덕분에 편안한 잠을 자고 기운을 차릴 수 있었다. 일찍 잠에서 깨니 배가 고프다. 배낭 속에 남겨두었던 약간의 음식을 꺼내 먹는다. 아직 어두운 아침의 침묵 속에서 옷을 입고 소지품들을 차곡차곡 배낭 안에 넣는다. 배낭을 메고 지팡이를 잡고 길을 나선다. 비 때문에 생긴 작은 개울을 넘고 길바닥에 널린 소똥들을 요리조리 피하면서 간다. 날씨가 차지만 속도를 내서 걸으니 몸이 후끈해진다 …… 비는 그쳤다. 마을은 기이하고 상반된 모습을 띠고 있다. 폐허가 된 건물들의 상태는 다양했다. 하지만 가까이 가서 보니 설계가 뛰어나고 잘 다듬어진 돌로 공들여 지은 건축물들이 눈에 많이 띈다. 성당이었던 건물 정면 꼭대기에 달린 커다란 두 개의 종은 이제 사람들의 뇌리에서 사라진 신앙공동체를 묵묵히 지켜보고 있다. 마을 어디에도 짙게 푸르른 풀들이 무성하게 우거져 있다. 큰 무리의 소들이 와서 배부르게 뜯어 먹기에 충분하다. 한때 여기서 사람들이 살았고 땅을 일구었으며 많은 집들을 지었다. 그들은 왜 이렇게 사랑스럽고 조용한 곳을 버렸을까?

12세기(1103년) 기록에 따르면 알폰소 6세는 가우셀모라는 은둔자의 청원으로 이라고에 있는 한 오스피탈과 산살바도르 성당에 특별한 권리를 부여했다. 일부 사람들은 가우셀모가 폰세바돈에 처음으로 순례자를 위한 알베르게를 지었다고 생각한다. 또한 그 알베르게는 카미노를 따라 높은 산 위에 지은 다른 두 곳, 즉 론세스바예스와 세브레이로에 있는 알베르게들과 함께 사람들에게 널리 알려져 있다. 계획대로라면 세브레이로는 앞으로 이틀 안에 도착해야 한다. 이곳 몬테 이라고의 정상은 해발 약 1500미터쯤 된다. 오늘 아침 날씨가 이렇게 차가운 것은 당연한 일이다. 겨울에 내린 눈은 아마도 최근에 녹아 없어진 것 같았다. 946년 9월, 라미로 2세는 여기서 지역 사목위원회를 소집했다. 사목위원회에 속하는 수도원장들이 만나는 수도원이 이 지역에 있었던 것 같다. 지금은 간혹 바람소리만 들릴 뿐 차가운 회색빛 하늘 아래 황폐한 잔해들만 남아 있다.

여기저기 돌들이 흩어져 있는 마을을 벗어나자 좁은 간선도로가 나타난다. 그리고 곧이어 카미노에서 가장 유명한 기념물 가운데 하나인 크루스 데 페로(크루스 데 히에로라고도 함 - 옮긴이)가 보인다. 이것은 원뿔 모양으로 돌을 쌓아놓은 곳에 기다란 나무 기둥을 세우고 그 꼭대기에 평범한 철십자가를 꽂은 모양이다. 쓸쓸하게 서 있는 이 이상하게 생긴 철십자가는 카미노에서 찍은 사진 가운데 가장 많이 나오는 유적이다. 옛날부터 이곳을 지나가는 순례자들은 모두 돌을 하나씩 그 위에 쌓아놓고 갔다고 한다. 순례자들이 이런 오래된 관습에 지배받기 이전부터 갈리시아의 농부들은 카스티야로 일자리를 구하러 가는 길에 이곳에다 돌을 하나씩 던지고 갔다. 로마 시대에 이러한 돌 더미들은 대개 경계 지점에 있었는데 사람들은 이것을 여행자의 신인 '머큐리(그리스 신화의 헤르메스 - 옮긴이) 언덕'이라고 부르고 지나가는 사람마다 이런 의식을 치렀다. 그러나 이런 행위는 로마 시대 훨씬 이전부터 있었다. 도보 여행자들이 이 언덕에 돌을 던지는 행위는 아마도 카미노에서 가장 오랫동안 이어져온 의식일 것이다.

오늘 나는 여기서 갈리시아 사람들이 성 야고보에 대한 이야기를 듣기 오래 전부터 살았던 사람들을 만나고 느낀다. 내 팔은 역사를 거슬러 올라간다. 은둔자 가우셀모는 1123년에 죽었고 순례자들이 이 산을 무사히 넘을 수 있도록 도와주었는데 그가 바로 이 돌 더미에 처음으로 십자가를 세움으로써 이러한 이교도들의 돌 쌓는 관습을 기독교 의식으로 바꾸었다고 전해진다. 하지만 돌 더미에 던져진 돌과 십자가에 달리신 그리스도는 무슨 상관이 있을까? 이곳에 세워진 빈 십자가와는 어떤 관계일까? 내 생각으로 그 두 가지는 그냥 우연히 서로 얽히게 된 게 아닐까 한다.

얼마 안 있어 또 다른 버림받은 마을 만하린에 도착한다. 싱싱한 풀을 맛있게 뜯어먹고 있는 소들이 내가 샘터로 다가가자 고개를 돌려 쳐다본다. 샘터는 아직도 옛 모습을 잘 간직하고 있다. 일년 내내 청정한 물을 제공할 신선한 샘, 너무나 비옥한 토양, 고쳐서 쓸 수 있는 상당수의 석조 주택들, 여기저기 많은 계곡들과 산들로 펼쳐진 아름다운 전경, 땅 위에 있는 생명들을 우아하게 먹여 살리고 그들에게 영감을 불어넣기에 충분한 모든 것들이 여기 있다. 그러나 지금은 그 누구도 관심을 두지 않는 것 같다. 사람들은 왜 이곳을 떠났을까? 스페인에서 여기보다 더 사람의 마음을 사로잡을 만한 곳이 그 어디에 있단 말인가?

눈을 들어 길 건너편을 보니 손으로 '알베르게'라고 쓴 듯한 새 간판이 보인다. 산 쪽으로 약간 떨어진 거리에 지붕이 있는 완전한 건물이 한 채 있다. 꽤 소박하고 기본적인 잠자리만 제공하는 알베르게인 것 같다. 하지만 그곳이 간절하게 필요했던 때는 바로 어젯밤이었다. 안에 먹을 것이 없을 것 같아서 들르지 않고 그냥 도로를 따라 걷는다. 산 정상에 다다르자 오른쪽으로 좀 올라간 곳에 작은 군대 초소 같은 곳이 보인다. 일종의 대피소라고 들었다. 겨울에 산을 오르다 폭설에 갇힌 순례자들을 구조하기 위해 만든 곳이라고 한다. 갑자기 상상의 나래를 펴기 시작한다. 추위와 배고픔에 떨며 비에 젖은 신발을 신고 이 길을 따라 내려가고 있는 나를 어떤 군인이 창밖으로 내다본다. 그는 따뜻한 실내에서 갈라진 벽 틈새로 윙윙대며 불어대는 바람소리를 들으며 밖으로 나와 소리를 지른다. 안으로 들어와 따뜻한 불이라도 쬐며 몸도 녹이고 아침을 먹고 가라고 한다. 오, 이 얼마나 멋진 환상인가! 이 무슨 이른 아침의 유쾌한 몽상인가!

하지만 시선은 왼쪽으로 끌린다. 저 멀리 눈 덮인 산들이 줄지어 서 있다. 마치 똑같은 높이로 일렬로 늘어선 듯하다. 하지만 이쪽 산에는 눈이 조금도 남아 있지 않다. 차갑고 맑은 공기와 깊은 침묵의 정적만이 흐른다. 휘파람을 연상시키는 바람 소리는 인류의 역사보다 더 오래되고, 지천을 뒤덮은 식물들보다 더 오래된 가락을 연주한다. 지금 나를 보는 사람은 아무도 없으며 이 멋진 경험의 한 가운데서 누구의 간섭도 받지 않으며 있다는 것, 그리고 너무나 거칠고 두렵고 눈부셔서 그 누구도 침범하거나 수탈할 수 없는 완전한 곳에 혼자 있다는 것은 그 얼마나 큰 행운인가.

도로는 산의 반대편 아래로 이어진다. 카미노는 들판을 가로질러 방향을 바꾸고 갑자기 가파른 비탈길이 나타난다. 거의 구르다시피 내려와서 엘 아세보라는 마을에 도착한다. 너무 이른 아침이라 거리에는 인적이 보이지 않는다. 개들도 아직 잠에서 깨지 않은 모양이다. 주점을 두 군데나 지나쳤지만 아직 문을 열지 않았다. 마을의 끄트머리쯤 가서 먹을 것을 구하려는 희망을 접었을 때 '간이주점'이라고 화살표 표시가 되어 있는 작은 표지판을 우연히 발견했다. 마을이 아직도 침묵에서 깨지 않아 누구에게 길을 물어볼 수도 없지만 허기를 달래기 위해서는 어떻게든 찾아가지 않을 수 없다. 옆 골목을 따라 올라가니 빈병 상자들이 쌓여있는 현관이 나온다. 그 앞에 간판이나 입구 표시가 없지만 문이 하나 있다. 게다가 열려 있다. 안으로 들어갔다. 그동안 그렇게 간절히 찾던 간이주점 뒷문으로 들어온 것이다. 실내는 문을 열 준비를 하며 청소를 하고 있는 한 쌍의 남녀가 있다. 새로 지었지만 아직 완공되지는 않은 듯하다. 그들은 살며시 웃으며 인사를 한다. 가게 문을 열었다고 친절하게 대답한다. 음식도 있단다. 놀랍게도 거기에는 허리 높이에 있는 석쇠 아래로 불도 피워져 있다. 배낭을 내려놓고 불 가까이 앉는다. 젖은 신발을 벗어 불꽃이 일렁이는 곳 옆 선반에 놓는다.

잠시 후, 젊은 여주인이 맛있는 토마토와 채소 수프와 함께 꼭꼭 씹어 먹어야 하는 커다란 빵 몇 조각을 가져다준다. 그리고 수프를 더 담은 그릇을 탁자에 놓는다. 더 먹으려면 알아서 덜어 먹으라는 뜻이리라. 벌써 수프를 큰 그릇으로 두 그릇이나 비웠다. 곧이어 달걀과 두껍게 썬 베이컨 조각이 나온다. 그러더니 커다란 잔에 포도주를 한 잔 붓는다. 지금까지 살면서 이보다 더 맛있는 음식을 먹어본 적이 있는가? 이렇게 맛있는 음식을 맛본 기억이 없다. 큰 잔으로 카페오레 한 잔을 시키고 이 화려한 식사를 끝낸다. 이제 오늘 일어날 경이로운 일들을 준비하기만 하면 된다.

젊은 여주인에게 어젯밤 폰세바돈에서 있었던 일을 얘기하자 큰 소리로 웃으며 그 마을에는 홀로 사는 노파 한 분을 빼고는 아무도 안 산다고 설명한다. 그 노파의 아들은 근처에 농장이 있는데 그 마을 주변에서 소를 키운다. 어젯밤 침낭 속에서 보았던 그 남자가 바로 그 아들이었다. 어젯밤 그 사람과 개들은 자기가 돌보는 소들을 점검하고 있었던 것이다. 그리고 새벽에 본 알베르게가 있었던 다른 마을은 사람이 하나도 안 산다고 한다. 하지만 그곳에 있던 석조 주택들은 손질을 조금만 하면 다시 사람들이 충분히 살 수 있을 것이다. 곡식들을 재배할 수 있을 만한 평평한 땅도 많이 있다. 그 땅은 한때 그곳에 집과 꽤 큰 규모의 성당을 짓고 살았던 모든 사람들을 먹여 살렸다.

사람들은 왜 그렇게 아름다운 곳을 버렸을까? 그곳은 분명 풍성한 수확을 했을 것이다. 벨로라도의 구둣방 주인의 삶과 무너진 돌들 사이에서 믿기 어려울 정도로 깊게 뿌리내린 푸릇푸릇한 풀들, 샘에서 솟아나는 맑은 물, 무한하게 펼쳐진 드넓은 하늘을 생각했다. 이곳 스페인은 얼마나 축복받은 땅인가! 하지만 그렇게 소중한 자산과 매력이 무시되고 버려졌다. 다시 돌아와서 여기 있는 것을 볼 사람은 아무도 없는가? 이 나라의 소중한 보배들을 다시 되살릴 사람은 정녕 없단 말인가? 이 풍요로운 땅을 일궈낼 사람은 아무도 없단 말인가?

나는 돈 잘 벌고 정년도 보장되며 거기다 다양한 부수입과 평생 복지 혜택도 많은 대학 교수 자리가 실제로는 따분한 감옥 생활과 같다는 결론을 내리고는 여기와 같은 곳을 찾아 미국 전역을 돌아다녔다. 이곳에는 가정 경제 향상과 지역 개발이라는 미명으로 땅과 사람을 착취하는 공무원들이나 전문가들이 없다는 것을 알고 놀랐다. 대량 소비와 쓰레기의 악순환이라는 공허하고 추한 생활과 완전히 단절된 소박하고 우아한 삶을 살 수 있는 이보다 더 적절하고 매력적인 장소는 세상에서 찾기 어려울 것이다.

많은 역사가들이 산업혁명을 기록한 내용은 이렇다. 어떤 사회과학자들은 그것에 '근대화'라는 딱지를 붙인다. 칼 폴라니는 그 변화를 '위대한 전환'이라고 부른다. 마르크스주의자들은 봉건주의에서 자본주의로 이전한 것이라고 말한다. 많은 학자들은 18세기 말 서양의 산업 또는 자본 시장 경제의 등장에 넋을 잃었다. 오늘날 정치가들과 성장 우선주의자들은 지금도 여전히 경제와 기술 발전의 가능성을 찬양한다. 이반 일리치는 그것을 젠더gender의 지배에서 섹스sex의 통치로 바뀌는 것, 즉 남녀간에 서로 다른 가치의 권리와 의무가 인정되는 젠더의 사회에서 오직 경제 중심의 남녀 관계인 섹스의 사회로 이동하는 것이라고 규정했다. 마르크스는 영세 농민 계급의 붕괴와 노동자 계급의 등장은 봉건주의에서 자본주의로 이전하기 위한 불가피한 과정이라고 생각했다. 이 과정에서 가장 중요한 요소가 바로 농업 생산성이라고 생각하는 사람들이 많다. 생산성을 좁게 해석하는 전통적 사고에 젖은 사람들은 당연히 폰세바돈이나 만하린 같은 곳을 떠나고 싶어 할 것이다. 그러나 과연 이러한 생산성 개념이 사람과 지역에 무슨 영향을 끼치는지 아는 사람이 한 사람이라도 있을까? 이러한 움직임이 무엇을 빼먹고 있는지 아는 사람이 있을까? 폐기된 삶의 방식을 상상할 수 있는 사람이 누구라도 있을까?

여주인은 오늘 알베르게가 있는 폰페라다까지 갈 수 있을 거라고 알려준다. 벗어놨던 신발을 신는다. 따뜻하게 말랐다. 배낭끈을 다시 메고 정말 잘 쉬었다 간다고 인사를 한다. 주인 부부는 산을 내려오는 춥고 배고픈 순례자를 위해 모든 준비를 잘 해 놓았다. 그러나 무엇보다도 고마운 것은 이렇게 이른 시간에 가게 문을 열어놓고 나 같은 손님을 정성껏 맞이했다는 사실이다.

오늘도 여전히 작은 산들을 여러 개 넘어서 가야 한다. 지질학자들은 이 나라를 '구릉지대'라고 부를 수 있을지 모르지만 내가 겪은 바로는 '산악지대'라고 하는 게 맞다. 대기는 끊임없이 변한다. 때로는 짙은 안개나 연무가 주위를 온통 감싸기도 하고 갑자기 내리는 비 때문에 온몸을 적시기도 하지만 그러다가 금방 햇살이 사방을 환하게 비친다. 어느 곳에서는 길이 나무가 울창한 삼림 속으로 빠져 들어간다. 마치 서늘한 열대우림 지역을 지나가는 기분이 들 때도 있다. 그러다가 가지각색의 꽃과 나무들이 지천에 펼쳐진 산등성이를 마주치고는 깜짝 놀란다. 대지는 이 꽃과 나무들이 내뿜는 상쾌하고 짙은 향내로 가득하다. 지금까지 이렇게 달콤하고 살아있는 향기를 맡아본 적이 없다. 자연이 내뿜는 공기는 인간이 만든 향수나 인공의 냄새와 전혀 다르다. 대지의 공기는 꽃과 나무들이 활짝 꽃봉오리를 열고 있는 동안 끊임없이 지속된다. 지금이 바로 그런 때다.

또 한 곳에서는 지평선까지 굽이굽이 이어지는 계곡이 몇 킬로미터를 달려 나가며 눈을 즐겁게 한다. 작은 건물들이 군데군데 모여 있는 모습들은 마을이나 작은 읍들이 거기에 있음을 가리킨다. 나중에 이 마을들 가운데 한 곳을 들르면서 중세 때 세워진 웅장한 돌다리를 하나 건너게 된다. 그 마을은 멀리서 보면 마치 동화책에 나오는 한 장면 같다. 돌다리는 가까이 가서 보면 볼수록 돌을 다룬 그 뛰어난 솜씨에 감탄하지 않을 수 없다. 왜 이런 옛날 건축물들이 사람의 마음을 사로잡을까? 현대 건축물들은 왜 그다지도 특징이 없고 단조로울까? 그리고 심지어 어떤 것은 추하고 혐오스럽기까지 하다.

몰리나세카 …… 이 마을에서 만난 친절한 가게 주인은 튼튼하게 잘 관리한 상점 건물과 아주 자연스럽고 우아하게 잘 어울리는 사람이다. 그 가게에서 산 오렌지 두 알은 폰페라다에 닿을 때까지 잘 버티게 해주었다. 아직 5킬로미터를 더 가야 한다. 가는 동안 내내 비가 올 것 같다. 멀리 보이는 두 대의 원자로 냉각탑은 옛 석조 건축물을 보고 느꼈던 강렬한 기쁨을 한 방에 날려버린다. 원자로 냉각탑이 보여주는 극히 단순하고 완전한 선들은 극심한 파괴와 공포를 상징하고 우리들로 하여금 더욱 본원적인 의문들을 제기하지 않을 수 없게 만든다. 좋은 삶이란 무엇일까? 어떻게 하면 그렇게 사는 걸까? 이제 나 자신에게 묻지 않을 수 없다. 나는 얼마나 그러한 세계와 깊숙하게 연결되어 있는가? 나는 하느님이 창조한 자연을 파괴하는 데 얼마나 많이 일조하고 있는가?

자연을 능욕하고 조정하고 지배하려는 내 행위의 근본 원인은 무엇인가? 지난 몇 주 동안 느끼고 깨달으면서 나는 하느님의 창조를 더욱 확실하게 믿게 되었다. 그 동안 겪고 생각하고 느낀 모든 것을 구성하는 기본 요소를 도대체 무엇이라고 불러야 할지 적절한 개념을 어디서도 찾을 수 없다. 그리고 창조는 불확실하고 우연한 것이라는 사실도 분명해졌다. 나 자신을 비롯해서 내가 지나가야 하는 모든 것은 오직 참여를 통해서만 존재할 뿐이다. 어떤 것도 그 자신의 주인이 아니다. 어떤 것도 그 스스로 존재하지 않는다. 따라서 나 자신과 다른 모든 것들에 대한 나의 이해와 존경은 모두 이러한 사실을 바탕으로 해야 한다. 이것이 옳다면 하느님이 창조한 것을 파괴하는 어떤 행위도 그것은 신을 모독하는 행위다. 이 사실을 깨닫게 만든 곳이 바로 이곳이다. 카미노는 통찰력이 가득한 공간으로 나를 인도했다. 이곳에서 신성모독에 대해 새로운 깨달음을 얻었다.

인간의 죄에 대한 두려움이 새롭게 다가온다. 기괴하게 얽혀있는 현대의 거미줄 위에서 나는 과연 어디에 있는가? 하는 새로운 의문이 떠오른다.

오늘 나는 이상하게도 웅장하고 아름다운 곳에서의 우아한 삶과 '분명'하고 '확실'하게 곤경에 빠지게 하는 광란의 삶이라는 두 가지 극단적인 상황에 직면했다. 생존은 노동의 품위를 떨어뜨리게 만든다. 그리고 경제 중심의 사회는 자극적인 여가의 삶을 제공한다. 전자는 모자라는 것을 추구하고 찾게 만들었고 후자는 그것에 대한 약속을 끊임없이 전달하고 있다. 하지만 사람들은 지금 그 두 극단적 상황의 어느 것도 제대로 알지 못하는 것 같다. 한 쪽에는 아름다움이 다른 쪽에는 추함이 있다는 것을 모른다. 그렇다면 우리는 어떻게 거기에 무엇이 있는지 알 수 있을까? 내 경우를 말하자면, 카미노에서의 고행은 놀랍게도 내 눈을 활짝 열었다. 폰세바돈이나 만하린이 바로 내가 생각하는 좋은 삶을 살 수 있는 곳임을 깨닫게 했다. 그동안 걸으면서 느끼고 생각한 것이 맞다면(그렇다고 믿는다) 저 원자로 냉각탑들이 제공하는 전기 따위는 전혀 필요하지 않다. 행복은 진정 더 많이 소비하는 것이 아니라 더 적게 소비하는 것에서 발견된다. 수천 년 동안 지켜왔던 거대한 창조의 영역들을 한 순간에 파괴하고 있는 방사성 폐기물에 대해서 굳이 강력하게 논증할 필요가 있을까? 오히려 오늘날 현대인들에게 버림받은 몬테 이라고 같은 곳에 그 끔찍한 폐기물을 감출지도 모른다고 생각하니 온몸에 소름이 끼친다. 그런 곳들은 대개 이 땅에서 인간들이 평화롭게 잘 살 수 있는 이상적인 공간이다. 사람들이 소박하고 품위 있는 삶을 살고자 했을 때 과연 그들은 안심하고 살 수 있는 오염되지 않은 장소들을 발견할 수 있을까?

폰페라다에 도착해서 한 작은 광장 한편에 있는 알베르게를 찾았다. 그곳은 성당 사제관인 듯한 사무실과 연결되어 있다. 그 반대편에는 기괴할 정도로 엄청나게 큰 성당 본관이 있는데 정면에 이 성당을 수리하는 데 들어간 정부 예산이 얼마인지를 알리는 거대한 게시판이 서 있다. 사무실 문 앞에 붙은 안내문에는 오후 5시에 알베르게 문을 연다는 내용이 씌어 있다. 안내문을 보고 있노라니 두 젊은이가 큰 소리로 웃으며 문밖으로 나온다. 점심을 먹으러 가는 중인가 보다. 그들에게 알베르게가 혹시 이 사무실 지하에 있는 게 아닌가 하고 물었다. 문짝에 붙은 안내문은 아랑곳하지 않는다는 듯이 그들은 나를 안으로 안내하고 쉬라고 한다. 지하로 내려가니 한쪽 옆으로 여러 개의 작은 방들이 늘어선 복도가 보인다. 방마다 작은 창이 한쪽 벽 높은 곳에 하나씩 달려 있다. 그 작은 창문을 통해서 보도 위를 걸어 다니는 사람들의 발을 볼 수 있다. 또 방마다 마루바닥 위에 낡은 매트리스가 하나씩 깔려 있다. 복도 끝으로 욕실이 보인다. 샤워기에서는 차가운 물만 나온다. 몬테 이라고의 숲과 포세바돈에서의 힘든 여정을 끝낸지라 물이 아무리 차가워도 이제 몸을 씻어야겠다는 생각이 부쩍 강하게 밀려온다. 정말 물이 시리도록 차다. 하지만 놀랍게도 내 지친 몸에 다시 생기를 불어넣는다. 몸을 말리고 나니 지금이라도 당장 …… 다시 카미노를 걸을 수 있을 것 같은 기분이다. 산을 오르느라 힘들었던 기나긴 이틀간의 여정, 억수로 쏟아지는 비에 온몸이 젖고 휘몰아치는 바람과 부딪혀 싸우고 몇 시간을 길을 헤매었던 대부분의 시간들, 나는 이제 완전히 새로 태어난 기분이다. 그런 날들이 다시 올까? 몸이 이렇게 금방 다시 회복될 수 있다니 이 어찌 놀라지 않을 수 있는가!

옛날에 산을 넘는 일은 몸이 지치는 것 이상의 위험성을 내포했다. 어제 말한 것처럼 알바니는 아스토르가를 떠나고 나서 길을 잃었다. 하지만 그가 길을 잃은 까닭은 나처럼 아스팔트 도로를 피해서 일부러 산길을 택했기 때문이 아니다. 당시에는 카미노가 어디로 연결되는지 정확하게 알려주는 표지들이 없었다. 옛날 엘 아세보 사람들은 카미노로 가는 길을 표시하는 말뚝 800개를 산 곳곳에 설치하고 관리하는 조건으로 왕에게 세금을 바치지 않았다고 한다. 그러나 그것은 니콜라 알바니가 이곳에 오기 오래 전 일이었다. 알바니는 아스토르가를 떠난 지 이틀째 되는 날 산중에서 다시 길을 잃었다. 이번에는 길을 헤매다 밤을 줍고 있던 한 노인을 우연히 만났다. 노인은 그를 데리고 폰페라다에 있는 매우 초라한 자기 집에서 재워 주었다. 알바니는 이 가난한 노인의 호의와 친절에 깊은 감명을 받았다. 알바니는 다음날 아침 길을 나서면서 그 집 아이들에게 동전을 몇 푼씩 주었다. 그들은 알바니가 하늘에서 내려온 신 같은 존재인줄 알았다. 그들은 지금까지 돈을 본 적이 없었다. 돈은 성물처럼 그들의 삶과는 전혀 무관한 것이었다.

이 알베르게는 부엌이 없다. 그래서 평소에 먹던 대로 햄 한 조각, 냉동 채소, 치즈, 과일, 요구르트들을 요리하지 않고 그대로 먹기로 했다. 시장에서 이것들을 산 뒤 좀 좋은 빵집으로 갔다. 이곳은 좀 큰 마을이다. 고섬유질 빵이라고 부르는 것을 산다. '건강 음식'의 유행은 스페인의 지방 마을에도 널리 퍼졌다. 덕분에 날마다 흰 빵만 먹던 것에서 벗어날 수 있었다.

점심시간이 끝나고 광장 건너편에 있는 관광안내소가 다시 문을 연다. 거기에 있는 예쁘고 친절한 아가씨가 순례자 증명서에 도장을 찍어주며 여기서 몇 블록 더 가면 새로 지은 알베르게가 나온다고 알려준다. 거기는 뜨거운 물이 나온다고 했다. 그런데 그녀가 나보다 먼저 온 자전거 여행자들에게도 똑같은 장소를 알려주는 것을 보았다. 벌써 몸을 씻은 상태라 이제 뜨거운 물도 필요 없고 더군다나 자전거 여행자들 때문에 또 밤잠을 설치기 싫어서 그냥 지금 있는 어둡고 추운 지하방에 있을 수 없겠냐고 물었다. 관광안내소의 아가씨는 좀 이상한 사람이 아닌가 하는 눈초리로 쳐다보더니 그러라고 한다. 밝고 쾌적할 새 알베르게를 놔두고 그런 곳에 있겠다고 하니 이상하게 생각하지 않을 사람이 누가 있겠는가. 그녀는 얼굴에 웃음을 띠우며 자신은 아무리 이상한 사람이래도 아무 편견 없이 대할 준비가 되어 있다는 것을 보여주는 듯이 묘한 표정을 짓는다. 오늘 아침 주점에서 만난 여주인과 오후에 시장에서 만난 가게 주인의 경우처럼 요 며칠 사이에 자주, 진심에서 우러나오는 친절함과 그것이 내뿜는 독특한 기운으로 자기 주위를 밝게 비추는 사람을 여기서 또 만났다. 관광안내소 안에 전시된 여러 개의 서로 다른 포도주들에 대해 묻자 그녀는 그것들이 모두 이 지역에서 생산된 것으로 이곳 비에르소는 특별히 다양한 종류와 맛을 지닌 포도주 산지로 유명하다고 자랑스럽게 설명한다.

마침 비가 그쳤다. 오늘의 마지막 햇살을 즐기기 위해 광장에 있는 의자에 앉는다. 이 마을에 유명한 성이 있다는 말을 듣긴 했지만 그냥 이곳에 앉아서 조용히 오늘 하루를 되돌아보기로 했다. 묵상과 기도를 하는 동안에 한 가지 생각이 사이사이에 떠오른다. 내가 이렇게 카미노를 걷는 것은 어떤 분명한 목적을 위해서, 아마도 어떤 목표를 찾기 위해서다. 처음에는 이것이 일종의 고해성사라고 생각했다. 모든 사람은 자신의 죄를 참회하는 자기 나름의 고유한 형식과 방법을 찾을 필요가 있다. 순례 첫날부터 겪은 고통과 피곤은 그것이 바로 내가 이곳에 있는 '까닭'임을 보여주었다. 나는 그것이 내 인생에서 어떤 마음의 평정, 어느 정도의 정의를 추구하기 위한 노력일 거라고 생각했다. 하지만 나중에 내가 여기에 있는 것은 진정한 신앙을 찾기 위한 것이며 카미노의 진흙 속에서 또는 산중의 야생화들 가운데서 아주 귀중한 보배를 찾는 것이라는 생각이 들었다. 어쨌든 나는 앞서 이 길을 걸었던 옛 순례자들 모두의 신앙 속에 함께 녹아들게 될 것이다. 그들은 이 세상의 어둠을 통해서 내게 길을 안내하며 끝까지 동행할 것이다.

오늘 한 가지 새롭고 분명한 생각이 떠올랐다. 내가 콤포스텔라에 꼭 가려는 이유는 어쩌면 나 자신을 위해서가 아니라 그 밖의 다른 사람들을 위한 것일지도 모른다. 어쩌면 그 동안 겪은 모든 고통과 피로는 내가 아는 사람들 또는 내가 사랑하는 어떤 사람을 위해 기꺼이 받아들여야 하는 것일지도 모른다. 어쩌면 그들을 위해 부름을 받은 것인지도 모른다. 바로 나 자신이 아니라 그들을 위해 그곳에 갔고 또 산중에서 길을 잃은 것이다. 그럼으로써 그들은 은총을 받는다. 카미노에서 나 자신만을 생각하는 것은 전혀 의미가 없다. 나는 이미 이곳에 있다. 이제 나는 다른 사람들을 이곳으로 데려와서 그들도 함께 성 야고보를 느끼고 순례에 동참하게 하려고 한다. 내 관심은 이제 나 자신에서 점점 더 멀리 벗어나고 있다. 지금까지 너무 오랫동안 나 자신에만 침잠하며 살았다. 이제는 다른 사람들, 내가 아는 사람들, 내가 사랑했을 사람들을 찾아나서야 한다. 어쨌든 이 순례는 정말 그들을 위한 것이다. 그것이 바로 내가 깨달아야 하는 것이다. 어떻게? 누구를 위해서? 자, 내일 일을 좀 생각해야 하지만 이제 잘 시간이다. 지하실 방으로 내려가 매트리스 위에 침낭을 깔고 그 안으로 기어들어간다. 오늘밤은 잠이 잘 올 것 같다. 이곳에는 다른 사람들이 아무도 오지 않았다. 그들은 모두 새로 지은 알베르게로 갔을 것이다. 내게 행운이 계속되기를……

25
당신의 순례가 내면을 밝히는 빛으로 충만하기를
폰페라다에서 비야프랑카 델 비에르소까지

콤포스텔라에 점점 가까워질수록 하루하루가 더욱 더 사랑스럽고 황홀하며 경이로움으로 반짝이는 것 같다. 마음을 절실하게 사로잡는 이 기쁨은 서로 다른 여러 영역에서 동시에 온다. 오늘 여러 산을 넘는 동안 따뜻한 햇살이 온몸을 포근하게 감싼다. 그 따뜻한 열기는 내면 깊숙한 곳까지 관통한다. 산에서 내려다볼 때 카미노는 여러 마을들을 이리저리 배회하며 휘돈다. 조금 있으면 만나게 될 마을은 언제나 여행자의 마음을 설레게 한다. 교회의 첨탑들은 황새들의 둥지가 베푸는 은총으로 충만하다. 좁은 골목길을 따라 어우러진 봄의 풍성한 색깔들은 마을을 더욱 더 화려하게 만든다. 집집마다 2층 난간과 창가에는 봄꽃들로 가득한 화분들과 상자들이 놓여 있고 새봄 꽃망울을 활짝 편 꽃들이 내뿜는 색깔과 향기는 활짝 열린 공간을 더욱 환하게 밝힌다. 집 앞 작은 마당에는 키 작은 장미 덩굴들이 그 아름다운 자태를 아낌없이 보여준다. 이런 곳에 사는 사람들은 얼마나 행운아인가!

◁ 크루스 데 페로

확 트인 전경 속에서 두 가지 즐거운 놀라움을 발견한다. 하나는 거대한 채소밭이고 다른 하나는 얌전한 개들이다. 지금까지 카미노를 걸으며 한번도 채소밭을 지나서 간 적이 없었다. 폰세바돈에서 마주친 두 마리의 개를 빼고는 내가 만난 거의 모든 개들은 사슬에 묶여 있었고 사납게 행동하며 위협하듯 마구 짖어댔다. 하지만 지금 여기서 보는 개들은 모두 사슬에 묶여지도 않고 지나가는 행인을 보고도 자기 집 앞에 조용히 엎드려 있다. 스페인에서 이해하지 못할 또 하나의 작은 수수께끼다.

카카벨로스에 닿는다. 지진이 일어난 뒤 1108년 유명한 콤포스텔라의 디에고 헬미레스 주교가 다시 재건한 곳이다. 여기서는 길을 잃을 염려는 하지 않아도 된다. 카미노를 따라서 발전한 다른 마을들처럼 마을을 관통하는 중심 거리가 그대로 카미노다. 주택과 건물들이 그 길을 따라 양쪽으로 나란히 정렬해 있다. 몇 분 있다 옆에서 음식점을 함께 운영하는 한 포도주 양조장에 도착했다. 길에서 보면 여러 채의 큰 건물들이 하나의 단지를 이루고 있는 것처럼 보인다. 높다란 출입문 근처에 순례자들에게 들어와서 포도주 한 잔을 먹고 가라는 안내 게시판이 있다. 그 게시판을 읽고 있을 때 버스 한 대가 와서 서더니 한 무리의 사람들이 쏟아져 나와 양조장 안으로 들어간다. 유람이나 관광을 온 사람들인가 보다. 이런 관광코스는 피하는 게 더 낫지 않을까? 하지만 양조장 단지 안 쪽에 음식점이 있고 거기서 커피를 판다. 오늘 아침도 평소처럼 빵, 치즈, 과일과 물 한 모금 먹은 것이 다다. 여기서 뜨거운 커피 한 잔을 하고 가는 게 낫겠다. 관광객들이 많이 있어도 그런 것쯤은 무시할 수 있다.

단지 안 뜰로 들어가다 포도주 제조 장비들을 전시해놓고 그 과정을 시연하는 또 다른 건물의 특산품 가게가 눈에 들어온다. 그곳 계단을 통해서 음식점으로 들어갈 수 있다. 실내는 묵직한 탁자와 의자들이 가득하고 벽에는 포도주 양조업자들의 사진들과 그들이 받은 상으로 꾸며져 있으며 여러 가지 상표를 가진 포도주 병들이 전시되어 있다. 지금 이곳에는 나밖에 없다. 젊은 여종업원 한 명이 다가온다. 카페오레를 큰 잔으로 하나 시킨다. 커피를 주문할 때 두 종류의 잔이 있다는 것을 처음 안 것은 꽤 오래전인 것 같다. 사람들은 대개 이른 아침에 큰 잔으로 커피를 시키고 나머지 시간대에는 작은 잔으로 시킨다. 오늘은 봄이 뿜어내는 활기찬 생기와 아름다운 손짓들을 온몸으로 찬미하기로 했다. 몇 분 있다 지금까지 스페인에서 본 것 가운데 가장 큰 커피 잔이 탁자 위에 놓여졌다. 그리고 잠시 후 다시 돌아온 여종업원은 주문하지도 않은 커다란 케이크 한 조각도 함께 탁자 위에 놓는다. 일종의 서비스인줄 알고 순순히 받은 뒤 고맙다고 했다.

커피와 케이크 모두 맛이 훌륭하다. 다 먹고 나서 그 젊은 여종업원을 찾으니 자리에 없다. 여종업원을 찾아 계산서를 달라고 하자 그녀는 "아니에요. 그건 공짜에요"라고 한다. 그 여종업원은 물론 내가 순례자라는 걸 알았다. 그래도 그렇지 포도주 양조장에서 이런 후한 대접을 받을 줄이야! 건물 입구에서 순례자들에게 들어와서 포도주 한 잔을 하고 가라고 써놓은 안내문은 포도주를 팔기 위한 광고가 아니라 정말로 순례자들을 대접하려는 초대였다. 이렇게 인심이 후한 사람들이 사는 곳을 지나가면서 은혜로운 경험을 할 수 있다는 것이 얼마나 기분을 상쾌하게 만드는가!

15세기, 독일인 수도사 헤르만 퀴니그 본 바흐는 이곳 엘 비에르소를 따라 걸어가면서 다른 유럽인 순례자들에게 포도주를 매우 조심해야 한다고 기록한다. 포도주는 마치 불타는 촛불을 한 입에 삼킨 것처럼 사람의 영혼을 불태울 수도 있다고 했다. 어떤 사람은 좀 가볍게 또 어떤 사람은 좀 무겁게 포도주에 대한 자신의 경험들을 기록으로 남겼다. 놀랍게도 사람들이 카미노에 대해서 남긴 기록 가운데는 그 기록을 남긴 이가 실제로 아는 것과 모르는 것이 서로 뒤섞인 경우가 많은데 포도주에 대한 이야기도 그 중 대표적인 것이다.

점심시간 전 이른 오후, 중세 시대부터 카미노가 그곳을 통과하면서 중심 마을로 자리 잡기 시작한 비야프랑카 델 비에르소 외곽에 도착했다. 프랑스에서 온 식민지 이주자들은 마을의 거리와 구역을 잘 구분할 수 있도록 정비했다. 또 클뤼니 수도원 출신의 프랑스 수사들은 이곳에 커다란 수도원을 지었다. 크고 작은 언덕들이 미로처럼 얽혀있는 큰 길과 골목길 사이를 여러 갈래로 서로 교차하고 있다. 이 마을에서 처음 보이는 건물은 로마네스크 양식으로 유명한 성 야고보 성당이다. 그 작은 성당을 향해 언덕 아래로 내려가다 외투에 넥타이까지 맨 남자들 서너 명을 만났다. 그들은 이 지역에서 오래 산 사람들처럼 보였다. 알베르게가 어딘지 묻자 그 중 한 남자가 대답한다. 그런데 그 사이에 나머지 남자들끼리 서로 알 듯 모를 듯한 웃음을 나눈다. 알베르게가 언덕길 아래, 내가 향해 가던 성당 바로 앞에 있었던 것이다.

몇 분 뒤, 카미노와 관련된 여러 가지 '신성한' 표시들(예를 들면 '울트레이아'(대강 '계속해서 앞으로' 라는 뜻)와 같은 구호나 카미노와 관련된 그림이 인쇄된 티셔츠 같은 기념품들)이 장식된 자그마한 방 하나짜리 건물에 들어왔다. 사슬에 묶이지 않은 커다란 개 한 마리가 거기서 엎드려 잠을 자고 있다. 그 너머로 몇 사람의 일꾼들이 돌로 옹벽을 쌓고 있다. 그들 앞에는 벽과 지붕이 반원형으로 연결된 두 개의 커다란 건축물이 있는데 여기저기 찢어지고 기워진 반투명 비닐이 그 위에 덮여 있다. 처음에는 이게 무슨 장난인가 했다가 조금 전에 길을 물을 때 사람들이 알 듯 모를 듯 웃던 모습이 떠올랐다.

첫 번째 '건물' 안을 들여다본다. 전체적으로 좀 혼란스럽지만 왼쪽에는 간이주점이 있고 오른쪽에는 변변찮은 나무 의자와 탁자들이 있다. 뒤쪽에는 썩은 사과들이 들어 있는 상자들이 있고 여러 종류의 옷가지들과 잡동사니들이 여기저기 흩어져 있거나 천장과 지붕에 연결된 줄에 매달려 있다. 그 옆 건물에는 방이 여러 개 나뉘어져 있고 2인용 침대가 있다. 어떤 곳은 바닥이 돌로 되어 있고 어떤 곳은 눅눅한 카펫이 깔려 있다. 방 뒤쪽에 마른 매트리스가 깔린 침대를 하나 찾아서 거기다 배낭을 내려놓는다. '간이주점'에서는 이제 곧 점심이 나올 것이다. 가격은 600페세타로 꽤 괜찮은 편이다. 오늘 점심은 여기서 먹기로 한다.

문 밖에 싱크대가 있고 태양열로 물을 데워 쓰는 반쯤 가려진 샤워장이 있다. 뒤에 있는 나무에는 줄을 연결해서 빨래를 널 수도 있다. 이 정도 햇살과 산들바람이면 오늘 빨래한 것들이 모두 잘 마르겠다. 젖은 옷가지들을 내다 걸고 나서 주위에 있는 깡통들이나 빈병 상자들, 쓰레기들을 말끔히 치워야겠다. 지금까지 카미노를 걸으며 어디서도 이런 것들을 본 적이 없다!

점심 먹을 시간이 되자 요리도 하고 주문받는 일도 하는 듯한 주인 여자가 탁자에 와서 앉으라고 한다. 여기서 순례자는 나 한 사람뿐이다. 곧이어 옹벽 작업을 하던 일꾼 세 사람이 들어와 합석한다. 식탁은 마치 '집에서 먹는' 밥상처럼 차려지고 우리는 각자 자기가 먹고 싶은 만큼 맘대로 먹는다. 음식도 포도주도 아주 일품이었고 식사를 하면서 나눈 대화는 더욱 흥미로웠다. 우리가 자리에 앉고 조금 있다가 전에 본 적이 없는 한 스페인인 순례자가 방으로 들어와 일꾼들에게 인사를 하고는 곧바로 내 왼쪽에 앉아 있는 일꾼들의 우두머리인 듯한 사람과 스페인의 정치 경제를 놓고 활발하게 논쟁을 벌인다. 전에도 이런 대화를 곁에서 들어본 적이 있는데 스페인 사람들은 정말 놀랍게도 언제나 자기 주장이 강하고 명확하게 의견을 내세우다가도 또 의아할 정도로 무관심하고 초연한 태도를 보여준다. 그들은 나라의 운명이 마치 논쟁에서 이기느냐 지느냐에 달려있는 것처럼 격렬하게 대립하곤 한다. 그러나 오늘 논쟁은 다른 경우들과 마찬가지로 갑자기 스페인의 모든 정치인과 정당들 그리고 이미 시행되거나 앞으로 계획된 정부 정책들을 총체적으로 비판하며 막을 내린다.

이제 탁자에서 일어나려고 하는데 전에 만난 적이 있는 한 프랑스인 여성순례자가 혼자서 들어온다. 내 왼쪽에 앉아 있던 남자가 그 여성순례자가 어디에 앉을지 망설이며 그냥 서 있는 모습을 보고 거기 움직이지 말고 그대로 있으라고 쉰 목소리로 말한다. 그 여인은 스페인 말을 모르기 때문에 내가 통역을 한다. 그 남자는 자기 소개나 인사도 없이 일어나 그녀에게 가더니 눈을 감으라고 하고는 자기가 다시 눈을 뜨라고 할 때까지 계속해서 감고 있으라고 한다. 그 남자는 겉으로 보기에 거칠고 노련한 일꾼처럼 보이지만 말하는 태도나 몸짓은 어떤 빈틈도 없었다. 그의 말에는 권위가 있었다.

그 남자는 그녀의 몸 위로 10센티미터 간격을 유지하면서 몸에 닿지 않게 손을 천천히 움직인다. 때로는 자기 손가락에 묻은 물이나 진흙을 털어내듯이 팔과 손가락을 잡아당겼다 밀어냈다 한다. 몇 차례 그런 동작을 하더니 마침내 눈을 뜨라고 한다. 그리고 그녀가 어떻게 느꼈는지 묻는다. 그 여성순례자는 당황스럽고 난처한 표정으로 "뭔가 색다른 기분이에요"라고 한다. 그러고 나서 마치 꿈속을 헤매듯이 뒤로 돌아서 천천히 밖으로 나간다. 그 의식을 하는 동안 방 안에 있는 모든 사람들이 조용히 있었다. 나는 무슨 일이 일어난 건지 궁금해서 가장 먼저 입을 뗐다. 그 남자에게 솔직하게 "주술사세요?"라고 물었다. 그는 잠시 동안 나를 바라본다. 살며시 웃을 뿐 대답을 하지 않는다. 그는 대답할 필요가 없었다. 내가 잘 봤다고 이해했기 때문이리라.

주술사라는 말은 사람에 따라 또는 그들 사이의 관계, 환경, 지역 전통에 따라 의미하는 것이 매우 다르다. 내가 물은 것은 솔직하고 단순한 질문이었다. "당신은 사람을 치유할 수 있는 능력이 있나요?"라고 물은 것이다. 나는 그 남자가 그런 능력을 가졌다고 확신한다. 면도가 필요한 텁수룩한 얼굴에 거짓 겸손이나 오만함은 찾아볼 수 없는 고요한 모습으로 흙이 약간 묻은 작업복을 입고 서 있는 그를 다시 바라본다. 웃으며 서로 헤어진다. 그는 다시 옹벽 쌓는 일을 하러 가고 나는 그 프랑스 여성을 찾으러 간다. 진짜 주술사처럼 보이는 사람을 이렇게 가까이서 본 적은 한번도 없었다. 아까 있었던 일에 대해서 더 자세히 알고 싶어졌다.

'숙소'에 돌아오니 한 침대에 그 프랑스 여성이 앉아 있다. 그녀는 신발과 양말을 벗더니 물집이 터지면서 병균에 감염된 것 같다고 말한다. 물집이 터진 부분은 정말 엉망이다. 그래서 아까 그 주술사는 그녀를 보자마자 뭔가 문제가 있음을 알았나 보다. 하지만 어떻게 들어오는 모습을 보지도 않고(어쩌면 절뚝거리며 걸어 들어왔을지도 모르는데)그렇게 알아 맞출 수 있었을까? 그리고 그 주술사는 그녀에게서 무엇을 제거했을까? 감염된 병원균? 아니면 고온의 열? 그녀는 내일 좀 쉬어야 할 거 같다고 한다. 그러면 발도 좀 나아지고 함께 온 동료들도 다시 만날 수 있을 테니까.

내 왼쪽 발뒤꿈치도 그 주술사에게 물어볼까? 하루에 두세 번씩은 꼭 왼쪽 발뒤꿈치가 심하게 아파서 걸음을 멈춰야 할 정도다. 하지만 나는 그 치료법을 찾았다. 응급처치용으로 반창고를 항상 챙겨 다니는데 발뒤꿈치가 아플 때마다 걸음을 멈추고 신발과 양말을 벗은 다음 발뒤꿈치 털이 없는 부위에 주의

해서 반창고를 붙인다. 그러면 거의 아무런 통증 없이 잘 걸을 수 있다. 혼자서도 잘 치료할 수 있는데 굳이 주술사에게 가서 귀찮게 할 필요가 있을까.

이제 자리에서 일어나 오늘 저녁과 내일 아침에 먹을거리를 사러 읍내로 간다. 이 알베르게는 점심만 제공한다. 밖으로 나가다 아까 점심을 같이 먹은 일꾼들을 지나친다. 지금은 새로운 옹벽을 쌓고 있다. 몇 미터 더 걸으니 정부에서 고용한 다른 일꾼들이 성당으로 진입하는 비탈길을 납작한 돌로 평평하게 포장하고 있다. 눈을 들어보니 푸에르타 델 페르돈(면죄의 문)이라고 부르는 북문이 앞에 있다. 스페인 출신 교황인 칼릭스투스 3세(1455~58년)는 특별한 경우에 이 성당이 콤포스텔라 대성당을 대체할 수 있다는 특권을 부여했다고 한다. 올해처럼 성 야고보의 축제가 일요일에 열리는 성년에 콤포스텔라에 도착하는 순례자들은 대개 로마나 예루살렘 성지를 순례하는 경우에만 얻을 수 있는 영적 축복을 똑같이 받을 수 있다. 하지만 성년에 순례를 하다 도중에 중병에 걸리거나 하는 것처럼 어떤 문제가 생겨 콤포스텔라까지 가지 못한 순례자라도 성 야고보에게 봉헌된 이 작은 성당의 북문을 통과하기만 한다면 그 은혜를 똑같이 받을 수 있게 했다고 한다. 또 옛날에는 지금 성당의 임시 막사로 사용하는 자리에 커다란 알베르게가 있었다고 한다.

로마네스크 양식의 이 성당은 작지만 매우 매력적이다. 평소에 하던 것과 다르게 성당 안으로 들어가 내부를 둘러본다. 어떤 사람들은 로마네스크가 기독교 건축 양식 가운데 하나라고 생각한다. 내부 장식을 옛날의 순수하고 소박한 양식으로 재건하기 위해서 많은 노력을 기울인 흔적들이 곳곳에 배어 있다. 한쪽에는 장막이 쳐진 제단 옆으로 촛불이 켜져 있는 작은 예배당이 하나 있다. 거기가 바로 성찬식이 열리는 곳이다. 한 무리의 관광객들을 데리고 성당을 안내하고 있는 젊은 여성의 갑작스런 등장으로 생각에 잠기던 분위기가 깨졌다. 관광안내원은 그리스도의 실재를 아는지 모르는지 아무 거리낌도 없이 이 성막이 있는 예배당 옆을 똑바로 지나간다. 그녀가 어떻게 이곳으로 관광객들을 데리고 올 수 있을까? 그녀는 지금 이 사람들에게 무슨 허튼 소리를 하고 있는가? 그녀가 도대체 그들에게 무엇을 설명할 수 있단 말인가? 지금 자기가 있는 이 자리에 대해 아무 것도 알지 못하면서 그렇게 천연덕스럽게 행동하는 것에 너무 충격을 받아서 그녀에게 무슨 말부터 해야 할지 엄두가 나지 않는다. 그녀에게 이곳은 그저 또 다른 하나의 박물관이며 로마네스크 건축 양식의 한 사례일 뿐이다. 특별히 텅 빈 듯한 우아함이 있는 이 성당은 관광객들이 보기에 손으로 잘 다듬어 쌓은 또 다른 석조물에 다름 아니다. 어쩌면 또 다른 장사꾼이 커피를 마시며 보는 잡지에 싣기 위해 이곳에 들어와서 건물 사진을 찍을지도 모른다. 기독교의 예술적 표현은 이 우아한 건축물 안에서 얼어 죽었는가? 그것에 생명을 다시 불어넣을 수 있는 따뜻한 숨결이 이 건물에 남아 있을까? 오늘날 순례자는 이 돌들을 부인해야 하는가? 이 돌들을 관광객들을 위해 남겨 두어야 하는가?

각국 정부들은 자신들의 정책과 권위를 정당화하기 위한 거짓된 신화들을 만들어 내기 위해 자기 나라의 역사를 미화하기도 하고 때로는 무자비하고 저열하게 과거를 왜곡하기도 한다. 그러나 여기서 나는 또 다른 새로운 영역을 본다. 카미노를 걷는 동안 이와 같은 복원 사업은 어디를 가나 만날 수 있었다. 이 복원 사업들은 과거 신앙 공동체들의 정신과 상상력을 예술적으로 매우 아름답지만 생기가 없는 죽은 박물관 공간으로 바꾸어 놓는 것같이 보인다. 정부가 공식적으로 문화 복원을 위해 벌이는 이와 같은 사업은 내가 보기에 서로 매우 다른 역사적 인물들의 진실을 점점 더 현재와 멀어지게 만듦으로써 과거를 땅속 깊숙이 묻어버리는 것과 같다.

  성당에서 본 젊은 여성 같은 관광안내원들은 과거와 현재를 이어주는 어떤 이음줄도 제공할 수 없다. 과거를 오직 실용주의 관점으로만 바라볼 뿐, 지칠 대로 지친 관광객들에게는 한가하게 기분전환을 위해 찾아보는 눈요기이며 정부에게는 꽤 수익성이 높은 투자대상이 된다. 따라서 이런 복원 사업들은 언제나 그 일에 얼마나 많은 돈이 투자되었는지를 알리는 거대한 게시판이 그 위용을 과시한다. 그리고 그것은 마침내 일자리 개수, 건설업자의 엄청난 이익, 정치인들의 가시적인 위업, 지역 사회의 발전으로 환원된다. 어쩌면 오늘 이 마을에 들어서면서 만났던 잘 차려입은 사내들은 부동산 투기꾼들이었는지도 모른다. 이 성당은 바로 그러한 흐름에 딱 맞아 떨어지는 건물이다. 엔화, 마르크화, 달러를 모두 끌어들일 수 있는 색다르고 흥미로운 역사 기념물이지만 신앙의 관점에서 보면 생기를 잃은 문화적 예술품에 불과하다. 어쨌든 이 성당은 매우 경제적 가치가 높은 자산임에 틀림없다.

먹을거리를 사기 위해 읍내로 내려가는데 이 지역에서 자랑하는 거대한 옛 성과 다른 곳에 비해 많은 수도원과 성당들이 보인다. 카미노가 비야프랑카 델 비에르소의 성장에 큰 기여를 한 것은 사실이다. 하지만 물질적 증거의 생명력과 카미노 정신의 힘 사이에 어떤 연관관계가 있는지는 잘 모르겠다. 이곳의 건축물을 이루고 있는 돌들 안에 어떤 생명력도 없다고 말할 수 있을까? 카미노를 하나의 사회적 현상이라고 이해할 수 있을까? 우아한 로마네스크 양식의 성당과 수도원들이 많고 그곳에 사람들이 붐빈다는 사실로 기독교 신앙이 번성했다고 주장하는 것은 아무 의미도 없는 허황된 말이다. 사실 이 성당과 수도원들을 처음 지었을 때 그 안에는 신앙이 겸손하게 살아 있었다. 그러나 그것들을 세운 사람의 소박한 선행은 그 뒤를 따르는 사람의 헛된 야망으로 쉽게 변질될 수 있다.

다시 알베르게가 있는 임시 막사로 돌아가다가 몇 가지 생각나는 것들과 점심 때 겪은 일들이 서로 어울리면서 뭔가 하나의 그림이 그려진다. 그 거친 모습의 일꾼이 바로 내가 묵고 있는 알베르게의 주인이며 이름이 헤수스 아리아스 하토라는 것을 알았다. 점심을 차려주었던 그 여인은 바로 그의 아내! 시수르 메노르에 있는 알베르게처럼 이곳도 한 민간인 가족이 운영하고 있다. 두 개의 임시 막사는 서로 외양이 완전히 다르지만 둘 다 현대인들이 콤포스텔라 순례라는 빛나는 공간으로 들어갈 수 있도록 카미노의 정신을 잘 드러내고 있다.

알베르게로 돌아와서 카운터 뒤에 있는 아리아스 부인에게 카페오레 한 잔을 부탁해도 되는지 묻자 알았다고 한다. 스페인에서 지금까지 마신 카페오레는 이탈리아에서 수입된 특수 기계로 만들어지는 것만 보았다. 하지만 이곳에는 그런 기계가 없다. 부인은 그냥 가스버너에 냄비를 얹어놓고 거기에 우유를 넣고 끓여서 그것을 아침에 마신 커피포트와 함께 탁자 위에 갖다 준다. 전에 마신 카페오레와 맛은 좀 다르지만 괜찮은 편이라 두 잔이나 마셨다. 다 마시고 나서 여주인을 찾아 두 잔을 마셨다고 얘기하고 계산을 하니 돈을 받는 것을 좀 어색해하는 것 같다.

아까 정치에 대해서 얘기하고 있었던 그 순례자가 방으로 들어온다. 내가 미국인이라는 것을 알고는 미국이 세계에서 남아 있는 유일한 강대국이라고 하면서 강한 어조로 몇 마디 한다. 그러자 아리아스는 아마도 고결한 정신을 가진 나라만이 위대할 수 있을 거라고 조용하게 말한다. 아까는 주술사로서의 면모를 보여주었다면 지금은 세상을 관조하는 사람으로서의 모습을 보여주면서 흔들림 없는 권위로 자기 의견을 표명한다. 이 남자는 좀더 많이 알고 싶은 사람이다. 그는 내 순례자 증명서에 도장을 찍어주면서 그 위에 "께 뚜 카미노 세아 루스 인떼리오르"라고 적는다. 번역이 쉽지 않지만 "당신의 순례가 내면을 밝히는 빛으로 충만하기를"이라는 뜻이다.

다음날 아침 해가 뜨기 전에 출발을 준비한다. 공동침실을 나오는데 '주방' 쪽에서 빛이 나는 것을 보고 깜짝 놀랐다. 일찍 일어난 또 다른 남녀가 아리아스가 커피를 끓이는 동안 기다리고 있다. 빵과 소시지, 치즈가 식탁 위에 이미 차려져 있다. 아리아스는 아침 공기가 차갑다고 말하면서 배가 불쑥 튀어나온 구식 난로에 불을 키운다. 고개를 들어보니 금속 연통이 이 건물 끝으로 연결되어 플라스틱 벽면을 뚫고 나간다. 자연의 법칙을 완전히 무시한 처사다.

게시판에 새 알베르게를 위한 건축 설계와 그림들이 그려져 있기에 어떤 알베르게를 바라는지 아리아스에게 물었다. 그는 내가 그동안 묵었던 정부에서 지은 새 알베르게들에 대해 불만이 많다고 하면서 부르고 데 라네로스에 지은 새 알베르게를 설계한 건축가에게 자기 것도 설계를 부탁했다고 한다. 자기는 그 건축가의 단순한 설계가 마음에 든다고 한다. 부르고에 있을 때 그 알베르게에서 머물지는 않고 그냥 지나쳤던 게 아쉽다. 아리아스는 내가 전에 묵었던 비야당고스 델 파라모에 있는 알베르게보다는 더 소박한 것을 원한다고 한다. 하지만 돈이 가장 큰 문제다. 그 문제가 해결되려면 시간이 오래 걸리겠다는 생각이 문득 든다. 아리아스는 매우 독립심이 강해서 정부에서 정한 어떤 지원법이나 규정도 그와 잘 맞지 않을 게 분명하다. 그래서 어쩌면 민간의 지원에 의존해야 할지도 모른다. 벽에는 특정한 형태의 새 건축물을 지원하는 여러 나라의 단체 목록들이 붙어 있다. 이들 단체들에게서 얼마나 많은 지원금이 오느냐가 중요한 관건이 될 것이다. 독일로 돌아가면 이들 단체를 알아보기로 마음먹는다. 이제 다음 목적지로 떠나야 할 시간이다.

아리아스에게 아침식사가 얼마냐고 묻자 손사래를 친다. "원한다면 모금함에 넣으세요." 문 옆에 모금함이 있다. 아리아스와 따뜻한 포옹을 나누고 또 다른 새로운 경이를 기대하며 길을 떠난다. 지금까지 카미노에서 머문 알베르게 가운데 가장 색다르고 유쾌한 곳임에 틀림없는 곳에서 푹 쉬고 간다. 카미노를 따라가다 보면 어떤 곳에서는 땅의 힘이 강력하게 작용한다고 믿는 사람들이 있다는 얘기를 들었다. 비야프란카 델 비에르소에 대해서 그런 이야기를 들은 적은 없지만 이곳에서 아리아스 하토 가족과 겪은 일들을 생각할 때 어떤 특별하고 독특한 분위기가 이곳을 감싸고 있음을 부인할 수 없다.

26
지금 이 순간이 너무 행복하다
비야프란카 델 비에르소에서 엘 세브레이로까지

오늘은 산을 여럿 가로지르며 구불구불 돌아가는 간선도로에서 순례를 시작한다. 도로는 발카르셀 강을 따라 가는데 오르막과 내리막이 모두 완만하다. 마음이 편치 않다. 모든 게 너무도 비현실적이다. 주위를 휘 돌아가며 치솟아 오른 산들은 끊임없이 모양을 바꾸며 빛과 그림자를 번갈아 드리운다. 하지만 나는 그 산을 오르고 있지 않다. 강은 그 산들을 지나 흐른다. 빠르게 흐르던 장대한 물길은 가끔씩 1~2미터 높이의 가파른 벼랑에서 작은 폭포를 이루며 떨어지거나 커다란 바위들을 만나 급류로 꺾이다가 마침내 확 트인 하류에 이르러 고요하고 평화로운 흐름으로 바뀐다. 강물이 절벽 아래로 떨어지거나 바위들과 부딪치면서 나는 소리는 나무들과 덤불을 통해 전달되고 자연의 힘이 여기 살아 있음을 스스로 드러낸다. 시끄러운 기계음을 내며 지나가는 자동차와 트럭들은 이 사랑스런 공간과 거기서 들리는 생명의 소리를 끊임없이 침범한다. 바로 그때 추악한 잔재, 영구적인 신성모독의 광경이 눈에 들어온다. 간선도로와 강

사이에 있는 길바닥에는 주로 먹다 버린 음료수 깡통과 플라스틱 물병들 같은 쓰레기들이 여기저기 온통 어질러져 있다. 먼 산들을 쳐다보거나 울창한 초목들을 바라보면서 다채로운 강물 소리를 즐기며 태양의 온기를 들이마시고 있는 이 순간 이런 끔찍한 쓰레기를 보는 기분은 엉망이다. 어떻게 사람들은 이렇게 자연을 망가뜨릴 수 있을까?

빨리 달리는 자동차 안에 갇힌 채 꽉 닫힌 꼬투리 속에서 편안함을 느끼는 사람들은 강물 소리도 들을 수 없고 울창한 초목도 보지 못한다. 그들은 산 속에서 머물면서 즐거운 시간을 보낼 여유도 없다. 자연이 보여주는 놀라운 질서와 무시무시한 대혼란은 실제로 산 속에서 느릿느릿 움직이면서 땅에 발을 딛고 거기서 벌어질 일들에 대해 모든 감각을 열어놓는 사람만이 경험할 수 있다. 자동차가 내뿜는 매연과 소음으로 고통 받고 자동차가 주는 안락함의 대가를 지불하는 대상은 단순히 도보 여행자만이 아니다. 또 지하에 묻힌 광물들을 송두리째 빼앗긴 한때 풍요로웠을 대지만도 아니다. 자동차라는 괴물들은 찬란하게 빛나는 창조의 영광과 인간의 손이 닿지 않은 울창한 자연을 마구잡이로 침탈하고 훼손한다. 자동차를 사고 타는 것과 관련된 믿음과 행동들은 차를 타고 빠르게 달리면서 차창 밖으로 쓰레기를 던져버리도록 충동질한다. 빠른 속도로 달리는 자동차 안에 있는 사람은 그 속도감에 취해 자신의 경박한 개별 행동들이 이 아름다운 계곡을 얼마나 망가뜨리는지 깨닫지 못한다. 자동차에 단단히 사로잡힌 사람들의 감성과 꿈은 그들의 이성적 사고마저 완벽하게 구름으로 가림으로써 이제 인간들이 버리는 쓰레기에서 안전한 곳은 어제 넘어왔던 저 높은 산꼭대기 같은 곳밖에 없는 게 아닌가 하는 생각이 든다. 지금 거기까지 자동차를 타고 가는 것은 아무런 경제적 이득이 없다. 그리고 아직까지 개발업자들은 인간의 손때가 묻지 않은 자연을 찾고 있는 따분한 도시 기생충들의 기분 전환을 위해 굳이 그 산꼭대기까지 개발할 필요성을 못 느꼈다.

'산티아고로 가는 길'이라는 새로운 도로 표지판들이 점점 더 많이 눈에 띈다. 그 표지판 아래에는 '유럽 문화 위원회'라고 씌어 있다. 아마도 이 기구가 표지판을 제작했나 보다. 현재 스페인 정부는 프랑코 시절의 고립주의 정책에서 탈피하여 특히 문화적으로 개화되고 유럽의 한 부분으로 인정받기를 열망하면서 이런 표지판들을 세운다. 그러나 카미노의 역사를 조금이라도 아는 사람이라면 누구도 이런 안이하고 피상적인 연상을 거부할 것이다. 당시 유럽 전역의 기독교 국가에서 이곳으로 순례를 나선 사람들은 하나같이 다 자기 나름의 까닭이 있어서 왔다. 그들은 어떤 유럽의 문화도 가지고 오지 않았고 또 빠른 운송수단이 있었던 것도 아니며 오늘날과 같은 완성된 지도가 있지도 않았다. 아마도 12~13세기 무렵 카미노는 대부분 순례자들로 가득 찼지만 그들은 모두 완전한 어둠 속에서, '땅 끝'이라고 믿었던 그곳에 무엇이 있는지 아무 것도 알지 못하면서 무작정 순례를 시작했다. 지금의 이 방자한 표지판들을 그 옛날 이 길을 방황했던 순례자들과 어떻게 관련해서 설명할 수 있을지 모르겠다.

정오쯤 베가 데 발카르세에 도착했다. 잠시 쉬면서 커피 한 잔 하기에 좋은 곳이다. 쉬는 동안 비가 다시 내리기 시작했다. 가게에서 일하는 여종업원이 엘 세브레이로까지 가려면 아직도 13킬로미터는 더 걸어야 한다고 귀띔한다. 더군다나 그곳은 산꼭대기에 있다고 한다. 여점원의 목소리는 산을 강조하면서 걱정스런 마음을 담고 있다. 그녀가 무슨 말을 하는지 안다…… 하지만 전에도 비를 맞으며 산을 오르지 않았던가. 뭐가 걱정이지? 거기 두려워할 것이 무엇이 있나?

거리로 나서 길을 가는데 또 다른 여인이 앞에 서더니 알베르게를 찾느냐고 묻는다. 아니라고, 오늘 엘 세브레이로에 가려고 한다고 대답하자 그렇게 하지 않는 게 좋을 거라고 한다. 지금 내리고 있는 비는 쉽게 그칠 것 같지 않다. 그래도 나는 그 산에 가야 한다. 어쩌면 오늘 이곳 알베르게에서 묵고 편히 쉰 다음에 내일 아침 등정을 하는 것이 훨씬 더 현명한 일일지도 모른다. 살며시 웃으면서 그 여인의 친절한 염려에 고맙다고 인사를 하고 오늘 더 가야 한다고 다시 한번 알려준다. 비가 계속 내려도 걱정되지 않는다. 지금 가면 어두워지기 훨씬 전에 그곳에 도착할 수 있기 때문이다. 그 여인은 고개를 흔들며 마치 "쯧쯧, 웬 정신 나간 미국인 한 명이 또 가는구먼…… 내가 무슨 말을 하는지 전혀 이해하지 못하네!"라고 말하는 것처럼 얼굴 표정을 짓는다. 하지만 나로서는 그 여인에게서 다시 축복을 받았다는, 내 평안을 염려해주는 또 한 명의 좋은 사람을 만났다는 따스한 마음을 느낀다. 이것이 바로 카미노에서 만들어지는 이야기다. 하루하루가 친절하고 사려 깊은 마음, 은혜와 은총의 나날이다. 갑자기 파리의 지하철역에서 있었던 일이 떠오른다. 그때 나는 프랑스와 스페인 국경으로 가기 위해 지하철을 갈아타야 했다. 승차권 자동발매기가 어떻게 작동하는지 알아보는 중에 한 표지판이 눈에 들어왔다. 거기에는 역에서 모르는 사람이 도와주려고 하면 피하라고 커다란 글자로 선명하게 써어 있었다. 우연치고는 우습게도 그때 마침 사기꾼처럼 생긴 한 청년이 오더니 100마르크를 주면 내 대신 승차권을 사주겠다고 했다!

커피로 따뜻해진 몸이 그 여인의 넘치는 배려의 마음으로 더 푸근해짐을 느낀다. 다시 그 여인에게 고맙다는 인사를 하고 다시 순례를 시작한다.

산길은 점점 더 가파른 비탈길로 바뀐다. 게다가 비는 더욱 사정없이 쏟아진다. 이런 궂은 날씨에 밖에 있는 사람은 나 혼자인 듯하다. 산기슭을 오르면서 지금까지 얼마나 멀리 왔는지, 얼마나 오랫동안 산을 올랐는지 전혀 감이 없다. 하지만 곧 목적지에 도달할 것이라는 것은 분명하다. 땅바닥만 보고 걷다가 가끔씩 위를 두리번거리며 집들이 보이지 않는지 찾아본다. 저 앞에 마을 같은 것이 보인다. 하지만 가까이 가 보니 그 마을은 넓고 깊은 계곡을 가로질러 건너편 산기슭에 있다. 게다가 지금 있는 데서 왼쪽에 있는데 길은 오른쪽으로 돌아간다.

이 길은 정말 자연 그대로의 모습을 지니고 있다. 이곳에는 자동차나 사람의 흔적은 물론 끊임없이 바뀌고 부딪치는 자연의 모습 말고는 아무 것도 없다. 노란색 화살표들을 발견할 때마다 그 마을이 점점 가까워진다는 느낌이 든다. 지금 걷고 있는 이 산길이 아무리 가파르고 힘들어도, 휘몰아치는 비바람이 아무리 거세고 변덕스러워도 13킬로미터를 끝까지 가리라. 모든 근심과 걱정을 다 내려놓고 비바람을 견디며 점점 어두워가고 있는 산기슭의 자연 그대로의 상쾌한 아름다움을 맘껏 즐기자. 하지만 한 발 한 발 조심하지 않으면 안 된다. 잘못하면 비에 젖은 바위나 풀에 미끄러져서 넘어지기 십상이다. 넘어지면 무거운 배낭 때문에 다시 일어서기 힘들 수도 있다. 다행히도 내 세 번째 다리인 지팡이가 있어서 고맙다. 이런 길을 가는 데 도움이 많이 된다. 옛날에 알바니가 했던 말이 떠오른다. 그는 이 산은 오르기가 너무 힘들어서 말이나 당나귀도 완전히 기진맥진할 거라고 썼다.

눈을 크게 뜨고 마을 흔적이 보이는지 두리번거린다. 몸에 피로가 찾아오면서 다른 한편으로 다시 혹시나 하는 의구심이 고개를 들기 시작한다. "길을 잘못 들었어. 또 이 산에서 길을 잃었군. 오늘 중으로 엘 세브레이로에 도착하지 못할 거야. 비를 피해 들어가 쉴 곳을 못 찾는다면 오늘밤 이곳을 이리저리 방황해야 할지도 몰라." 기력이 다했다고 느끼기 시작할 때쯤 바로 앞에 몇몇 건물들이 보이는 것 같다. 엘 세브레이로! 드디어! 다시 마지막 순간에 구원받았다! 또 다시 어리석은 미혹에 사로잡혔던 것이 부끄럽다.

길을 가다 보니 오른쪽에 농가 마당이 있다. 헛간이 있는 곳까지 간다. 문은 열려 있고 그 안에서 농부 한 사람이 밖에 비가 내리는 것을 조용히 관찰하며 몸을 말리고 있다…… 그리고 지금은 나도 그 안에 있다. 인사를 하고 이곳이 어딘지 물었다. 발음 때문에 그가 말하는 것을 잘 알아듣지 못했지만 "세브레이로"라고 말하는 것은 분명 아니다. 다시 "그럼, 엘 세브레이로는 어디죠?"라고 묻자 "오, 그곳은 한 2킬로미터 더 산으로 올라가야 해요"라고 한다. 그는 내 얼굴에 비친 실망감과 기진맥진한 모습을 눈치 채고는 "이제 다 왔어요. 여기서 조금만 더 가면 되요"라며 격려한다. 고맙다고 인사를 하고 가까스로 몸을 똑바로 세워서 마당으로 나왔다.

놀랍게도 다시 힘이 솟구치는 것 같은 기분이다. 조금 전에 농부 앞에 섰을 때만 해도 한 발짝도 더 내딛지 못할 것 같았다. 하지만 선 채로 잠시 쉬었을 뿐인데 몸이 다시 생기를 되찾는 것 같다. 내 몸이 어쩌면 이렇게 한결같이 잘 적응하는지 신기할 뿐이다. 길은 계속해서 오르막이다. 그래도 경사는 그렇게 가파르지 않아 다행이다. 2킬로미터쯤 걸었는지 산 정상에 도착했다. 드디어 엘 세브레이로에 온 것이다. 질척한 진흙투성이의 산길을 따라 능선을 오르고 분투하며 오는 데 적어도 12시간은 걸린 것 같다. 하지만 나중에 확인해 보니 7~8시간 정도밖에 안 걸렸다. 이만한 거리면 그 정도 시간으로 충분하다. 아마도 오늘의 힘들었던 여정을 잘 견뎌낸 나 자신을 스스로 다독거리며 자랑하고 싶은 마음이 있었는가 보다.

어떤 떨림과 두려움을 가지고 이 신성한 공간에 발을 들여놓지 않을 수 없다. 엘 세브레이로는 해발 1000미터가 훨씬 넘는 카미노에서 가장 높은 곳에 자리한 마을이 아닐까 한다. 그리고 또한 유럽 전역에 널리 알려진 이적이 일어난 장소이기도 하다. 그 이적과 관련된 이야기는 오늘날 자세히 들어가면 조금씩 다른 여러 가지 내용들로 전해온다. 그 사건이 일어난 때는 정확하게 나오지 않지만 아마도 14세기 초 정도로 의견들이 모아진다. 이곳 산 정상에 수도원과 순례자들을 위한 오스피탈이 하나 있었다.

이야기는 폭설이 내리는 또는 내린 뒤 어느 겨울날 시작된다. 그날 한 수사가 미사를 집전하고 있었다. 전해오는 모든 이야기들은 그 수사가 신앙심이 약하거나 없는 사람이었다고 기록한다. 그 수사는 미사가 시작되고 나서 얼마 안 있다가 산 아래 먼 마을에서 온 농부 한 사람이 이곳에 들어와서 예배당 뒷자리에서 무릎을 꿇고 기도하고 있다는 것을 알았다. 수사의 머리 속으로 갑자기 이런 생각이 떠올랐다…… 이렇게 눈이 많이 오는데 여기까지 위험을 무릅쓰고 올라오다니 참 어리석은 사람이네…… 그까짓 빵 몇 조각과 포도주나 보자고 말이야…… 그러더니 수사는 "이것은 내 몸이며…… 이것은 내 피의 잔이니……"라고 축성祝聖의 말을 끝마치자마자 갑자기 공포에 몸을 부들부들 떨었다. 빵과 포도주가 진짜로 살과 피로 바뀐 것이다!

그 수사와 농부는 나중에 둘 다 죽어서 그 수도원의 예배당에 묻혔다. 1486년, 가톨릭 부부왕으로 알려진 페르디난드 왕과 이사벨라 여왕은 그 이적의 유물들을 보관하기 위해 정교하게 제작한 성물함을 수도원에 기증했다. 또 다른 이야기는 어느 날 카를 5세(1558년 사망) 황제가 그 근처를 지나가고 있을 때 일어났다. 어떤 사람이 황제에게 수도원에 잠시 들러서 이적이 일어난 살과 피를 보지 않겠냐고 물었다. 그러자 황제는 조금도 주저하지 않고 그럴 생각이 없다고 했다. 그리고는 그렇다고 자신이 성사(聖事가톨릭에서 행하는 영세, 견진, 성체, 고해, 종부, 신품, 혼배의 7가지 의례를 말함 - 옮긴이)의 신비를 의심하는 것은 아니라고 설명했다. 그 이적은 그리스도의 실재를 믿지 않는 이교도들을 혼란에 빠뜨렸다. 라피는 파스칼 2세(1099~1118년) 교황이 그 이적을 몹시도 보고 싶어 해서 순례자들의 전통 복장을 입고 그 수도원까지 여행을 했다고 기록하고 있다. 하지만 이 이야기는 그 이적이 일어난 때가 14세기 초로 알려져 있기 때문에 신빙성이 없다. 파스칼은 교황으로 뽑히기 전에 우르반 2세 교황의 특사로 일했으며 나중에 그 뒤를 이었다.

16세기, 라피가 이곳을 방문하기 전 이 수도원에는 수사가 네 명밖에 없었으며 성당 건물은 매우 보잘 것이 없었다. 현재 이 마을에 있는 많은 건물들이 다시 복원 중에 있다. 그리고 오랜 세월 동안 교구 주임사제로서 카미노의 전통을 되살리려고 애썼던 돈 엘리아스 삼페드론도 이 성당에 묻혀 있다.

세상에 가장 널리 알려진 건물로 이어지는 돌문을 통과해서 걸어가다가(그것은 새로 복원된 수도원으로 가는 길이다) 건물을 둥그렇게 둘러싼 담 안쪽을 보고는 몹시 당황했다. 매우 비싸 보이는 신형 자동차들이 여러 대 주차해 있었다. 비에 젖은 몸으로 떨면서 그 자동차들을 타고 온 사람들이 누렸을 안락한 주행에 대해 생각했다. 그들은 왜 여기까지 차를 타고 왔을까? 그 이적에 대해 경의를 표하기 위해? 오늘 엘 세브레이로에서 새로운 종류의 신앙을 발견한 걸까? 비는 계속 내리고 주위에는 아무도 보이지 않는다. 머뭇거리며 문을 조금 열고 안을 들여다본다. 작은 간이주점이 하나 보인다. 어깨를 쫙 펴고 안으로 들어가니 한 젊은 여종업원이 다가온다. 알베르게에 대해서 묻자 활짝 웃으며 저녁 6시에 문을 연다고 한다. 아직 2시간 정도 남았다. 그녀가 그곳의 열쇠도 가지고 있다. 기분도 울적하고 힘도 다 빠진데다 발은 젖어서 차갑기까지 하다. 여기 앉아서 좀 쉬어도 되는지 묻자 그녀는 여전히 살며시 웃으며 "이리 오셔서 편히 쉬세요"라고 말하며 문이 열려 있는 또 다른 방을 가리킨다.

판초를 벗고 배낭을 내려놓은 다음 젖은 신발과 양말을 벗어 작은 막대기의 모서리에 건다. 마른 양말을 꺼내 신고 나서 식당처럼 보이는 곳으로 갔다. 되도록 사람들 눈에 띄지 않게 하려고 조심하면서 가장 가까운 구석에 있는 탁자에 가서 앉는다. 그곳에 들어가다가 중앙과 한쪽 끝에 모여 있는 잘 차려입은 사람들이 막 점심을 마치고 있는 모습을 보았다. 마치 수도원이 현대식 고급 음식점으로 바뀐 게 아닌가 하는 착각이 들 정도다. 이 사람들이 여기서 점심을 먹기 위해 이렇게 먼 곳까지 차를 몰고 왔단 말인가? 정말 믿기 어려운 광경이다.

빗속을 걷느라 옷도 축축한데다 오한이 나서 아직도 몸이 덜덜 떨리는 까닭에 몸을 좀 따뜻하게 녹이기 위해 브랜디 종류의 술을 시켰다. 젊은 여종업원은 식사는 어떻게 하겠느냐고 묻는다. 미안하지만 이곳은 그동안 내가 점심을 먹던 곳에 비해 너무 고급스러운 것 같다고 말했다. 내 분수에 맞지 않는 곳이라는 의미다. 여종업원은 내 말이 어리석다는 듯이 무시하면서 아주 싼 값으로 푸짐하게 드실 수 있게 해드릴 테니 걱정 말라고 한다. 젖은 몸에 너무 피곤한 상태라 더 이상 따지지 않고 못이기는 척 그렇게 하기로 했다.

잠시 후 여종업원은 흰콩 수프가 가득 담긴 그릇과 작고 껍질이 단단한 빵이 든 바구니를 하나 가지고 왔다. 여종업원이 다시 오기 전에 따끈하고 영양 많은 수프를 세 그릇이나 허겁지겁 먹어치웠다. 그러자 바로 삶은 감자와 돼지고기, 소시지가 가득 담긴 접시가 식탁에 놓여졌다. 돼지고기는 대부분 비계와 껍질이다. 본디 돼지고기 요리는 비계에 약간의 살코기가 포함되도록 자르고 거기에 커다란 감자가 하나 함께 나온다. 지금 이 돼지고기는 가난한 사람들이 먹는 부위임에 틀림없다. 후식으로 우유와 계란, 설탕을 넣고 찐 커스터드가 한 접시 나온다. 모두 다 해서 700페세타. 정말 싼 값이다. 술 한 잔에 50페세타가 추가다. 엘 세브레이로에 올라온 기념으로 한 잔 더 마신다.

그 상류층 단골손님들이 떠나자 식당 한쪽 끝에서 어떤 사람들이 화로에 불을 붙이기 시작한다. 여종업원은 나보고 거기로 가보라고 한다. 밖에는 비가 그쳤지만 햇볕을 쬐러 나가기 전에 먼저 화롯불에 몸을 녹이기로 했다. 고도가 높은 곳이라 바깥 공기가 차가울 것이다. 화로 근처로 가다가 내 앞에 펼쳐진 믿을 수 없는 광경을 보고 충격에 빠져 그 자리에 멈춰 선다. 아까 식사를 하는 동안 간선도로를 따라 자전거를 타고 이곳에 왔을 한 무리의 자전거 여행객들이 화로 주위에 자기 짐들을 둥그렇게 쌓아놓은 것이다! 내가 비집고 들어갈 만한 곳이 없다. 그들 가운데 전에 본 사람은 없었지만(나보다 훨씬 빨리 앞서 갔을 테니까) 자전거 여행객들은 정말 하나같이 똑같은 방식으로 행동한다. 그들 내면에는 우리가 모르는 어떤 야만성 같은 것이 있는지 모르겠다. 불 쬐는 일은 일찌감치 단념하고 일어나서 그 방을 나선다. 비에 젖은 소지품들을 챙겨서 햇볕이 드는 곳을 찾아간다. 산꼭대기 높은 곳이라 햇살이 아직까지도 여전히 그 수도원 겸 음식점 안 뜰을 환하게 비춘다. 조용한 장소를 한 군데 발견하고 거기에 앉아서 마을을 건너다본다. 팔로사palloza라고 부르는 원뿔형 초가지붕의 둥근 집이 두 채 보인다. 선사시대부터 이어져온 건축 양식이라고 한다. 스페인에서 이 건축물이 가장 잘 보존되고 복원된 곳이 바로 이 마을이다.

18세기 중엽, 알바니는 밤중에 이곳에 도착해서 수도원에 유일하게 남아 있던 수사 한 사람을 만났다. 당시에 팔로사는 서른네 채가 있었으며 집집이 겨울용 난방을 위해 땔나무들을 하나 가득 쌓아놓았다고 기록되어 있다. 그 팔로사들 가운데 한 곳이 순례자들을 위한 오스피탈로 쓰였는데 집 안 바닥에는 매트리스로 쓰는 밀짚 묶음이 네 부대 있었다고 한다. 알바니는 거기서 밀짚 부대 위에 누워 있는 스페인 순례자 한 사람을 만났다. 그 순례자는 몸이 많이 안 좋아서 그곳에 3일 동안 머물고 있는 중이었다. 알바니는 거기서 미담이 될 만한 사건을 하나 경험한다. 그 스페인 순례자가 거의 죽을 지경이 되어 숨을 거두려고 하는 것을 본 알바니는 사제를 만나러 수도원으로 달려갔다. 그 불쌍한 사람이 종부 성사도 못하고 죽게 내버려둘 수 없기 때문이었다. 그러나 그 사제는 다른 마을로 미사를 집전하러 가고 없었다.

숙소로 돌아온 알바니는 죽어가는 사람에게 용기를 북돋아주기 위해 그 사람이 지니고 있던 십자가를 그 사람이 볼 수 있도록 들어올리고 그의 영혼이 조용히 하느님께로 다가가기를 기도했다. 두 시간이 채 안 지나 "그는 그동안의 죄를 회개하고 편안하게 다른 생명의 세계로 갔다." 그 순례자가 죽은 뒤, 오스피탈을 관리하는 노파는 순무 수프를 끓여와 '마치 어머니와 자식처럼' 알바니와 함께 저녁을 먹었다. 그러고 나서 밀짚 부대를 하나 깔고 잠을 청했다. 그러나 한밤중에 산꼭대기에서 바로 옆에 죽은 사람의 시신을 두고 편안하게 잠에 곯아떨어질 수 있는 사람이 누가 있겠는가. 알바니는 다음 날 졸린 눈으로 새벽녘에 일어나 노파에게 작별 인사를 하고 콤포스텔라로 순례를 계속했다. 알바니는 이 사건의 이야기처럼 자기가 기록한 글 전체를 통해서 자신을 밤중에 카미노의 숙소에서 반갑게 마주칠 수 있는 매력적이고 자애로운 순례자로 묘사한다.

저녁 6시 정각, 그 젊은 여종업원은 음식점을 나와서 마을 건너편에 있는 커다란 새 건물인 알베르게로 길을 안내한다. 이곳의 건물들은 정말 또 다른 유럽의 '살아있는' 디즈니랜드가 아닌가 싶을 정도로 아기자기하고 예뻤다. 이 마을에는 실제로 약 서른 명의 주민들이 살고 있는데 대부분이 관광객들과 관련된 일을 하고 있으며 이 산꼭대기까지 식사를 하러 차를 몰고 오는 손님들을 맞이할 준비에 바쁘다. 정부의 안내책자에서는 이곳을 '역사와 예술의 복합 단지'라고 부른다. 이곳의 모든 건물은 새로 복원되었거나 현재 복원 중이다. 아까 본 두 채의 팔로사 건물은 민속박물관 구실도 한다. 어쩌면 이곳의 건물 복원 계획이 완료되면 당국은 이곳에 온 방문객들이 보고 즐길 수 있도록 유명 예술가를 초청하거나 '민속 공연'을 열 계획인지도 모른다. 넓은 초원에서 한가롭게 풀을 뜯어먹고 있는 암소

세 마리가 보인다. 하지만 2킬로미터 떨어진 산 아래서 만난 농부의 안 마당 여기저기에 떨어진 소똥과 그것이 풍기는 냄새가 진동하는 풍경과 비교할 때 이곳은 모든 것이 너무도 깨끗하다.

거대한 다층 건물인 새 알베르게는 필요한 모든 것이 갖춰진 것 같다. 하지만 반짝이는 새 주방기기나 자동세탁기는 아직 사용할 준비가 되어 있지 않다. 넓은 거실은 편안해 보이는 의자들과 잘 만든 목재 탁자들이 비닐로 싸여진 채 자리를 차지하고 있다. 여러 개의 창문을 통해 햇볕이 쏟아져 들어온다. 욕실은 남성용과 여성용이 나뉘어 있는데 크롬 소재의 최신형 설비로 설계되었다. 하지만 너무 공간이 협소해서 뜨거운 물을 틀면 욕실이 증기로 가득 찬다. 또 외풍을 막아주는 방한 효과는 그다지 크지 않은 것 같다.

샤워를 끝낸 뒤 발 아래 펼쳐진 아름다운 풍광에 빠져보기 위해 밖으로 나간다. 하늘은 구름 한 점 없이 맑고 태양은 아직도 저 멀리 보이는 낮은 계곡들을 환하게 비추고 있다. 이 거대하고 해맑은 순수의 공간에서 나 자신이 얼마나 보잘것없는 존재인지 깨닫는다. 여기서 몇 킬로미터 떨어진 저 멀리 지평선에 걸친 산들은 올라갔다 내려갔다 부드러운 선을 그리며 거무스름한 땅 덩어리들과 여러 가지 색깔로 우아하게 물든 하늘을 나눈다. 산에서 지내본 경험이 거의 없었던 내게 바로 발아래 있는 것 같으면서 사실은 1000미터도 넘는 높은 산 아래 옹기종기 붙어있는 들판과 마을들의 모습은 마치 요정들이 사는 동화의 나라를 보는 듯한 경이로움을 불러일으킨다. 여기 살면서 일하고 이 풍요로운 풍경, 이렇게 정교하고 아름답게 경작된 자연을 조망하고 사색하는 것은 과연 어떤 모습과 같을까?

하느님이 창조한 자연은 정말로 아름답고 우리가 상상할 수 있는 모든 것을 뛰어넘는다. 산꼭대기는 비구름과 짙은 안개로 드리워져 있고 지평선을 향해 뻗어나간 모든 길들이 한 눈에 내려다보이는 지금 이 순간이 너무도 행복하다. 깔끔하게 정돈된 봄날의 자그마한 들판들은 대지의 선함을 묵묵히 그러나 분명하게 증언하면서 새로운 풍요의 계절이 시작됨을 알리는 맑고 깨끗한 녹색의 그림자들을 다채롭게 그려낸다. 이 장대한 산꼭대기에 도달했을 때 아픈 곳은 없었지만 온몸이 녹초가 되었다. 하지만 몸도 마음도 다시 생기를 되찾고 젖은 옷들도 다 마른 지금, 특별히 하느님과 스페인 농부들이 만들어낸 이 걸작품을 감상하면서 새롭게 내일을 시작할 준비를 한다. 멀리 보이는 들판, 상쾌한 색깔, 신선한 공기, 높은 산 이 모든 것이 내게 새로운 활기를 불어넣는다. 오늘은 정말 다른 날과 같지 않고 비교할 나위 없이 독특하다. 이런 생각을 하면서 저절로 피식 웃음이 나온다. 매일 밤마다 이와 비슷한 생각들을 되풀이했기 때문이다.

카미노의 침묵과 고독은 오늘 특별히 마음을 울리고 정신을 일깨운다. 나는 지금까지 신앙의 은총을 받기 위해, 그리고 내가 알고 사랑하는 사람, 내게 가장 가까운 사람들을 위해 순례를 하고 있다고 생각했다. 하지만 오늘 그 생각은 너무 편협하고 정말로 잘못된 방향으로 이끌린 생각처럼 보인다. 이러한 내 의도와 신앙의 은총이 이런 식으로 한정되고 제한된 것이라면 그것들이 경제학에서 말하는 상품과 다를 게 무엇인가? 희소성의 원리가 지배하는 세계와 무엇이 다르단 말인가? 어쨌든 그 논리는 분명히 말해서 맞지 않는다. 의도든 은총이든 그 영향을 받거나 접하는 사람들의 수가 늘어난다고 그것의 크기가 줄어드는 것은 아니기 때문이다.

그러나 나는 단순한 피조물에 불과하기 때문에 어떤 제한된 기준이 있어야 한다. 하느님이 창조한 피조물로서 나 자신을 규정짓는 것은 어쩔 수 없는 한계다. 모든 인간들에게 다가갈 수 있는 무궁무진한 의도와 은총을 지니신 분은 오직 하느님 한 분뿐이다. 나는 감히 그렇게 할 수 없다. 나는 내게 맞는 방법을 찾아야 한다. 빗물이 다시 몸을 때리며 떨어지고 몇 미터 앞도 볼 수 없는 지금 비로소 나는 내가 할 수 있는 것이 무엇인지 확실히 안 것 같다. 내 의도는 내가 태어난 이후로 만났던 모든 사람들에게 영향을 미칠 수 있다. 이들은 내가 지금까지 그들의 삶 속으로 들어간 사람들이며 내 삶의 한 부분인 사람들이다. 이들 말고 내 의도가 도달할 수 있는 또 다른 사람이 있다면 그들은 내가 영향을 끼치고 싶은 사람들일 게다.

이것이 현실이다. 내가 직접 접촉할 수 있는 것 …… 내 몸, 내 발이 딛고 선 땅, 이곳에서 풍기는 독특한 기운, 오늘 나를 친절하게 대해준 젊은 여종업원, 내 가족, 지금까지 내가 알고 나를 아는 모든 사람들. 이것은 내게 주어진 현실의 한계다. 나는 지금 혼돈에 빠진 아프리카의 굶주린 아이들에게 다가갈 수 없다. 나는 지금 뉴욕의 뒷골목에서 망할 놈의 마약에 취한 청소년들에게 다가갈 수 없다. 스코츠데일의 부유한 젊은 엘리트층인 여피족들에게도 마찬가지다. 이들은 모두 지금 내게 추상적인 환상일 뿐이다. 그들은 현실이 아니다.

  이 놀랍도록 투명한 대기의 순수 속에서 이 세속의 땅에 확고하게 발붙이고 있는 내 존재, 그리고 세브레이로의 기적과의 만남, 콤포스텔라를 향해 조심스럽게 천천히 걸어가는 이 모든 움직임이 내 행동을 더욱 잘 이해할 수 있게 만든다. 지금까지 나는 카미노의 밝게 빛나는 영역으로 걸어 들어왔다. 이 반도의 끝, 전설의 땅 끝 너머에 무엇이 있는지 찾아서 여기까지 왔다. 나는 벌써 흘러넘치는 과분한 은총을 받았고 날이 갈수록 점점 더 큰 은총을 받는다. 이제 나는 모든 관심을 내 삶 속에 들어와 있는 다른 모든 사람들에게 집중해야 한다. 내가 의도하는 모든 것은 이제 나 자신이 아니라 그들을 향해 있어야 한다.

27
베네딕토 수도원에서 보낸 하룻밤
엘 세브레이로에서 사모스까지

　평소처럼 오전 6시 조금 못 되서 깼다. 실내가 따뜻하다. 좀 답답한 느낌이 들 정도다. 전에는 한번도 없었던 일이다. 정신을 좀 차리고 나서 보니 방에 난방기가 여러 대 있고 밤새 켜져 있었다. 아래층으로 내려가 유리가 달린 크롬 소재의 출입문을 통해 밖을 내다보니 아직도 어두컴컴하고 …… 비는 사납게 쏟아지고 …… 산꼭대기에다 폭풍우까지 몰아치지만 길을 나서야 한다! 나갈까 말까 망설여진다 …… 새 건물이면 으레 나는 방부제 냄새와 따뜻한 온기가 어지럽게 섞인 답답한 실내에서 몇 분을 견디다 못해 배낭을 메고 머뭇거리며 밖으로 나선다. 몰아치는 비바람은 그칠 기미를 보이지 않고 어찌해야 할지 당황스럽다. 이 어둠 속에서 어디로 가야 할지 방향을 잡지 못하겠다. 오늘 처음부터 길을 잘못 들어선다면 상황은 점점 더 나빠질 게 뻔하다.
　산길은 점점 아래로 천천히 이어져 있는 듯하다. 그 길을 따라 내려가다 금방 화살표가 눈에 들어온다. 제대로 방향을 잡았다는 표시다. 이제 남은 건 거세게 몰아치는 비바람이다. 비바람은 비록 좋은 친구라고 할 수는 없지만 순례기간 내내 오랜 동반자였던 것은 분명하다. 카미노는 이제 평탄하게 이어지던 오솔길을 지나 오르락내리락 구불구불한 산길로 바뀐다. 몇 시간 걸려서 도착한 곳은 고지대 산골마을, 알토 도 포이오다. 잠시 걸음을 멈추고 커피 한 잔을 마신다. 이제 비는 그쳤지만 가끔씩 몰아치는 차가운 산바람은 뼛속까지 냉기를 느끼게 한다.

또 몇 킬로미터 더 가자 트리아카스텔라라는 작은 마을이 나온다. 마을 입구 쪽으로 길을 따라 길고 낮은 돌담이 이어진다. 돌담 뒤로 75미터쯤 떨어진 곳에 멋진 풍경이 펼쳐지는데 그곳이 바로 새로 지은 알베르게다. 엘 세브레이로에 있는 알베르게보다는 좀 작지만 훨씬 더 매력적이다. 풍부한 상상력과 영성을 가지고 설계한 것처럼 보인다. 건물과 전체 구조는 고단한 하루 일정을 마치고 도착한 순례자들에게 환영받을 만한 모습이다. 하지만 지금 여기서 하루를 묵고 가기에는 너무 이른 시간이라 가는 길을 멈추지 않고 그냥 지나가면서 바라만 본다.

몇 분 있다 가게 문 앞에 앉아서 나막신을 깎고 있는 남자를 보고는 흠칫했다. 길을 지나다 종종 이런 나막신을 신은 사람들을 보았다. 나막신은 젖은 발을 말리기에 편하고 실용적이며 값도 쌀 거라고 생각했다. 그리고 동물 거름은 가죽신이나 고무신으로 밟기에는 너무 단단하다. 가게 주인이 하고 있는 일에 대해 이것저것 좀 얘기를 나누다가 다시 길을 재촉한다. 다시 영혼이 환해지고 풍요로워지는 기분이다. 완벽한 숙련 기술을 지니고 자기가 사는 지역의 정직한 구성원들 가운데 한 사람으로

서 이웃들을 위해 좋고 유용한 것을 만드는 또 한 사람을 만나다니 이 얼마나 큰 행운인가! 아직도 스페인 사람들 가운데 이런 사람들이 있다는 것이 고맙다.

읍내에서 빵을 사려고 했지만 빵집이 아직 문을 열지 않았다. 오늘 종착지인 사모스에서 빵을 사기로 한다. 다시 길을 재촉하다 문이 열린 간이주점을 발견하고 또 한 잔 커피를 마시러 들어간다. 커피도 커피지만 젖은 신발과 양말을 벗고 마른 양말로 갈아 신어야 하기 때문에 잠시 들렀다. 발 상태는 여전히 양쪽 다 양호하다. 언제나 발을 마른 상태로 유지하려고 애쓴 덕분이다. 가게에는 작은 빵 조각 위에 스페인식 매운 소시지 초리소가 얹혀진 보카딜로 또는 핀초라고 부르는 샌드위치들이 있다. 공짜다. 커피 한 잔 마시는 값에 알맞게 두 조각만 먹는다. 간식을 먹고 있을 때 젊은 독일인 남녀 한 쌍이 커피를 마시러 가게 안으로 들어온다. 전에 길에서 만난 적이 있다. 그들은 2년째 카미노를 순례 중인데 작년에 사아군까지 반을 걸었고 올해 나머지 반을 걸을 예정이라고 했다. 하지만 휴가 기간이 길지 않아서 올해도 끝까지 가지는 못할 것 같다고 했다.

이렇게 순례를 계속할 수 있는 여유가 있고 날마다 먹을 것을 살 수 있을만한 돈이 있다는 게 얼마나 행복한 일인가! 그들은 내게 오늘이 성령이 마가의 다락방에 강림한 사건을 기리는 오순절 일요일이라고 알려주었다. 전혀 생각지도 못하고 있었다. 시간과 날짜가 가는 것도 모르고 지내다니. 그동안 날마다 카미노라는 공간으로 들어가는 것에 대해서만 생각하고 되도록 그 안에 깊이 빠지려고만 했다. 그러다보니 그 밖의 다른 기준이나

척도는 생각지도 않았다.

여기서 카미노는 두 길로 갈라진다. 하지만 12킬로미터쯤 더 가면 사리아에서 다시 만난다. 오른쪽 길은 풍광이 아름답기로 유명하고 왼쪽 길은 사모스까지 곧바로 간다. 이번에는 왼쪽 길로 갈 것이다. 오늘밤 그 유명한 베네딕토수도회의 수도원에서 묵고 싶기 때문이다. 독일인 남녀는 오른쪽 길로 간다고 한다. 신발을 다시 신은 다음 그들과 작별인사를 나누고 이 마을에도 작별을 고한다. 왼쪽 길은 눈에 띄는 새로운 특징이 있다. 길 양쪽으로 길게 늘어선 오래된 거목들이 카미노에 완벽한 그늘을 만들고 있는 것이다. 햇볕이 따가운 더운 날에는 아주 시원한 휴식을 제공하겠지만 오늘 같은 날씨에서는 지금까지 걷던 길들과 좀 다르다는 느낌만 줄 뿐이다. 가는 길에 소들을 몰고 방목장으로 가는 한 농부를 만났다. 전체 카미노 구간 가운데 지역 농부들이 밭이나 목장으로 가는 길로 쓰이는 곳이 많다.

좁은 길을 따라 여러 개의 작은 농가 마을을 지나니 정면에 오래된 주택들과 건물들이 나타난다. 그 가운데 석조 건물들이 유난히 눈길을 끈다. 곧바로 전에 생각했던 것들이 갑자기 떠오른다. 이 건물의 구성은 최근에 새로 지은 건물에서 보는 것과는 근본적으로 다르다. 새로 지은 최근 건물들은 모든 것이 엄격하게 표준화되어 있다. 공장에서 생산된 것이다. 하지만 옛 건물들은 인간의 손으로 직접 지은 것이다. 공장에서 찍어낸 건물이나 작품과 그 지방 특유의 독특한 모습을 간직한 건물이나 작품의 근본적인 차이는 두 가지 서로 다른 삶의 방식과, 서로 너무도 멀리 떨어져 있는 서로 다른 두 개의 세계를 상징적으로 보여준다. 오늘날 임금노동자들은 공장에서 찍어낸 건축 자재들이 요구하는 대로 따라야 한다. 그러나 예술적 재능과 상상력을 겸비한 옛날 장인들은 끊임없이 돌 하나하나를 짜 맞춰 하나의 전체를 만들어냈다.

이곳에서 그 차이는 건물의 지붕에서 분명하게 드러난다. 이곳 건물의 지붕들은 추측컨대 대개 이 지역 근처에서 채굴된 슬레이트로 만들어졌다. 옛 건물의 어떤 지붕들은 놀랍게도 물이 새지 않게 하면서도 크기와 모양이 모두 다른 괴상하게 생긴 슬레이트 조각들을 아름답게 이어 맞춤으로써 예술적으로도 뛰어난 자기 나름의 독특한 모습을 보여준다. 하지만 새로 지은 건물의 지붕들은 공장에서 기계를 써서 정사각형이나 직사각형 모양으로 동일한 크기로 일정하게 잘라낸 자재들을 쓰는 덕분에 아주 기본적인 건축 기술만 있어도 쉽게 작업을 할 수 있다. 작업 지침에 따라 하기만 하면 된다. 지금 눈에 보이는 두 종류의 지붕들의 수나 제작 시기들을 비교해보면 새 건물들이 점점 옛 건물들을 대체하고 있다는 것을 쉽게 알 수 있다.

왜 그렇게 되었을까? 자크 엘륄은 새 기술이 나오면 그것을 적용하는 것은 당연한 일이라고 생각한다. 하지만 그 불가피성을 그대로 인정하는 것이 과연 옳은 일인가? 이것에는 적어도 두 가지 서로 다른 요소가 개입되어 있다. 하나는 유행에 대한 호기심이고 다른 하나는 게으름이다. 공장에서 찍어낸 물건들은 어디를 가든 만날 수 있고 효율성이 뛰어나며 끊임없이 새로운 것들이 나오는 반면에 자연을 접하거나 인간의 손으로 만든 물건들을 직접 느껴볼 수 있는 기회들은 점점 줄어들면서 사람들은 새 것을 택하고 옛 것을 촌스럽고 구식이라고 생각하며 멀리한다. 이러한 경향은 인간 내면에 타고난 게으름의 영향으로 더욱 가속도를 낸다. 이것은 궁극적으로 기술 발명이 그 자체로 부정적인 요소가 있으며 잘못 사용될 우려가 있음을 보여준다. 따라서 새로운 기술을 추구하는 충동이 인간의 본성과 서로 어떻게 작용하는지 주목해야 한다. 역사를 통해 충분히 확인된 것이지만 이러한 인간의 본성은 아무튼 큰 상처를 입었고 이런 특성을 나타내는 일곱 가지 대죄(기독교에서는 인간이 지은 수많은 죄 가운데 일곱 가지 근원이 있다고 믿었는데 교만, 탐욕, 음란, 분노, 탐식, 질투, 나태를 말하며 특히 가톨릭에서는 이것을 각각 일곱 악마 루시퍼, 마몬, 아스모데오, 사탄, 바알세불, 리바이어던, 벨페고르와 대비시킴 - 옮긴이) 라는 옛날 도식은 맞는 말이다. 그래서 사람들은 뛰어난 한 장인 밑에서 오랜 세월 도제 생활을 하면서 익힌 기술을 버리고 별로 도움이 되지 않는 표준화된 작업 교본을 택하는 쪽으로 옮겨가고 말았다. 이제는 공장에서 잘라낸 슬레이트나 거기서 찍어낸 타일을 사는 것이 훨씬 편해 보인다. 그 결과 지붕들은 더 도시화되고 현대적인 모습으로 바뀐다.

  과거에 한번도 이런 지붕들을 본 적이 없다. 손으로 이렇듯 뛰어난 예술 작품을 만들어낼 수 있을 거라고는 전혀 상상도 못했다. 지붕들을 자세히 보면서 사람이나 자연 경치, 인간이 만든 물건들, 그림들을 포함해서 모든 것들이 지닌 아름다움의 본질은 머리 속 상상만으로는 알아낼 수 없다는 사실을 깨달았다. 그러한 상상은 사물의 진정한 아름다움을 왜곡시킬 수밖에 없다. 우리는 모든 사물의 본질을 직접 눈으로 확인해야 하며 그것들이 사람들의 삶에서 어떤 자리를 차지하고 있는지 그 현장에 있어야 한다. 카미노에 있는 여러 마을들을 지날 때와 마찬가지로 이런 정교한 지붕들을 받치고 있는 담벼락들을 손으로 만질 수 있고 이 마을 사람들의 삶에서 풍기는 냄새를 살짝이라도 들이마실 수 있다면 사람들이 직접 손으로 만든 이 지붕들에 담긴 깊은 의미를 이해할 수 있을 것이다. 처음에 이 지붕들이 설계되고 만들어졌을 때 그것들은 이 마을 사람들이 살아온 방식을 반영하고 그들의 삶에서 없어서는 안 될 가장 중요한 부분을 형성했을 것이다.

그러나 지금 나는 이 지붕의 제조 기술이나 그것을 만든 사람들에 대해서 자세히 알지 못한다. 그런 지붕을 만드는 사람들이 아직도 이 마을에 사는지 이방인인 내가 알 수 없는 노릇이다. 나는 그런 지붕을 만들었던 세대에 속한 두 명의 구둣방 주인들을 만나는 행운을 누렸다. 하지만 아주 잠깐 동안밖에 얘기를 나눌 수 없어서 그것으로 지붕과 관련해서 이곳 마을 사람들의 삶을 유추할 수밖에 없다. 이제 우리는 한때 전체가 하나로 어우러지고 창의적이고 자율적이었을 그들 공동체의 삶을, 옛날 방식으로 만드는 수제 구두나 이 지역 고유의 전통 지붕과 같은 사라져가는 흔적들을 통해서만 알 수 있다.

트리아카스텔라 마을을 나오자 화살표들은 그동안 차량 통행이 별로 없었던 듯한 간선도로를 가리킨다. 놀랍게도 이 도로를 따라 가는 도중에 엄청난 진흙이 흘러내려 도로의 절반을 뒤덮은 곳이 두 군데나 있었고 또 어느 곳은 돌들이 흘러내려 길을 막기도 했다. 하지만 이 도로를 달리는 자동차들에게 이런 위험한 상황을 알리는 신호나 깃발들은 어디에도 없다. 아마도 아주 최근에 이런 산사태가 일어났기 때문에 그런 조치를 취하지 못한 것 같다. 실제로 흘러내린 진흙이나 돌들의 모습은 내가 이곳에 도착하기 바로 직전에 산사태가 일어난 것 같았다. 가끔씩 걱정스레 고개를 들어 도로 위로 삐죽 튀어나온 거대한 바위나 흙들을 쳐다보는데 어느 순간에 이 아래로 무너져 내릴지 모를 지경으로 위험한 형상이다. 재수 없게도 내가 지나갈 때 마침, 최근에 내린 비 때문에 균열이 생긴 엄청난 진흙과 덤불부스러기들이 아래로 흘러내려 땅 속에 매장되지는 않을까? 혹시 그런 상황이 발생하면 그걸 피할 시간은 있을까? 중세 시대 순례자들은 이 길을 따라가다가 늑대나 강도들을 만날까봐 걱정해야 했다. 그렇지만 지금은 살갗이 햇볕에 타는 것만 조심하면 된다. 하지만 이런 대형 산사태에 순례자들이 깔린다면 삼십 명 이상은 충분히 묻히고도 남을 것이다.

　엘 세브레이로를 내려오면서 만난 짙은 안개는 지금까지 보았던 어떤 안개보다 짙었다. 알바니는 여기서 다시 길을 잃었다. 그는 때로는 길에서 하루 종일 단 한 사람도 만나지 못한 적도 있다고 했다. 어쩌다 만나는 사람이 있다면 그는 다름 아닌 또 다른 순례자였다. 그러나 알바니는 트리아카스텔라로 가는 도중에 노새를 몰고 가는 한 사람을 만나 겨우 길을 찾게 되었는데 나중에 알고 보니 실제보다 두 배나 먼 길을 돌아간 셈이었다. 그는 트리아카스텔라 마을에 도착하기 전에 땅에 세워진 여러 개의 십자가들을 지나쳤는데 그 십자가들이 세워진 곳은 길을 가다 살해당하거나 강도를 당해서 길에 버려진 순례자들이 묻힌 곳이었다. 그는 이런 십자가들을 지나칠 때마다 덜덜 떨면서 속으로 생각했다. "나도 이런 십자가 밑에 묻히지 말라는 법이 있을까? 하지만 하느님의 은총으로 도중에 강도들을 만나지 않고 무사히 도착했으니 얼마나 다행인가." 알바니는 또한 이 지역은 너무 가난해서 밀가루로 만든 빵을 구하기가 성물을 주고도 힘들 정도였다고 기록하고 있다.

중간에서 잠깐 커피를 마시기 위해 두 번 쉰 것을 빼고는 여덟 시간을 쉬지 않고 걸은 뒤 사모스에 도착했다. 마을 중앙에는 레알 모나스테리오 데 산 훌리안 데 사모스라는 수도원의 우뚝 솟은 담벼락이 정면에 버티고 서 있다. 이 수도원은 그곳에 있는 성당과 함께 국가기념물로 지정되었다. 그 건물들의 진입로와 주변 거리까지 모든 복원 작업이 이미 완료된 상태였다. 그 가운데 약 2에이커 정도 넓이의 건물이 순례자들을 위한 알베르게가 있는 곳이 아닐까 생각된다. 내가 이곳에 온 까닭은 예로부터 순례자들에 대한 환대가 남다른 역사를 지니고 있기 때문이다. 오늘날 서양 문명의 방향과 기틀을 마련한 가장 중요한 인물 가운데 한 사람이며 서양 수도원 제도의 창시자인 성 베네딕토(547년 사망)는 자신이 만든 규칙 제53장에 다음과 같이 썼다. (지금까지도 베네딕토수도회에서는 이 규칙을 지키고 따른다)

수도원에 온 모든 손님들은 그리스도로서 대접받아야 합니다. 그들은 "내가 나그네 되었을 때 나를 영접하였고"(마태복음 25 : 35)라고 말할 것이기 때문입니다. 손님들, 특히 하느님의 종들과 순례자들에게 모든 정성을 다 하십시오. 수도원장이나 수사들이 손님을 잘 영접했고 평화롭게 지내도록 함께 기도했다는 말을 들으면 …… 손님들 모두가 그 그리스도의 사람을 찬미할 것입니다. 실제로 영접 받고 있는 사람은 바로 그리스도이기 때문입니다.

알베르게가 어디에 있는지 알려주는 표시나 안내판은 보이지 않는다. 보이는 것은 우뚝 솟은 견고한 담벼락과 굳게 닫힌 작은 문들뿐이다. 햇빛이 환하게 비친다. 빨리 빨래를 하고 싶은 생각이 든다. 어떻게 안으로 들어가지? 건물 주위를 한 바퀴 돌다가 거리에 있는 작은 주유소에 들러 물어보니 그곳에서 일하는 한 청년이 닫힌 문들 가운데 하나를 가리킨다. 그 문이 바로 알베르게 출입문인데 저녁 6시가 되어야 문을 연다고 한다. 빨래하기는 어려울 것 같다. 빨래를 해도 말릴 시간이 없기 때문이다.

주유소 종업원에게 먹을 것을 살 수 있는 곳이 어딘지 묻자 바로 길 건너 간이주점에서 식사를 할 수 있으며 여기서 좀 떨어진 곳에도 작은 가게가 하나 있다고 알려준다. 아마도 아직까지 문이 열려있을 거라고 한다. 그 청년이 가르쳐 준대로 수도원 건물을 돌아가니 바로 가게가 나온다. 문이 열려 있다. 마지막으로 남아있던 빵 한 덩어리를 사고, 수도원에서 순례자들에게 아무 것도 제공하지 않을 것 같다는 생각에, 오늘 저녁과 내일 아침에 요리를 하지 않고 그냥 먹을 수 있는 음식들을 산다. 주유소 청년은 가끔 수사가 6시 이전에 나와서 문을 열 때도 있다고 했다. 그래서 다시 수도원 앞으로 돌아와서 길바닥에 주저앉아 문이 열릴 때까지 기다리며 신발을 벗어 햇볕에 말린다. 또 다른 성 베네딕토 규칙은 이렇다.

> 영접을 받은 손님들은 기도를 할 수 있게 인도해야 합니다. 수도원장이나 그 대리인은 손님들과 함께 앉아서 기도해야 합니다.

> 손님들의 영적 성장을 위해 신성한 법을 읽게 하고 모든 정성을 다 하십시오 …… 수도원장은 손님들과 수사들의 손과 발을 씻어줍니다 …… 특별히 가난한 사람들은 더 세심하게 보살펴야 합니다. 그 중에서도 그리스도를 찾아 순례하는 사람들은 더욱 큰 환대를 받을 것입니다.

오후 4시쯤 되자 문이 열리고 수사 한 사람이 나온다. 땅바닥에 앉아 있는 나를 보더니 다가와 말을 건넨다. 그도 또한 알베르게 문 열쇠를 관리하는 수사가 6시 전이라도 나와서 문을 열기도 한다고 친절하게 알려준다. 조금 있다가 또 다른 젊은 수사 세 명이 나오더니 내게 인사를 한다. 그들은 희한하게도 내가 어떤 사람인지 자꾸 묻는다. 그들과 대화를 나누면서 그들이 수사가 되기 위해 준비 중인 푸에르토리코 출신의 수련 수사라는 것을 알았다. 그 가운데 한 명은 뉴욕에서 태어났다! 바로 그 순간 좀 나이가 지긋한 수사가 나타나더니 혹시 내가 자기 관할의 젊은 수련 수사들에게 어떤 나쁜 영향을 줄지 모른다는 인상을 남기며 그들을 데리고 간다.

이방인의 자리로 돌아와 길바닥에 다시 앉는다. 해는 아직도 환하다. 햇살의 온기 속에서 몸이 녹아내린다. 곧이어 알베르게를 관리하는 수사가 오더니 알베르게의 문을 열고 금방 사라진다. 안으로 들어가니 숙소는 길쭉한 모양에다 실내공기가 차갑고 습기가 차 있으며 어둡다. 열리지 않는 여러 개의 작은 창문들이 달려있는 벽에는 2인용 침대가 빙 둘러가며 가지런히 놓여 있다. 매트리스는 매우 더러웠지만 침낭 밑에 깔고 자기에는 충분하다. 숙소 한쪽 끝에는 채광이 잘 되는 타일을 붙인 커다란 욕실이 있는데 고맙게도 뜨거운 물이 나온다. 이런 축복을 주신 것에 감사하며 내일은 꼭 빨래를 하리라.

처음에 문 앞에서 만났던 수사가 저녁 기도회에 참석하라고 해서 그러겠다고 했다. 기도회 시간이 다 되자 알베르게를 관리하는 수사가 와서 나를 데리고 열다섯 명 정도 되는 수사들이 모여 있는 작은 예배당으로 안내한다. 아니 …… 이 사람들이 전부인가? 수천 명도 수용할 수 있었던 곳에서? 내가 도착하기 전에 시작한 성찬식을 진행하면서 근엄하게 송가가 울려 퍼진다. 성체안치기를 흔들며 축복의 기도가 끝난 뒤 숙소로 다시 돌아간다. 오늘밤 이곳에서 자는 순례자는 나 혼자이기 때문에 지하 감옥 같은 숙소는 오히려 아주 조용하게 쉬기 좋은 곳이 될 것이다 …… 그리고 오늘 베네딕토수도원에서 보여준 이해하기 어려운 손님 접대 방식에 대해서도 곰곰이 생각할 수 있는 좋은 기회가 될 것이다.

여기서는 아무도 내게 말을 걸지 않았다. 공동침실에는 침대들과 낡고 작은 탁자와 의자를 빼고는 아무 것도 없다. 그러나 유명한 갈리시아 가문의 열 명의 자식들 가운데 맏아들인 베니토 헤로니모 페이호오(1676~1774)가 불과 열네 살 때 여기서 수도복을 받았다는 것을 나는 안다. 여기서 보이지는 않지만 네모꼴의 수도원 건물 안 쪽에는 회랑으로 둘러싸인 뜰이 있는데 그 중앙에 과거 사진으로 본 적이 있는 페이호오 사제의 조각상이 서 있다. 페이호오는 사제 수업을 마친 뒤 오비에도에 있는 산 비센테 수도원에 부임해서 그 이후 마드리드로 두 차례 짧은 여행을 다녀온 것을 빼고는 죽을 때까지 그곳에 남았다. 호세 루이스 알베얀은 『스페인 사상사 비평』 3권에서 페이호오 수도사에 관한 장의 제목을 〈세기의 정신 : 페이호오〉로 붙였다. 그레고리오 마라논 같은 사람은 18세기 스페인의 계몽주의가 1726년 페이호오의 『비평서설』 제1권이 발간됨으로써 시작되었다고 주장한다. 그때까지 스페인은 '가장 깊은 어둠의 심연에 잠긴 적막의 세계'였다.

　마라논의 복잡한 은유는 페이호오라는 인물을 둘러싼 모호함을 잘 드러낸다. 페이호오의 글에서는 "메 두엘레 에스파냐 me duele España"(스페인의 고통은 나를 매우 아프게 한다)라는 구절이 자주 나온다⋯⋯ 이것은 20세기 들어 미구엘 데 우나무노가 정형화함으로써 독자들에게 친숙한 개념이다. 다방면에 지식이 풍부했던 페이호오는 쉰 살이 넘어서까지 글을 쓰거나 책을 출간하지 않았다. 하지만 그때부터 죽을 때까지 스페인 지식인들과 일반 대중들을 대상으로 스페인의 문화적 퇴보에 대해 비평하는 시론과 서신들을 정성을 다해 저술했다. 페이호오는 일반 대중들 사이에 만연한 신비주의적 관습과 학자들의 학문적 불임증에 대해 날카롭게 공격했다.

하지만 페이호오는 볼테르식 프랑스 계몽주의의 후예는 아니었다. 페이호오는 〈인류의 도덕적 노년기에 관하여〉라는 시론에서 고대 역사를 두루 살핀 뒤 이렇게 썼다.

> 이 세상은 구세주가 오신 뒤 세상의 일부가 천국으로 바뀌면서 다른 색깔을 띤다. 그때 진리를 받아들인 사람들은 선한 일에 헌신했다. 올바른 교리의 초원에서 풀을 뜯어먹으며 자란 작지만 자애로운 신도의 무리들은 순결한 사람들로 살았다. 초대교회의 조화, 순결, 신앙은 시인들이 상상한 것처럼 역사가 시작될 때부터가 아니라 역사가 흐르는 시간의 한 가운데서 전성기를 만들어냈다.

그러나 이러한 행복은 오래 지속되지 못했다. 박해가 끝나고 난 뒤 비로소 우리가 지금 아는 것과 똑같은 기독교가 탄생했다. 순교자들의 피가 교회의 벌판을 기름지게 만들었지만 이러한 자양분의 공급이 끊어지자 그 선한 일들이 거둔 수확은 정말로 빈약하기 그지없어 보인다. 모든 의심의 시선을 거둔 다음에야 비로소 옛날과 지금이 비슷하다는 것을 알 수 있을 것이다. 6세기에 번창한 성 그레고리 대교황은 높은 권좌에 앉아 전체 교회를 되돌아보면서 인간들은 별로 없고 짐승들만 많았던 노아의 방주와 교회를 비교했다. 교회에는 육체의 욕구만을 좇으며 짐승처럼 사는 사람들이 성령을 따르며 이성적으로 사는 사람들 보다 엄청나게 더 많다. 그 이후로 (상황이) 더 좋아졌던 적이 있었던가? 전혀 없었다.

우리는 여기서 페이호오가 겪은 고통이 자기가 태어난 나라의 지적 빈곤뿐 아니라 도덕적 빈곤에서 왔다는 것을 알 수 있다.

나는 페이호오가 사모스와 아주 긴밀하게 관계를 맺고 있다는 것을 처음 알고 나서 곧바로 의아한 생각이 들었다. 내가 지금까지 알았던 스페인과는 다른 스페인에 온 것인가? 세브레이로 마을의 기적과 매우 생각이 깊은 사상가 사이에 어떤 커다란 불일치가 있단 말인가? 나는 이런 의문의 해답을 페이호오가 쓴 〈기적에 대한 고찰〉이라는 서신에서 발견했다.

[이것이] 내가 이 문제 [기적이 일어났는지 안 일어났는지]에 대해서 조사를 진행한 방식이다. 진짜임이 충분히 증명된 기적들은 믿는다. 증거가 충분히 확보되지 않은 기적들은 의심한다. 면밀하게 검토한 뒤에 아니라고 판단된 기적들은 가짜 기적으로 판정한다.

그는 이 서신의 말미에서 "(기적을) 목격한 사람들의 수가 많다고 그 기적을 진짜로 인정할 수 있을까? 그렇지 않다. 기적은 그것의 질적 가치로 판단되어야 한다"고 썼다.

페이호오는 사모스의 수도원장과 수사들에게 『비평서설』 제3권을 바쳤다.

그 신성한 수도원에 대한 내 사랑은 내 의무를 다함으로써 입증됩니다. 또 그 의무는 너무 커서 오직 사랑으로만 충족시킬 수 있습니다.

내가 그 수도원에서 받은 가장 큰 은혜가 어렸을 때 거기서 배운 훌륭한 가르침이라고 할 때, 그 수도원이 받은 영예로운 일들 가운데서 가장 큰 것을 들라고 하면 비록 그런 영예로운 일들이 여러 가지 많고 모두 숭고한 것들이라고 해도 수세기 동안 끊임없이 가장 금욕적인 수도원 생활을 준수했다는 사실을 뽑지 않을 수 없습니다.

베네딕토수도회는 오늘날 유럽이라고 부르는 지역에서 온 가난한 여행자들과 순례자들에게 따뜻한 환대를 베푼 역사적 진원지로서 매우 중요한 역할을 해왔다. 우리는 이러한 역사에서 개인적 은총을 추구하는 행위와 집단적 봉사로서의 제도화된 의식 사이에 어떤 긴장 관계가 있었음을 알 수 있다. 수세기에 걸쳐 다양한 개인들과 집단들이 카미노를 찾는 순례자들에게 숙식을 비롯한 여러 가지 도움을 주었다. 나 또한 이러한 옛 순례자들의 발자취를 따라가는 사람들처럼 지금까지 일반 평신도가 운영하는 알베르게에서도 머물러봤고 수도회나 신도회, 지방 교구, 정부 관할의 알베르게에서도 머물러봤다. 하지만 이들 가운데 가장 좋았던 곳을 고르라고 한다면 주저 없이 비야프란카 델 비에르소에서 아리아스 하토가 운영하는 초라한 임시 오두막집을 들 것이다. 아주 기본적인 시설들만 있고 잡동

사니들이 여기저기 널려 있었지만 필요한 것은 모두 있었다. 무엇보다 사람들이 처음 그곳에 도착했을 때 바로 들어갈 수 있도록 언제나 문이 열려 있는 것 같다. 실제로 그곳에서 알베르게 문이 굳게 잠겨 있는 모습을 본 적이 없다. 그리고 조용히 잠을 잘 수 있고 목욕과 빨래를 할 수 있도록 따뜻한 물이 나온다. 그리고 빨래를 걸어놓기에 좋은 장소도 있으며 음식 또한 싸고 소박하지만 맛은 일품이다.

그 밖에 또 중요한 것이 있다. 카미노의 정신을 잃지 않고 살며 카미노의 신비스러운 분위기를 늘 간직한 듯한 한 남자와 그의 가족이다. 그는 자신이 소유한 자그마한 물질적 자원과 커다란 정신적 능력을 다른 사람들에게 아낌없이 나누어준다. 정부에서 파견한 사람들도 때때로 매우 인상적이고 매력적인 새 건물들을 세우기도 한다. 그리고 그들 또한 모두 친절하며 고마운 사람들이다. 하지만 시수르 메노르에서 순례자들을 위해 아름답게 가꾼 정원이 딸린 알베르게를 운영하는 마리벨 론칼과 비에르소에서 정말 독특한 숙박시설을 운영하는 아리아스 하토는 카미노와 카미노의 영광스런 역사에 진정으로 어울리게 살아있는 환대를 제공했다. 그 밖에 다른 모든 알베르게들 가운데도 비록 이 두 군데처럼 독특하게 순례자들을 맞이하는 곳과는 다른 범주에 속하지만 편안한 밤을 보낼 수 있는 좋은 곳들이 많다. 내가 지금까지 카미노에서 만난 모든 좋은 사람들 가운데 특히 이 두 사람은 기억 속에 길이 남을 것이다.

28
그동안 얼마나 천박하게 살았는가
사모스에서 포르토마린까지

    오늘 일어난 일들은 특히 흥미롭다. 내가 지금 스페인에 있다는 사실을 더욱 실감나게 해주는 사건들이다. 지난날 겪었던 어떤 사건도 오늘 일어난 일들만큼 풍요롭고 뜻 깊지 않았다. 이른 아침 수사들과 작별인사도 나누지 못하고 수도원을 떠난 지 얼마 지나지 않아 새로운 일들이 벌어지기 시작했다. 저 먼 곳에서 계곡 아래로 들려오는 정겨운 뻐꾸기의 울음소리가 다시 새로운 아침을 맞이한다. 오늘도 다른 날과 마찬가지로 스페인의 '아침의 총아'(제럴드 맨리 홉킨스의 시 '황조롱이'에 나오는 뻐꾸기를 가리키는 시어 - 옮긴이)를 눈으로 직접 보지는 못했다.

    너른 들판을 지나면서 여자 목동들이 지키고 있는 소규모 양떼를 두 번 만났다 …… 여자들이 이런 일을 하는 것은 처음 본다. 또 한 번은 땔감을 가득 실은 수레를 끌고 가는 황소 두 마리와 한 남자를 만났다 …… 아마도 올 겨울에 쓸 장작을 마련하는 것 같았다. 이미 죽었거나 마른 나무라면 바로 쓸 수 있을 것이고 생나무라면 1년 정도 말려야 할 것이다. 두 마리 황소의

◁산니콜라스 성당

뿔에다 다듬지 않은 길쭉한 막대를 묶고 거기에 이륜 수레의 양 옆으로 길게 채를 연결했다. 황소와 수레를 연결한 모습은 너무 고지식하고 단단해서 황소가 매우 불편할 것 같다는 생각이 든다. 이렇게 동물들의 힘을 이용하는 방법을 더 알고 싶다는 생각이 불현듯 떠올랐다. 또 얼마쯤 가다가 말린 풀을 수레 가득 실은 당나귀를 끌고 가는 한 농부를 만났다. 이것은 스페인의 농부들이 모두 기계로만 농사짓는 것은 아님을 보여주는 가장 확실한 증거다. 하지만 이내 의문이 든다. 오늘 만난 두 명의 여자 목동과 두 명의 남자 농부에 대해서 어떻게 생각해야 할까? 며칠 전 자동차들이 어디론가 바쁘게 쌩쌩 달리는 간선도로를 걸을 때 온몸과 마음을 아프게 만들었던 그런 세상에서 이들의 존재는 과연 무엇을 의미하는가?

오늘 걸은 구간은 지금까지 걸었던 어느 길보다 더욱 매력적이고 사람의 마음을 사로잡는다. 중간 중간에 자주 나타나는 울타리처럼 세워진 옛 돌담이 길 양쪽으로 가지런히 달리며 마치 좁은 골목길을 연상시킨다. 그 돌담 안 쪽이나 바로 옆으로 여기저기 나무들이 서 있다. 서로 복잡하게 짜 맞춰진 돌들은 장구한 생명력을 과시하며 구불구불하게 자란 고목들과 완벽한 조화를 이룬다. 이러한 기술과 자연의 합일된 모습은 장인의 솜씨와 자연의 우아한 생장력이 서로 어떻게 조화를 이룰 수 있는지 그 본보기를 보여준다. 어떤 곳은 그 고목들과 돌담 사이가 깊이 패어 있어 그곳에 흙탕물이 고여 있거나 도랑물이 흐르기도 하기 때문에 발이 빠지지 않도록 조심해야 한다. 실제로 한 곳은 길 전체로 물이 흘러넘쳤고 그나마 있던 징검다리 돌들도 모두 물에 잠겼다. 깊이 패인 도랑으로 바뀐 길을 피해 어디 높은 데로 올라가 갈 수 있는지 살펴본다. 돌담을 넘어가니 햇살을 환하게 받으며 무성하게 자란 풀밭이 있다. 그러나 돌담을 따라서 다시 걸음을 재촉하려고 할 때 비로소 그 풀밭 밑으로도 물이 흐르고 있다는 것을 알았다! 거기에 도랑 위로 난 딴 길은 없다. 따라서 신발을 적시지 않고 걸을 수 있는 방법도 없다. 하지만 500미터쯤 더 가자 길이 다시 내리막으로 바뀌면서 물길을 피해 갈 수 있는 돌들이나 마른 땅들이 나타났다.

이렇게 길을 걷는 동안 마치 어떤 즐거운 잔치에 초대받은 느낌이 들면서 새로운 미적 가능성의 영역에 발을 들여놓는 듯한 기분이 든다. 카미노에서 겪은 일을 가장 잘 묘사한 책이 에메릭 비코가 12세기에 카미노를 걸으며 만난 사람들과 당시 상황들을 자세하게 기록한 『성 야고보의 서』다. 또 라피나 알바니는 사람들의 마음을 사로잡는 모든 건물들(그것이 종교적 건물이든 아니든 가리지 않고)에 대한 특징들을 자신들의 해박한 지식으로 자세하게 기록할 뿐 아니라 그 건물 내부에 있는 장식물이나 성물들에 대한 자세한 정보도 함께 제공한다. 하지만 이런 기록들 가운데 어디에도 순례자들을 품고 있는 자연계에 대한 인식이나 이해를 나타내는 부분은 전혀 나오지 않는다. 오늘 나를 사로잡은 것은 바로 이 자연에 대한 생각이었다. 옛날 비코나 라피, 알바니가 성당 안의 세계를 보고 찬탄해마지 않았던 것처럼, 지금 나는 성당 밖의 자연계를 바라보며 경탄하지 않을 수 없다.

내가 태어난 세계, 자연에 대한 관심은 18~19세기 영국의 낭만주의에서 그 기원을 발견할 수 있다. 예컨대 토머스 그레이(18세기 중엽 영국을 대표하는 시인으로 북유럽의 고시를 번역하고 시대를 앞서 낭만주의 경향을 띰 - 옮긴이)는 1769년 컴벌랜드의 초목이 우거진 비탈을 내다보면서 "전원의 아름다움이라는 관점만으로는 발견할 수 없는 너무도 감미로운 광경"이라고 썼다. 이런 사람들의 마음 속에 들어온 자연은 그야말로 하나의 체험이며 깨달음이었다. 영국의 시골 풍경을 응시하는 것은 마치 어떤 평화로운 꿈에 취해 있는 것처럼 그 자체로 창조적인 상상력을 불러일으켰다. 그들이 본 것은 심오한 의미를 내포하고 있는 것처럼 보였다. 키츠가 말한 것처럼 자연은 "모든 상상력을 초월하고 모든 기존의 기억들과 맞서야 하는 냉정함 또는 그런 지적 상태"를 제공했다.

오늘부터 나는 이런 낭만적 감수성과 견해가 자연을 그런 식으로 생각하는 사람들을 소극적이고 무미건조하게 만든다는 점에서 불완전하다고 생각한다. 고목들과 어우러진 돌담, 오늘 길에서 만난 농부들, 구둣방 주인들, 슬레이트 지붕을 얹은 옛 돌집은 모두 자연 속에 있으며 또 자연을 지배하거나 파괴하지 않고 자연과 함께 사는 방법을 보여주는 대표적인 사례들이다. 이와 비슷한 활동들이나 예술 작품들 또한 특정한 공동체들이 자기를 표현한 결과물들이며 그 공동체들에서 당연히 나올 수밖에 없는 작품들이다. 그것들을 만든 사람들은 낭만주의 시인들과 똑같은 미적 감수성을 공유하고 있지 않았을 수도 있고 자연을 동경하는 마음을 가지고 있지 않았을 수도 있다. 하지만 또 한편으로는 그랬을 수도 있다. 과거에 나는 미국의 농부들과 애기를 나누면서 그들이 자신들을 둘러싸고 있는 자연의 아름다움에 대해서 전혀 이해하지 못하고 있다는 사실을 알고 매우 놀랐다. 재능 있는 개인들이 지역 사회에 필요한 것들을 제공하는 이런 중요한 공공 기술의 예들을 보고 나서 단순히 자연에 대한 낭만적 이해만으로는 뭔가 부족하다는 생각이 든다. 자연에 대한 진정한 이해는 자연과 인간의 손길이 우아하게 서로 결합된 모습을 보는 것에서 온다. 오늘 본 돌담 밖으로 자라고 있는 나무들의 모습이 바로 그것을 입증하는 가장 명백한 증거다.

하지만 그런 모습을 어떻게 볼 수 있을까? 어떤 낭만주의자들은 발로 걷는 것이 우리의 눈을 뜨게 할 수 있다고 생각했다. 워즈워스는 걷는 것을 부활과 깨달음으로 향하는 인생 여정이라고 찬양했다. 그는 시골로 가서 개인을 정신적으로 성숙하게 만드는 길이라고 믿었던 전원적 문학 전통을 찾았다. 이런 일부 낭만주의 작가들은 그렇게 함으로써 걷는 것에 일종의 구원과 부활로 이끄는 특별한 지위를 충분히 부여할 수 있다고 생각했다. 그들에게는 '문명'보다 '경작'이 오히려 걷는 사람들이 이룩한 성과들을 더욱 적절하게 표현할 수 있는 은유였다.

소로우는 걷는 것에 대해 다른 사람들보다 더 완전하게 이해하고 있다. 그는 사람들이 어떻게 하면 자신과 자연 세계에 대해서 훨씬 더 구체적이며 살아있는 경험을 할 수 있는지 이렇게 주장한다.

우리는 [걸어서] 여행하면서 먹을 것이 풍부한 시골에서 야생 과

일들을 채취하고 야생 동물들을 사냥하면서 생활할 수 있다. 빠르게 이동하면서 길에서 생계를 꾸릴 수도 있다. 나는 여행을 하는 중에도 자주 일자리를 얻어 일했다⋯⋯ 가장 싸게 여행을 하고 가장 짧은 거리를 가장 길게 여행하는 방법은 국자와 숟가락, 낚싯줄, 인디언들이 먹는 음식과 소금, 설탕 약간만 들고 발로 걷는 것이다. 개천이나 연못을 만나면 물고기를 잡아 요리해 먹을 수 있다. 또 속성으로 푸딩을 만들어 먹을 수도 있고 단돈 4펜스를 주고 농가에서 빵 한 덩어리를 사서 길 건너 개천에서 물에 적셔 설탕에 찍어 먹을 수도 있다. 이것만으로도 하루는 너끈히 해결할 수 있다⋯⋯ 나는 집에서 먹을 것을 하나도 가져가지 않고 자고 싶을 때 길바닥에서 자면서 그렇게 수백 킬로미터를 여행했다. 그것이 집에 그냥 있는 것보다 돈이 더 적게 들고 여러 면에서 더 유익하다는 사실을 알았다.

소로우는 오후에 숲 속을 걸으며 자연을 묵상하는 산책만으로 만족하지 않았다. 그는 인간은 끊임없이 자연 속으로 들어가려고 애써야 한다고 생각했다. 걷는 것은 단순히 영감을 얻고 통찰력을 기르기 위해 하는 행위가 아니다. 산행은 어쩌면 인간에게 어떤 고통을 주기 위한 목적으로 행해진 것인지도 모른다.

에메릭 비코는 순례의 본질에 대해 말하면서 걸으면서 부딪치는 많은 어려움들의 또 다른 측면들을 들여다본다. 모든 걷는 행위와 순례는 아담에게서 시작된다. 하느님의 명령을 어긴 아담은 낙원에서 추방되어 '이 황무지 세상'을 걷도록 벌을 받았다. 이 여정은 '아브라함과 야곱, 그리고 이스라엘의 모든 자식

들에서 그리스도에게까지' 계속되었고 '그리스도와 그의 사도들에서 완성되었다.'

> 유대민족이 수많은 시련을 통해서 약속의 땅에 들어간 것처럼 믿는 자들에게 약속된 거룩한 아버지의 땅에 들어가려는 순례자들은 간교한 여관주인들을 이겨내야 하며 산을 넘고 계곡을 기어오르며 길에서 만나는 강도들의 위협과 온갖 걱정들을 극복해야 한다.(『성 야고보의 서』)

최초의 잘못된 행위로 말미암아 후대에까지 그 영향이 확대된 이 여정의 독특함을 드러내는 또 다른 증거가 있는데 그것은 바로 〈방랑하는 유대인 The Wandering Jew〉이다. 전해오는 이야기에 따르면 예수는 십자가를 지고 예루살렘을 지나는 도중에 어느 구둣방 옆을 비틀거리며 걸었다. 구둣방 주인은 쇠약한 몸으로 힘겹게 걷고 있는 그 '죄인'을 도와줄 것을 요청받았지만 그는 "안다, 카미나!"(저리 가, 꺼져 버려!)라고 말하며 거절했다. 스페인에서 이 말은 죽어서까지도 영원히 계속되는 불길한 관계를 암시했는데 구둣방 주인은 그 벌로 세상이 끝나는 때까지 걸어 다녀야 했기 때문이다. 이탈리아의 한 점성가는 그 버림받은 구둣방 주인이 1267년에 콤포스텔라를 순례했다고 주장했다. 우리는 여기서 그 구둣방 주인이 낭만주의자들이 얘기하는 정처 없이 거니는 것보다도 훨씬 더 먼 거리를 걸었음을 알 수 있다.

오늘 나는 이 자연 속을 거니는 세계로 또 다른 한 발짝을 내딛었다. 그리고 새로운 것을 알았다. 자연은 바로 느낄 수 있는 생생함이 있으며 전에 전혀 경험하지 못했던 투명함이 있다. 그러나 그것은 사람들이 자연 속에서, 하느님이 창조한 세상 속에서 어떻게 품위 있게 사는지 배웠기 때문에 가능한 일이었다. 나는 언제라도 이런 것들을 느낄 준비가 되어 있다. 날마다 겪는 고통과 피로, 혼돈 …… 그리고 기도를 경험하면서 바로 그러한 어려움들을 통해 모든 감각들이 정화됨을 느낄 수 있었다. 나는 현대의 일상적인 삶에 노출된 모든 인공과 가상의 감각 세계를 벗어나기 위해 날마다 금욕적인 생활을 해야 했다. 하지만 이제는 낭만주의자들의 피상적이고 천박한 경험들도 함께 뛰어넘어야 한다.

카미노라는 특별한 자리에서 낭만주의자들을 되돌아볼 때 우리는 그들이 역사에서 얼마나 기이하고 모순된 모습을 보여줬는지 알 수 있다. 그들은 자신들이 보고 있는 것이 자연 세계라고 믿었다. 그들의 행동은 정말로 그런 시각의 토대를 만드는 하나의 발판이었다. 하지만 그들이 자연과 만나기 시작한 시점은 영국의 공장들이 하나하나 인간의 손으로 직접 만든 물건들을 기계가 만든 표준화된 제품들로 대체하기 시작하던 바로 그때였다. 따라서 낭만주의자들의 새로운 역사적 감각은 처음부터 점점 더 위태로운 상황에 빠져들기 시작했고 실제로 대다수 사람들과는 단절되어 있었다. 윌리엄 블레이크는 일찍부터 그것을 간파했고 소리 높여 강력하게 표현했다. 19세기에 이런 상황이 전개될 수 있음을 증언하는 제럴드 맨리 홉킨스의 신랄하고 상상력이 풍부한 시는 지금도 여전히 독보적인 자리를 차지

한다. 그가 바라보는 시선은 순수했다. 그는 자기 내면도 돌아보고 성지도 찾아 나서는 열정적인 순례를 통해서 자신이 '인간의 본성'이라고 불렀던 것을 이루어냈다. 그 또한 걷는 것에 대한 우리의 생각을 확장시키고 풍요롭게 만든 사람임은 부인할 수 없는 사실이다.

사모스를 떠난 뒤 몇 시간이 지나 카미노와 아주 밀접한 관계가 있는 여러 가지 역사들을 간직한 또 다른 마을 사리아에 도착했다. 그런데 노란색 화살표가 보이지 않는다. 거리도 복잡하다. 오늘 더 멀리 가려면 이 마을에서 쉬지 말고 그냥 통과해야 한다. 이른 아침이라 학교로 가는 어린이들과 청소년들이 많다. 여러 학생들에게 길을 물었지만 모두 어디로 가야 하는지 알지 못한다. 카미노에서 순례길이 어딘지 모르는 사람들을 만난 것은 이번이 처음이다. 이 어린 학생들은 학교에서 또는 자기가 사는 지역사회에서 무엇을 배우고 있을까? 자기들이 살고 있는 마을을 굽이돌아 나가는 옛 길에 대해 아무도 얘기해주는 사람이 없다는 말인가? 수많은 순례자들이 자기 마을의 한 가운데를 터벅터벅 걸으며 만들어낸 그 매혹적인 역사에 대해 알려주는 어른들이 없단 말인가? 다행히도 경찰서가 앞에 있어 안으로 들어간다.

경찰관들은 평소처럼 친절하게 자신들이 아는 것을 자세히 설명한다. 그리고 순례자 증명서에 도장을 찍어주겠다고 한다. 나는 하룻밤을 묵은 곳에서만 도장을 받는다고 말하고 나중에 내가 날마다 실제로 어디에 있었는지 분명하게 기록을 남기기 위해서 그런다고 설명한다.

경찰관들의 따뜻한 호의를 뒤로 하고 거리로 나선다. 마을을 벗어나 구불구불한 길을 따라 헛간이 딸린 농가 몇 채들이 옹기종기 모여 있는 자그마한 농촌 마을들을 하나둘 지나간다. 사리아에서 간이주점에 좀 들를 걸 그랬다는 후회가 뒤늦게 고개를 든다. 이 작은 마을들에서는 커피를 파는 가게를 찾을 수 없다. 포르토마린까지는 아직 몇 킬로미터 더 가야 한다. 그때 눈앞에 자그마한 로마네스크 양식의 성당이 하나 나타났다. 거기에는 새로 지은 알베르게도 있다. 스페인 정부가 올해 시행한 대규모 건설 계획의 결과임이 분명하다. 모든 곳이 새로 지은 지 얼마 안 되어 보였다. 벽 위에 붙어있는 명판을 보니 지방정부에서 재정 지원을 해서 지은 듯하다.

8시간 동안 약 40킬로미터를 걸은 뒤 커다란 호수를 굽어보며 언덕 위에 서 있는 포르토마린에 도착했다. 1956년 스페인 정부는 미뇨 강에 댐을 막아 옛날에 마을이었던 곳을 침수시켰다. 마을 사람들은 모두 근처에 있는 언덕 위로 이주해서 그곳에 새로 마을을 만들었다. 마을은 인공적인 느낌이 들기는 하지만 그래도 매우 아름다운 모습이다. 깨끗하고 넓은 길을 따라 내려가다 문득 오늘이 카미노를 걸은 지 4주째 되는 날이라는 생각이 떠올랐다. 독일에서 생각했을 때 콤포스텔라까지 가는 데 한 달쯤 걸릴 거라고 예상했다. 콤포스텔라에 거의 다다른 것으로 봤을 때 그 예상이 크게 빗나가지는 않았다. 이 마을에 들어오기 몇 킬로미터 밖에서 한 건물 벽면에 '아니모! (힘내세요. 얼마 안 남았어요!)' 라고 씌어진 낙서 문구를 보니 기분도 좋고 기운이 났다.

이 마을을 대표하는 건축물은 본디 다른 곳에 있던 것을 이곳으로 옮겨 다시 지었는데 돌을 하나씩 상자 모양으로 높게 쌓아올려 요새처럼 견고해 보이게 만든 산 니콜라스 성당이다. 성당의 깔끔한 선과 정밀한 설계는 좀 분명하지 않고 복잡한 이 건물의 역사를 뒤로 감춘다. 스페인 왕들의 지지와 후원을 받아 클뤼니 수도원에서 온 프랑스인 수사들은 10세기 말부터 스페인에 많은 수도원들을 세우고 개혁했다. 하지만 1141년부터 시토수도회 소속의 수도원들이 스페인에 들어서기 시작하더니 이후로 점점 확대되었다. 그들은 베네딕토수도회 전통을 따르면서 그 안에서 클뤼니 수도원들과는 또 다른 개혁 운동의 한 부분을 맡았다. 시토수도회 수도원은 세상과 완전히 분리된 채 엄격한 청빈 생활을 추구했고 교회조직이 봉토나 지대들을 받는 것을 거부했다. 그들은 자신들이 직접 노동을 해서 살림을 꾸렸는데 그것이 베네딕토 규칙의 가장 중요한 부분이라고 믿었다. 시토수도회 수사들은 자신들의 땅을 경작하기 위해 다른 하인이나 소작인들을 고용하지 않았다. 또한 어떤 경우에도 침묵을 지키는 원칙을 준수했으며 예배와 성당 장식, 건축물에도 청빈한 생활을 확대시켰다.

우르반 2세는 1095년 이슬람 세력에 대항해서 십자군을 소집했다. 1119년, 위그 드 페이앙은 성지 순례에 나선 순례자들을 보호하기 위해 예루살렘에 템플 기사단을 창설했다. 시토수도회의 개혁 운동을 이끌었던 성 베르나르는 1136년 위그 드 페이앙의 요청으로 『새로운 군대를 찬양하는 책』이라는 소책자를 썼다. 베르나르는 이 책에서 예로부터 전해져온 그리스도의 군인이라는 개념을 사용한다. 이슬람 세력의 끊임없는 침략에 대응하기 위해서는 그들과 지속적으로 싸울 수 있는 상설적인 그리스도의 군대가 있어야 했다. 베르나르가 수도원 제도의 원리와 기사 제도를 혼합해서 만들어낸 것이 바로 전설적인 수도사 기사단이다. 그 뒤 베르나르의 설교와 책의 영향을 받은 수도사 기사단들이 템플 기사단을 본떠서 스페인에서 창설되었다. 스페인 최초의 수도사 기사단인 칼라트라바 기사단(1158년)은 수도원 개혁 운동의 근거지인 시토수도원에 직접 소속되었다. 그 뒤를 이어 알칸타라 기사단, 산티아고 기사단을 포함해서 여섯 개 이상의 기사단이 만들어졌다. 성 아우구스티누스 수도회의 규칙을 따랐던 산티아고 기사단을 빼고 스페인의 주요 기사단은 모두 시토수도회 소속으로 그들의 생활 규칙을 따랐다. 이 기사단에 속한 수도사들은 전통적인 수도사 서약을 했는데 어떤 경우에는 이교도들과의 성전에 앞서 자신을 정화하는 의식을 거행하기도 했다.

독일의 튜턴 기사단들 같은 이들은 국토회복운동 기간에 무어인들과 전쟁을 벌이고 있는 스페인의 수도사 기사단을 돕기 위해 스페인에 왔다. 일부 기사단이 상주하고 있던 요새들은 콤포스텔라로 가는 순례자들을 보호하고 숙박을 제공하는 일을 하기도 했다. 아메리코 카스트로는 이 기사단들이 아프리카에서 스페인으로 건너와 안달루시아 왕국을 건설했던 호전적인 이슬람 분파인 알모라비데스(1086~1115년)와 알모아데스(1121~1269년)의 정책을 모방하거나 그것에 대한 대응 과정에서 생긴 것이라고 믿는다. 그러나 다른 역사학자들은 그 의견에 강하게 반발한다. 성 베르나르는 『새로운 군대를 찬양하는 책』에서 "신앙을 지키기 위해 싸우다 죽는 것은 그리스도를 위해 순교하는 것이다"라고 썼다. 그는 이슬람 전사들의 정신을 그 어디에도 암시하지 않았다.

이 기사단들 가운데 세 기사단이 포르토마린 주위에 요새를 두었다. 하지만 지금까지 그 흔적을 보여주는 곳은 산 니콜라스 성당의 웅장한 모습이 유일하다. 산 니콜라스 성당은 기록에 따르면 예루살렘의 산 후안 기사단 소유였다. 최초의 수도사 기사단인 템플 기사단이 그 성당을 세웠다. 그들은 12세기에 스페인에 와서 국토회복운동에서 중요한 구실을 했다. 그들은 매우 사악하고 끔찍한 음모의 희생양이 된 후, 1312년 로마 교황청의 탄압을 받았다. 산 니콜라스 성당과 같은 템플 기사단의 엄청난 소유 재산들이 산 후안 기사단에게 넘어갔다. 두 기사단은 재산을 둘러싸고 서로 갈등 관계에 빠졌고 마침내 서로 죽고 죽이는 관계로 악화되었다. 그리스도를 위해 순교한다는 베르나르의 생각은 걷히지 않는 어두운 구름으로 휩싸이고 인간의 사악한 욕망만이 지배하는 상황으로 바뀌고 말았다.

마지막 가파른 비탈을 올라 마을에 도착하자마자 바로 알베르게로 향했다. 정부에서 새로 지은 건물이다. 문이 열려 있다. 구석에 있는 깨끗한 새 침대 옆에 배낭을 내려놓고 더러운 옷가지들을 모두 벗는다. 다용도실에는 세탁기가 두 대, 건조기가 한 대 있다. 그것들을 관리하는 여인이 따로 있어서 빨래할 옷가지들을 그 여인에게 주어야 한다. 그 여인은 약간의 돈을 받고 세탁 일을 대행하는 것이다. 혹시 빨래를 내가 직접 할 수 있는지 알베르게 관리자에게 물었다. 옷가지들을 직접 빨아야 성이 차기 때문에 그것을 바꾸기 힘들다고 설명했다. 그다지 큰 문제가 없을 것 같은데도 그는 깜짝 놀라며 내가 하려는 것을 꺼려하는 눈치다. 나중에 알았지만 싱크대에서는 뜨거운 물이 나오지 않아서 빨래하기가 나빴다. 그래서 이런 곳에서는 양동이를 샤워실로 가져가서 거기에 뜨거운 물을 채운 다음 다시 싱크대로 가져와서 빨래를 한다. 내가 하는 행동을 속으로 중얼거리며 바라보고 있는 알베르게 관리인의 표정으로 봐서 "별 미친 미국놈이 다 있네!"라고 생각하고 있지 않을까 한다. 널따란 뒤뜰에는 한쪽에 빨랫줄이 걸려있고 젖은 신발을 말리기에 충분한 햇살이 하나 가득 내리쬐고 있다. 이런 기본적인 시설이 있는 알베르게를 만난다는 게 얼마나 반가운 일인가!

부엌은 모든 게 다 잘 갖춰져 있었지만 새 냉장고는 아직 작동하지 않았다. 나와는 별로 상관없는 일이다. 구석에 장작으로 불을 때는 멋진 구식 난로가 하나 있고 상자 안에는 장작들이 가득하다. 그 난로에 불을 필 줄 아는 사람이 있을까? …… 하는 생각이 문득 든다. 15년 동안 농장 생활을 하면서 그런 난로를 써서 요리를 했지만 오늘밤은 그럴 생각이 없다. 난로마다 그 나름의 특징이 있으므로 사용법을 잘 알아야 한다. 보통 쓰는 가스레인지가 한쪽 벽에 있다. 누군가 남기고 간 인스턴트커피까지 있으니 카페오레를 끓여 마실 수 있겠다. 시장에서 약간의 식료품들을 샀다. 햄 한 조각, 냉동 채소, 과일, 치즈, 요구르트, 우유 1리터가 다다. 오늘밤에 큰 컵으로 한 잔 마시고 내일 아침 또 한 잔 마실 수 있을 것 같다. 밤공기는 요구르트와 우유가

상하지 않을 정도로 차갑다. 창문밖에 놔두면 괜찮을 것 같다.

커다란 부엌 안에서 따뜻한 저녁을 즐기고 있을 때 지방 신문에 나온 기사 하나가 눈에 쏙 들어온다. 카미노 순례를 준비하는 방법에 대한 기사가 한 면 전체를 차지했다. 그 기사를 읽을 수는 있었지만 모든 내용을 이해할 수는 없었다. 기사가 스페인어와는 다른 갈리시아 지방 사투리 '가예고Gallego' 말로 쒸어 있었다. 다행히도 이곳 갈리시아에서 만난 사람들은 내가 그들의 말을 알아듣지 못하는 것을 알고 스페인어로 말했다. 신문에 나온 권고 내용들은 모두 웃음을 짓게 만든다. 예를 들면 순례를 떠나기 전에 체력을 보강하기 위해 15일에서 30일은 먼 거리를 걷는 연습을 해야 한다고 나와 있는데 난 고작 7일밖에 안 했다. 또 신발을 두 켤레를 준비해서 자주 갈아 신어야 하며 새 신발은 안 된다고 했다. 하지만 난 한 켤레밖에 없다. 4주 동안 카미노를 걸은 경험에 비추어 신문에 나온 정보들은 너무 과장된 내용이다.

기분이 좋다 …… 어떤 매혹적인 계시를 받은 날처럼 느껴진다. 그동안 시간이 빨리 지나가거나 통증에서 벗어나기를 바라는 기도를 하면서 로사리오 묵주를 돌리는 생각을 전혀 하지 않았다. 그러나 오늘 천천히 정성을 다해 기도문을 암송하다 보니 정신이 환하게 맑아지고 감정이 가라앉는 듯한 느낌이 들면서 모든 피조물들이 마치 반짝이는 햇살을 흠뻑 뒤집어쓴 것처럼 새롭게 보였다. 또 직감력이 점점 증가하면서 인식의 폭이 더 넓어지고 예민해졌다. 낭만주의적 사고를 훌쩍 뛰어넘은 듯한 느낌이다. 카미노는 나를 그 신비스러운 장소, 창조의 현장으로 더 깊숙이 데리고 갔다. 그동안 얼마나 천박하게 살았던 가! 내가 그동안 창조에 대해서 알았던 것이 얼마나 보잘 것 없었던가! 하지만 오늘밤 내 생각은 다른 곳으로 향한다. 어두침침하고 피로 얼룩진 형상 위를 비틀거리며 간다. 마타모로스 산티아고, 무어인들을 죽이는 사람, 산티아고 기사단의 특별한 수호천사 성 야고보의 이미지에 대해 생각한다.

29
나는 혼자이지만, 많은 사람들과 함께 걷는다
포르토마린에서 팔라스 데 레이까지

일정한 시차를 두고 지팡이로 포장도로를 톡톡 치며 가는 소리가 유난히 크게 들린다 …… 거리에는 아직 아무도 보이지 않고 지팡이 소리만 정적에 파묻힌 석조 건물들 사이로 부딪혀 되돌아올 뿐이다. 가다가 누군가 만나면 "부에노스 디아스 (좋은 아침입니다)"라고 진심어린 인사를 나누었다 …… 하지만 지금 이 순간은 고독과 침묵이 더 적절한 듯하다. 마음 한 구석 어디 어지러운 곳이 없다 …… 가뿐한 마음으로 활기차게 오늘의 종착지를 향해서 카미노로 발걸음을 내딛는다. 풍광이 아름다운 마을을 뒤로 하고 언덕을 내려오니 네거리가 나온다. 어디로 가야 하지? 어젯밤 어떻게 가라고 들었던 내용을 다시 생각해내려고 애쓴다. 어제 너무 무심코 듣는 바람에 기억이 잘 안 나 헤매고 있는데 순찰차 한 대가 내게 다가온다. 옛날 어떤 곳에서는 경찰관의 등장이 곧 순례자들에게 두려움과 위험을 알리는 경고였던 때가 있었다. 옛날 지방을 지키던 병사들은 때때로 순례자들의 금품을 빼앗거나 없는 세금을 강제로 부과하며 먹고 살았다. 그러나 지금 나는 그들을 만난 것이 반갑다. 오늘 시작부터 길을 잃을 뻔했기 때문이다. 경찰관들은 언제나 그러는 것처럼 매우 공손하고 친절한 모습으로 길을 자세히 가르쳐준다.

가다 만난 지역주민 한 사람이 오늘 갈 길은 처음에 조금 오르막이기는 하지만 그다지 경사가 심하지는 않을 거라고 했다. 정말로 오르막길이 많기는 한데 이렇게 여러 개의 높은 언덕들을 연달아 기어올라야 할 줄은 몰랐다. 돌려 말하면 그만큼 내리막길도 많고 다리도 아프다는 얘기다. 마침내 평지가 나타나기 시작한 것은 한참이 지나서였다. 여기에 사는 사람들이 느끼는 감과 내가 판단하는 감은 매우 다르다. 길을 가다 하늘을 보며 내게 비가 올 거라고 알려주는 농부를 만난다. 고맙다고 말하고 싶지만 왠지 어색하다. 그 농부가 내게 날씨 정보를 알려준 것은 맞지만 조금 있다가 내가 흠뻑 비에 젖을 거라고 알려주는 사람에게 어떻게 고맙다고 얘기할 수 있을까 하고 생각하니 웃음이 절로 나온다.

오르막길이 다 끝나자 눈앞에 새로운 세상이 펼쳐진다. 마치 세상의 맨 꼭대기를 걷고 있는 듯하다. 하루하루 지내던 일상 세계와는 완전히 다른 세상에 있는 듯하다. 전에도 이런 느낌이 들은 적이 있었다. 하지만 그럴 때마다 늘 처음인 것처럼 새롭게 느껴지는 건 웬일일까. 평평한 들판 언저리를 걷는 동안 모든 것이 특별하고 색다르게 보인다. 이 꼭대기에서 부는 비바람은 지금까지 겪은 것과는 다르다. 미국 일리노이 주 중부 지방에서 어린 시절을 보내며 맞았던 그런 비바람이 아니다. 자연과

학적 용어로 표현한다면 분명히 '희박하다'고 했을 그런 대기 속을 헤치며 간다. 내가 아는 것은 내 몸이, 좀더 정확하게 말하면 내가 그 공간을 느낀다는 것, 내가 이 산꼭대기에서 숨쉬고 걷는 것이 평소와는 다르게 느껴진다는 사실이다. 지금 친근하게 느껴지는 것은 오직 내리는 빗줄기뿐이다. 걷다가 도중에 아무리 거센 비를 맞아도 이제는 그게 더 좋다고 느낄 정도다. 비를 피하려고 애쓰거나 짜증내지도 않는다. 어쩌면 그 폭풍우는 내 시야를 맑게 씻어주는 구실을 할지도 모른다.

몇 시간 지난 뒤, 리곤데에 도착했다. 마을 입구에 보이는 집은 오직 두 채밖에 없다. 농가가 한 채 있고 그 옆에 알베르게가 있다. 그 앞에 서 있는 농부는 이 궂은 날씨에 실내에서 무슨 일을 할까 고민하고 있는 듯하다. 농부에게 인사를 하고 말을 건넨다. 농부는 매우 자랑스러운 몸짓으로 새로 지은 알베르게에 대해 솔직하고 자세하게 설명하면서 문을 열고 내부로 안내한다. 아마도 자원봉사로 알베르게 열쇠를 관리하면서 이 건물을 돌보는 일을 하는 것 같다. 호의는 고맙지만 더 가야 한다고 말했다. 카미노를 순례하는 사람들에게 부족함이 없을 듯한 농부의 소박한 집을 볼 때 새로 지은 알베르게들의 시설이 너무 화려한 게 아닐까 하는 생각도 들고 지난날 수많은 순례자들이 겪었을 시련과 위험들도 머리 속에 떠오른다. 아무리 생각해도 최근에 카미노를 따라서 곳곳에 새로 지은 알베르게들은 필요 이상으로 너무 과도하게 돈을 들여 지어진 것이 분명하다. 농부의 시선과 말소리에서 느껴지는 머뭇거림은 그도 나와 같은 생각을 하고 있다는 것을 알 수 있게 한다. 하지만 농부는 그런 것에 이미 초연한 듯하다. 그는 새로 지은 알베르게를 내놓고 비난하고 싶어하지 않는 모습이다. 여러 세대에 걸쳐서 그와 같은 처지에 있었던 사람들은 자신들과 다른 이교도적인 주장을 하는 사람들을 만났을 때 자신들을 어떻게 방어해야 하는지 배웠다. 더 이상 말을 꺼내 그를 당황하게 만들고 싶지 않다. 괜히 순박한 농부의 심기를 불편하게 만들지 말고 가던 길이나 계속 가야겠다.

지금 이 순간 이곳에서 느끼는 대기의 숨결과 생기 넘치는 들판은 내 마음을 완전히 사로잡을 정도로 너무나 아름답다. 하지만 들판 곳곳에 널려 있는 기계들과 어디선가 매우 강하게 내뿜는 악취는 여러 가지 의문들을 떠올리며 머리 속을 복잡하게 만든다. 대부분의 농장 헛간 뒤에는 우유를 저장하기 위한 스테인레스 전기 냉동 장치들이 있다. 옛날에 할아버지는 우유 수송 트럭이 올 때까지 농장에서 생산한 우유를 차갑게 보관하기 위해 우유통들을 커다란 수조 탱크에 넣어두었다. 지금 보면 그것은 우유를 신선하게 보관할 수 있는 그다지 효율적인 방법이 아닐지도 모른다. 하지만 이것은 당연히 따져볼 필요가 있지 않을까? 이곳 농부들은 무엇을 바라고 지금의 이런 삶의 방식을 상상하고 따라야 하는 산업농으로 전환했을까? 산업경제의 한 모퉁이에서 살아남기 위한 방편이었을까? 그들은 아직도 구둣방 주인과 같은 사람들의 삶을 인정할까?

미국에서는 돼지고기를 생산하기 위한 과학적이고 효율적인 방법으로 수많은 돼지들을 밀폐된 공간에 모아놓고 기른다. 그곳에서 나오는 역겨운 액비 냄새는 아직도 내 기억에 생생하다.

이런 종류의 돼지고기들이 시장에서 팔리는 것을 보면서 지금 스페인은 경제적으로 심각한 탐욕의 상태에 빠져 있다는 생각이 든다. 지난 이틀 동안 여러 농장들을 지나치면서 그곳에서 나는 심한 악취 때문에 매우 불쾌했다. 지금까지 카미노를 걷는 동안 농가나 들판에서 살아 있는 돼지를 본 적이 없다. 따라서 이곳에서도 돼지를 오직 밀폐된 시설을 갖춘 양돈 공장에서만 기르고 생산한다고 결론을 내렸다. 모든 동물들은 효과적으로 양육, 생산할 수 있는 기계 설비를 갖춘 공간에서 완전히 밀폐된 채 생활한다. 지난 이틀 동안 걸었던 지역들을 중심으로 이러한 생산 시설이 밀집되어 있다는 것을 나중에 알게 되었다. 지금의 독특한 비료 냄새는 전에 그런 축사들 주변에서 맡았던 냄새와 비교할 때 유난히 악취가 심하고 역겹다. 스페인 농부들은 미국 농부들보다 이런 역겨운 냄새들을 훨씬 더 잘 참을 줄 아는 걸까? 아니면 스페인 농부들은 이런 악취를 더 줄일 수 있는 기계 조작 방법을 아직 익히지 못한 건 아닐까? 어떤 경우든 맑디맑은 산 공기를 더럽히는 이 끔찍한 오염행위는 이 지역을 소름 끼치도록 황폐하게 만든다. 과연 이곳 농부들은 자신들의 전통적인 농업을 산업 생산 방식으로 바꾼 대가가 얼마나 참혹한 결과를 가져왔는지 반성하고 있을까?

팔라스 데 레이에 새 알베르게를 짓고 있다는 얘기를 포르토마린에서 들었는데 지금 그것이 완성되었는지 아는 사람은 아무도 없다. 지도에는 그 마을 가까이에 종합운동장 같은 것이 있다고 나왔다. 그것으로 미루어 짐작하건대 그 마을에는 적어도 작은 여관이나 호텔이 하나쯤은 있을 것이다. 거기서 하룻밤

쉬고 뭐라도 좀 먹어야겠다. 온몸이 비에 젖고 추워서 그런지 손가락들이 제대로 말을 안 듣는다. 판초 위의 단추를 풀거나 끼우기가 어려울 정도다.

마을 축구장 앞에 왔다. 몸은 완전히 지쳤고 …… 더 이상 걷기가 힘들다. 통증도 다시 시작되었다 …… 왼쪽 다리의 통증이 다시 도졌다! 순례를 시작하고 처음 며칠 동안만 다리가 아플 거라는 얘기는 젊은 사람들이나 아주 건강한 체질을 가진 사람들에게나 맞는 얘기다.

화살표를 따라서 아주 쉽게 새로 지은 알베르게에 닿았다. 읍사무소가 있는 광장 건너편 중심가에 있는 건물이다. 문에 붙은 안내문에는 지금은 숙박 시간이 끝났으며 다시 순례자를 받기 위해 문을 여는 시간은 오후 5시라고 씌어 있다. 방향을 돌려 거리로 나가다 얼마 안 가서 청년 한 명을 만났다. 근처에 어디 점심을 먹을 데가 없는지 물었다. 그 청년은 머뭇거림 없이 바로 한 음식점을 손으로 가리킨다. 여기서 두 블록밖에 떨어져 있지 않다. 지금 여기서 가장 중요한 문제는 몸이 완전히 비에 젖어 지치고 통증이 심하다는 사실이다.

겉으로는 길 가에 있는 그저 평범한 주택처럼 보이는 일반 대문 밖에 무슨 뜻인지 설명도 없이 '카사 쿠로(스페인어로 가게라는 뜻 - 옮긴이)'라고 쓴 아주 작은 간판이 걸려 있고 그곳이 영업을 하는 가게라는 표시는 어디에도 보이지 않는다. 살며시 문을 열고 안을 들여다본다. 실내 장식이 안 된 큰 방에 대바구니와 상자들이 여기저기 쌓여 있고 수수한 탁자와 의자 몇 개, 그리고 구석에 작은 스탠드바가 있다. 안에는 아무도 없고 건조하다. 스탠드바에는 아마도 브랜디 종류의 술이 있을 것이다. 언 손가락을 다시 움직이게 하기 위해서는 술 한 잔이 필요하다. 겨우겨우 판초를 벗어 지팡이 위에 아무렇게나 걸쳐놓고 배낭을 벽에 기댄 다음 바로 옆에 있는 의자에 앉는다.

 잠시 후, 주방처럼 보이는 방 끝에 있는 문이 열리고 한 여인이 나와 인사를 한다. 스페인에서 지금이 식사 시간으로는 너무 이르다는 것을 알기 때문에 나중에 밥을 먹을 수 있는지 물었다. 여인은 그렇다고 한다 …… 나도 그때 먹을 수 있을 거라고 말하는 것 같다. 그녀의 말 속에는 내가 좀 이상한 사람 같다는 느낌이 배어있는 듯하다. 하지만 그녀에게 뭘 물어 보기에는 너무 지친 상태다. 음식이 제 시간에 나올 것으로 믿고 스페인 브랜디 한 잔을 시킨다.

 거리가 내다보이는 작은 창문이 하나 있다. 이곳에 들어오고 나서 바로 비가 그치고 …… 해가 났다. 길 건너편에 보이는 간이주점에는 한 무리의 젊은이들이 그 앞을 들락날락 한다. 그들을 자세히 보니 모두 배낭을 메고 있다. 젊은이들이 무리를 이루어 함께 순례를 하는 모습을 보는 것은 이번이 처음이다. 그런 사람들이 수백 명에 이를 것이라는 얘기도 들었다. 그들을 실제로 보니 좀 머리가 어지럽다. 저 밖의 시끄러운 소리들과 격리된 채 이 방에 홀로 앉아 있으니 얼마나 고요하고 평화로운가. 하지만 젊은 순례자 무리를 이렇게 가까이서 보고 그들에 대해서 조금이나마 알게 된 것은 무척 흥미로운 일이다.

 혼자 생각에 빠져 있는 동안 갑자기 식당 주인아줌마가 커다란 접시에 수프와 빵을 들고 들어오는 바람에 깜짝 놀랐다. 그런데 안타깝게도 수프를 추가로 더 먹을 수 있게 따로 담은 수프 그릇은 없다. 내가 먹을 음식이다. 조금 있다가 갑자기 가게 문이 활짝 열리더니 밖에 있던 젊은이들이 서로 웃고 떠들면서 가게 안으로 몰려들어온다. 그들은 시끄럽게 탁자와 의자들을 이리저리 밀고 당기더니 자리에 앉는다. 주인아줌마는 아무 말 없이 접시와 식사 용구들을 그들에게 가져다주고 젊은이들은 식탁을 정돈한다. 그런 다음 탁자마다 수프가 나온다. 옆에서 보니 사전에 예약이 되어 있었던 것 같다. 결국 나는 예정에 없던 추가 손님인 셈이다.

가끔씩 주변에서 힐끗힐끗 돌아보는 시선에서 저 사람이 도대체 누구인가 궁금해 하는 분위기를 금방 느낄 수 있다. 그들은 내 판초와 배낭을 보고 내가 카미노를 순례하는 사람이라는 것을 알았을 것이다. 식사가 끝나자 무리 가운데 좀 용기 있는 (아니면 호기심이 많은) 한 젊은 여성이 내가 앉은 탁자로 오더니 인사를 하고 이것저것 물어본다. 어디서 왔느냐? 나이가 몇이냐? 하고 묻더니 깜짝 놀란 표정으로, 혼자 걷느냐? 오늘 얼마나 걸었느냐? 몇 시에 출발했느냐? 다리가 아프지는 않느냐? 하며 꼬치꼬치 묻는다.

우리가 대화를 나누는 사이에 주위는 모두 조용하게 우리를 바라보며 귀를 기울이고 있었다. 옆에서 이야기를 듣던 다른 사람들도 내 대답에 모두 놀랍다는 표정들을 지었다. 그들은 내 나이에 카미노 순례를 할 정도로 체력과 정력이 있다는 것이 믿기지 않는다는 표정들이다. 그들은 오늘 내가 걸은 거리가 얼마나 먼지 알고는 깜짝 놀랐다. 게다가 발에 물집도 생기지 않았다는 게 가능한 일인지 믿지 않는 것 같다. 그 젊은이들 가운데 일부는 벌써 물집 때문에 고생하고 있는 중이다. 어느 날 밤 한 알베르게에서 어떤 나이든 남자가 한 쌍의 젊은이들과 이야기를 나누면서 한 말이 문득 생각났다. "우리 늙은이들은 강한 사람들이에요!" 여기서 만난 한 젊은 여성과 그 동료들이 보인 반응들을 보면서 속으로 슬며시 웃지 않을 수 없다.

젊은이들이 가장 이해하기 어렵고 상상할 수 없는 것은 내가 혼자서 순례를 하는 모습이었다. 그들은 대부분 그런 생각을 해본 적이 없기 때문이다. 지금까지 내가 카미노를 걸으며 만난 사람들은 언제나 내 나이 때문이 아니라 내가 혼자 걷는다는 사실 때문에 매우 호기심어린 눈으로 바라보았다. 카미노라는 공간에 혼자 발길을 옮긴 사람은 옛날부터 그리 흔하지 않았던 것 같다. 혼자 순례를 한 사람에 대해서 가장 자세하고 흥미롭게 기록한 사람은 알바니다. 나처럼 혼자 카미노 순례를 시작한 사람은 지금까지 걸으면서 프랑스인 의사와 카나리아 제도에서 온 청년, 캘리포니아에서 온 미국인 젊은 여성, 딱 세 명밖에 못 만났다. 그리고 세 명이 함께 온 프랑스인 여성들은 가끔씩 혼자서 하루, 이틀 걷다가 다시 만나서 함께 걷곤 한다. 그녀들을 다시 만날 수 있다면 혼자 걸을 때와 같이 걸을 때가 어떻게 다른지 묻고 싶다.

사람들은 혼자서 저 밖에 있다는 것이 두려운 걸까? 지금 카미노에 위험한 것은 없다는 얘기를 들었으면서도 그렇게 두려워하는 까닭은 무엇일까? 사람들은 혹시 자기 자신이 두려운 것이 아닐까? 아니면 혼자서 아무도 없는 들판과 산들을 대면

한다는 사실이 두려운 걸까? 거대한 역사의 공간인 카미노에서 일어났던 기쁨과 경이에 대해 아무 것도 알지 못하는 것은 아닐까? 함께 순례하는 동료의 말에 귀를 기울이면서 어떻게 카미노가 당신에게 하는 말을 들을 수 있겠는가? 조용히 혼자서 비밀의 소리에 마음을 열지 않고서 어떻게 세상을 뛰어넘는 카미노의 신비 속으로 들어가길 바라는가? 한 번이라도 혼자서 카미노를 걸어본다면 다시는 다른 사람들과 함께 카미노를 걸을 생각은 하지 않을 것이다. 함께 걷는 친구들에게 신경을 쓰면서 어떻게 옛 순례자들이 전하는 다정하고 신기한 이야기들을 만날 수 있겠는가?

고독이 끔찍할 수 있다는 것은 사실이다. 무시무시한 유령과 사탄들이 홀로 조용히 있는 사람의 마음 속으로 들어올 수도 있다. 전해오는 이야기에 따르면 그런 사례는 많이 있다. 그 가운데 가장 널리 알려진 이야기는 성 안토니에 대한 것으로 그는 이집트 사막에서 은둔자로 살았다. 성 안토니는 356년 죽기 전까지 모든 상상을 뛰어넘는 모습을 한 사탄에게 갖은 방법으로 괴롭힘을 당했다. 바로 이 시련은 유럽의 화가들로 하여금 성 안토니가 사탄에게 받은 온갖 유혹을 생생하게 묘사하고 싶도록 영감을 불어넣었다. 서양의 수도원 제도에서는 어떠한 형태의 은둔자 생활도 기독교의 엄격한 규율과 원리의 지배를 받았다. 영적 지도자들은 고독은 절대로 쉽게 얻어지지 않는다고 말한다. 그렇다면 이곳 카미노에 혼자 있는 것은 위험한 일이 아닌가? 다른 사람들은 모르겠지만 나는 여기 혼자 있다고 느끼지 않는다. 나는 많은 사람들과 함께 걷는다. 나보다 먼저 이 길을 걸은 옛 순례자들 모두와 함께 걷고 있다. 내가 첫날 피레네 산맥을 넘지 못할지도 모르겠다고 생각했을 때 내게 힘을 주었던 것처럼 그들은 자주 내 손목을 잡고 어둡고 두려운 고독의 땅으로 나를 인도했다.

오늘 함께 식사를 한 젊은이들은 어쩌면 카미노 어디에서도 악한 사람들을 한 명도 만나지 못할지도 모른다. 그러나 순례자들을 속이고 갈취하고 심지어 죽이기까지 하는 사람들을 만나는 일은 수세기 동안 카미노에서 비일비재했던 일이었다. 그 악한들은 여러 가지 모습으로 나오는데 거의 모든 기록에서 그들에 대해 언급하고 있다. 비코는 악독한 여관주인들에 대해서 매우 장황하게 설명한다.

그들은 [순례자들에게] 맛좋은 포도주를 마시게 하고는 실제로 팔 때는 맛없는 것들을 판다. 어떤 사람들은 탄산음료를 포도주라고 속여 팔고 또 어떤 사람은 불량 포도주를 고급 포도주라고 속인다. 또 다른 사람들은 이삼일 전에 요리한 생선이나 고기를 팔아서 그것을 먹은 사람들이 탈이 나기도 하고 …… 어떤 사람들은 편안하고 깨끗한 잠자리를 약속해 놓고는 불결하기 짝이 없는 침실을 제공하기도 한다. …… 일부 악독한 여관 주인은 독한 술을 손님에게 마시게 해서 그가 곯아떨어지면 금품을 훔치기도 한다 ……

불순한 동기로 돈을 벌기 위해 카미노를 따라 들어선 여관들에서 일하는 하녀들은 사탄의 사주를 받아 순례자들의 잠자리에 접근해서 명백하게 비난받을 만한 짓을 한다. 포르토마린과 팔라스 데 레이 사이에 있는 산악 지대에는 이와 똑같은 동기로 지나가는 순례자들을 유혹하여 파멸에 빠뜨리는 몸을 파는 창녀들도 있었다. 하지만 그 창녀들은 발가벗기고 묶이거나 코가 잘린 채 대중들 앞에서 공개적으로 조롱당하기도 했다······ 형제들이여, 사탄이 순례자들을 지옥으로 떨어뜨리기 위해 던져 놓는 그물들과 함정의 문을 여는 방법은 정말 여러 가지가 있다. 그 모든 것을 여기에 기록하기가 역겹다.

비코가 묘사한 이런 사악한 사람들에 대한 처벌 방식은 일벌백계의 본을 만방에 보여줌으로써 다시는 그런 일이 일어나지 않도록 하겠다는 의지에 따른 것이었다. 그런 전통 관습은 18세기까지 이어졌다. 알바니는 교수형을 당하거나 목이 잘린 시신들이 지나가는 사람들 눈에 잘 띄도록 길 한가운데 내걸린 모습을 여러 차례 보았다고 말한다. 이러한 처벌은 순례자들의 금품을 강탈한 사람들에게 내려지는 공통된 응징 방식이었다. 당시 사람들은 이들의 썩어가는 시신이 앞으로 더 이상 순례자를 갈취하지 못하게 하는 살아있는 본보기가 되기를 바랐다.

비코는 또한 순례자들이 서로 분쟁을 일으킬 만한 행동을 하지 않도록 주의할 것을 당부한다. 그는 피레네 산맥 북쪽에 있는 카미노의 인기 좋은 숙소였던 산 힐 성당에서 일어난 일을 예로 들며 설명한다.

어느 날 밤 [성당 안에 있는 순례자들이] 성인의 의자 위에서 서로 싸우고 있는 모습을 보았다. 프랑스인 순례자들은 성인의 무덤 옆에 앉아 있었는데 바스크족 순례자들이 그 자리를 차지하기 위해 프랑스인 순례자들을 공격했다. 주먹과 돌이 날아다니는 싸움판으로 커지더니 마침내 한 사람이 큰 상처를 입고 마루에 고꾸라져 죽고 말았다. 또 한 사람도 머리에 상처를 입고 페리괴로 가는 길에 있는 카스텔노로 옮겨졌지만 그도 거기서 죽었다. 그러므로 순례자들은 스스로 싸움을 하거나 술에 취하지 않도록 조심해야 한다.

비코는 이런 내용의 기록을 자세하게 여러 쪽 더 기술했다. 비코를 비롯해서 자신이 실제로 겪은 일들을 글로 남긴 여러 사람들의 기록들을 볼 때 옛날 순례자들이 카미노에 도달하고 머무는 과정은 하나의 격렬한 투쟁이었음이 분명해 보인다. 이러한 사실들을 알리는 또 다른 이유는 여기에 카미노라는 공간이 간직한 진실이 있기 때문이다. 그리고 그 진실은 절대로 쉽게 금방 얻어지는 것이 아니다. 그것은 다 익은 사과처럼 저절로 툭 떨어지는 것이 아니다. 옛날에는 어딜 가든 고난과 위험이 상존했다. 따라서 옛날 순례자들은 카미노를 걸으며 정절을 지키고 온갖 유혹들을 피하기 위해 하느님에 대한 특별한 믿음이 있어야 했다. 하지만 오늘날, 이 모든 것은 변했다. 이제 카미노가 전하는 계시를 못 보게 정신을 어지럽히는 장애물들은 다름 아닌 옆에서 함께 걷는 동료나 친구들일지도 모른다. 각 시대마다 콤포스텔라에 이르고 순례자 성 야고보의 신비를 음미하는 나름의 적절한 방법이 있었다. 그것은 오늘날에도 변하지 않았다. 이제 우리 앞에 놓여진 과제는 오늘날 우리가 어떤 방법으로 카미노를 순례할 것인지 정하는 것이다. 내 경험에 비추어 그 방법은 책을 들고 가거나 동료와 함께 걷는 것이 아니라 홀로 침묵 속에서 순례하는 것이다. 진정한 카미노를 발견하기 위해서는 일종의 수양, 어느 정도 적절한 '아스케시스(askesis 금욕이나 고행)'가 필요하다.

이제 음식점 밖으로 나가 젖은 신발을 햇볕에 말려야겠다. 아무튼 오늘 여기서 일어난 일은 정말 놀라울 정도로 시점이 잘 맞아 떨어졌다. 한 무리의 젊은이들과 나를 빼고는 아무도 밥을 먹으러 음식점에 들어오지 않았다. 한때 남자 둘이 들어와서 술을 한 잔씩 마셨을 뿐이었다. 그들은 오랜 친구 사이 같았다. 우리에게 멋진 식사를 제공한 주인아줌마는 혼자서 이 음식점 일을 다 한다. 이 음식점을 카미노에서 특별한 곳으로 기억해둔다.

젊은이들은 점심을 먹기 전까지 아주 짧은 거리를 걸었으므로 오늘 남은 시간 동안 더 멀리 걸어야 한다. 알베르게로 돌아와 길 가에 앉아서 따스한 햇볕을 쬔다. 5시 정각에 한 여성이 오더니 문을 연다. 순례자들은 각자 순례자 증명서를 보여주고 도장을 받은 뒤에 비로소 입실이 허용된다. 친절하지만 '규칙에 따른' 응접이다. 이 건물은 전에 보던 공동 침실들하고는 달리 매우 넓은 공간에 여러 개의 방들이 복잡하지만 산뜻하게 배치되어 있다. 아직 쓰고 있지는 않지만 부엌도 좋고, 커다란 식당과 침실들은 여성용과 남성용이 나뉘어 있다. 여러 개의 창문들은 실내를 밝은 햇살로 환하게 밝혀준다. 하지만 내가 창문들을 열자 한 스페인인 순례자가 따라오면서 창문들을 다시 닫는다. 혹시 내가 그동안 만난 스페인 사람들은 신선한 공기에 알레르기 반응을 일으키는 환자들이 아닌가 하는 생각이 들기까지 한다. 창문 밖에는 발코니가 있는데 늦은 오후의 햇살을 받으며 빨랫줄 걸기에 좋다. 해가 저물기 전에 빨리 더러운 양말들을 모두 빨아 빨랫줄에 내다 건다.

샤워기들은 새로운 기술이 적용된 신제품들이다. 샤워기에 수도꼭지는 없고 버튼만 하나 달렸다. 버튼을 누르면 샤워기에서 적당하게 따뜻해진 물이 흘러나온다. 이삼초 지나면 물은 저절로 멈춘다. 아직 샤워가 끝나지 않았다면 다시 버튼을 눌러야 한다. 싱크대에서도 뜨거운 물이 나온다. 그리고 방을 따뜻하게 하기 위해 난방기에도 뜨거운 물이 흐른다. 스페인 정부는 순례자들의 편의를 위해 모든 물질적, 심미적 배려를 아끼지 않았다. 뭔가 결점을 찾고 싶은 마음이 들었지만 이렇게 세심하게 배려하는 모습은 정말 감명적이라고 인정하지 않을 수 없다.

식당은 또한 일종의 커다란 거실 역할을 한다. 멋지게 만들어진 화로에 장작불을 지핀다면 사람들이 그 주위로 반갑게 모여들 것이다. 지금 식당 안에는 갈리시아로 가는 관광객들이 좋아할 만한 가구와 여러 가지 홍보 자료들을 빼고는 아무 것도 없다. 프랑스어로 된 소책자 하나는 갈리시아 지역의 자연과 음식, 역사에 대해 칭송하는 내용으로 가득하다. 그 가운데는 지나가는 말로 성 야고보에 대해 설명한 내용도 좀 있다. 성 야고보가 걸은 카미노가 갈리시아 역사에서 한 시기를 구성한다고 씌어 있다. 유럽위원회는 카미노를 유럽 제일의 문화 여행지로 선언했다. 다시 여기서 '문화'라는 말은 어떤 의미가 있는 것처럼 보이기도 하고 동시에 아무 의미가 없는 것처럼 보이기도 한다. 중세 시대 성지 순례는 세상의 한 구석에 있는 이곳으로 다양한 지식과 문화를 전달했다고 주장하는 사람들이 있다. 그 결과 마침내 로마네스크 양식의 성당, 수도원, 오스피탈, 순례자, 알베르게들이 카미노를 '뒤덮었다.' 그리고는 그 지역의 음식을 칭송하면서 "갈리시아를 방문하기에 지금보다 더 좋은 때가 있단 말인가?"라고 묻는다. 하지만 관광객의 모습으로는 진정한 카미노를 발견할 수 없다. 콤포스텔라 순례를 현대 관광의 기원이라고 주장하는 사람들이 있다는 말을 들었다. 그 말이 어느 정도 일리가 있다면, 순례의 세속화는 실제로 타락을 의미하는 게 아닐까? 부유한 사람들의 유희를 만족시키기 위해 이국적이고 색다른 장소와 사람들을 파는 행위는 정말 비열한 처사다. 머리가 어지럽다. 노곤하니 눈꺼풀이 무겁다. 나 또한 그런 관광객 가운데 한 사람이 아닐까?

30
이 길은 나의 길, 나의 카미노가 되어야 한다
팔라스 데 레이에서 아르수아까지

오늘은 작은 마을을 여러 곳 지난다. 한 마을을 지나가다 집에서 나오는 한 여인을 만났다. 그 여인은 깨끗한 수건에 뭔가를 싸서 들어 보인다. 그녀가 손에 들고 있는 것이 무엇인지, 그리고 내게 무엇을 하려는지 몰라 걸음을 멈췄다. 알고 보니 그녀는 자신이 만든 둥근 치즈 덩어리를 내게 팔고 싶다는 뜻을 내비친 것이다. 그 치즈를 가지고 무얼 할 수 있을까 머뭇거리며 생각한다. 들고 가기에는 좀 무거울 것 같고 혼자서 이렇게 많은 치즈를 다 먹지는 못할 것 같다. 작은 소리로 중얼거리듯 미안하다고 하고 살며시 웃으며 그녀의 제안을 거절한다. 한참 가다 생각해보니 아까 그냥 그걸 살 걸 그랬다는 후회가 점점 더 깊어진다. 카미노에 있는 마을 사람이 직접 만든 것을 얻을 수 있는 기회는 이번이 처음이었다. 안타깝게도 그것을 이룰 수 있는 기회를 놓치고 말았다! 어쩌면 그렇게도 생각이 모자랄 수 있었을까? 지금 배낭 안에는 먹을 것이 하나도 없다. 그 치즈를 사서 다음 알베르게에서 다른 사람들과 나눠 먹을 수도 있었는데. 카미노 주변에 사는 사람의 정직한 삶과 노동의 결과를 함께 나눌 수 있는 기회를 놓치고 만 것이다. 어쩌면 그렇게 멍청할까? 어쩌면 그렇게 계산이 짧지? 내 자신의 편안함만 생각하다보니 결국 그런 어리석은 판단을 내린 게 아닌가? 아까 그 여인이 치즈를 사라고 했을 때 그것이 무엇을 의미하는지 왜 금방 알아채지 못했을까?

발밑에 무엇인가 밟히는 게 있다. 옛날에 놓은 돌다리다⋯⋯ 그 자태가 우아하고 균형 잡힌 모습이다. 조금 더 가니 또 다른 돌다리가 나온다. 아, 여기에 몇 시간이고 앉아서 이 경이로운 솜씨들을 감상할 수 있으면 좋으련만. 아마도 여기서 옛 선인의 뛰어난 솜씨를 찬찬히 살펴보면서 그것이 얼마나 훌륭한 노동의 결과물들인지 이해하기까지는 더 많은 시간이 필요할지도 모른다. 어쩌면 현대의 이미지들은 지금까지 생각했던 것보다 훨씬 더 완벽하고 철저하게 세상을 바라보는 내 눈을 오염시켰는지도 모른다. 치즈를 파는 여인과의 만남은 그것을 확인하는 중요한 시험대였다. 부끄럽게도 나는 그 시험을 통과하지 못했다. 그 전까지 나는 카미노의 고행을 통해 내 시각이 정화되었다고 생각했다. 얼마나 헛된 생각이었던가! 나는 지금 얼마나 낮은 곳에 있는가. 이제 또 다시 얼마나 먼 곳까지 기어올라야 하는가.

다시 또 작은 다리를 만났다. 콘크리트로 돌 모양을 만들어 쌓아 건설한 다리다. 그것이 다리라는 것은 분명하지만 무슨 재료를 써서 그것을 만들었는지, 그 모습이 얼마나 추한지는 누구나 금방 알 수 있다. 사람들은 왜 돌 대신 그런 대용품과 노동수단을 이용해서 다리를 건설했을까? 몇 킬로미터만 가도 인간의 솜씨만으로 쌓아올린 훌륭한 돌다리를, 플라톤의 이상형이라고 유추할 수 있는 뛰어난 솜씨의 다리를 볼 수 있다. '다리의 이상형'이라는 개념은 현실에서 더욱 완벽하게 실현될 수는 없었을까? 사람들은 이제 더 이상 그런 사물들의 이상형을 인지할 수 없게 된 게 아닐까?

토끼를 뜻하는 말, 리에브레에서 따온 옛 마을, 레보레이로 옆을 지난다. 이 마을은 수백 년 동안 토끼가 많이 사는 곳으로 유명했다. 이 나라에서는 일반인들에게 사냥이 허용되지 않는 지역임을 알리는 게시판을 자주 본다. 그러나 지금까지 카미노에서 한번도 야생동물의 흔적을 본 적이 없다. 야생동물이라고는 기껏해야 새들과 수많은 달팽이들을 본 게 전부다. 그 밖의 다른 야생동물들은 일년 전에 모두 사냥했다고 알고 있다. 하지만 아직도 작은 야생 동물들이 번성하고 있는 곳이 여러 군데 있다. 또 낚시를 허용하는 게시판들이 서 있는 물가도 여러 번 지나쳤다.

마을을 관통하는 큰 길을 따라 걷는데 건너편에 있던 한 여인이 내 쪽을 향해서 손을 마구 흔들며 큰 소리로 뭐라고 말하며 다가오고 있다. 그 여인이 가까이 올수록 의구심이 커진다. 마치 이상한 옷차림을 한 사나운 마녀가 달려오는 것 같은 모습이다. 그 여인은 내가 자기가 있는 곳으로 오기를 바라는 듯하다. 나에 대해서 왜 그렇게 흥분하는지 알기 위해 그쪽으로 걸어간다. 그 여인은 손짓과 몸짓을 섞어가며 큰 소리로 내가 길을 잘못 들었으며 카미노를 벗어났다고 주장한다. 그녀는 내 차림새를 보고 순례자라고 판단했던 것이다. 길을 잃는 것은 순간이다. 따라서 이 마을에서 방향을 잘못 잡았을 수도 있다. 하지만 이 여인을 어떻게 믿지? 이 여인과 같은 여인네들을 그린 고야의 그림들이 여러 개 갑자기 머리 속에 떠오른다. 어떤 미술사가들은 그 그림들을 어리석고 심술궂은 노파들을 그린 것이라고 생각한다.

그럼 어디로 가야 하는지 묻자 그 여인은 "따라오슈!" 한다. 그녀는 내가 왔던 방향으로 다시 올라간다. 한 100미터쯤 가서 양쪽으로 주택과 농가 건물들이 일렬로 늘어선 좁은 골목길로 방향을 바꾼다. 마침내 마을 밖으로 나오자 작은 내리막길을 가리킨다. 그런데 노란색 화살표가 보이지 않는다. 하지만 그런 것을 질문해서 그녀를 당황하게 만들고 싶지 않다. 어쩌면 그 여인은 정말로 내가 길을 잃고 카미노에서 몇 킬로미터 떨어진 곳을 헤매지 않도록 구해주었는지도 모른다. 고맙다고 인사를 하고 그녀가 가리켜준 방향으로 걸어간다. 도중에 이 길이 맞는지 확인해줄 사람을 만났으면 좋겠다. 1킬로미터도 못 가서 또 다른 여인을 한 사람 만났다. 외모가 매우 단정해 보이는 여인이다. 이 길이 카미노가 맞는지 묻자 그녀는 "맞아요. 제대로 가고 있어요"라고 대답한다. "하지만 노란색 화살표가 보이지 않는데요?"라고 되묻자 "음 …… 걱정 말아요 …… 그냥 이 길로 곧장 가면 되요"라고 한다. 고맙다고 말하고 길을 계속 간다. 그녀가 옳았다. 화살표들이 다시 나타난다. 정말로 놀랍게도 …… 카미노에서 길을 잃은 지 몇 분 만에 괴상하게 헝클어진 모습을 한 피조물이 나타나서 내가 길을 잘못 들었다고 알려주고 올바른 길을 가리켜주다니. 오늘의 순례길은 정말 다시 만나기 어려운 경험이다. 하지만 그것이 바로 세상이다. 나는 오직 그 사실을 인정할 필요가 있다. 하느님의 피조물로서 …… 내 삶의 진정한 의미가 무엇인지 희미하나마 손에 잡힐 듯하다.

알바니는 날이 어두워지고 있을 때 이 길을 따라서 마을에 도착했다. 비가 내리고 있었다. 그는 집집이 돌아다니며 하룻밤 묵게 해달라고 요청했다. 하지만 아무도 그에게 쉴 곳을 제공하지 않았다. 그는 어쩔 수 없이 거리를 이리저리 방황하는 거리의 전도자가 될 수밖에 없었다. 이것은 다른 말로 말하면 거리를 헤매고 다니며 자신들이 무슨 일을 할 수 있다고 큰 소리로 외치는 방문판매 상인이나 수공업자들처럼 자신이 어려움에 빠져있으니 도와달라고 큰 소리로 외치며 다녔다는 것을 의미한다. 그들은 때때로 자신들이 제공하는 일이나 제품이 무엇인지 알 수 있게 하는 특별한 종이나 호각, 뿔피리들을 들고 다니기도 했다. 마침내,

손에 작은 전등을 든 한 궁핍해 보이는 사내가 나오더니 자기 오두막으로 나를 인도했다. 이 마을의 집들은 모두 초가지붕을 씌운 오두막이었다. 그는 비록 이 마을에서 가장 가난했지만 최선을 다해서 나를 대접했다. 그는 자식이 여섯이나 있었고 매우 비참한 생활을 했다. 나는 그들에게 그날 얻은 모든 빵을 주고 24그램의 페세타도 모두 내주었다. 그들은 내 손과 발에 수없이 입맞춤을 했다. 그날 밤은 편안히 잠을 잘 수 있었다.

몇 세기가 흐르는 동안 순례자들이 카미노를 끼고 사는 사람들과 겪은 일들은 이처럼 수많은 이야기들로 전해 내려왔다. 알바니와 내가 거쳐 온 마을들 가운데 한 곳에 도착한 어떤 가난한 순례자가 어떻게 집집이 돌아다니며 집주인들에게 하느님과 성 야고보의 사랑으로 하룻밤 자기를 재워달라고 부탁하고 다녔는지 자세히 들려주는 이야기가 하나 또 있다.

그를 후하게 맞아준 마지막 한 집을 빼고 모든 집이 그의 면전에서 문을 닫아걸었다. 그날 밤 무시무시하게 큰 불이 마을 전체를 휩쓸어 모든 집이 잿더미로 변했지만 그 순례자가 잠든 한 집은 불에 타지 않았다.

한 여인이 빵을 굽기 위해 화덕에 빵을 넣고 있을 때 어떤 순례자가 그 집에 와서 일어난 일에 대한 또 다른 이야기가 있다. 순례자는 여인에게 작은 빵 한 조각이라도 달라고 부탁한다. 여인은 빵 부스러기 하나도 없다고 대답한다. 그러자 순례자는 "하느님이시여, [화덕 안에 있는] 당신의 빵이 돌멩이로 변하지 않게 하소서"라고 하고는 길을 떠났다. 여인이 화덕으로 가서 뚜껑을 열어 보니 거기에는 커다란 돌멩이 하나만 달랑 들어있었다. 너무 놀라 깜빡 제 정신을 잃은 여인은 순례자를 따라 급히 쫓아갔지만 그는 벌써 사라지고 없었다.

이런 이야기들은 유럽 전역에 널리 퍼졌다. 사람들은 대부분 그 이야기들이 무엇을 말하는지 알고 이해했다. 그러나 그것들을 정말로 믿었을까? 나는 '마녀'의 존재를 믿었던가? 내 행동은 어쩌면 이런 사람들의 세계, 그들이 믿는 신앙의 세계로 이어주는 하나의 통로가 아닌지 모르겠다. 이곳은 먼 곳에 있는 이방의 땅이다. 며칠 전 내 옆을 지나간 자동차들의 세계는 분명 아니다. 자동차들은 돈과 보험제도, 안전장치들이 있는 세계에서 움직인다. 알바니와 그 미지의 순례자는 길을 가다 날이 어두워지면 누군가가 문을 열고 그들을 맞이할 거라고 믿으며 집을 떠났다. 어떤 사람은 하느님이 그 인색한 여인의 빵을 돌멩이로 만들지 않도록 그 순례자가 자애로운 마음으로 기도했어야 한다고 생각했다. 나는 아까 '마녀'가 내게 길을 가리켜주기 위해 나타났다고 반쯤 믿었다. 무언가를 믿고 따르는 행위는 어리석거나 엉뚱한 짓일까? 우리는 과연 옛 선인들의 지혜를 통해서 또는 옛날이야기 속에 담긴 진실을 통해서 자연과 그 밖의 것을 바라보는가?

한참을 가다가 길 가에 앉아서 점심을 먹고 있는 스페인인 순례자 세 사람을 만났다. 어느 날 밤에 한 알베르게에서 만난 적이 있는 사람들이다. 그들은 웃으며 손을 흔들고 큰 소리로 함께 쉬었다 가라고 권한다. 왼쪽 다리에 다시 도진 통증이 너무 심하기도 하고 그들의 환대를 뿌리치기도 어려워 여기서 잠시 쉬었다 가기로 했다. 그들은 내가 다리를 절며 걸어오는 것을 보고는 그 중 한 사람이 내개 알약 봉지들이 든 상자를 하나 건네며 "한 봉지만 먹어 봐요"라고 한다. "음, 하지만 무슨 약인지도 모르고 어떻게 먹죠?"라고 웃으며 묻자 "몸에 전혀 해롭지 않아요"라고 대답한다. 그 약은 힘을 북돋우고 근육통을 낫게 하는 특수 포도당 알약이라고 설명한다. 다른 알베르게에서 어떤 순례자가 그 약에 대해 말하는 것을 들은 적이 있지만 실제로 보지는 못했다. 운동선수들이 즐겨 복용하는 약이며 다른 순례자들도 마찬가지로 그 약을 자주 먹는다는 느낌이 든다. 약을 준 사람의 친절을 거부할 수 없어서 그가 시킨 대로 한 알을 입에 넣고 녹인다. 그는 몇 알을 더 주며 앞으로도 또 다리가 아프면 먹으라고 한다. 나는 고맙지만 하나면 충분하다고 하고 사양한다.

치즈를 얹은 빵 한 조각을 먹고는 다시 배낭을 메고 그들에게 작별 인사를 한다. 몇 분 지나지 않아서 다시 통증이 시작되는데 그 어느 때보다 고통이 심하다! 카미노를 '편안하게' 걷기 위해서는 도중에 약이 떨어지지 않게 해야 한다는 말을 믿지 않는다. 하지만 그러면 카미노를 아무 문제없이 계속해서 걸을 수 있을까? 통증과 카미노가 아주 밀접하게 관련이 있다는 것을 더 이상 부인할 수는 없다. 그러나 나는 지금까지 너무 편안하고 안전한 것만을 찾았던 것은 아닐까? 나보다 앞서 이 길을 걸으며 사투를 벌였던 알바니와 같은 많은 옛 순례자들의 경험 속으로 들어갈 수 있는 수많은 기회들을 스스로 내팽개쳤던 적은 없었던가?

여덟 시간을 넘게 걸었다 …… 정말 긴 하루다 …… 그 어떤 날보다도 뼛속 깊숙이까지 관통하는 심한 다리 통증과 싸우며 드디어 아르수아에 도착했다! 목적지에 도착하면 훨씬 나아질 거라고 생각했다. 그 목적을 달성한 지금 그 생각은 확실히 옳았다. 하지만 지난 며칠 동안 상대적으로 큰 무리 없이 걸어왔는데 오늘은 그것을 완전히 되갚으려는 듯 다리 통증이 무척 심하다. 오늘 아침 팔라스 데 레이를 떠난 뒤 일어났던 일들을 종합해볼 때 오늘은 이번 순례에서 또 다른 영광스럽고 감동적인 날이라고 결론내릴 수밖에 없다. 알베르게를 찾아 읍내를 헤매다 운 좋게도 아까 길에서 만났던 스페인인 순례자들을 다시 만났다. 그들은 읍내 다른 곳에 있는 알베르게가 오후 5시까지 문을 열지 않으며 마을 중앙에 있는 성당 근처 골목의 작은 가게 주인아줌마가 순례자 증명서에 도장을 찍어준다는 것을 이미 알고 있었다. 좀 복잡하게 얽혀있는 골목길을 따라 가니 그 가게가 나온다. 순례자 증명서에 도장을 받으면서 그 스페인인 순례자들을 만나지 못했다면 이런 정보를 얻고 이 가게를 찾는 데 얼마나 많은 시간과 정력을 낭비했을지 상상이 안 간다. 얼마나 때 맞춰 만난 '행운의' 조우인가!

스페인인 순례자들은 주점으로 가더니 내게 커피를 한 잔 산다. 서로 아프고 지친 얘기들을 나누면서 좀 몸을 추스른 뒤 마을 한 구석에 있는 알베르게를 찾아갔다. 해는 환하게 빛나고 있다. 우리는 계단에 앉기도 하고 풀밭에 눕기도 한 채 알베르게 문이 열리기를 기다린다. 건물 주위로 부드러운 잔디가 깔려 있고 우거진 수풀 언덕이 그 뒤에 우뚝 서 있다. 정각 5시, 친절해 보이는 한 여인이 열쇠를 들고 와서 문을 연다. 옛날에 음악학교였던 이곳 알베르게는 좀 오래된 건물인데 커다란 방 하나에 새로 들여놓은 듯한 2인용 침대들이 여러 개 놓여 있다. 작은 욕실이 하나 있고 뜨거운 물이 나오는 샤워기가 두 대 있다. 화장실과 싱크대도 각각 하나씩 있다.

문 앞 계단에 앉아 있는 동안 알베르게에서 50미터 정도밖에 떨어져 있지 않은 곳에 커다란 빨래터가 있는 것을 보았다. 이 빨래터는 몇몇 마을과 읍에서 보았는데 아주 특별한 구조로 되어 있다. 옛날부터 동네 여인들은 거기에 모여서 자기네 옷가지들을 직접 손으로 빨래했다. 이곳에 있는 빨래터는 가로 8미터 세로 15미터쯤 되는 크기의 넓은 공간인데 지붕이 있고 삼면이 터져있으며 막힌 한 면은 끊임없이 물이 나오는 샘이 있다. 빨래터 중앙에는 콘크리트로 약간 비스듬하게 골을 만들어놓은 얕은 물웅덩이가 하나 커다랗게 있는데 그 둘레를 빨래판 삼아 빨래를 한다. 그리고 물웅덩이 바깥쪽, 지붕선 바로 안쪽으로 약간 솟아오른 돌이나 바닥 위에 빨래하는 사람들이 올라설 수 있게 해놓았다. 욕실에 있는 양동이에 뜨거운 물을 가득 채워 비누와 땀이 절은 더러운 옷가지들을 들고 곧장 그 빨래터로 갔다. 이 시간이면 빨래들이 햇볕에 충분히 마를 수 있다.

  시간이 늦어선지 빨래하는 사람은 동네 여인 한 사람밖에 없다. 나이가 좀 들어 보이는 그 여인은 내가 가자 반갑게 인사를 한다. 이 시설을 이용하는 데 어떤 특별한 기술이 필요한지 알기 위해 곁눈질로 살펴본다. 하지만 이미 알고 있는 똑같은 동작을 정확하게 반복할 뿐이다. 여러 세기 동안 대부분의 사회에서 사람들, 특히 여인들은 서로 매우 유사한 방식으로 옷을 빨았다. 물에 적신 빨래를 우툴두툴한 바닥에 반복해서 내리치고 나서 그것을 쥐어짜서 물을 빼내면 된다. 그 여인은 비록 비누를 쓰기는 하지만 바닥에 내리치는 것을 더 많이 한다. 비눗물이 샘 반대편에 있는 배수로를 통해서 언덕 아래로 천천히 흘러 내려간다.

옛날식으로 빨래를 해 본 것은 이번이 처음이다. 알베르게에서 빨래하는 경우는 대개 싱크대에서 해야 한다. 스페인을 떠나기 전에 옛날 방식으로 빨래를 한 번 해볼 수 있어서 너무 즐겁고 고마웠다. 이러한 경험은 내게 또 다른 세계를 떠오르게 만든다. 그 세계에서는 아주 멋지게 공학적으로 설계된 구조의 세탁기를 만들었다. 옛날 빨래터의 매력과 현대식 자동세탁기가 내뿜는 하얀 금속성 냉기, 이 얼마나 뚜렷한 대조인가.

옛날에는 이삼십 명의 사람들이 동시에 그 물웅덩이를 둘러싸고 서로 얼굴을 마주보면서 편안하게 옷을 빨 수 있었다. 어쩌면 동네 빨래터는 마을 여인네들이 옹기종기 모여 이야기를 나눌 수 있는 아주 중요한 장소 가운데 하나였고 지금도 그럴지 모른다. 동네 친구, 이웃, 친척들과 함께 탁 트인 전원에 앉아 함께 빨래를 하는 것은 아파트나 집에 있는 자동세탁기로 혼자 빨래하는 것과는 전혀 다른 느낌일 것이다. 이 나이든 여인 말고 다른 사람들도 이 빨래터에서 빨래를 할까? …… 하는 생각이 문득 든다. 어쩌면 더 이상 아무도 이곳에 오지 않을지도 모른다. 그동안 카미노를 걸으면서 관찰했던 다른 사람들처럼 …… 그러한 변화는 매우 중요한 단절이 될 것이다. 주위를 둘러본다 …… 우아한 숲으로 덮인 언덕도 보고, 한 해의 첫 꽃망울을 터트린 알록달록한 야생화들도 보고, 나지막하게 비탈진 곳에 환하게 깔려있는 풀들도 보면서 한가로이 고요를 즐긴다. 여기에 여인들이 많이 있었다면 분명 서로 웃고 떠들며 빨랫감을 마구 두드리고 있지 않았을까? 그럴 때 내가 끼어든다면 힐끗힐끗 쳐다보며 자기들끼리 서로 살며시 웃고 귓속말을 나눌

게 분명하다. 어쩌면 그런 공간은 이제 더는 존재하지 않는지도 모른다. 그 세계는 뒤로 물러섰는지도 모른다. 그나마 이런 과거의 흔적이라도 발견할 수 있었다는 것이 얼마나 고마운지 모르겠다. 이 오래된 돌 위에 올라서서 이런 옛 자취들을 따라 시간을 되돌아볼 수 있다는 사실이 너무도 고맙다. 적당한 햇볕을 받으며 빨래를 말릴 수 있는 시간에 맞춰 이 빨래터를 발견한 것은 행운이라 아니할 수 없다.

빨래들을 널고 따뜻한 물로 몸을 씻은 다음, 알베르게 앞마당 잔디밭에 앉아 따스한 오후 햇살을 즐긴다. 여전히 서늘한 바깥 공기는 지친 다리에 다시 생기를 되찾아준다. 여성 순례자 두 명이 읍내 쪽에서 이리로 오더니 건물 안을 좀 볼 수 있냐고 묻는다. 안에 있는 침대들이 모두 새 것인 것을 알고는 매우 반가워한다. 마을 한 가운데에 있는 옛 알베르게에는 침대가 하나도 없다고 설명한다. 그들과 얘기를 끝내고 오늘 저녁에 먹을 음식을 사러 읍내로 간다. 이 알베르게에 유일하게 없는 것이 부엌이다.

오늘 카미노에서의 기도는 나를 아주 색다른 곳으로 인도했다. 아버지 하느님이란 무엇을 의미하는가 하는 생각이 내 머리 속을 계속해서 맴돌았다 …… 그 밖에 다른 것은 아무 것도 생각나지 않았다. 그런데 그때 어디선가 갑자기 돌아가신 아버지가 내 앞에 나타났다. 그리고 나 자신이 아버지가 되어 내 앞에 섰다. 처음에는 이런 세속적인 관념이 머리를 어지럽힌다고 생각해서 그것을 지우려고 애썼다. 하지만 그 생각들은 그대로 머리 속에 남았다. 그래서 나는 이 생각들을 …… 형상화된 두 존재와 형상화할 수 없는 한 존재로 …… 서로 잘 구분해야겠다는 생각을 했다. 말하자면, 아버지 하느님이라는 개념과 돌아가신 우리 아버지에 대한 형상, 그리고 아버지로서의 내 형상을 서로 혼동하지 않도록 조심해야 했다. 하지만 생각이 마구 바뀌면서 이 세 가지 개념이 하나로 되었다가 다시 분리되더니 또 다시 다른 모양으로 하나가 되었다. 그 세 개념의 관계가 이렇게 변화하는 것을 두려워할 필요가 없다는 생각이 강하게 들었다. 이 개념들은 서로 어떤 실질적인 관련성이 있는 게 분명했다. 아버지와 자식의 관계는 또 다른 관계를 밝히고 그것이 다시 세 번째 다른 관계를 비춰주는 식으로 서로에게 영향을 끼쳤다. 그냥 거기에 무엇이 있는지, 그리고 거기에 드러난 모습 그대로 생각을 섞지 않고 볼 수 있다면 이 세 개념의 관계들을 더욱 잘 이해할 것이다. 일부러 더 명확하게 그 관계들을 파악하려고 서로를 구별하려고 하지 않았다. 오히려 다른 생각들을 반영하려고 하거나 특별한 지식을 찾아보려고 하지 않고 그냥 조용히 보이는 것 그대로에 의지했다. 머리 속에 떠오른 것을 그대로 바라보며 …… 스스로 깨닫도록 했다.

아버지는 내 눈앞에서 점점 커졌다 …… 살아계실 때보다 더 분명하게 아버지를 볼 수 있었다 …… 아버지는 내게 아주 짧게 말했다. 생전 처음으로 아버지가 하는 말을 들을 수 있었다. …… 지금 그 어느 때보다 아버지를 더 잘 알게 되었다 …… 이제야 비로소 아버지의 아들이 된 것 같았다. 아버지는 일생동안 성실하고 관대하고 열린 마음으로 나를 위해 사셨다. 이제 다시 장면이 바뀌었다. 내가 옛 순례자가 걸었던 길에서 출발했던 것처럼 이제 돌아가신 아버지가 걸었던 길을 내가 이어가야 한다. 아버지는 자기 자신을 위해서가 아니라 자기 가족과 나를 위해 고결한 삶을 사셨다. 이제 내가 그 역할을 떠맡아야 한다. 카미노에서 시작하는 하루하루가 언제나 새로운 것처럼 이제 날마다 우리 아이들의 아버지로서 무엇을 할 것인지 결단하는 하루하루가 되어야 한다. 진정 이보다 더 큰 사명은 없으며 더 중요한 존재도 없을 것이다. 우리는 이 모든 것을 아버지 하느님께 배운다. 만일 이런 표현이 가능하다면 하느님의 존재는 그의 아들에 대한 사랑을 의미한다. 또한 그것은 달리 말하면 아버지의 아들에 대한 사랑과 아들의 아버지에 대한 사랑, 곧 성령이라고 할 수 있다.

이제 생각은 천천히 매우 다른 모양으로 바뀌었다 …… 이제 통증 말고는 어떤 것도 머리에 떠오르거나 생각나지 않았다. 그 밖의 다른 생각은 모두 완전히 사라져 버렸다. 통증은 점점 어둠으로 바뀌더니 깜깜한 밤이 되었다. 그러나 바닥을 알 수 없는 구멍 한 가운데서 무엇인가 보였다. 순간 그 통증은 내 것이 아니라는 것을 직감했다. 그 통증은 정말 전혀 내 것이 아니었다. 내가 반응할 수 있는 그런 것이 정말 아니었다. 오히려 그 통증은 내 마음을 안정시키고 내 안에 자리 잡고 앉은 선물이다. 내가 남을 사랑할 수 있게 하고 내게 사랑의 능력을 주는 바로 그런 은총이다. 어제 나는 해야 하는 만큼 사랑하게 해달라고 기도했다. 그러나 세례를 받기 위해 교리문답을 공부하기 시작한 아이라면 누구라도 그것이 무엇을 의미하는지 안다. 지금까지 사랑받은 만큼 사랑하는 것이다. 우리는 감각적이고 세속적인 방식으로 그것이 그리스도 안에서 무엇을 뜻하는지 안다. 그리스도는 우리에게 사랑하는 방법을 하나도 빠짐없이 완벽하게 보여준다. 이 사랑을 함께 나누고 싶은 사람은 반드시 그리스도의 고통에 동참해야 한다. 바울은 "이제 내가 바라는 것은 그리스도를 알고 …… 그리스도와 함께 고난 받고 ……"(빌립보서 3 : 10) 라고 분명하게 말한다. 그는 더 나아가 공동체를 위해서 이 고통이 왜 필요한지 설명한다. "나는 이제 그리스도의 남은 고난을 그의 몸된 교회를 위하여 내 육체에 채우노라." (골로새서 1 : 24)

나는 이제 우리에게 길(카미노)을 보여주기 위해 오신 그리스도의 사랑을 함께 나눌 수 있는 한, 아버지 하느님의 사랑이 무엇인지 알 수 있고 그 길에서 사랑할 수 있다. 이 길은 고통의 면류관을 쓰고 걷는 길이다. 이 길은 또한 나의 길, 나의 카미노가 되어야 한다. 그것은 나를 위해서, 내 평안을 위해서만이 아니라 내가 사랑하는 사람들을 위해서도 필요하다. 내가 그리스도의 고통을 필요로 하는 것처럼 그들도 내 고통을 필요로 하며 그래야 비로소 그들도 사랑을 알게 되고 진정으로 남을 사랑할 줄 알게 될 것이다. 그들은 사랑하기 위해 내가 공동체의 남은 고통을 다 채울 때까지 기다린다. 따라서 오늘 내가 겪은 그 끔찍한 통증은 악이 아니다. 피하거나 덜어야 할 그런 것이 아니다. 그것은 사랑하는 사람들을 위해 내게 주어진 특별한 선이고 고결한 선물이며 은총이다. 오늘의 이 고통을 받아들이는 것은 우리 자식과 부모님, 그리고 사랑하고 싶은 모든 사람들을 위해 내가 할 수 있는 가장 위대하고 숭고한 일이다. 그들에게 줄 수 있는 선물 가운데 이보다 더 소중한 것은 없다. 이 선물이 가지고 있는 가장 경이로운 특징은 그것이 눈에 보이지 않는다는 것이다. 그리스도를 빼고는 아무도 그것을 알 수 없다. 내가 느끼는 고통을 알기 위해 내 근육과 뼛속을 들여다보거나 괴로움에 신음하는 내 정신 속으로 들어올 수 있는 사람은 아무도 없기 때문이다. 고통이 지극히 사적이고 누구도 알 수 없다는 사실은 좋은 일이다. 그것은 지극히 적절하다. 고통을 스스로 자랑스럽게 떠벌리기는 어렵지만 …… 자만심을 경계하는 수단으로서 고통은 매우 알맞다 ……

　내가 어떻게 이런 고통을 체험할 수 있었을까? …… 이런 것을 어떻게 알게 되었을까? …… 카미노에 오지 않았다면 말이다. 이곳은 정말 은총의 자리이며 하느님의 영광이 함께하는 곳이다.

요스트 암만, 〈야고보 형제〉 1568년, 바이에른 시립도서관, 뮌헨.

31
멀리 안개에 싸인 산티아고가 보인다
아르수아에서 몬테 델 고소까지

이제 이 모험의 막바지에 다가가고 있다. 오늘 저녁이면 아마 콤포스텔라에 닿을 수 있을지도 모른다. 그러나 아침 일찍부터 무릎 아래쪽으로 찾아온 통증이 다시 시작되었다. 콤포스텔라에 도착해서 통증 때문에 그곳의 복잡하고 경이로운 모습을 제대로 둘러보지도 못하기보다는 콤포스텔라에 들어가는 일정을 하루 더 뒤로 미루는 편이 나을 것 같았다. 하지만 또 다른 한편으로 이 통증은 그 전설적인 도시에 아주 잘 어울리는 조건이 아닐까 하는 생각도 들었다. 이렇게 생각이 엇갈리고 있는 사이에 어느 큰 마을에 도착했다. 문득 마음 속에서 뭔가 갈급한 느낌이 퍼진다. 지금 이 통증을 치유할 수 있는 가장 직접적이고 적절한 동반자로서 …… 커피 한 잔 마시고 싶은 마음이 간절하다.

거리에서 마주친 한 청년에게 커피를 마실 수 있는 가게를 찾고 있다고 했다. 이 시간에 농촌 마을에서 문을 연 곳이 있을까? 그 청년은 "네, 있어요. 여기서 1분도 안 걸려요. 절 따라 오세요"라고 대답한다. 반 블록쯤 가자 여러 갈래의 거리들이 만나는 작은 광장 옆에 캠핑용 트레일러 한 대가 주차해 있는 모습이 눈에 띈다. 트레일러 옆은 열려 있고 그 안에 주방과 스탠드가 있다. 사람들은 거기에 서서 음식을 먹을 수 있다. 광장에 있는 나무 주변에 의자와 탁자들이 널려 있다. 잠시 후, 멋진 야외 카페가 만들어졌다. 자리에 앉아 곧바로 카페오레 한 잔을 마시며 기운을 차린다. 그 청년과의 만남으로 무릎 아래로 온 통증은 잠시 뇌리에서 사라졌다. 그 청년을 만난 순간 오늘 하루가 갑자기 바뀐 것이다. 이 마을 사람들이 집에서 나와 그들의 하루 일과를 시작할 때까지 기다릴 수 없었던 때, 마침 내가 가장 간절히 알고 싶은 것을 아는 바로 그 사람을 만난 것이다. 이제 서둘러야 할 시간이다.

다시 현실로 돌아왔다. 얼마 동안 노란색 화살표를 보지 못했다. 다리 통증에 신경을 쓰느라 길을 제대로 보지 못한 건 아닐까? 여기서 길을 잃는다면 일정이 너무 늦어지는데. 길을 물어볼 사람을 만나길 바라면서 콤포스텔라로 가는 방향이라고 생각하는 쪽으로 터벅터벅 걸어간다. 조금 걸어가니 도로 근처 큰 집의 덧문에 페인트칠을 하는 한 남자가 있다. 그 남자에게 내가 카미노에서 벗어나지 않았는지 묻자 하던 일을 멈추고는 잠시 기다리라고 한다. 그 남자는 내 쪽으로 오면서 말한다 …… 내가 길을 잃지 않았다고 …… 정말로 나는 길을 제대로 가고 있는 중이다. 그 남자는 마침 새로운 알베르게에 마지막 손질을 하고 있는 중이었다. 이 알베르게는 본디 자기 집과 땅인데 이제 순례자들을 위한 쉼터로 바꿨다고 한다. 그는 살며시 웃으며 나보고 첫 손님인데 안으로 들어오라고 한다. 그에게 고맙지만 오늘 출발한 지 얼마 되지 않았기 때문에 목적지까지 아직 갈 길이 멀다고 이해를 구했다.

그 남자는 비야프란카 델 비에르소의 헤수스 아리아스와 시수르 메노르의 마리벨 론칼을 안다고 한다. 이제 이 사람이 새로 마련한 알베르게까지 합해서 카미노에는 민간인이 소유하고 운영하는 알베르게가 세 군데로 늘어났다. 그는 지구의 특정한 곳에서 발견되는 푸에르사스 마그네티카스(fuerzas magnéticas 창조 과정에서 발생하는 '우주 진동'과 같은 것과 관련이 있는 '자기력'을 말함)에 대해서 말하면서 카미노는 그러한 의미심장하고 강력한 현상이 특별히 많이 일어나는 곳이라고 한다. 그는 자기 집이 이러한 신비스런 힘이 작용하는 중심에 있다고 믿는다. 갈리시아 지역에서 예수가 나타났을 거라고 믿는 장소들에 대한 증거는 로마시대 이전으로까지 거슬러 올라간다.

오늘날 콤포스텔라에 성 야고보 사도의 시신이 있다는 것을 나타내는 하늘의 표시들은 옛날에 이 '땅 끝' 지역에서 나타났던 더 오래되고 다양한 초자연적인 징후들의 역사 가운데 일부일 뿐이라고 주장하는 사람들도 있다. 그 주제에 대한 문헌이나 책들은 지금도 끊임없이 발간되고 있다. 더 최근의 내용들 가운데 일부는 뉴에이지적인 특징이 두드러지기도 하지만 그 전에 나온 연구서들이나 견해들은 고대 연금술의 전통에 닿아 있다. 나는 그것에 대해 거의 생각해본 적이 없지만 이제는 아리아스 하토가 그러한 것과 어떤 연관성이 있거나 그런 권위를 지녔다는 것을 믿는다. 이런 문제를 이 사람과 함께 얘기할 수 있다면 참 좋겠지만 지금은 목적지를 향해서 다시 길을 재촉해야 한다. 이 긴 여정의 끝이 점점 가까이 다가오면서 빨리 그곳에 가서 땅 끝에서 나를 기다리고 있는 것이 과연 무엇인지 보고 싶다. 새 알베르게 주인에게 축하인사를 하고 건강을 기원하면서 다음 언덕 위로 오르기 시작했다.

 몇 시간을 걷고 나서, 도중에 밥을 먹으며 충분히 쉬기만 한다면 다리의 통증을 이겨내고 오늘 일정을 소화할 수 있을 것 같다는 생각이 든다. 잘 먹고 잘 쉰다면 지치고 아픈 몸이라도 충분히 이겨낼 수 있는 마법과 같은 일이 일어날 거라고 믿는다. 길 건너에 있는 주점을 보니 그 밖에 다른 것은 아무 것도 생각나지 않는다. 좀 낡고 수수한 건물 …… 문을 열고 들어간다 …… 어두운 실내에 적응하고 나서 안을 살펴보니 이 작고 정돈이 안 된 가게에 있는 사람은 나 혼자뿐이었다. 왼쪽으로 열린 문을 통해서 농부 두 사람과 얘기를 하고 있는 나이든 여인이 한 명 보인다. 그 여인의 겉모습은 흐트러지고 지저분한 가게와 딱 맞는다. 여기서 뭣 좀 먹을 게 있냐고 묻자 그 주인 여자는 퉁명스럽게 "없어요." 한다. 그녀의 표정으로 보아 나를 손님으로 생각하지 않는 것 같다. 다시 먹을 것을 파는 곳은 여기서 얼마나 가야 있는지 묻자 무표정한 얼굴로 "5킬로미터"라고 한다. 이 가게에 있을 것 같으면서 내게 필요한 게 뭘까 생각하다가 브랜디 한 잔을 시킨다. 술잔을 들고 햇볕이 반겨주는 밖으로 나와 바위 위에 앉는다. 독한 알코올의 콕 쏘는 맛을 느끼며 천천히 한 모금 마신다.

잠시 쉬면서 멀리 있는 언덕을 바라보다가 한 농부가 건초 더미를 가득 실은 수레를 끄는 황소들을 몰고 도로로 나서는 모습을 본다. 저 건초 더미는 어쩌면 새해 처음으로 벤 풀들을 말린 것인지도 모른다. 문득 …… 저 농부는 풀들을 어떻게 베었을까? …… 들판의 풀들은 언제 김을 맬까? …… 건초들을 수레에 어떻게 실었을까? …… 건초 더미는 어떻게 저장하지? …… 어떤 가축들에게 저 건초들을 먹일까? 나는 그런 일들을 혼자서 다 했다. 저 농부는 과연 어떻게 할지 궁금하다. 지금까지 카미노와 함께 하는 뭇 생명들을 너무 가볍게 대했다. 그러나 그것들에 대해서 나 자신에게 물을 수밖에 없다 …… 나는 그것들을 알 수 없다 ……

이제 도로를 따라 달리는 도랑이 시선을 잡아끈다. 도랑에는 활짝 핀 칼라꽃들이 가득하다. 미국의 백과사전에는 이 꽃을 "실내 화분용 또는 온실용 화초"라고 정의해 놓았다. 그런데 이곳에서는 일반 도로를 따라 야생화처럼 꽃봉오리를 활짝 터트리고 있다. 평소에 본 여느 꽃들처럼 크고 아름답다. 서로 어울리지 않는 세 장면이 겹친다. 자신의 소굴에 웅크리고 있는 퉁명스럽고 약간 험악하게 생긴 노파, 느릿느릿 움직이는 가축들을 몰고 가는 가난한 농부, 길게 늘어선 수많은 칼라꽃들의 맑고 깨끗한 행렬의 어울리지 않는 장면 배치는 어느새 아픈 다리 통증을 모두 사라지게 했다. 무심코 눈 안에 들어온 모습들을 어떻게 이해할지 생각도 없이 그냥 편안하게 그 기이함을 응시한다. 비록 그 노파와 농부에 대해서 아는 것은 전혀 없지만, 그리고 집에 있는 백합꽃을 보고 넋이 나가본 적도 없지만,

지금 나는 그들의 공간으로 들어갔고 그들의 세계로 걸어 들어갔다. 그것들은 그냥 눈앞을 스쳐지나가는 그런 장면들이 아니다. 그 장면들을 사진 찍으려고 하는 것은 그들의 세계를 침범하는 것이고 그들의 존재를 배신하는 행위며 그들을 천박하게 대하는 것이다.

잠시 후면 나는 또 다시 신발에 들러붙어 점점 두텁게 쌓이는 진흙들과 씨름을 하고 있을 것이다. 다리는 다시 몇 킬로그램씩 무게를 더 할 것이고 걸음을 뗄 때마다 아주 끈적끈적한 아교에 붙어 떨어지지 않는 느낌을 받을 것이다. 하지만 지금 나는 거대한 유칼립투스 나무들로 둘러싸인 곳에 있다. 내가 지금 바라보고 응시하고 있는 경치는 나와 분리된 채 '저 밖'에 있다. 나 또한 나와 분리된 하나의 실재, 어떤 특정한 자연 환경 안에 있지 않다. 통증과 진흙, 한 달 동안의 도보 순례는 나를 새로운 곳으로 데리고 왔다.

그곳은 내가 지금까지 가보지 않은 곳이다. 이곳에서의 경험을 몸과 마음으로 따로 나누어 생각할 수 없는 것처럼, 내가 지금 이곳에 있다는 현실을 인간과 자연으로 분리할 수 없다. 그렇다고 해서 지금 내가 어떤 연결이나 관계, 연속성의 네트워크 안에 있는 것은 아니다. 지금 여기서 내 삶에 모양을 만들어주고 내용을 채워준 것은 무엇인가? 한 달 넘게 계속되고 있는 고통과 노력, 바로 그 덕분에 나는 그 노파와 농부와 칼라꽃의 공간으로 들어갈 수 있었다. 나는 이곳에서 자동차를 타고 가면서 빠르게 질주하는 차창 밖으로, 바로 그들 자신이 폐기해버린 참 세상을 향해 쓰레기를 내던지는 사람들이 알지 못하는 곳을 발견했다.

이것은 자연에 대한 새로운 경험인가? 나는 분명히 자연을 현실과 분리해서 인간이 자연을 통제하고 지배할 수 있으며 관조와 연구의 대상이라고 생각하는 존 로크의 견해에 동의하지 않는다. 또한 스피노자의 사상이나 아메리카원주민의 정령신앙, 영국의 19세기 낭만주의, 뉴잉글랜드의 초월주의의 영향을 받아 더 커다란 자연계로 동화될 것을 주장하는 사람들의 견해에도 동의하지 않는다. 나는 실제로 두 발로 걷고 고통을 감내하는 과정을 통해 내가 느끼는 모든 감각에 충실하면서 이곳에 들어올 수 있었다.

그 감각을 통해 나는 섬세하고 정교한 사고를 할 수 있었다. 나는 이제 새로운 종류의 이성적 감각체가 되었다. 나는 그 노파와 농부, 칼라꽃을 보면서, 바울이 처음으로 우리에게 설교하면서 "모든 피조물이 우리와 함께 탄식하며 진통을 겪고 있습니다"(로마 8 : 22)라고 한 것처럼, 그들 속에서 자연이 신음하고 있는 소리를 들을 수 있다. 내가 이 나무들과 다르고, 우리 모두를 생명의 힘으로 씻어주는 이 향긋한 공기와 다른 것처럼, 나는 그 노파나 농부와 다르다. 우리가 기본적으로 서로 일치하는 것이 하나 있는데 그것은 우리 모두가 하느님의 피조물이며 하느님이 창조한 자연 속에서 하나라는 사실이다. 우리는 스스로 자신의 존재 근거를 가지고 있지 않다. 궁극적으로 우리의 존재는 서로 다른 존재들과 함께 어울리는 과정에서 그 근거를 찾을 수 있다. 우리가 이러한 단일체 속에 살아가기 위해서는 서로 살아남기 위해 싸우는 타락한 세상에서 서로를 위하고 나누는 삶을 살아야 한다. 세상은 에덴동산이 아니다. 걷는 고통과 수고 덕분에 나는 이제 자연의 한 부분이 되었다. 그곳에서 나는 바울이 설교했던 로마인들과 함께 만날 수 있기를 바란다.

> 그뿐 아니라 영의 첫 열매를 지닌 우리 자신도 아들됨을, 곧 우리몸의 속량을 기다리며 속으로 탄식하고 있습니다 …… 사실 우리는 마땅히 무엇을 위해 기도해야 할지 모르고 있으나 영이 몸소 이루 말 할 수 없는 탄식으로 대신 빌어주십니다 (로마 8 : 23~26)

마침내 오후 2시쯤, 라바코야에서 한 레스토랑을 발견했다. 너무 지쳐서 레스토랑 문턱을 넘다 걸려서 심하게 비틀거리는 바람에 식사를 하고 있던 다른 사람들 식탁에 쓰러질 뻔했다. 스페인인 순례자 세 사람을 여기서 또 다시 만났다. 그들은 내가 들어설 때 막 식사를 끝내고 일어서는 참이었다. 오늘 오후 중으로 콤포스텔라에 들어가려고 한다고 했다. 우리는 어쩌면 이생에서 다시 만나기 어려울지도 모르기 때문에 서로 잘 가라고 인사를 나눴다. 그들은 콤포스텔라에 도착하면 그곳에 머물지 않고 바로 자기네 집으로 돌아갈 것이다. 지금 여기 앉아서 신발을 벗고 쉬면서 뭔가를 좀 먹을 수 있다면 오늘 몬테 델 고소에 갈 수 있을 거라는 생각이 든다.

레스토랑의 젊은 여종업원에게 식단이나 가격을 따져보지도 않고 그냥 먹을 것을 가져다 달라고 주문한다. 너무 기력이 없어서 기본적인 것 말고는 아무 말도 생각도 하고 싶지 않았다.

배낭을 벗고 편안한 의자에 기대어 쉬고 있는데 여종업원이 식사를 가져왔다. 접시 두 개에 잘 조리된 음식이 푸짐하게 담겨 있고 먹음직스런 커다란 빵 하나와 포도주 반 리터가 함께 나왔다. 모두해서 650페세타다. 지금까지 카미노에서 먹은 음식 가운데 가장 최고다. 카미노에서 일어나는 생체리듬은 …… 정말 신기하다. 불과 몇 시간 전만 해도 타락한 피조물의 탄식 속에서 헤매던 내가 어느 순간 갑자기 아주 소박하고 밝은 방에서 아름답고 친절한 젊은 여종업원의 시중을 받으며 새로운 활력을 되찾고 있다.

오늘 여정의 마지막 발걸음을 시작한 지 얼마 지나지 않아 라바코야 강에 도달했다. 에메릭 비코의 기록에 따르면 이곳에는 옛날부터 전해 내려오는 관습이 하나 있는데 순례자들은 콤포스텔라에 들어가기 전에 이 강에서 자신들의 비밀스런 부분들과 온몸을 씻어야 한다. 기록에 나온 관습의 내용을 보면 여기서 몸을 씻는 행위는 현실적인 이유도 있고 의식으로서 중요성도 있었다. 하지만 지금 나는 강에서 너무 멀리 떨어져 있어서 그렇게 하기 어렵다는 생각이 들어 그냥 지나친다.

여덟 시간에서 아홉 시간 정도를 걸었을까, 다리를 질질 끌면서 마침내 몬테 델 고소(기쁨의 산)에 도착했다. 이제 콤포스텔라까지는 6킬로미터밖에 남지 않았다. 이곳은 순례자들이 콤포스텔라를 처음으로 볼 수 있는 작은 산이기 때문에 그런 이름이 붙었다고 한다. 라피는 17세기에 한 친구와 함께 이곳에 도착해서 이렇게 기록을 남겼다.

우리는 드디어 그렇게 간절히 바라고 입에 자주 올렸던 산티아고를 볼 수 있었다. 이곳에서 1.5마일도 채 안 떨어진 곳에서 갑자기 그 모습을 드러낸 산티아고를 보니 무릎을 꿇고 기쁨의 눈물을 흘리지 않을 수 없었다. 우리는 *찬미의 노래 Te Deum를 부르기 시작했다. 그러나 두세 소절을 부르고 나서부터는 마구

---

* 찬미의 노래는 중세 시대 가장 널리 암송되던 감사의 기도였다. 수도원에서는 성가대가 주마다 이 노래를 불렀으며 개인이나 집단이 하느님에게 엄숙하게 감사의 기도를 드려야 하는 특별한 때에는 언제나 부르는 성가이며 기도였다. 성 암브로시오스 Saint Ambrose(4세기)의 기도로 알려져 있다.

찬미하나이다, 주 하느님. 주님을 찬미하나이다.
영원하신 아버지를 온 세상이 삼가 받들어 모시나이다.
하늘의 모든 천사, 케루빔과 세라핌이 끊임없이 소리 높여 노래 부르오니
거룩하시도다. 거룩하시도다. 거룩하시도다. 온 누리의 주 하느님.
엄위하신 주님의 영광, 하늘과 땅에 가득하도다.
영광에 빛나는 사도들의 대열,
무수한 예언자들의 무리,
눈부신 순교자들의 무리,
아버지를 기려 높이 받드나이다.
땅에서는 어디서나 거룩한 교회가
그지없이 엄위하신 아버지,
친아드님, 받들어 모셔야 할 외아드님,
위로자 성령을 찬미하나이다.
영광의 임금이신 그리스도님.
아버지의 영원하신 아드님.
사람을 구원하시려 몸소 사람이 되시고자
동정녀의 품을 마다하지 않으셨나이다.
죽음의 가시를 쳐버리시고
믿는 이들에게 천국을 열어 주셨나이다.
지금은 하느님의 오른편 아버지 영광 안에 계시며
심판하러 오시리라 믿나이다.
보배로운 피로써 구속받은 당신 종들
저희를 구하시길 비옵나니, 저희도 성인들과 함께
영원토록 영광을 누리게 하소서.

흐르는 눈물 때문에 더는 노래를 부를 수 없었다.

그로부터 100년이 지난 뒤, 알바니는 산티아고를 처음 보고 는 이렇게 썼다.

나는 무릎을 꿇고 수없이 땅바닥에 입맞춤했다. 신발을 벗고 신성한 연도連禱를 따라 하면서 맨발로 신성한 도시, 산티아고로 향했다.

프랑스의 관습 가운데 그 기원이 밝혀지거나 확인되지는 않았지만 산티아고 대성당에 있는 두 개의 탑을 가장 먼저 본 사람에게 '르와Roi(프랑스어로 '왕'이라는 뜻 - 옮긴이)'라는 이름을 붙이는 전통이 있었다. 르와, 르루아Leroy, 루아Roy라는 이름이 프랑스에서 널리 유행하게 된 것이 바로 이런 관습 때문이라고 생각하는 사람들도 있다. 이 이름을 받은 사람들은 그 이름을

주님, 주님의 백성을 구원하시고
당신께서 차지하신 백성에게 강복하소서.
당신 백성 당신께서 다스리시고 영원토록 이끌어 주소서.
나날이 주님을 기리는 저희가 영원히 주님 이름 기리오리다.
주님 저희를 어여삐 여기시어
오늘 죄짓지 않게 지켜 주소서.
저희에게 자비를 베푸소서.
주님 저희에게 자비를 베푸소서.
주님 저희에게 자비를 베푸시어
주님께 바라는 영생을 얻게 하소서.
주님 저희가 주님께 바라오니
부끄럼이 없으리이다. 영원히.

자기 자식들에게도 물려주었다.

　주변을 둘러보니 저 멀리 안개에 감싸인 건물들이 보인다. 하지만 여기서 지금은 대성당의 탑들이 어디에 있는지 확인할 수 없다. 안개가 너무 짙은 것 같다. 발밑으로는 콤포스텔라를 향해 아래로 뻗은 언덕에서 바라보는 일직선으로 섬뜩하게 솟은 사각형 건물들이 모두 똑같은 단층 모양을 하고 줄을 맞춰 서 있다. 서른 번째 줄에 있는 건물이 다른 건물들보다 아래쪽에 있다. 올해 스페인 정부에서 '순례자들'을 위해 새로 지은 호텔이다. 순례자 숙박 등록을 하는 접수 사무실은 언덕 밑에 있는 마지막 건물이다. 한참을 언덕 아래로 내려가면서, 호텔방 테라스들 사이로 관광객들을 대상으로 장사를 하는 듯한 가게들과 커다란 레스토랑, 우체국과 병원 건물을 지나간다. 특별히 순례자들의 등록을 받는 건물 안에는 컴퓨터와 전화기, 홍보용 안내 책자들을 구비해 놓고 접수대 앞에 앉아있는 사람들이 여러 명 있다. 한 접수대에서 도보 순례자들을 접수한다. 환하게 웃고 있는 젊은 여성은 내 이름을 기록하고 순례자 등록증에 도장을 찍어주고는 내가 머물 건물과 방 번호를 알려주며 카드를 하나 준다. 배낭을 메고 길게 이어진 돌계단을 따라 다시 언덕 위로 올라간다. 언덕 꼭대기에 있는 네 채의 건물이 콤포스텔라까지 도보 순례를 하는 사람들이 이용하는 건물들이다. 그 건물에서 숙박하는 것은 돈을 받지 않는다. 나머지 건물들은 자동차를 타고 온 사람들이 돈을 내고 묵는 곳이다.

　오늘밤 묵을 건물에 들어서자 한 청년이 방을 안내한다. 방 안에는 2인용 침대가 네 개 있다. 돈을 내고 묵는 건물에는 한 방에 침대가 하나 또는 둘이 있다고 한다. 건물마다 방이 25개씩 있다. 복도 끝에는 남성용과 여성용이 분리된 샤워실과 화장실이 있다. 아직도 밖은 햇살이 환하다. 나는 재빠르게 옷가지를 빨고 침대 옆 창문과 가까이에 새로 심은 나무 사이에 빨랫줄을 건다.

이곳에서 일하는 청년은 스페인 정부가 이 숙박단지를 지은 뒤에 이곳의 모든 숙박시설과 가게, 음식점들의 운영을 민간회사에 임대했다고 귀띔해준다. 이 도시에 본디부터 있었던 호텔이나 음식점 주인들이 반발하지 않았는지 물었다. 청년의 말에 따르면 당초에 그 계획에 대해 논란이 많았고 콤포스텔라에서 장사하는 사람들의 불만이 크다고 한다. 몬테 델 고소에서 새로 지은 방의 숙박비는 2000페세타다. 정부에서 이 숙박단지를 지었음에도 불구하고 옛날부터 계속되어온 부도덕한 숙박업소 주인들의 갈취와 폭리 문제는 여전히 해소되지 않았다. 이 숙박단지는 순례자들을 돕기 위해 만든 것일까, 아니면 관광객들을 더 많이 유치하기 위한 것일까? …… 궁금하다.

몸을 씻고 기운을 차린 다음, 언덕 아래로 반쯤 내려가자 상점가가 나타난다. 아직 공사가 마무리되지 않아 문을 열지 않은 가게들도 있다. 식료품을 파는 가게들은 없고 음식점만 하나 보인다. 모든 구조가 기능을 중심으로 짜여져 있다. 거리나 건물 구조에서 '조형미'는 전혀 찾아볼 수 없고 완벽하게 기계적으로 정형화된 설계를 바탕으로 모든 건물들이 바둑판 모양으로 쪼개진 공간에 배치되어 있다. 여기서는 간단하게 커피나 한 잔 하고 말아야 할 것 같다. 배낭에 있는 빵과 치즈 정도면 오늘 밤과 내일 아침 식사로 충분할 것이다. 치밀하게 계획된 이곳의 조경은 아마도 몇 년이 더 지나면 덤불과 숲이 울창해지면서 지금의 단조로운 모습이나 인공적인 느낌이 덜 해질 것이다. 하지만 이 도시의 거대한 시설들은 비행기, 기차, 버스, 자동차를 타고 오는 관광객들을 맞이하기 위해 설계된 곳이라고 비난하는 사람들의 말은 틀리지 않다. 그것은 그 언덕을 이미 망가뜨렸으며 라피와 같은 수많은 순례자들의 눈물로 축복받은 땅을 심각하게 파괴하고 있다. 이 흉물스런 건설 계획은 지난날의 순례자들과 오늘날의 순례자들을 철저하게 격리시키고 멀어지게 한다. 티끌 하나 없이 깨끗한 하얀 돌계단 위에서, 최신 공법을 이용해서 유리와 녹슬지 않는 금속으로 지은 카페 안에서 과거와 어떤 연결고리를 찾는 것은 어려운 일이다 …… 그러나 한 가지 예외가 있을 수는 있다.

콤포스텔라의 주교였고 그 뒤 1100년에서 1140년까지 40년 동안 추기경을 맡았던 디에고 헬미레스는 산티아고 데 콤포스텔라를 유럽의 중요한 순례 성지로 만든 가장 중요한 역사적 인물이다. 헬미레스는 1105년 몬테 델 고소의 이곳에 에르미타 데 라 산타 크루스 성당을 지으라고 지시했다. 헬미레스는 그 성당을 헌당한 뒤 콤포스텔라 대성당에서 거기까지 행진했다. 주변에 모여든 엄청난 규모의 성직자들과 일반 군중들은 그 의식을 보고 로마교황청에서 주재하는 행사 같다는 느낌을 받았다. 나중에 이 성당은 또 다른 성당을 짓기 위해 해체되었다. 어쩌면 지금까지도 그런 건축 행위가 계속되고 있는 건 아닐까 ……

헬미레스는 그 시대에 가장 야망이 크고 수완이 뛰어난 사람들 가운데 한 사람이었다고 할 수 있다. 그는 교황이나 대수도원장, 왕, 왕비들과 같은 권력자들과 굳건한 유대관계를 유지함으로써 콤포스텔라를 로마, 예루살렘과 더불어 중세시대 가장 중요한 3대 순례 성지로 만들었다. 비록 정확하게 확인할 수는 없지만 오늘날 콤포스텔라를 순례하는 사람들이 로마를 순례하는 사람들보다 더 많다고 하며, 예루살렘을 순례하는 사람보다 더 많은 것은 확실하다. 그러나 헬미레스가 지시했던 한 가지 역사적 작업은 그의 위대한 명성에 의문을 제기하게 만든다.

헬미레스는 오늘날 『이스토리아 콤포스텔라나』라고 알려진 콤포스텔라의 역사를 기록한 책을 쓰도록 지시했다. 우리는 그 책에서 거기에 기록된 방문자의 수 때문이 아니라 그 당시 일어났던 한 가지 흥미로운 사건 덕분에 콤포스텔라를 방문한 순례자들이 엄청나게 많았다는 사실을 처음으로 확인할 수 있다. 이슬람 제국의 황제 알리벤 유수프(1106~1142년)는 1121년 아주 까다로운 외교적 사명을 수행할 사절단을 갈리시아의 도냐 우라카 왕비에게 보냈다. 이 사절단은 갈리시아로 가는 길에 엄청나게 많은 기독교 순례자들이 콤포스텔라를 오가는 것을 보고 깜짝 놀라서 자신들을 안내하는 기독교인 페드로에게 "저렇게 많은 기독교인들이 저렇듯 헌신적으로 순례를 하도록 이끈 사람이 도대체 누구요? …… 너무 오가는 사람이 많아서 우리 일행이 서쪽으로 갈 수가 없을 정도니 말이야"라고 물었다. 페드로는 그 사람은 바로 성 야고보라고 하면서 "그의 시신이 갈리시아 땅 끝에 묻혀있는데 프랑스, 영국, 이탈리아, 독일을 비롯해서 유럽 전역에 있는 기독교 국가에서 그를 숭배하고 있지요. 특히 스페인 사람들은 성 야고보를 자신들의 수호신으로 생각하고 있어요"라고 대답했다.

이 사절단이 갈리시아를 방문한 것은 헬미레스의 지시로 씌어진 또 다른 책, 『성 야고보의 서』(1140년 무렵)가 발간되기 전이었다. 콤포스텔라 순례가 조직적으로 널리 알려지기 시작한 것은 아마도 바로 이 사건이 일어나고 난 뒤부터로 추측된다. 만일 이것이 사실이라면, 헬미레스가 자신이 관할하는 교구의 지위를 높이고(1104년) 일곱 명으로 구성되는 대주교의 자리에 오르기(1109년) 위해 기울였던 노력과는 별개로 이미 많은 사람들이 콤포스텔라를 순례하고 있었다고 볼 수 있다. 칼릭스투스 2세가 당시에 이슬람 세력이 지배하고 있던 메리다 주에서 콤포스텔라를 수도 대주교 관구로 승격시킨 일은(1120년) 헬레미스의 영향력이 최고의 전성기를 누리고 있음을 상징하는 사건이었다. 헬미레스의 목표는 자기 생각에 스페인에서 가장 최고의 교구라고 인정받고 있는 톨레도를 콤포스텔라가 대체하는 것이었다. 그러나 1124년 칼릭스투스 2세가 죽자 그 뒤를 이은 오노리우스 2세는 이러한 헬미레스의 야망을 호의를 가지고 보지 않았다.

어떤 대주교가 아니라 완전히 세속의 스페인 정부가 주도하는 이 새로운 건설 계획은 어쩌면 그 모든 다양한 홍보 행사들과 함께 더 많은 사람들을 이곳으로 끌어들이고 옛날 순례자들이 들렀던 대성당과 각 지역의 명소들을 방문하게 만들지도 모른다. 하지만 무엇이 그 사람들을 이리로 끌어들이는 걸까? 그들은 왜 여기에 올까? 여기 와서 무엇을 발견할까? 나는 이런 궁금증들을 풀기 위해 이 도시에서 현재 진행하고 있는 행사들이 무엇이 있는지 따져본다. 미술 전시회, 강연회, 연극, 음악회들이 전부다. 내일 밤 시카고 심포니가 공연할 예정이다. 카미노를 걷다가 올해 성년을 기념하기 위해 기획된 이런 문화 공연들을 발견할 때면 솔직히 언제나 흥미가 없었으며 만일 그 문제에 대해 생각을 했다면 그것은 순전히 반감 때문이었다. 그러나 독일로 돌아가기 전에 오늘은 한 번 그런 행사에 가서 기분전환을 해볼까 한다. 그러한 행사들은 관광객들에게 흥미를 불러일으킬지는 모르지만 그들에게 카미노가 지닌 신비한 비밀들을 보여주지는 못한다. '은퇴자나 학생들'의 입장료는 반값이므로(1500페세타) 나도 그만한 돈은 내고 들어갈 수 있다. 그러나 아직 옷 문제가 남는다. 비록 배낭 안에 깨끗한 짧은 소매 셔츠가 한 벌 있지만 이곳 저녁은 몹시 서늘해서 낡은 회색 점퍼를 위에 걸쳐야 할 것이다. 청바지는 깨끗하게 빨았으니 그렇게 엉망으로 보이지는 않을 것이다.

여러 다른 사람들이 이 건물에 들어왔지만 그 가운데 아는 사람이 하나도 없다. 그들은 다른 방이 배정되었다. 사실 접수대에서 등록을 받는 젊은 여성은 내가 특별히 혼자 방을 쓸 수 있도록 배려해 주었다…… 카미노에서 마주친 또 다른 친절과 배려의 몸짓이다. 지난 한 달 동안 어딜 가든 축복받지 않았던 적이 없었던 것 같다.

카미노에서의 고통은 오늘 내게 더 많은 것을 밝혀주었다. 평생 동안 다른 사람들을 위해 기도해야 한다는 소리를 많이 들었다. 때로는 사람들이 내게 그들을 위해 기도해 달라고 요청하는 경우도 있고 반대로 내가 그들에게 그런 요청을 할 때도 있다. 성 바울은 특별히 이것에 대해서 반복해서 분명하게 말한다. 그러나 오늘 나는 통증이 내 안으로 깊이 파고 들어와 나를 깨우쳐줄 때까지 이러한 기도, 즉 다른 사람들을 위한 기도의 필요성과 효과에 대해서 전혀 믿지 않고 있었던 게 분명했다. 고통은 거기에 …… 언제나 …… 있다. 그것은 냉엄한 현실이다. 모든 사람은 언젠가 이러한 보편적인 인간의 경험 속에서 자기 몫을 받기 마련이다. 아무리 애를 써도 결국 그것을 피할 길은 없다. 그렇다면 그 고통은 무엇을 위한 것인가? 어제 나는 그것에 대해 분명히 깨달았다. 사람들은 자기 외에 다른 사람들, 내가 사랑할 사람들을 위해 고통을 겪는다는 사실을 말이다.

다른 사람을 위해 기도하는 것은 그 사람이 잘 되고 행복해지길 바라며 궁극적으로 선을 이루기를 소망하는 것이다. 그러나 고통이 다른 사람들을 위한 것이라면 이러한 소망은 반드시 고통을 수반하기 마련이다. 내가 사랑하는 사람을 위해 바랄 수 있는 이보다 더 큰 선이 어디에 있겠는가? 나는 그런 소망들을 생각하고 말할 줄 아는 인간이기 때문에 내가 그 소망들을 보내고자 하는 사람들에게 갈 수 있도록 방향을 정확하게 맞춰야 한다. 따라서 나는 그들을 위해 기도해야 한다. 그것은 그냥 하는 형식적이고 무의미한 행위가 아니다. 그 기도는 고통처럼 구체적인 것이다. 바로 그 격렬하게 느끼는 육체적 감각은 마음속에서 바라는 소망, 다른 사람의 선을 바라는 기도의 소리가 마침내 현실에서 구현되도록 만든다.

이미 알고 있는 것처럼 고통은 그것을 겪는 만큼 효과가 있을 수밖에 없으며 그리스도의 고난으로도 부족한 부분을 내가 채워나가는 것을 의미한다. 따라서 다른 사람을 위한 기도는 반드시 기도한 만큼 효과를 발휘한다. 고통을 그리스도의 고난으로도 부족한 부분을 채우게 하기 위해 하느님이 인간에게 내린 선물이라고 인정할 때, 만일 고통이 아무런 효과도 내지 못한다고 한다면, 그리스도는 도대체 무엇 때문에 고난을 감내했냐고 감히 반문할 수 있지 않을까? 고통과 기도의 효과는 고통을 겪고 기도를 드리는 사람의 의도가 얼마나 순수하고 그의 사랑이 얼마나 강렬하냐에 따라 달라진다. 내게 주어진 고통을 순순히 받아들이고 아무 조건 없이 사랑하고 기도한다면, 내 의도와 행동은 정말로 내가 기도하는 상대방에게, 나를 카미노로 보낸 그 모든 사람들에게 바로 전달될 것이다.

이러한 고통과 기도의 진실 대한 깨달음은 카미노가 내게 주는 가장 큰 은총이다. 이렇게 새로운 것을 깨달을 때마다 하루하루가 전날보다 더 축복됨을 가슴 깊이 느낀다. 이 여정의 끝이 점점 가까워지면서 이제 이런 식의 깨달음이 계속해서 되풀이되고 있다. 정말 상상할 수 없을 정도로 힘들었던 하루, 아마도 카미노를 걸으며 '가장 힘들었을' 오늘도 예외는 없다. 나는 옛 순례자들의 세계 속으로 또 한 걸음 멀리 내딛었다.

32
이른 새벽, 산티아고에 도착하다
몬테 델 고소에서 콤포스텔라까지

동트기 훨씬 이른 시간, 잠에 깨어 주위를 둘러본다. 흥분에 들떠 빵과 치즈 조각을 서둘러 먹고는 배낭과 지팡이를 집어 들고 아직 어둠에서 깨어나지 않은 밖으로 나선다. 불빛이 드문드문 있지만 그 옛날 샤를마뉴 대제의 꿈속에 나타났던 그 별들을 볼 수 있다. 그 꿈에서 성 야고보는 샤를마뉴 대제에게 외딴 갈리시아에 있는 자신의 무덤까지 순례자들이 은하수의 별빛을 따라 올 수 있도록 길을 닦으라고 강권했다. 그 덕분에 순례자들은 이슬람 세력의 공격과 약탈에서 안전하게 보호받을 수 있었다. 샤를마뉴 대제는 "바다 건너 먼 곳에서 오는 모든 사람들이 …… 세상이 끝나는 날까지 …… 그곳으로 갈 것이며"(『성 야고보의 서』) 헤아릴 수 없을 정도로 수많은 사람들이 신성한 행렬을 이루는 순례의 여정을 영원토록 계속할 것이라는 소리를 들었다. 성지는 순례라는 실천적 행동과 동일시되면서 동시에 역사적으로 모세와 아브라함에서 시작된 방랑의 여정을 완성하는 강력한 영감을 불러일으켰다. 그리고 그곳은 예수가 독특한 방식으로 신성하게 정화한 곳이었다. 성지를 통해 세속의 감각 세계와 숭고한 천상의 세계가 이어지는 또 다른 연결고리가 완성된 셈이었다.

사람들이 외딴 갈리시아에 새롭게 계시가 나타났다고 믿기 시작하는 순간, 초기 기독교 순례의 방향은 급격하게 바뀌었다. 모든 길은 더 이상 로마로 향하지 않았다. 고대 로마의 길들은 사람들이 새로운 방향을 찾아 갈 수 있는 통로 구실을 했다. 로마로 가는 대신에 로마를 거쳐서 예루살렘을 지나 더 서쪽으로 여행하는 순례자들의 수가 점점 더 엄청나게 불어났다. 사람들은 이미 알려진 서구 문명의 중심지를 찾아가는 대신에 이 세상의 마지막 경계라고 알려진 '땅 끝'을 향해 불확실하고 위험한 길을 따라 담대하게 출발하기 시작했다. '땅 끝'을 찾아가는 사람들의 수는 이전의 서구 역사를 통틀어서 전쟁 시기를 제외하고 평화롭게 사람들이 이동하던 그 어느 때보다 훨씬 많았다. 고고학 연구 자료에 따르면 스웨덴처럼 먼 곳에서도 콤포스텔라로 떠나는 순례자들이 있었다.

그러나 콤포스텔라는 로마를 대체하는 새로운 중심지가 되지 못했다. 콤포스텔라를 유명한 순례지로 만든 가장 중요한 인물이라고 일부 학자들에게 평가받는 디에고 헬미레스의 웅대한 계획은 콤포스텔라를 로마에 복속시키는 일이었기 때문이다. 1100년에서 1140년까지 40년 동안 헬미레스는 주교로서, 그리고 나중에는 대주교로서 콤포스텔라를 지배하면서 그곳을 기독교 세계에서 가장 찬란하고 위대한 순례지로 만들기 위해 당대의 권력자들과 야심만만하게 일을 추진했다.

9세기 초, 은둔자 펠라요의 머리 위로 쏟아졌던 그 별들과 똑같은 별들을 쳐다본다. 그러나 그 별들은 지금 내게 아무런 신비도 드러내지 않는다. 전설에 따르면, 펠라요는 그 별들 사이에서 '초자연적인 빛'을 보았다. 펠라요가 은둔하던 곳에는 사람이 살고 있지 않았으므로 조금은 먼 길을 걸어 이리아 플라비아라는 도시에 갔다. 거기서 펠라요는 테오도미로 주교를 찾아가 자신이 본 신기한 하늘의 불꽃에 대해 알렸다. 테오도미로 주교는 펠라요를 대동하여 그곳에 가서 온밤을 지새우고 있는데 마침내 펠라요가 말한 그 광경이 다시 똑같이 하늘에서 나타났다. 주교는 두려움에 떨며 자기와 함께 그 외딴 광야의 은둔지에 온 사람들과 더불어 3일 동안 금식할 것을 선언했다. 단식 마지막 날, 신기한 하늘의 빛을 본 사람들은 천사의 전령들과 새로운 별들이 공중을 맴돌고 있는 지점 아래에 있는 땅을 파헤쳤다. 그리고 마침내 거기서 위대한 성 야고보의 무덤을 발견했다. 오비에도의 왕궁에 있던 알폰소 2세는 이 소식을 듣고 곧바로 그 자리에 성당을 짓도록 명령했다.(814년 무렵) 그로부터 60년이 지난 뒤, 알폰소 3세는 옛날에 지은 작은 성당을 허물고 그 자리에 매우 아름답고 훨씬 더 큰 성당을 지었다. 서구 세계 전역에서 찾아오는 사람들의 수가 늘어나면서 하나의 유럽이라는 생각, 같은 믿음과 관습을 공유하는 사람들이라는 생각이 더욱 더 멀리멀리 퍼져나가기 시작했다.

『성 야고보의 서』 제2권에 기록된 성 야고보가 일으킨 스물두 가지의 기적들 가운데 두 가지는 물에 빠진 순례자 두 사람을 어떻게 구했는지와 관련된 이야기다. 각기 서로 다른 사건과 이야기에 나오는 두 남자는 예루살렘에서 돌아오는 길이었다. 상상할 수 있고 기억할 수 있는 모든 기적들 가운데 왜 하필 이 두 가지 기적이 기록되었을까?

내가 읽은 콤포스텔라 순례기들 가운데 가장 내용이 풍부하고 다채로우며 순례자 자신의 성격을 가장 잘 드러내고 내용도 아주 자세하게 묘사하고 있는 책은 두 명의 이탈리아 사람, 17세기에 볼로냐에서 출발한 도메니코 라피와 18세기에 나폴리에서 출발한 니콜라 알바니가 기록한 순례기다. 머리 위로 쏟아지는 별들을 바라보면서 문득 …… 이것은 무엇을 알리는 표징일까? 하는 생각이 든다. 그 이탈리아인들은 모두(그 밖에도 많은 사람들이 있었다.) 왜 예루살렘으로 가지 않고 콤포스텔라로 갔을까? 성 야고보는 어떻게 유럽인들의 종교적 근원을 예루살렘과 로마에서 이 황량한 서방 세계의 변경으로 옮겼을까? 로마와 예루살렘은 수세기 동안 유럽인들이 들어오고 나갔던 예로부터 중요한 중심지였다.

콤포스텔라로 부르게 된 그곳은 펠라요가 밤하늘에서 새로운 별자리들을 보기 전까지는 지명이 없었을 정도로 역사에서 잊혀진 곳이었다. 고고학적으로는 그곳에 켈트 족이 이주했으며 그들이 행했던 의식들이 일부 남아있을 거라는 추측만이 있다. 그러나 지금 내가 신은 신발은 나보다 앞서 이곳에 왔던, 그리고 내가 지금 가는 바로 그곳을 걸었던 수천, 아니 수백만 명이 남긴 발자국들 위에 정확하게 꼭 들어맞는다. 하지만 우리 각자의 이야기와 생각들은 서로 매우 다르다. 모두 각자 자기 나름의 은총을 갈구하며 각자의 영혼 속에 개인적이며 남과 소통할 수 없는 비밀들을 간직하고 있다.

비록 지금은 어두워서 볼 수 없지만 이곳을 따라가면 어딘가에 산 로렌소 예배당이 나올 것이다. 수세기 전 순례자들은 그곳에 들러 또 다른 순례자의 성체를 경배했다. 그곳은 순례자들이 산티아고 대성당에 도달하기 전에 마지막으로 들르는 성소였다. 비코는 거기서 12세기 이전에 일어났던 한 일화를 전한다. 프랑스 로렌 지역 출신의 순례자 서른 명은 콤포스텔라 순례를 시작하기 전에 모두 성공적으로 순례를 마칠 수 있도록 도중에 무슨 일이 일어나도 서로 돕기로 맹세했다. 하지만 그 가운데 한 사람은 속으로 그런 맹세를 받아들이지 않았다. 어쨌든 순례는 시작되었는데 안타깝게도 피레네 산맥에 도달하기도 전에 일행 중 한 사람이 매우 심하게 아팠다. 그래서 그들은 그 환자를 말에 태우거나 서로 부축하면서 데리고 가야 했다. 따라서 순례 일정은 너무 많이 늦어졌다.

산악 지대에 들어서자 그들은 병에 걸린 친구를 거기에 남겨두고 떠났다. 떠나기 전에 맹세를 받아들이지 않았던 사람 한 명만이 그 병든 친구와 함께 남기로 결심했다. 이 두 사람은 산 미겔이라고 부르는 곳에서 밤을 지새웠다. 아침이 되자 그 병든 친구는 산맥을 넘어서 스페인으로 가자고 고집을 부렸다. 두 사람이 산 정상에 도착했지만 다음날 밤에 그 병든 친구는 죽고 말았다. 남은 친구는 어찌할 바를 모르다가 성 야고보에게 도와달라고 간청했다. 그러자 갑자기 말을 탄 사람이 한 명 홀연히 나타나더니 무엇을 하려고 하는지 물었다. 그는 이 죽은 친구를 땅에 묻고 싶지만 이곳에 돌이 많아 땅을 팔 방법이 없다고 대답했다. 그러자 말 탄 사람은 "그 시신을 안장에 얹고 당신이 그 친구를 묻을 수 있는 곳까지 갑시다"라고 말했다. 그들은 바로 그날 밤 출발했는데 그 이상한 사람은 어느새 사라지고 없었다.

해가 뜨자 그 순례자는 자기들이 콤포스텔라 외곽에 있는 어느 돌십자가 앞에 있다는 것을 알았다. 그곳은 그들이 지난 밤 출발했던 곳에서 1000킬로미터쯤 떨어진 곳이었다. 그는 죽은 친구를 거기에 묻었고 그 시신은 성체가 되었다. 곧이어 그 누군지 모르는 환영이 다시 나타나더니 이렇게 말했다.

당신 나라에 돌아가는 도중에 레온에서 당신의 다른 동료들을 만날 것이오. 만나거든 이렇게 전하시오. 그들이 자신들의 동료에게 보여준 못난 우정 때문에 성 야고보는 그들의 기도를 듣지 않을 것이며 스스로 참회하기 전까지는 그들의 순례도 인정하지 않을 것이라고.

그 순례자는 마침내 자기에게 말하고 있는 사람이 누구인지 깨달았다. 그러나 그가 그 성인 앞에 무릎 꿇고 엎드리려고 하는 순간 성 야고보는 벌써 사라지고 없었다. 카미노에서 일어났던 역사적인 여러 순간들처럼 이 사건도 유럽 예술가들의 마음을 사로잡았다.

이제 가로등 불빛을 따라서 대성당까지 갈 수 있다. 곧이어 텅 빈 거대한 오브라도이로 광장에 홀로 서서 성당의 탑들을 쳐다보고 있다. 모두 아직 잠에서 깨지 않았다 …… 사위가 고요하다 …… 쉴 새 없이 날아오르고 내려앉아 주위를 종종거리며 걸어 다니다가 이른 새벽빛으로 다시 날아오르는 비둘기들을 빼고는 아무도 이 이른 새벽 차가운 공기를 흐트러뜨리지 않는다. 이 또한 색다른 경험임에 틀림없다. 콤포스텔라에 도착했을 때 비둘기들을 빼고는 아무도 맞이해주는 사람이 없었다고 말하는 순례자를 한 명도 본 적이 없었다. 작가들은 보통 군중들을 묘사할 때 시끄럽게 왁자지껄 떠드는 소리, 자기 지역 고유의 화려한 전통복식들, 음악, 그리고 상인들로 상징한다. 그들은 벌써 12세기에 조개껍데기(산티아고 데 콤포스텔라 순례자들의 전통적인 상징), 포도주, 신발, 가죽 가방(지금의 배낭), 지갑, 가죽끈, 혁대, 온갖 종류의 약초, 음식들로 군중들을 나타냈다. 그러나 지금은 수많은 사람들을 위해 설계된 거대한 공간, 돌들이 촘촘히 깔려있는 이 널따란 광장에 종이 조각 한 장도 날리지 않는다. 나는 이제 홀로 탐욕스럽게 20세기의 기도와 소망이 담긴 대기를 마구 들이마시고, 수많은 순례자들의 탄식소리를 들으며, 이 신비의 공간에 도달하지 못하고 카미노에서 죽어간 수많은 사람들의 꿈들을 다시 가슴 속에 품어보려고 한다.

고독 속에서 어찌할 바를 모르던 침묵은 너무 놀라서 무릎을 꿇어야 할지, 땅바닥에 입맞춤을 해야 할지 모르고, 정면이 있는 거대한 첨탑들의 위용에 기가 죽은 채 천천히 주위를 돌아볼 뿐이다. 엄청나게 커다란 외양을 자랑하는 건축물, 18세기 라호이 대주교의 이름을 따서 지은 라호이 궁전 정면을 가로지르는 스물다섯 개의 아치형 구조물들이 보인다. 그 옆으로 페르디난드 왕과 이사벨라 여왕이 알-안달루시아를 마침내 정복한 뒤 순례자들을 위해 지었다던 오스탈 데 로스 레이에스 카톨리코스를 화려하게 복원한 호텔 건물이 눈에 들어온다. 750년 동안 지속된 국토회복운동이 끝나면서 이베리아 반도의 마지막 이슬람 왕국도 최후를 맞이했다.

이 호텔의 건축과 관리는 순례자들을 위한 콤포스텔라의 일반적인 상황을 반영하듯이 여러 가지 어려움에 직면했다. 12세기에 비코는 이곳에 있는 수많은 부도덕한 숙박업소 주인들을 조심하라고 경고한다. 15세기에 콤포스텔라에 온 독일 뉘른베르크 출신의 의사인 제롬 뮌저는 이 도시에 있는 많은 사람들이 순례자들을 갈취해서 먹고 산다고 기록했다. 또 라피가 콤포스텔라에 왔을 때 돈을 받고 숙식을 제공하는 일반 가정집들이 많이 있었다. 100년 뒤 알바니도 순례자들에게 3일 동안 잠자리를 제공하는 오스피탈에서 머물렀는데 그곳에 있는 침대들은 불결하기 그지없었다. 게다가 먹을 것은 전혀 제공되지 않았다. 하지만 그는 시내에 있는 수도원들, 특히 프란체스코수도회가 운영하는 수도원에서 푸짐하게 잘 얻어먹었다.

광장을 둘러보니 이렇게 이른 시간에 문을 연 건물은 이 호텔밖에 없다. 웅장한 유리문들 앞에서 머뭇거리다 하나를 밀고 들어간다. 이 5성급 특급 호텔 내부에서 잠시 흘깃 스쳐간 시선은 내가 여기에 오는 것을 환영하지 않는다고 말하는 것 같다. 너무도 냉랭한 분위기 때문에 이곳의 객실 요금이 얼마인지 물어보고 싶은 생각이 확 달아났다. 될 수 있는 한 조심스럽게 문을 닫고 다시 텅 빈 광장으로 발길을 돌린다.

꿈길을 걷는 것처럼 천천히 바닥을 돌로 포장한 드넓은 광장을 가로지른다. 광장에는 지팡이로 톡 …… 톡 …… 톡 일정하게 길바닥을 두드리는 소리만이 울려 퍼진다. 나보다 앞서 이곳에 도착한 사람들을 지금 여기서 어떻게 상상할 수 있을까? 바다를 건너 라 코루냐에 도착해서 거기서부터 콤포스텔라까지 걸었을 많은 영국인 순례자들, 콤포스텔라 순례를 기사 작위를 받는 의식 가운데 하나로 생각했던 폴란드 기사들, 프랑스의 루이 7세와 네덜란드의 소피아 왕비 같은 왕족들, 스웨덴의 브리지드Bridgid of Sweden와 아시시의 프란체스코 같은 성인들, 그리고 하느님만이 아는 수많은 순례자들 …… 나는 지금 과연 그들과 같은 발걸음으로 걷고 있는가? 그들 내면의 정신세계에 대해 아는 것이 무엇이라도 있는가? 나는 진정 그들 가운데 한 사람인가? 나는 지금 그들이 살고 있는 신비의 시간 속으로 이동하고 있는가? 하늘을 쳐다본다 …… 별들은 이제 그곳에 없다 …… 창공은 창백한 빛으로 가득하다 …… 펠라요가 보았던 그 별들을 다시 보고 싶은 건 아닐까? 그 의문은 혹시 나를 교만하고 무례하게 만드는 건 아닐까?

오브라도이로 광장을 지나자 그 옆에 바로 작고 아담한 광장이 그곳에 어울리는 '난쟁이' 나무들과 함께 마음을 사로잡는다. 그곳에 있는 공원 의자에 앉아 잠시 휴식을 취한다. 31일 동안 온갖 지형의 산과 들판을 가로지르며 사나운 악천후를 뚫고 지금 이곳 콤포스텔라에 있다는 사실이 믿기지 않는다. 어떤 의미에서 나는 이제야 비로소 나보다 앞서 이곳에 온 사람들과 함께 합류했다. 그들이 나를 이곳에 데려다 주었다는 느낌이 가슴 깊이 선명하게 와 닿는다. 그들이 이곳에 오지 않았다면 카미노는 생기지 않았을 것이다. 그들이 자신들의 신앙과 용기,

생명을 바쳐 그 길을 정화하지 않았다면(많은 사람들이 도중에서 죽거나 땅에 묻혔다는 기록들이 그것을 증명한다)나는 이 신성한 공간으로 가는 환상적인 여행에 대해 전혀 들을 수 없었을 것이다. 그들이 나와 동행하지 않았다면 내가 순례 첫날 깨달았던 것처럼 그 아픈 통증과 피로를 절대로 이겨낼 수 없었을 것이다.

조금씩 주변에서 소리가 들리기 시작한다. 도시는 새로운 하루를 시작하기 위해 다시 잠에서 깨어나고 있다. 많은 사람들이 일터를 향해 서둘러 걷는다. 커피를 끓이는 냄새가 난다. 하늘은 맑다 …… 오늘은 햇살이 환하게 비치는 멋진 하루가 될 것이다! 그런데 갑자기 마음 한 구석이 불안하다 …… 마음 깊은 곳에서 어떤 근심의 그늘이 덮이기 시작한다 …… 희미한 불안의 그림자가 스멀스멀 내게로 다가온다. 약간 두려운 마음도 생긴다. 내가 인식하지 못하는 내면의 움직임이 느껴지기 시작한다 …… 긴장을 풀기 위해 심호흡을 깊게 하려고 하지만 불안감은 더욱 커진다. 도대체 왜 이러는 건지 알 수 없다 …… 무거운 슬픔이 내려앉아 정신을 휘감는다 …… 침울하게 실의에 빠져들면서 마음을 안정시킬 수 없다. 억지로 마음 속을 찬찬히 들여다본다. 이 공허한 어두움에 이름을 붙일 적절한 말을 찾을 수만 있다면 …… 움직일 수가 없다 …… 마치 어떤 매우 위험한 신경가스를 마신 것 같다.

마침내 가까스로 한 가지 생각이 났다. 이것은 분명 요즘 사람들이 흔히 말하는 우울증 증세다! 옛날 사람들은 그것을 향수병이라고 불렀다. 옛날에 읽었던 내용을 제대로 기억하고 있다면 그 병을 치료하는 방법 가운데 하나는 뜨거운 물에 몸을 담그는 것이다. 여기서 그런 효과를 얻을 수 있는 가장 쉬운 방법은 뜨거운 커피 한 잔을 마시는 것이다. 길 건너에 꽤 고상해 보이는 주점이 있지만…… 아직 문을 열지 않았다.

평생 이런 일을 겪어본 적이 없었기 때문에 혹시나 웬 못된 사탄이 내 마음 속 비밀스런 공간에 침입한 건 아닌지 하는 의심을 해본다. 나는 천천히 마음 깊은 곳에 쳐진 끈적끈적한 거미줄과 음울한 어둠 속을 헤쳐 나가기 시작한다. 오늘은 지난 31일과는 완전히 다른 새로운 날이다. 오늘은 아침 일찍 잠에서 깨어 겨우 6킬로미터밖에 걷지 않았다…… 그리고는 죽 앉아 있었다. 전에는 그런 적이 없었다. 오늘 나는 더 이상 가지 않을 것이다…… 이제 산을 오르지도 않을 것이다…… 이제 다시는 어둠 속에서 밖으로 나가지도 않을 것이며 사나운 비바람과 대면하며 새벽을 맞이하지도 않을 것이다. 이제는 이른 아침 해를 등지고 걸으며 더위에 시달리지도 않을 것이다…… 이제 다시는 몇 시간씩 진흙에 발이 빠져 질척거리며 걷는 악전고투를 겪지 않을 것이다…… 이제는 뻐꾸기가 하루를 시작하는 발걸음을 반갑게 맞이하지도 않을 것이다. 이제는 지평선을 응시하지도 않을 것이며 저 건너편에서 새로운 자연의 풍경이 나를 기다리고 있지도 않을 것이다. 서로 다른 종류의 수많은 야생화들도 더 이상 보지 못할 것이다…… 날마다! 고통은 지나갔고 전율과 공포는 끝났다. 이제 마법의 시간도 끝났다.

광장과 연결된 차도에는 제법 교통량이 많아졌고 인도에도 사람들이 북적인다. 예쁘고 젊은 아가씨 둘이 웃고 떠들며 지나간다. 이른 아침 강의를 들으러 가는 대학생들 같다. 레이에스 카톨리코스 호텔 건너편에 있는 광장 건물이 대학 건물이 아닐까 하는 생각이 든다. 이제부터 무엇을 할지 정해야 할 시간이다. 어디론가 가야 한다. 문득 우체국이 생각난다⋯⋯ 혹시 가족이나 친구들한테서 편지가 오지 않았을까. 자리에서 일어나 지나가는 사람에게 물어보니 우체국 건물은 여기서 한 블록밖에 떨어지지 않았다. 우체국 창구 직원은 친절하게 이름을 물어보고 우편함을 뒤져보더니 편지 몇 통을 찾아준다. "그들이 당신을 잊지 않았군요!"라고 하며 함빡 웃는다. 그 여직원의 웃음에 답하며 고맙다고 인사를 한다. 우체국을 나와 아까 봐두었던 주점으로 간다. 문이 열려있다. 종업원들은 흰 셔츠와 넥타이를 하고 산뜻하게 주름진 검정 바지를 입었다. 도시로 돌아온 것이 분명하다.

　가족과 친구들에게 소식을 받은 지 꼭 2주일이 되었다. 카리온 데 로스 콘데스에서 편지를 받고 두 번째다. 하지만 평소에 느끼던 2주일이라는 시간의 흐름과는 전혀 다른 느낌이다. 머나먼 꿈속의 시간을 헤매다 온 느낌이다. 편지를 받은 기쁨은 그 어느 때보다 크다. 편지 몇 통과 커피는 서로 어우러져 내 감수성에 어떤 조화로움을 다시 불러낸다. 끈질기게 달라붙어 떨어지지 않던 슬픔은 이제 그렇게 쓸쓸하고 허망하지도 않고 그렇게 심하게 가슴을 억누르지도 않는다.

　햇살이 비치는 밖으로 나간다. 하지만 온기가 느껴지지 않는다. 대성당의 옆길을 따라 돌면서 순례자협회 사무실을 찾는다. 사무실 근처에는 문이 열리기를 기다리는 10~15명 정도의 순례자들이 서로 여행담들을 나누며 웃고 있다. 그 중에 아는 사람이 하나도 없다. 모르는 누군가에게 인사를 하기가 마음에 내키지 않는다. 하지만 어떤 사람이 내 뒤에 서더니 내 어깨를 살짝 건드리며 만나서 반갑다는 듯이 악수를 청한다. 순례 첫날 론세스바예스로 가는 길목에서 발카를로스에 도착하기 직전에 만났던 프랑스인 의사다. 이제 그를 보고 억지로 웃음을 짜낼 필요가 없다. 며칠 동안 그를 보지 못했고 다시 만날 거라고는 생각지도 못했다. 아마 혼자 순례하는 또 한 사람, 젊은 미국 여성을 만난다면 마찬가지로 이렇게 놀랄 것이다. 함께 땅바닥에 앉아 그동안 무슨 일을 겪었는지 물었다. 하지만 그가 무슨 말을 하는지 제대로 알아들을 수가 없다…… 말을 나누기가 부담도 되고 무슨 말인지 잘 들리지도 않는다. 그가 겪은 사연을 이해하는 것은 손을 들었다.

사무실 문이 열리고 나도 줄을 선다. 한 젊은 여성이 내 순례자 증명서에 마지막 도장을 찍는다. 각 지역마다 자기들 나름의 고유한 로고나 인장이 있기 때문에 이제 증명서는 꽤 화려한 기록들을 남겼다. 접수대장에 이름을 기재한다. 또 다른 사람이 졸업증서처럼 보이는 (라틴어로 쓴) 순례자 확인증명서 '콤포스텔라'에 내 이름과 날짜를 적는다. 이 증명서 양식은 14세기부터 사용되었는데 이제 산티아고 데 콤포스텔라에 도착한 순례자임을 정식으로 인정한다는 의미다. 역사 기록들을 보면 이 문서는 공식적으로 매우 중요한 의미를 지니고 있었다. 이 문서 자체가 어떤 신비한 힘을 가지고 있다고 생각하는 사람들도 있었다.

그러나 오늘날 이 문서의 의미는 적어도 150킬로미터의 카미노를 걸었음을 인정하는 정도로 받아들여진다. 이 문서는 결국 오늘날 세상의 박약함을 상징하는 증명서가 아닐까? 아니면 새로운 종류의 싸구려 은총을 의미하는 것은 아닐까? 또는 다 말라붙은 허울뿐인 오늘날 신앙의 모습을 인정하는 것은 아닐까?

속이 거북한 상태에서 그 증명서에 있는 그림과 글들을 꼼꼼히 따져본다. 그 문서 맨 위에는 순례자 성 야고보의 그림이 있다. 유럽의 전시관들에 비치된 편람에 보면 언제나 나오는 그림들과 전혀 다르지 않다. 이것은 14세기에 그려진 그림이 아니다. 아마도 이 그림은 18세기에 이른바 그림쟁이들이 처음으로 생산하기 시작한 것으로 마치 자신들의 존재를 부끄러워하듯이 너무 감상적이고 빛바랜 병약한 성 야고보의 모습을 하고 있다. 또 문서 맨 아래에는 대성당의 주임사제와 참사회의 공식 인장이 찍혀있다. 여기에 그려진 성 야고보의 모습은 위에 그려진 것보다 훨씬 더 활력이 넘친다.

백마 탄 산티아고 마타모로스, 한 손에는 칼을 높이 들고 또 한 손에는 깃발을 들고 있다. 그 깃발은 수도사들로 구성된 군대인 산티아고 기사단이 들고 다니던 것으로 흰 바탕에 붉은색 칼이나 십자가가 그려져 있다. 앞발을 박차고 서있는 마타모로스의 백마는 땅바닥에 엎드려 한 명이 살려달라고 간청하며 손을 들고 있는 불쌍한 무어족 군사 두 명을 막 짓밟으려고 하고 있다. 나는 라틴어로 '매우 독실한 신앙심을 가지고 지어진 가장 신성한 신전'이라고 하는 곳을 방문한 것이다. 여기서 '독실한' 이란 말은 신앙의 힘을 의미하는데, 중세 시대의 사고에 따르면 고대 철학에서 말하는 4대 기본 덕목 가운데 정의와 관련이 깊었다. 당시 사람들은 마땅히 하느님의 공의를 바탕으로 그를 경배했다. 하지만 협회 사무실의 젊은 여성은 내게 이름 철자가 어떻게 되냐고 묻기만 한다……서로 첨예하게 갈등하는 성 야고보에 대한 이미지들이 다시 내 앞에서 무너져 내린다. 어떻게 이런 인재들이 여기 앉아서 이렇듯 아무 생각 없이 기껏 쓸모없는 서류 양식들이나 채우는 일을 할까?

협회 사무실을 나와서 다시 걷기 시작한다. 하지만 어디로 가지? 이제 무엇을 하지? 머리가 복잡하다. 잠시 멈춰서 생각한다. 보통 때 같으면 이제 알베르게를 찾아가서 무거운 배낭과 지팡이를 내려놓아야 할 것이다. 그런데 알베르게는 어디에 있지? 협회 사무실로 되돌아가서 내 차례가 돌아올 때까지 다시 줄을 서서 기다린다. 이 도시에 알베르게가 있냐고 묻자 처음 질문을 받은 젊은 여성은 잘 모르겠다는 듯이 다른 사람에게 묻는다. 그 사람은 한 군데 있다고 하면서 신학교로 가라고 알려주고는 다시 자기가 하던 일로 돌아간다. 미안하지만 이곳에 처음 왔기 때문에 지리를 잘 모른다고 설명하고 그 신학교가 어디에 있는지 묻는다. 그제야 비로소 그녀는 어디로 가라고 가르쳐 준다……고맙다고 인사하고 다시 밖으로 나온다.

오늘 아침 일찍 앉아 있었던 멋진 광장 근처에서 한 신사에게 신학교로 가는 길을 묻는다. 그는 약도를 그리더니 갈 방향을 일러준다. 지금 나는 옛 도시 안에서 좁고 불규칙하게 나있는 돌길들, 매력적인 옛 석조 건물, 성당, 수도원, 학교들로 둘러싸여 있다. 갈리시아 사람들을 뜻하는 가예고스gallegos는 특별히 돌 다루는 솜씨가 뛰어났는데 아틀란티스의 대재앙에서 살아남은 사람들에게 기술을 전수받았기 때문이라는 전설이 있다. 모든 것이 정말 아름답게 복원되었다. 이 지역의 고유한 역사와 색깔을 고스란히 간직한 채 티 없이 맑고 깨끗한 모습을 띠고 있다 …… 관광객들이 좋아할 그런 곳 …… 여전히 기분이 좋지 않고 우울하다.

언덕을 오르니 꼭대기에 신학교처럼 보이는 거대한 정체불명의 건물이 보인다. 문은 커다란 현관으로 열려있다. 왼쪽 벽에 접수창구 같은 곳이 보인다. 그 안에서는 무뚝뚝해 보이는 땅딸막한 중년 남자 한 사람이 내가 다가가는 것을 지켜보고 있다. 애써 웃음을 지으며 인사를 하고 여기가 알베르게인지 묻는다. 그는 아니라고 딱 잘라 말하고는 내가 그러냐고 인정하는 것처럼 보이자 짐짓 생색을 내듯이 학교 당국에서 건물 꼭대기 층에 순례자들을 묵을 수 있게 허락했다고 설명한다. 하루에 선불로 300페세타를 내야 한다. 꽤 싼 편이라 이의를 달 까닭이 없다. 500페세타 지폐를 건넨다. 지금 잔돈이 없으니 내가 다시 밖에 나갈 때 주겠노라고 한다. 숙소에다 돈이나 귀중품들을 두고 다니지 말라고 경고한다. 그 위로 올라가는 종류의 사람들(아마도 순례자들을 지칭하는 듯하다)에 대해 자기가 책임질 수 없기 때문이라고 한다. 고맙다고 인사하고는 계단으로 올라간다.

꼭대기층 공동침실에서 침대 하나를 골라 그 위에 배낭을 내려놓는다. 침대들은 꽤 깨끗해 보인다. 이제 다시 밖으로 나와 기차역으로 간다. 내가 가고자하는 국경지대 이룬역으로 가는 다음 열차는 내일 오전 9시 15분에 떠난다. 이 성스러운 도시에서 딱 하루만 있을 것이다. 대성당으로 발길을 옮긴다. 순례자들을 위한 정오 미사가 시작되는 시간에 맞춰 도착했다.

산티아고 대성당은 위대한 로마네스크 양식을 대표하는 건축물 가운데 가장 완벽한 걸작으로 알려져 있다. 12세기 후반에 거장 마테오가 지은 문들 가운데 하나인 '영광의 문Pórtico de la Gloria'은 전 세계에서 가장 아름답게 잘 만든 로마네스크 양식 주랑柱廊 현관으로 인정받고 있다. 에메릭 비코를 비롯해서 이곳에 와서 기록을 남긴 사람들은 대부분 자신이 본 것과 그에 대한 느낌들을 매우 자세하고 열정적으로 서술했다. 그러나 나는 지금 아무 것도 볼 수 없다…… 아니, 아무 것도 보지 않는다…… 계단을 따라 올라가 동굴처럼 움푹 들어간 성당 안으로 간다.

라피는 이 건물에 들어서서 "제단 앞에 무릎 꿇고 전에는 전혀 느끼지 못했던 기쁨과 진심에서 우러나는 참회[의 기도]"를 올렸다고 말한다. 알바니는 이렇게 기록한다.

나는 순식간에 안으로 들어갔다. 내 마음과 정신은 곧바로 밝아졌다. 마치 하늘나라를 걷고 있는 듯했다. 다리와 온몸이 부들부들 떨리고 머리 속은 빙빙 도는 것 같고 시선은 여기저기 두리번거리며 그 찬란한 성인을 모신 신비의 예배당을 찾고 있었다. 제단 앞에서 위로 올라가 무릎을 꿇고 얼굴을 마루바닥에 대며 감사의 기도를 드렸다.

가운데 제단 아래, 네모난 관 모양을 한 은으로 만든 커다란 성골함 안에 성인의 시신이 놓여있다. 비코는 이 시신이 진짜인지 의심하고 진짜 성 야고보의 시신은 프랑스에 있다고 믿는 사람들이 있다고 기록하고 있다. 그는 대부분 그렇게 의심하는 사람들은 프랑스인이라며 그런 의견을 간단하게 무시해 버린다. 15세기 말 콤포스텔라를 순례한 독일인 기사, 아놀드 본 하프는 성 야고보의 진짜 시신이 툴루즈에 있다고 주장하는 사람들이 있다고 썼다.

나는 큰 돈을 주고 그들에게 성체를 볼 수 있게 해달라고 했다. 그들은 자기네 관습으로 그것을 금지하고 있다고 대답했다. 그러면서 성 야고보의 성체는 가운데 제단 안에 있는데 누구라도 그것을 의심하면 그 순간 바로 광견병에 걸린 개처럼 미치고 만다고 덧붙였다. 나는 그것으로 만족했다.

이 기사가 바라던 많은 소망들 가운데 또 다른 하나가 어느 날 그의 일기에 기록되어 있다. "오, 사랑스런 여인이여, 와서 나와 잠자리를 같이 하자."

정오다 …… 순례자들을 위한 미사를 시작할 시간이다. 거대한 대성당은 사람들로 가득하다. 옷차림새로 보아 카미노를 걸어 이곳에 도착했을 것 같은 두세 사람이 눈에 띈다. 성당 안에서 더 좋은 자리를 잡기 위해 다리를 질질 끌며 이리저리 움직이는 소리만이 마루바닥에서 들린다. 사제들이 줄을 지어 행진을 마치고난 뒤 미사가 시작된다. 한 사제가 강단에 오르고 사람들은 성가를 따라 부른다. 미사를 집전하는 사제의 음성은 확성기들을 통해 드넓은 실내공간에 울려 퍼지며 거기 모인 사람들의 희미하고 활기 없는 목소리들을 압도한다. 12세기 어느 날, 저녁 미사가 진행되는 동안

> 이방인들, 전 세계 각지에서 이곳에 온 사람들 …… 이곳에 모여 그리스도에게 감사하며 살기로 맹세하는 온갖 언어와 부족, 민족에 속한 상인들과 집단들 …… 밤새도록 성 야고보의 성스러운 제단 아래서 순례자들이 부르는 성가를 묵상하는 것은 말할 수 없는 기쁨과 감동을 불러일으킨다. 한쪽에는 독일인들, 다른 한쪽에는 프랑스인들, 또 다른 한쪽에는 이탈리아인들. 그들은 모두 손에 촛불을 밝히고 끼리끼리 모여 서있다. 이제 성당 안은 해맑은 대낮처럼 온통 환하다 …… 어떤 이들은 치터를 연주하고 또 어떤 이들은 수금을 연주한다. 또 작은 북이나 플루트, 플래절렛, 트럼펫, 하프, 바이올린을 연주하는 사람들도 있다. 또 어떤 이들은 치터나 다른 다양한 악기들을 연주하면서 영국이나 갈리시아의 시편을 노래한다. 그들은 모두 뜬 눈으로 밤을 지새운다. 어떤 이들은 속죄의 눈물을 흘리고, 어떤 이들은 잠언을 읽으며, 어떤 이들은 눈먼 사람들에게 자선을 베푼다. 여기서는 서로 다른 혀와 서로 다른 이방인의 언어로 말한다. 독일인, 영국인, 그리스인, 전 세계에서 온 다양한 부족과 나라 말로 얘기하고 노래 부른다. 이곳에는 공식적으로 정해진 말이나 언어들이 없다. …… 장중한 미사는 끊임없이 이어지고 축제의 열기도 식지 않고 밤낮으로 특별한 경배 의식이 이어지면서 찬양과 기쁨이

차고 넘친다. …… 그 어떤 것도 이 장엄한 분위기를 흐트러뜨리지 못한다 …… 이 성당의 문은 절대로 닫히지 않는다.(『성 야고보의 서』)

미사가 계속된다. 가까운 곳에서 제단을 뒤로 하고 기둥에 기대어 서서 신문을 읽고 있는 한 남자를 본다. 그의 아내는 멀리서 사제가 하는 것을 따라 한다. …… 기록에 따르면 수세기 전에도 사람들은 성물을 보고자하는 강렬한 욕망에 사로잡혀 있었다. 알바니는 재빨리 카필라 델 테소로, 즉 성물들이 모셔진 특별한 예배당으로 뛰어든다. 거기서 그는 전율에 몸을 떨었다.

많은 성인들의 성체들, 머리와 다리, 발, 손, 손가락, 팔, 배, 그리고 순교자의 피가 가득 들어있는 병들 …… 그리고 두 개의 다른 병, 하나는 성모 마리아의 가슴에서 나온 젖으로 채워져 있고 다른 하나는 자신의 거룩한 아들의 무덤에서 흘린 성모의 눈물로 채워져 있다. 거기서 또한 수많은 다른 성물들과 함께 성모 마리아의 머리카락과 그녀가 입었던 옷도 본다.

이러한 성물들 가운데 일부는 디에고 헬미레스가 1102년 포르투갈을 여행하면서 구한 것들이었다. 헬미레스는 엄청난 성물들을 모아들인 뒤(이것은 나중에 '종교를 빙자한 도적질'이라고 평가받았는데) 대성당의 부주교와 수사 신부에게 다른 사람들이 그들을 만나서 무엇을 가지고 가는지 알지 못하도록 하기 위해 남들이 모르는 길을 이용해서 콤포스텔라로 돌아갈 수 있게 하라고 지시했다. 하지만 내 주위에 있는 미사에 참석한 수많은 사람들은 그런 광적인 신앙과 열정에 대해서 아무 것도 모르는 것 같다.

이곳에 오면 반드시 해야 하는 관습이 아주 옛날부터 하나 있었다. 순례자들은 이곳에 온 첫날밤을 되도록 성물과 가까이 있기 위해서 성 야고보의 무덤 앞에서 철야기도를 드려야 했다. 같은 날 너무 많은 순례자들이 이곳에 오면 밤새도록 더 좋은 자리를 차지하기 위해서 순례자들끼리 서로 무지막지하게 싸우고 피를 흘리는 때도 있었으며 그러다 순례자 한 명이 죽기까지 했다. 그러자 대성당은 교회법에 따라 이 범죄행위를 더럽혀진 제단을 정화할 필요가 생겼다. 그것을 위해서는 그 조정 과정에 대한 로마 교황청의 추인이 필요했다. 마침내 1207년 6월 12일, 교황 이노센트 3세는 산티아고의 대주교에게 신성한 물과 포도주, 재로 특별한 축복을 내려 로마를 방문하지 않고도 교회를 정화할 수 있는 권한을 주었다.

미사가 끝났다. 모였던 사람들은 뿔뿔이 흩어지면서 누구도 서로 떼밀지 않는다. 옛날부터 전해 내려온 전통에 따라 제단 뒤로 올라가서 성 야고보 상의 등에 입맞춤을 한다. 그리고 제단을 내려와서 성 야고보의 성물들이 들어있는 은으로 만든 성골함을 본다. 중세시대 각 도시들은 그곳에 있는 성당들과 함께 순례자들을 끌어 모으기 위해 애썼다. 사람들은 그곳에 성물들이 있고 실제로 성인들의 유해가 있기 때문에 그곳으로 모여들었다. 거기서 사람들은 성물들을 직접 만질 수 있었고 이 위대한 성인과 성녀들이 베푼 구원의 사랑을 가까이서 느낄 수 있었다. 또 심지어 신비한 마법의 힘을 체험할 수 있는 축복을 받는 사람들도 있었다. 모든 것이 성물로 상징화되고 구체화되었다. 신앙의 생명은 신성한 장소로 떠나는 순례와 같은 뜻으로 이해되었다. 그러나 지금 내가 느끼는 신앙은 그것과 매우 다르다. 나는 어떠한 성물도 보거나 만지고 싶지 않다. 어쩌면 불경한 질문일지도 모른다. 도대체 무엇이 지금 여기에 남아있는가?

지난 31일 동안의 고독과 침묵 속에서 아주 중요한 것을 깨달았다. 나는 혼자가 아니며 어떤 자의식을 가진 개인으로도 존재하지 않는다. 또한 잠재적 실현 가능성을 지닌 자율적 자아도 아니다. 오히려 내 존재의 의미는 부모님과 옛 순례자들이 물려준 살아있는 (신앙의) 전통을 공동체 안에 확립하는 일에 얼마나 많이 기여하느냐에 달려있다. 지난 4주 동안 겪었던 '내면의' 모든 경험은 오직 그동안 나와 동행했던 이미 이 세상에 없는 옛 순례자들의 경험과 진정한 교감을 이룰 수 있었기에 가능할 수 있었다. 나는 진실로 '우리'라고 말하는 법을 배웠다. 그것은 오늘날 우리가 자주 말하는 그럴싸하고 과장된 '우리'와는 근본적으로 다른 행위이다. 내가 지금 만지는 성물은 바로 그들이다. 지금 여기 실재하는 그들이다. 나는 그들을 만났고, 품에 안았으며, 그들과 입맞춤했다 …… 그리고 그들의 입술은 아직도 식지 않았다. 주위를 둘러본다. 오늘 이곳에는 그들 가운데 아무도 보이지 않는다. 어쩌면 그들 가운데 일부는 엄청나게 많은 관광객들의 행렬 속에 가려져있는지도 모른다. 그러나 그들 대부분은 저 밖에 있다 …… 카미노에서 …… 오늘도 콤포스텔라를 향해 걷고 있을 순례자를 반갑게 맞이하기 위해 기다리면서. 다시 저 밖으로 되돌아가 걸으며 그들과 함께 순례의 길에 동참하고 싶은 열망이 내 머리와 가슴을 온통 뒤흔든다.

산티아고 성당

옮긴이의 글

　카미노는 여행자들에게 세상에서 가장 아름다운 순례길 가운데 하나로 알려져 있다. 아름다운 스페인의 풍광을 배경으로 오래된 농촌 마을과 도시들을 지나고 높고 낮은 구릉지들 사이로 드넓은 벌판이 펼쳐지는 듯하다가 군데군데 깊은 산과 숲도 나타나고 곳곳에서 유서 깊고 화려한 성당과 수도원들을 만나기도 하며 기독교의 옛 성인들이 남긴 성물들도 볼 수 있다. 카미노는 국내에도 이미 널리 알려져 서점의 여행서적 코너에 가면 카미노를 소개하는 여행기나 안내서적을 금방 몇 권 찾아볼 수 있을 정도다. 리 호이나키가 쓴 『산티아고, 거룩한 바보들의 길』도 그런 책 가운데 하나라고 볼 수 있지만 단순한 여행기나 순례기로 보기에는 그 속에 담긴 내용이 꽤나 진지하다. 한 순례자의 솔직한 자기 성찰과 신앙 고백에서 시작해서 현대 문명과 사회 현상에 대한 날카로운 비평에 이르기까지 좀 별난 여행자의 시각으로 담담하게 '그려놓은' 책이기에 그렇다. 나는 왜 이 책을 '썼다'고 표현하지 않고 '그렸다'고 했을까? 이 책에는 그림이나 사진이 다른 여행서에 비해 거의 없다. 여행서로서 전혀 어울리지 않는 편집이다. 그러나 이 책을 한 장 한 장 넘기다보면 마치 그림책이나 사진집을 보듯이 리 호이나키가 바라보는 장면이 머리 속에 환히 그려지기 때문이다.

2007년 출간된 『정의의 길로 비틀거리며 가다』라는 책을 통해 국내에도 일반 대중에게 어느 정도 알려진 리 호이나키는 개인의 창의와 자율을 구속하는 어떠한 사회적, 제도적 틀도 거부하는 무정부주의자의 면모를 보이지만 그렇다고 특정하게 어떤 이념이나 사상에 얽매이진 않는다. 이 책에서도 마찬가지로 그런 리 호이나키의 모습을 보겠지만 『정의의 길로 비틀거리며 가다』보다 3년 앞서 나온 까닭에 이미 알려진 그의 생각이 어디에서 싹텄는지 그 실마리를 좀 더 개인적인 차원에서 찾아볼 수 있게 해준다는 점에서도 의미가 있다.

1993년 5월, 리 호이나키는 예순다섯 살의 나이로 배낭에 간단한 옷가지만 챙겨서 홀로 카미노 순례에 나섰다. 그는 과연 거기서 무엇을 보고 무슨 생각을 했을까?

길바닥에 아무렇게나 널려있는 돌들을 밟으면서, 쏟아지는 빗방울을 맨몸으로 맞으면서, 질척이는 진창길의 진흙이 신발에 달라붙어 발걸음을 옮기기가 어려울 때 그는 자연과 교감한다. 멀리서 초연하게 자연의 아름다움을 노래하는 낭만주의자의 공허한 의미의 남발이 아니라 그야말로 자연 속에서 함께 부딪치고 뒹구는 접촉을 통해서만 진정한 자연의 아름다움을 깨달을 수 있다. 거기서 살아있는 생명을 느끼고 자연과 하나

되는 일체감을 느낀다. 그래서 리 호이나키는 '자연에 대한 진정한 이해는 자연과 인간의 손길이 우아하게 서로 결합된 모습'에서 온다고 본다. 장구한 세월을 버티고 꿋꿋하게 자란 고목들과 잘 어우러진 돌담처럼.

벨로라도의 한적한 골목길 모퉁이에 있는 작은 구둣방에서 아직도 전통적인 방식으로 묵묵하게 구두를 만들고 있는 구둣방 주인을 만나고, 트리아카스텔라의 한 가게 앞에서 나막신을 깎고 있는 한 장인과 그곳에 아직도 남아 있는 전통 양식의 슬레이트 지붕을 보고, 사모스를 지나 포르토마린으로 가는 도중에 마주친 황소와 당나귀가 끄는 수레들을 보면서 자기가 사는 지역공동체를 위해 아주 소중한 일을 하는 사람들이 마땅히 받아야 할 존경과 대우를 받지 못하고 점점 사라지는 현실을 한탄한다. 무감각하고 생명이 없는 현대 기술과 기계가 자연과 직접 교감하는 살아있는 전통 기술과 육체노동을 대체하고 폰세바돈과 만하린 같은 살기 좋은 농촌공동체가 폐허로 변하는 오늘날 세상의 어리석음을 몹시 안타까워한다.

순례 첫날부터 무릎 통증으로 고통스런 여정을 시작한 리 호이나키는 그 고통을 통해 마침내 예수의 고통과 희생이 어떻게 구원으로 승화되는지를 깨닫는다. 진정한 신앙의 완성은 고통을 통해 얻어지며 그 고통은 자기 개인을 위한 것이 아니라 자기의 삶과 구체적으로 연관된 다른 사람들을 위한 것임을 확인한다. 자기가 모르는, 한 번도 만나보거나 접촉한 적이 없는 이들에 대한 추상적인 사랑은 없다. 이러한 깨달음은 카미노를 걸으면서 느낀 통증, 아프다고 하는 감각에서 시작한다. 아버지에게 물려받은 로사리오 묵주를 돌리면서 소리 내어 기도하는 가운데 그동안 몰랐던 신앙의 깊은 뜻을 깨닫기 시작한다. 그 또한 감각에서 비롯된 깨달음이다.

리 호이나키가 카미노를 걸으며 보고 느끼고 깨달은 것들이 많지만 그것은 모두 한 가지로 귀결된다. 자연에 대한 이해도, 전통과 공동체를 바라보는 시각도, 진정한 신앙에 대한 의미도 모두 감각에서 나온다는 점이다. 인식은 감각을 통해 생긴다는 비트겐슈타인의 생각은 리 호이나키의 사고 전반을 관통하는 한 줄기 빛이 아닌가 한다. 인간의 육체적 한계와 사회적 환경은 그의 생각과 행동을 규정한다. 현실 속에서 직접 발을 딛고 서지 않는 한 어떠한 의미도 깨닫지 못한다는 것이다.

번역을 끝내고 다시 책장을 한 장 한 장 넘기다 보니 어느새 마음 한 구석에 따뜻함이 느껴지고 느긋하게 세상을 관조하는 듯한 여유가 생긴다. 시골집 자그마한 창문으로 오후의 따스한 햇살 한 줌이 방 안으로 쏟아져 들어와 방 한 구석을 환하게 비추는 느낌, 리 호이나키의 글이 주는 느낌이 그렇다. 때로는 사물의 본질을 꿰뚫으려는 듯한 날카로운 시선을 던지기도 하고 어리석은 현대 문명의 세태를 한탄도 하지만 다른 한편으로는 다정한 이웃집 노인처럼 세상을 따뜻하게 바라보는 눈길을 느낄 수 있다. 그게 바로 리 호이나키의 글이 주는 또 다른 매력인지도 모른다. 그가 32일 동안 카미노를 걸으며 보고 느낀 것을 우리말로 옮기는 일은 내겐 뜻밖의 행운이었다. 리 호이나키가 마치 하루하루 보이지 않는 옛 순례자들의 도움을 받으며 카미노를 걸었던 것처럼 나도 어느새 그들 사이에 끼여 카미노의 산과 들을 걷고 있는 것 같은 환상에 빠지는 즐거움을 누렸다. 지금부터 그 즐거움은 독자들의 몫이다.

마침 올해 2010년이 '성 야고보의 축제일'인 7월 25일과 일요일이 겹치는 카미노의 성년聖年이라고 한다. 이제 우리도 여러 날 걷는 데 꼭 필요한 것들만 챙겨서 카미노로 떠나보는 것은 어떨까? 리 호이나키가 그랬던 것처럼 유명한 성당이나 유물, 유적을 구경하러 다니는 관광객의 모습이 아니라 그 옛날 '카미노'를 걸었던 옛 순례자의 모습으로 자기의 삶을 되돌아보는 시간을 가져보는 것도 괜찮지 않을까?

2010년 6월 김병순

찾아보기

가르시아 라미레스 Gaecía Ramírez 118
가우디 366-7
갈리시아 11, 32-3, 65, 140-1, 177, 225, 274, 280, 285, 360, 388, 447, 467, 483-4, 504, 516-7, 521-2, 536, 539
고딕 예술 280
고야 97, 110, 122, 197, 201, 488
고통 31, 36-7, 40-41, 46, 69, 92, 94, 97, 136, 152, 167, 182, 250-1, 260, 298, 306, 324-5, 352-3, 400, 419, 447, 449, 458, 460, 492, 499-500, 507-9, 518-20, 531, 547
고해성사 250, 400
곤살로 토렌테 바예스테르 280
곤살로 페르난데스 장군 226
교황 알렉산더 2세 205
교황 우르바노 2세 205
교황 이노센트 3세 541
교회개혁운동 303-4
국가사회주의 321
국토회복운동 Reconquista 108, 203-8, 300-2, 359, 464-5, 528

그리스도의 십자가 El Santo Cristo 223
기르모 마니에 Guillermo Manier 224
나바라 왕국 118, 156, 159
노동자 계급 393
뉴스페인 186
뉴에이지 504
니콜라 알바니 Nicola Albani 48, 375, 398, 524
달팽이 42, 300, 330, 487
닭 125, 173-4, 176-7
대낮의 악마 the noonday devil 344
데카르트 132, 312, 315
도메니코 라피 34, 174, 210, 524
도미니크회 224
돈키호테 26, 360
동종요법 47, 275, 290
디에고 헬미레스 Diego Gelmírez 404, 515, 522, 540
《디 차이트》 256
라미로 2세 204, 387
라이문도 룰리오(레이몬드 룰) 108
라틴아메리카 231, 292, 319

래지어(습격) 251
레오나르도 다빈치 90
로마네스크 129, 272, 280-1, 326, 406, 411-2, 414, 462, 484, 537
로빈훗 199
로사리오 기도 6, 69-70, 92-3, 112, 136, 153, 165, 173, 182, 221, 258, 292, 305, 330, 331, 346,
로스 카이도스 los caídos(전몰자) 199
로욜라의 성 이냐시오 Ignatius of Loyola.Saint 73, 222, 285
『롤랑의 노래』 33
루이 7세 529
마가의 다락방 437
마르크스주의자 392
마스 아야 282
마스 알라 Más Allá 284
마하트마 간디 243
맥각중독 麥角中毒 250
무어족 33-4, 37, 65, 72, 108, 113, 145, 178, 198, 202-6, 208, 251, 272, 300, 534
묵상 6, 11, 112, 316, 400
묵주 69-70, 92, 103, 112, 133, 173, 346, 467, 548
믿음 32, 57, 66, 82, 106, 119, 133, 141, 155, 165, 257, 260-1, 273-4, 285, 302-, 306, 352, 419, 481, 523
밀라노 칙령(313년) 201
바울 208, 273, 358, 499, 508-9, 519
방랑하는 유대인 The Wandering Jew 459

방사성 폐기물 396
베네딕토수도회 438, 443, 450, 463
베니토 헤로니모 페이호오 Benito Jerónimo Feijoo 447
베드로 21, 273, 284
베르베르족 251-2
벨라스케스 Velazquez 197
벨로라도의 구둣방 364, 392
볼리비아 231
봉건주의 392-3
부뉴엘 10, 197, 201
분리 disembedding 259
블레셋 220
비코(Aymeric Picaud) 21, 44, 49-50-3, 65, 66-7, 75, 99, 102, 110, 150, 300, 326, 455, 458, 479-81, 510, 525, 528, 537-8
비트겐슈타인 132, 155, 179, 181, 303, 548
『비평서설 Teatro critico』 447, 449
사도 바울 208
사파테리아 zapatería 186
산 소일로 San Zoilo 286
산업혁명 199, 392
산차(레오파스) 118, 326
산초 라미레스 113
산초 판자 26
산초 3세 99, 272
산토 도밍고 9, 164-7, 172, 174, 177, 180, 184, 196, 209, 257, 283, 326, 368
산티아고 마타모로스 Santiago Matamoros 107-8, 204, 534

산티아고 페레그리노 Santiago Peregrino 107
성년聖年 68, 91, 216, 549
성 마르틴 성당 272
성 아우구스티누스 교단 223
성 안셀무스 283
성 안토니우스 250
성 안토니의 열 250
『성 야고보의 서 Liber Sancti Jacobi (코덱스 칼릭스티누스 Codex Calixtinus)』 21, 33, 44, 49, 52, 63-4, 67, 113, 212, 283, 300, 326, 455, 459, 517, 521, 523, 540
성 야고보의 해 255
성 이시도로 326, 329-30
성녀 로카마도르 118
성무일과서 聖務日課書 69
성육신 成肉身 96
세이렌 260
섹스 sex 393
소로우 57, 199, 372, 457-8
소비 160, 329, 335, 392
소피아 왕비 529
수도원 개혁운동 302
《순례자 Peregrino》 79
스웨덴의 브리지드 Bridgid of Sweden 529
스탈린주의 321
스페인내전 29, 67, 199-200, 205-6
『시드의 노래 Poema del Cid』 208, 359
시이저 72
『신新스페인 풍물의 역사』 305

십자가의 성 요한 Saint John of the Cross 315
『스페인 사상사 비평』 447
십자군 108, 205, 212, 301, 359, 463
아뇨 하코베오 Año Jacobeo 255
아레오파고스 208
아리스토텔레스 57, 212
아메리코 카스트로 Américo Castro 10, 200, 206, 301, 464
아세디아 acedia 345
아슈람 243
아시시의 성 프란체스코 145
아즈텍 문명 305
아즈텍인 186, 305
안토니네 오스피탈러스 Antonine Hospitallers 250
알리벤 유수프 liben usuf 516
알만소르 144, 300, 326, 359-60
알-안달루시아 143-5, 273, 527
알폰소 2세 325, 523
알폰소 3세 325-6, 523
알폰소 6세 143, 145, 156, 167, 202, 302-4, 350, 387
알폰소 7세 252, 323
알폰소 8세 222
알폰소 10세 202, 282, 285
알폰소 11세 358
『어원학 Etimologías』 330
에르미타 데 라 산타 크루스 성당 515
엘 그레코 El Greco 366
엘 사비오(현명한 사람) 282
엘시드 145

여피족 yuppies 264, 433
『영성 수련』 74
예루살렘 63, 75, 178, 205, 209, 331, 411, 459, 463, 465, 516, 522, 524
오노리우스 2세 517
오르테가 이 가셋 201
오순절 437
오스페데리아(여관) 113
우나무노 177, 201, 280, 285, 447
우르반 2세 426, 463
움베르트 에코 83
원자로 냉각탑 395-6
윌리엄 블레이크 460
유네스코 219-20
유대인 12, 155, 191, 200-2, 205-6, 274, 301-2, 331, 459
유럽 공동체 281
육화肉化 96
은둔자 107, 167, 387-8, 478, 523
이반 일리치 9, 393
이베리아 반도 12, 108, 141, 144-5, 203, 205, 208, 252, 300, 361, 528
이사벨라 여왕 203, 226, 257, 425, 527
『이스토리아 콤포스텔라나 Historia Compostelana』 516
인디언 52, 204, 208, 458
일곱 가지 대죄 440
일루시오네스 ilusiones 329
자본주의 392-3
자크 엘륄 Jacques Ellul 311, 313, 439
제럴드 맨리 홉킨스 453, 460
젠더 gender 393

증명서 credencial 36
찬미의 노래 Te Deum 511
초서 Geoffrey Chaucer 111
칠층산 Seven storey Mountain 138
카를 5세 425
카를로스주의자 206
카스티야 143, 156, 191-2, 207, 222, 272, 282, 310, 362, 388
『칸티가스 데 산타 마리아 (성모 마리아의 노래)』 282
칼 폴라니 Karl Polany 259, 392
칼리프 144
칼릭스투스 3세 (1455~58년) 411
캔터베리 대주교 283
코임브라 전투 206, 212
클라비호 전투 140, 203-4
클뤼니 운동 302-3
키츠 456
타리프 Tarif와 무사 Musa 251
템플 기사단 463-5
토머스 그레이 Thomas Gray 456
토머스 머튼 Thomas Merton 138
통찰력 92, 94, 195, 274, 395, 458
투르핀 주교 300
파메로스 palmeros 51
파스칼 2세 (1099~1118년) 426
팔레스타인 32, 75, 272, 274, 306
팔로사 palloza 429-30
페르디난드 왕 257, 425, 527
펠라요 107, 300-1, 523-4, 529
폴포트 정권 321
폼페이우스 72

푸엔테 데 오르비고 362, 364
프랑코 203, 205-6, 327, 420
프렌체스코회 수도사 305
피에스타 파트로날 fiesta patronal 166
피의 정화 limpieza de sangre 205
피카소 197

필립 2세 73
하지 hajj 297
헨리 소로우 199
환경 기술 milieu technique 311, 313, 316, 318, 321
황새 196, 276-7, 279, 364, 403

옮긴이 **김병순**
연세대학교 경영학과를 졸업했으며, 지금은 전문번역가로 활동하고 있다. 옮긴 책으로는 〈여우처럼 걸어라〉, 〈경제인류학으로 본 세계 무역의 역사〉, 〈인간의 얼굴을 한 시장경제, 공정무역〉, 〈사회.법체계로 본 근대 과학사 강의〉, 〈생명은 끝이 없는 길을 간다〉, 〈월드체인징〉, 〈탐욕의 종말〉, 〈그라민은행 이야기〉 등이 있다.

사진
ⓞ 김유희: 104-5, 228-9, 278
ⓞ 김윤진: 308-9, 544
ⓞ 노지혜: 18, 214-5
ⓞ 이상아: 70, 402, 452
ⓞ 정오규: 262, 354-5

산티아고, 거룩한 바보들의 길
리 호이나키의 카미노순례기

리 호이나키 지음 김병순 옮김

초판 1쇄 찍음 2010년 7월 9일
초판 2쇄 찍음 2011년 4월 25일

펴낸이 김영조
펴낸곳 달팽이출판
등록 2002년 2월 28일 제 22-2112호
주소 121-841 서울시 마포구 서교동 458-20 푸른감성빌딩 2층
전화 02-523-9755 팩스 02-523-9754
ecohills@hanmail.net

ISBN 978-89-90706-27-0 03840
책값은 뒤표지에 있습니다.